현대시의 신비주의와 숭고적 미학

김옥성

국학자료원

서문

시와 종교

　칠팔년에 걸쳐 발표한 논문들 가운데서 현대시와 종교가 만나는 미학적 접점에 관한 중요한 몇 편을 추려내어 조금씩 뜯어내고 기워 넣어서 한 권의 책으로 엮었다.
　시와 종교는 과연 어떻게 수렴하고 분기하는가. 이에 대한 학문적인 관심과 의문은 이미 학부시절부터 시작되었으니 십여 년을 넘어서는 시간이 이 책에 녹아들어있다 해도 과언은 아니다. 각 장들 사이에 시간적인 격절이 놓여있는 만큼 여러 면에서 노출되는 편차를 부인할 수는 없지만, 모든 글들이 현대시와 종교의 미학적 접점이라는 하나의 주제에 끈질기게 매달리고 있는 것도 사실이다.
　본서는 '한국 현대시'의 종교적 미학에 대한 연구의 태도를 취하고 있지만, '한국 현대시'에 대한 연구를 기반으로 '한국'에 국한되지 않는, '현대시'와 종교가 만나는 다채로운 차원을 근대 미학의 관점에서 해부하고 있다. 종교의 시녀로 복무하는 중세 개념의 시와 달리 현대시는 미적 자율성의 기반에서 종교를 수용하면서 '종교' 미학이 아닌, 즉 '종교'로 환원될 수 없는 '종교적' 미학을 생성한다.
　근대 미학에서 종교가 배제된다는 생각은 편견이다. 널리 알려진 바와 같이 근대 미학은 근대의 안과 바깥이라는 양가성을 내함한다. 계몽주의적 근대성에 대한 반발과 비판의 차원에서 현대시의 미학은 종교와 강력하게 결합하여 왔다. 물론 오늘날의 서정시에는 종교와 완전히 결별하여 미학적으로 순수하게 자기 준거적인 영역을 모색하는 경향이 강한 것도 사실이다. 그러나 가장 전통적인 서정시는 종교를 수용하면서 미적 근대성의 새로운 지평을 펼쳐왔다. 본서는 시와 종교가 발생학적 상동기관이라는 입장에서, 종교적 미학이야말로 현대시의 종가(宗家)이며 황금 부분이라고 본다.

제Ⅰ부는 시와 종교가 근본적인 영역에서 겹쳐지는 양상을 탐구하고 있다. 주지하는 바와 같이 신비주의는 신비적 합일(*unio mystica*)을 본질로 한다. 동일성을 본질로 한다는 점에서 신비주의는 종교 영역의 서정시이다. 그러한 연유로 신비주의는, 문학의 영역에서 동일성을 본질로 하는 장르인 서정시와 자석의 양극처럼 강력하게 결합한다. 많은 위대한 서정시인들이 종교의 세계로 빠져드는 현상은 신비주의와 서정시의 역학 차원에서 해명할 수 있다.

학부시절 어느 순간 신비주의와 서정시의 미학적 접점에 매혹당한 적이 있다. 그 경험을 바탕으로 내 최초의 평론, 「신비적 합일, 내면의 깨달음의 고백―불멸의 자아로의 영원회귀의 시학」이 집필되었다. 지금 생각하면 낯이 뜨거워지는 글이지만, 은사이신 원로 비평가께서 과찬을 해주셔서 문학에 대한 보다 큰 열정을 품을 수 있었다. 당시만 해도 신비주의는 현실도피적인 것, 자기기만적인 것, 전근대적인 것 등으로 낙인이 찍혀 이미 매장당한 상태였는데, 천연덕스럽게 오래된 망령을 무덤으로부터 불러내어 시의 육체로 부활을 시도한 격이었다. 하룻강아지의 무모함을 높이 사주신 해량(海量)을 이제야 조금이나마 헤아려본다.

제Ⅰ부는 바로 신비주의의 망령을 시의 육체로 복원하기 프로젝트의 연속선에 놓여있다. 신비주의가 어떻게 근대시와 결합하면서 미적 근대성의 기획에 동참하게 되는가. 그리고 종교의 영역에서의 신비주의가 아니라, 시의 영역에서 신비주의는 어떠한 고유한 미학적 육체를 얻게 되는가. 중세적인 미학이 아니라 근대적인 미학으로서 신비주의적 사유와 상상의 근대적 양태는 어떠한 것인가. 이와 같은 물음에 대한 해답을 추구하고 있다.

내가 근대시의 신비주의 연구에서 얻은 잠정적인 개념이 '신비주의적 서정성'이다. 이는 동일성의 차원에서 신비주의와 서정성이 겹쳐지는 양상을 규정한 것이다. 그러나 이 개념은 어디까지나 잠정적인 것일 뿐이다. 나의 신비주의에 대한 이해와 지식의 수준은 아직 얕은 물가에서 더 멀리 나간 것이 아니다. 신비주의와 관련된 방대한 저술들의 극히 일부도 나는 아직 소화해내지 못했다. 학부 시절에 도서관 깊은 곳에 틀어박혀 조용히 먼지가 쌓여가고 있는 희귀한 책들을 들춰 본 적이 있다. 아무도 거들떠보지 않은 그런 책들을 찾아 읽으며, 보다 넓고 깊게 연구해 보고 싶은 마음이 간절했으나, 아직도 그 꿈의 첫 페이지를 펼쳐보지 못했다. '현대시와 신비주의'에 관한 연구는 언젠가 하나의 집중적인 기획으로 추진해 볼 계획이다.

종교의 시가 신비주의라면 불교의 시는 선(禪)이다. 제Ⅱ부는 시와 불교가 순간성의 차원에서 부딪치면서 발현되는 선적 미학의 개념과 양상을 논구한다. 중세적인 '선'의 논리로 결코 환원될 수 없는 현대시의 '선적' 미학의 요소들을 밝혀내고 있다.

많은 사람들이 한국 현대시의 선적 미학의 기원을 한용운의 시로 규정한다. 어떠한 관점에서는 옳지만 이 책의 논점에서는 부정된다. 본서에서 선적 미학은 조지훈의 시론에서 이론적 단초를 구하고 있는데, 그에 따르면 선적 미학은 형식적으로 간결과 압축을 관건으로 한다. 반면 만해의 시편에는 간결미가 없다. 만해 시의 형식은 주지하다시피 타고르에게서 큰 영향을 받았다. 물론 만해 시에 선적 사유와 상상이 풍부하게 들어있는 것은 사실이지만, 형식적인 차원에서는 본서가 견지하는 선적 미학과 어긋난다. 따라서 이 책은 간결과 함축을 기본으로 하는 선적 미학의 현대시사적 기원을 김달진과 조지훈의 시로 규정한다.

현대시에서 선적 미학은 크게 두 가지 양상으로 변별된다. 하나는 통합적 세계관에 기반한 것으로 우주를 통합된 전체로 바라보며, 파편화된 근대세계를 미학적인 영역에서 통합시키려한다. 다른 하나는 해체적 세계관에 기반한 것으로 이성, 논리, 의미, 세계, 구조를 격파하여 자아와 세계를 공(空)으로 환원하려는 성향을 지닌다. 불교의 세계관에 통합적인 차원과 해체적 차원이 공존하기 때문에 선적 미학 또한 동일하면서도 상반된 얼굴을 드러내게 되는 것이다. 후자는 주로 선이 동아시아에서 서구로 흘러들어가 비트와 다다, 초현실주의 등의 전위적인 사조와 뒤섞이고 나서 다시 동아시아로 귀환한 데에서 찾아볼 수 있다. 그 때문에 전자는 주로 전통주의 진영에서, 후자는 포스트모더니즘 진영에서 선호된다. 본서는 전자의 차원에서 선적 미학을 조명한다.

제Ⅲ부는 기독교 세계관과 시적 상상력의 역학을 파헤친다. 인간의 근본적으로 종교적인 심성이 반영된 보편적 상상력과 창조적 상상력, 그리고 신앙적 자의식과 미학적 자의식의 길항관계를 논구하면서 현대시에서 '기독교적' 상상력이 갖는 종교성과 미적 자율성을 밝혀내고 있다. 물론 두 개의 대립된 힘이 명확하게 분리되지는 않지만, 충분히 구분해 낼 수는 있다. 종교와 미학의 변증과정을 해명하기 위해서 두 힘의 방법론적인 가정은 불가피한 것이었다.

근본적으로 신비주의적인 세계관을 가진, 즉 동일성의 성향이 강한 동양의 사상과 종교에서는 신비적 대상과 자아의 유대관계가 강하다. 이에 비해 기독교적 세계관에는 신과 인간 사이에 '원죄'라는 근본적인 불화가 존재한다. 실낙원의 신화는 기독교적 세계관에서 인간이 얼마나 고독한 존재인가를 잘 말해준다. 거기에는 신과의 깨어진 관계와 함께 가장 가까운 동반자에 대한 불신이 담겨있다. 그리고 안식처에서 추방당하여 자아를 에워싼 자연과 끊임없이 싸워야하는 인류의 자화상이 새겨져 있다. 그는 지상 어디에서도 온전히 거주할 수 없는 이방인이자 순례자이다. 그러한 서사로부터 기독교의 근본적인 고독이 탄생한다. 오직 신과 성스러운 공동체에 대한 믿음과 신뢰만이 근본적인 고독을 극복하게 해줄 수 있다.

신앙과 고독의 역학은 김현승 시를 지탱하는 근본 토대이다. 보편적인 종교적 상상력에 기반한 신앙적 자의식은 자아를 신의 곁으로 이끌며, 다른 한편에서는 미학적 자의식이 자아를 신에 대항하는 고독으로 강력하게 이끈다. 이 두 개의 힘이 역동적으로 길항하면서 김현승 시의 종교성과 심미성을 생성하게 된다.

김종삼 시의 구석구석에도 기독교적인 근본적인 고독이 스며들어있다. 그러나 김종삼은 고독 자체를 미학적인 이데올로기로 내세우지는 않는다. 시적 주체의 미학적 자의식은 절대음악에의 몰입을 통하여, 종교적인 것이 아닌 미학적인 자기 구원의 논리를 만들어낸다. 미학적 자아는 미학적인 유토피아로서 음악의 영역에 안주하려 하지만, 거기에 경험적 시간의 논리가 개입할 경우 신앙적 자의식이 강력하게 작동하게 된다. 그러한 역학 관계에서 종교성과 심미성이 미묘한 긴장을 유지하는 것이다.

결국 본서는 현대시의 '종교의 세계관'이나 '종교'가 아니라, 현대시에 구현된 종교의 미학적 육체에 관한 성찰의 산물이다. 따라서 무엇보다도 현대시의 미학으로 종교적 사유와 상상의 논리를 조명하는 데에 주안점을 두었다. 그 때문에 나의 관점에 입각한 종교의 사상체계나 세계관에 관한 부분을 치밀하고 체계적으로 다루지 못한 점이 큰 아쉬움으로 남는다.

불교적 시학에 관한 문학사적 연구를 담고 있는 첫 번째 학술서 『한국 현대시의 전통과 불교적 시학』은 나의 두 번째 학술적 기획의 산물이다. 본서를 위한 기획은 그것보다 훨씬 일찍 이루어졌고, 오랜 시간에 걸쳐 추진되었다. 세 번째 저술을 위한 프로젝트의 기초과정에 매듭을 짓고 난 시점에 나의 최초의 학문적 기획의 성과가 출판되어 기쁨이 크다. 그러나 기쁨보다는 누군가에게 조금이라도 도움이 되어야 할 텐데 하는 근심과 소망의 비중이 더 크다. 아직 눈앞이 어두운 애벌레이지만, 세 번째 저서에서는 식견과 안목이 환골탈태했으면 좋겠다. 한편으로는 시인, 소설가로서의 나의 운명이 여러 분들께 많은 빚을 지고 있는 만큼 창작을 게을리 하는 일도 큰 죄가 되리라는 두려움이 엄습해온다. 써보고 싶은 글들이 많다. 각고의 노력이 요구되리라 생각해본다.

돌이켜 보니 시와 종교가 내 짧은 지적 여정의 근간이었다. 나의 모든 학문적 탐구의 줄기와 가지들은 시와 종교의 토양에서 움트고 성장할 것이다. 내게 시와 종교는 빛과 어둠처럼 대극(對極)이 미묘하게 뒤섞인 양성구유체로 다가왔다.

내 기억의 최초의 빛과 어둠의 양성체 이미지는 증조부님의 형상으로 각인되어 있다. 사랑채 어두운 골방에 몸을 웅크리고서 침침한 백열등 아래에서 고서를 뒤척이는 그분의 형상은 늙은 누에처럼 캄캄했다. 그러나 앞개울과 밭뚝우, 높은한길이 훤히 내려다보이는 사랑채 높은 누마루에 올라앉으시면 바람에 날리는 허연 수염에 햇살 가루가 하얗게 바서졌고, 그분은 밝은 빛에 휩싸이어 투명해지시곤 했다. 나는 그분에게서 한 몸 안에 빛과 어둠을 기르는 신비로운 양성체 이미지를 얻었던 것이다. 나는 그분의 비서(秘書)를 살짝 넘겨 기묘한 문자와 그림을 엿본 적이 있다. 유품에서 찾아낸 기이한 다라니는 아직도 내 머릿속을 떠나지 않고 있다. 증조부님께서는 내가 여섯 살 나던 해에 사랑채의 골방에서 정갈하게 돌아가셨다. 내 정신이 증조부모님, 조부모님의 시적이자 종교적인 삶에 겹겹으로 둘러싸인 품안에서 자라났으니, 내가 시와 종교의 양성체에 매료된 것은 정해진 운명이었는지도 모른다.

격려해주시고 이끌어주신 오세영 선생님께 사의를 표한다. 정년을 맞이하여 시인으로서 한층 더 높은 경지의 삶에 대한 꿈을 설계하고 계시는 장인어른과 장모님께는 이 책이 작은 기념이 되어드릴 수 있으면 기쁘겠다. 자식들이 너무 버거운 공부를 붙들고 있는 것은 아닌가 근심걱정을 늘상 등에 업고 계시는 어머님과 아버님께도 조그마한 기쁨이 되어드렸으면 좋겠다. 학위과정을 마치고 이제 시인으로서 날개를 활짝 편 삶을 새롭게 열어가는 아내에게도 격려의 마음을 전한다. 어려운 여건에도 불구하고 출판을 허락해주신 정찬용, 정진이 사장님과 정구형 이

사님, 수고로운 일을 떠맡아 책을 엮어주신 편집부와 국학자료원 가족들께도 진심으로 고마운 말씀을 드린다. 한 권의 책이 탄생하기 위해서는 얼마나 많은 분들의 음덕(陰德)이 쌓여야하는지를 절실히 깨닫게 되었다. 일일이 언급해드리지 못해 송구스럽다. 강호 제현께 마음속 깊이 감사드리며, 아울러 질정을 바란다.

지난 늦가을부터 까치 한 마리가 내 서실의 창틀에다 조금씩 조금씩 먹이를 물어다가 쌓아놓고는 갑자기 소식이 없어졌다. 내게 선물을 하고는 영 떠난 것인지, 무슨 일이 생긴 것은 아닌지 궁금해진다. 모든 생명들이 껴안고 살아야하는 행복과 고뇌의 행간을 엿보게 해준 그에게도 축복이 함께하기를 빈다.

2007년 봄 관악의 난곡에서
김옥성

목차

서문 시와 종교 · 3

제 I 부
근대 미학과 신비주의

제1장 1920년대 동인지의 신비주의와 미적 근대성
1. 서론 · 19
2. 신비주의 수용의 미학적 의미 · 21
3. 영혼과 신비의 시학 · 30
4. 신시논쟁과 국민문학 · 39
5. 시사적 의의 · 44

제2장 일제강점기 시의 신비주의적 서정성
1. 신비주의적 서정성 : 시와 종교의 '근본적' 만남 · 47
2. 보편성과 특수성 · 49
3. 김소월 시의 역현적 신비 · 55
4. 한용운 시의 성현적 신비 · 61
5. 정지용 시의 신현적 신비 · 66
6. 시사적 의의 · 72

제3장 '영혼'과 '꿈'의 역학 : 김소월론

1. 서론 · 79
2. 상징주의의 영혼과 소월 시의 영혼 · 83
3. 현실의 토대에서 반조되는 꿈 · 94
4. 결론 · 102

제Ⅱ부
불교적 세계관과 선적 미학

제1장 선적 미의식과 불교적 세계관 : 김달진론

1. 서론 · 107
2. 선적 미의식의 요건 · 109
3. 세미화(細微畵)의 기법과 불교적 우주론 · 113
4. 수인(囚人)으로서의 자아와 환(幻)으로서의 세계 · 118
5. 시사적 의의 · 124
6. 결론 · 128

제2장 현대시와 선적 미학 : 조지훈 시론과 관련하여

  1. 서론 · 131

  2. 조지훈 시론의 선적 미학 · 138

  3. 현대시의 선적 미학 · 150

  4. 선적 미학의 교육적 의미 · 159

  5. 결론 · 162

제Ⅲ부
기독교적 상상력과 미적 자율성

제1장 고독의 연금술과 통과의 상상력 : 김현승론

  1. 서론 · 167

  2. 통과와 순례의 상상력, 그리고 경계적 고독 · 191

  3. 연금술적 상상력과 고독의 물질화 · 227

  4. 전이적 상상력과 고독의 심미성 · 264

  5. 결론 · 283

제2장 절대음악의 미학과 성스러움 : 김종삼론

1. 서론 · 287
2. 죄의식과 기독교적 세계관 · 291
3. 음악적 순수에의 몰입과 미학주의 · 299
4. 윤리적 실천과 성스러움의 회복 · 308
5. 기독교적 미학의 계보와 김종삼 · 315

* 참고문헌 · 321

제 I 부
근대 미학과 신비주의

제1장

1920년대 동인지의 신비주의와 미적 근대성

1. 서론

한국 현대시사에서 1920년대는 조선조 유교적 이데올로기와 전대의 계몽주의에 의해 억압되어온 미학적인 것이 일시에 폭발한 시기이다. 이 시기에는 다양한 서구사조가 급속하게 소개되었고, 그와 병행하여 미의식에 대한 근대적 자각이 일어나기도 하였다. 그러한 만큼 연구자들에게 매력적인 시기였으며, 실제로 많은 논의가 제기되었다. 1920년대 초반 동인지 문학에 대한 연구는 다음 몇 가지로 분류해볼 수 있다.

첫째, 객관적인 자료를 토대로 서양문학의 이입 양상을 실증적으로 논의한 경우이다. 김병철은 개화기부터 1920년대까지 신문, 잡지 등을 통해 국내에 소개된 서양문학을 실증적으로 발굴 정리하고 있다.[1] 김학동의 경우는 비교문학적인 방법으로 서양문학의 영향과 그 원천을 입체적으로 비교 분석하고 있다.[2] 이러한 연구는 한국 근대시 형성에 기여

---

1) 김병철, 『한국근대서양문학이입사연구』上, 을유문화사, 1980.
2) 김학동, 『한국근대시의 비교문학적 연구』, 일조각, 1981.

한 서구 문학의 다채로운 영향을 실증적으로 구명하여 한국 근대시 해석을 위한 기초적인 토대를 다져 놓았다.

둘째, 상징주의라는 유파적 관점에서 연구한 논의가 있다.[3] 여기에 해당하는 연구는 작가별, 동인지별로 상징주의 시론의 이해와 수용, 굴절의 양상을 입체적으로 조망하고 있다. 그리고 구체적인 작품 분석을 통해 상징주의 시의 전개과정을 구명한다. 이와 같은 논의는 상징주의의 수용과 내면화 과정을 다각적으로 밝혀내는 데에 많은 기여를 하였지만 한편으로는 동인지 시를 상징주의로 환원하면서, 이 시기 시편들이 갖는 내밀한 개성과 고유성을 사상시키는 한계를 보이기도 한다.

셋째, 문학사적인 차원에서 이 시기 문학의 의의를 논의한 경우가 있다. 백철과[4] 조연현은[5] 공통적으로 『창조』를 최초의 순수문예지로 규정하고, 그것의 발간과 함께 본격적인 "순문학운동"이 시작되었다고 본다. 특히 조연현은 최남선, 이광수 두 사람을 중심으로 한 전대의 문학운동이 일종의 계몽주의문학운동인 데에 반하여, 동인지 문학은 "계몽주의에의 거부"를 통하여 근대문학에 대한 인식을 확립하였음을 밝히고 있다. 동인지 문학에 대한 이들의 문학사적 위치 규정은 이후 정설로 확정된다. 즉, 1920년대 동인지 문학은 한국 근대문학의 기점으로 규정된 것이다.

끝으로 1920년대 초반 동인지 문학에 대한 최근의 연구는 주로 미적 근대성에 관한 것이다.[6] 여기에 속하는 논의들은 동인지 문학이 한국 근대문학의 기점이라는 전제 아래에서 이 시기 문학을 근대적이게 한 요인들을 다채로운 방면에서 구명하고 있다. 이러한 논의는 기존의 비교

---

[3] 강우식, 『한국 상징주의시 연구』, 문화생활사, 1987. ; 김은전, 『한국상징주의시연구』, 한샘, 1991.
[4] 백철, 『조선신문학사조사』, 수선사, 1948, pp. 136-143.
[5] 조연현, 『한국현대문학사』3판, 성문각, 1977, pp. 202-232.
[6] 상허학회 편, 『1920년대 동인지 문학과 근대성 연구』, 깊은 샘, 2000. ; 김춘식, 『미적 근대성과 동인지 문단』, 소명, 2003. ; 조영복, 『1920년대 초기 시의 이념과 미학』, 소명, 2004. ; 김행숙, 『문학이란 무엇이었는가』, 소명, 2005.

문학적 관점이나, 유파적인 관점의 한계에서 벗어나 근대적 미학의 다채로운 요인과 미적 근대성의 형성과정을 입체적으로 구명하려고 노력하고 있다. 이 분야의 연구는 이미 많은 성과가 축적되었지만 여전히 해결되어야할 과제가 산적해 있는 것도 사실이다.

본고는 마지막 논의의 차원에서 동인지 시론과 시학에 접근하고자 한다. 동인지 작가들은 전대의 춘원이나 육당과 달리 유독 "신비"와 "영원", "영혼" 등과 같은 비합리적 요소에 관심을 기울인다. 그러한 요소들은 상징주의뿐만 아니라 낭만주의, 전통주의 등에서도 발견되는 신비주의적인 인자들이다. 까마득한 고대로 정신사적 계보가 이어지는 신비주의 그 자체는 고대적인 혹은 전근대적인 것이다. 이 글은 그와 같이 근대와 상충되는 신비주의가 동인지에 수용되면서 어떻게 미적 근대성의 기획에 기여하는가를 살펴보고자 한다.[7]

2. 신비주의 수용의 미학적 의미

서구 문명사의 한 단계에 속하는 모더니티로서 계몽주의적 근대성은 과학과 기술, 이성, 진보 등에 대한 믿음에 토대를 두고 있다. 이러한 근대성의 관점에서 볼 때 세계는 이성으로 파악이 가능하고 지배와 통제가 가능하다. 이성에 의한 지배와 통제가 불가능한 종교는 그와 같은 근대성의 타자임에 틀림없다. 계몽주의적 근대성은 이성과 과학의 세계로부터, 그것의 지배와 통제 대상이 될 수 없는 신, 영혼, 믿음과 같은 요소를 추방하고 따로 종교라는 특수하고 독립적인 영토를 할당해주었다.

---

7) 이와 같은 논의의 단초는 다음 글들에서 찾아볼 수 있다. 김옥성, 「김소월 시에 나타난 '영혼'과 '꿈'의 역학」, 『한국현대문학연구』15, 2004. ; 김옥성, 「한국 현대시의 불교적 시학 연구」, 서울대학교 박사논문, 2005, pp. 34-53. ; 김옥성, 「일제 강점기 시의 신비주의적 서정성 고찰」, 『어문논총』4, 2006.

1920년대 동인지 이론가들은 이와 같은 종교의 독립성을 교묘히 활용하여 시적 근대성을 모색하는 경향을 보여준다. 칼리니스쿠가 말하듯이 미적 근대성은 계몽주의적 근대성에 대한 반발성을 지니고 있다.[8] 그렇기 때문에 동인지 이론가들은 계몽주의적 근대성에 대한 타자로서 종교를 끌어들여 시적 근대성을 확보하고자 한 것으로 추측할 수 있다. 동인지 이론가들에 앞서 이미 1910년대 계몽주의적 이론가들 또한 계몽의 타자로서 종교를 문학과 견주면서 문학의 독자적인 가치에 접근해가고 있었다.

> 社會에 文藝가 업스면 花卉업는 公園ㄱ치 乾燥無味에 歸着홀 거시고 國家에 宗敎가 업스면 森林업는 山嶽ㄱ치 荒凉童濯에 悲觀이 되리로다 公園에 花卉가 絶ㅎ면 新鮮혼 空氣를 生치 못홀 거시고 山嶽에 森林이 脫ㅎ면 鬱蒼혼 氣狀을 與치못홀 거시 아닌가? 社會는 人生의 俱樂部오 國家는 民衆의 樂園이니 遊戲品 업는 俱樂部가 人生의게 愉快를 줄 수가 업고 生活泉 업는 樂園이 民衆의게 解渴을 免 홀 수 잇슬가? 文藝는 人生의 □□을 挑ㅎ는 遊戲品이고 宗敎는 民衆의 理想을 起ㅎ는 原動力이되느니 趣味에 乏혼 人民은 一時에 生活이 一里의 困窮이오 이상에 공혼 인민은 一日에 存在가 一時의 羞恥라 홀지로다[9]

반아생은 문예와 종교가 사회와 국가에 대해 갖는 관계를 피부와 뼈와 같은 관계라고 말한다. 그에 의하면 문예와 종교는 공통적으로 시대사조의 산물로서, 서로 반사적 색채를 갖게 된다. 따라서 그는 문예와 종교가 결합할 때 시너지 효과를 낼 수 있게 된다고 주장한다. 이는 문예를, 계몽주의적 근대성의 지배를 받는 영역인 사회와 국가에 대하여 타자적인 영역인 종교와 한 묶음으로 분류하면서 특성화를 추구하는 것이다.

---

8) M. Calinescu, *Five Faces of Modernity*, 이영욱 외 역, 『모더니티의 다섯 얼굴』, 시각과 언어, 1998, pp. 53-71.
9) 白岳山中 半啞生, 「天枰에 걸린 文藝와 宗敎」, 『泰西文藝新報』13, 1919. 1. 1.

하지만 이러한 주장은 문예의 자율성과는 거리가 멀다. 오히려 계몽주의적 근대성의 외부인 종교와 문예를 그것에 종속시키는 작업이 된다. 왜냐하면 그는 문예와 종교를 사회와 국가에 "유쾌"와 "이상"을 제공하는 시녀로 전락시키고 있기 때문이다. 이러한 현상은 이광수의 글에서도 발견된다.

> 엇지흐야 文藝가 新文化의 先驅요, 母가 됩닛가. 나는 앗가 '오랜 惰眠을 깨트리고 새로온 文化를 建設홀만흔 活氣 잇는 精神力을 激發'흐는 것이 文藝의 힘이라 흐야 文藝復興과 法國의 革新文學의 例를 들엇거니와, 文藝가 新文化의 先驅요, 母되는 所以는 여긔만 잇는 것이 아니오, 또 하나 重要흔 것이 잇스니, 곳 文藝가 人心을 刺激흐야 活潑흔 精神的 活動을 激發흐는 同時에 文藝 自身이 新思想·新理想의 宣傳者가 되는 것이니, 文藝作者는 文藝의 特有흔 人의 情緖를 直接으로 感動흐는 情緖의 武器를 利用흐야 自家의 理想과 思想을(비록 無意識的인 수도 잇다 흐더라도) 世人의 精神에 깁히 注射흐는 魔力이 잇나니 그의 理想과 思想을 宣傳흐는 能力은 實로 冷冷흔 理智의 判斷에만 專衣흐는 科學이나 哲學에 比홀 빅 아니오 구데 比홀 것이 잇다 흐면, 오직 宗敎쑨이외다.10)

이광수는 인간의 정신작용을 지·정·의로 나누고, 그 담당 분야를 '지-진리-철학(과학)', '의-선-도덕', '정-미-예술'로 나눈 바 있다.11) 이와 같은 지·정·의의 분류법에는 종교가 배제되어 있다. 그런데 인용된 글에서 이광수는 효용론적 측면에서 종교가 문학과 마찬가지로 "정"의 영역에 속하는 것으로 규정하고 있다. 그러나 그는 문학과 종교의 공통점을 "이상과 사상"을 선전하고 전파하는 정서적 능력으로서 "마력"에서 찾고 있다. 이 "마력"이라는 것은 이성이나 과학으로 얻을 수 있는 것이 아니

---

10) 이광수, 「文士와 修養」, 『創造』8, 1921. 1.
11) 이광수, 「文學이란 何오」, 『매일신보』, 1916. 11. 10-11. 23.

라 그에 대한 타자적인 요소들로부터 구할 수 있는 것이다. 하지만, 이광수는 그와 같은 계몽의 타자적인 요소를 오히려 계몽의 확장을 위한 수단으로 전도시켜놓고 있다.

반아생과 이광수는 문학이 종교와 마찬가지로 계몽주의적 근대성에 온전히 포위될 수 없는 특수한 성격을 지니고 있음을 어느 정도 직감하고 있었다. 하지만 이들은 결국 공리주의적 관점에서 문학과 종교를 사회에 대한 윤리적 책임이라는 '도덕'의 수단으로 전도시키게 된다. 문학과 종교의 타자적인 요소를 계몽주의적 근대성의 종복으로 굴종시킨 셈이다.

이는 개화계몽기 한국 지식인이 갖는 어쩔 수 없는 한계이다. 개화계몽기 한국 근대화의 이념은 애국애족과 근대적 국가 건설이었다. 즉, 개인의 자율성보다는 집단적 이념이 강조된 시기라고 할 수 있다. 이 시기의 미학이 윤리에 종속되는 것은 어쩌면 당연한 것이었다. 미학은 민족과 국가의 번영을 위하여 복무되어야 했으며, 사회적 근대화를 위하여 계몽에 협력해야했다. 따라서 이 시기의 미학은 근대 미학으로서의 자율적인 영역을 확보하기 어려웠다.

반아생과 이광수가 손쉽게 문학과 종교를 계몽의 시녀로 몰아갈 수 있었던 것은, 종교가 갖는 양면성에서 기인한다. 일반적으로 종교에는 윤리적 측면과 신비주의적 측면이 있다.12) 윤리적 측면은 사회와의 관계에 초점을 맞춘 것으로 대사회적 관계나 실천이 중요시 된다. 반아생과 이광수는 문학을 종교의 윤리적 측면과 견주어서, 대사회적 윤리를 강조

---

12) 헤센에 의하면 종교는 두 가지 유형으로 나눈다. 하나는 신비적 종교이며, 다른 하나는 윤리적 종교이다. 전자는 자아와 신적인 대상과의 신비적 합일(unio mystica)을 정수로 하는 종교 유형이며, 후자는 인간과 신적인 대상 사이의 거리를 유지하고, 신적인 공동체에 관심을 갖는 종교 유형이다. 양자는 엄밀하게 구분되는 것이 아니라 서로에게 스며들어 있으며, 어느 정도 겹쳐지기도 한다. 그러므로 모든 종교에는 신비주의적 측면과 윤리적 측면이 있는 것으로 이해할 수 있다.
J. Hessen, *System der Religionsphilosophie*, 허재윤 역, 『종교 철학의 체계적 이해』, 서광사, 1995, pp. 472-497.

하면서 그것을 계몽의 논리에 포획할 수 있었던 것이다.

이에 반하여, 동인지 논객들은 사회에 괄호를 친 내밀하고 주관적인 신비주의(혹은 종교의 신비주의적 측면)와 견주면서 시의 자율적 영역을 모색하는 양상을 보여준다.

> 象徵主義란 무엇이냐? 象徵派 詩人들은 잡기 어려운 理解를 쒸여나는 神秘的 解答을 우리에게 提供한다. 마는 '記述을 말아라, 다만 신비로운 暗示' 그것인 듯하다. 象徵은 神秘의 換意라고도 생각할슈 잇다. (중략)
>
> 눈에 보이는 世界와 눈에 보이지 안이하는 世界, 物質과 靈界, 無限과 有限을 相通 식히는 媒介者가 象徵이라한다, 暗示라 한다, 神秘라 한다. 그러기 쌔문에 '難解의 詩'라는 쑤지람을 밧는다, '마라르메' 갓튼 詩人은 '詩歌에는 반드시 象徵語가 잇서야 한다' 까지 하엿다. 象徵詩派의 特色은 意味에 잇지 안이하고, 言語에 잇다, 다시 말하면 音樂과 갓치, 神經에 닷치는 音響의 刺戟- 그것이 詩歌이다, 그러기에 이 點에서는 '官能의 藝術'이다. 刹那刹那에 刺戟되는, 感動되는 情調의 音律 그 自身이 象徵派의 詩歌이기 쌔문에 自然 '朦朧'안 될수 업다.13)

「스뙁쓰의苦惱」는 『태서문예신보』에 연재한 「프란스 시단」14)을 손보아 전재한 글이다. 김억은 여기에서 "절제", "냉정한 객관미" 등을 중시한 고답파에 반발하여 등장한 신비주의적 상징파를 적극적으로 소개한다. 그는 "상징은 신비의 환의"라고 단언하고, 상징을 매개로 불가시와 가시, 영계와 물질계, 무한과 유한이 상통한다고 소개하고 있다. 그에게 상징은 감각적 세계와 초감각적 세계의 소통을 추구하는 매개인 것이다.

---

13) 김억, 「스뙁쓰의苦惱 」, 『폐허』1, 1920. 7.
14) 岸曙生, 「프란스 詩壇」, 『태서문예신보』10, 1918. 12. 7. ; 「프란스 詩壇(二)」, 『태서문예신보』11, 1918. 12. 14.

그런데 초감각적 세계 즉 신비는 감각으로 포착할 수 없는 세계이기 때문에 암시될 수밖에 없고, 따라서 상징주의 시는 '난해의 시'로 비판을 받게 된다. 김억은 "난해의 시"라는 비판에 대하여 이를 몽롱이라는 말로 옹호한다. 그는 "몽롱"은 초감각을 포착하기 위한 암시의 기법에서 연유되는 상징주의 시의 자연스러운 현상이라고 보고, 그것의 가치를 높게 평가한다.

이와 같은 몽롱은 의미와 형상이 분명하게 드러나는 감각의 세계에 대립되는, 초감각의 상태에 대한 반영으로서, 동인지의 시를 평가하는 중요한 요소의 하나로 활용된다.[15] 계몽주의는 세계에서 초감각적인 것을 몰아내고 모든 것이 윤곽이 또렷하게 드러나는 감각으로 세계를 건축해나간다. 그러한 신비가 추방된 감각의 세계에서 인간은 신경증을 앓게 된다.[16] 왜냐하면 영혼이 쉴 곳을 잃어버렸기 때문이다.

김억은 근대인의 예민한 신경과 신경쇠약의 주된 원인을 "自然科學의 進步에 딸아나오는 現實과 理想과의 衝突, 信仰과 幻影과의 消滅, 激烈한 生存競爭"[17]으로 규정하고 있다. 자연과학의 발달에 따른 이성중심주의의 만연, 종교와 환상의 소멸, 물질주의로 인한 생존경쟁 등을 근대인의 신경증의 주된 원인으로 진단한 것이다. 김억의 견해에 의하면 합리주의와 물질주의의 만연으로 인해 종교가 추방된 정황에서 근대인, 특히 예민한 시인은 신경증을 앓을 수밖에 없다. 계몽이 일상의 영역에서 신비를 추방하고 이성의 환한 불빛을 매달아 놓았기 때문에

---

15) 변영로, 「메터링크와 예잇스의 神秘思想」, 『폐허』2, 1921.1. ; 박종화, 「嗚呼我文壇」, 『백조』2, 1922. 5. 등 참고.
16) 융에 의하면 현대인의 신경증은 종교적 태도의 상실과 관계가 깊다. 종교적 기능은 가장 오래된 보편적인 인간 정신 표현의 하나이기 때문에 이를 부정할 경우 정신적인 문제가 생길 수 있는 것은 당연하다. 그러한 까닭에 인간은 어떠한 방식으로든 종교적 태도를 유지하기 위하여 애써왔다.
이부영, 『분석심리학』, 일조각, 1999, pp. 325-328. 참고.
17) 김억, 「스뗑쓰의苦惱」, 『폐허』1, 1920. 7.

영혼이 안식을 취할 장소를 잃어버린 까닭이다. "몽롱"은 그러한 이성의 대낮으로부터 일탈하여 근대인의 예민한 신경이 안식을 취할 수 있는 영역이라는 의미를 지닌다. 김억은 그와 같은 몽롱의 세계를 "미의 낙원"이라고 말한다.

김억이 말하는 "미의 낙원"은 전근대적인 종교의 영역이 아니다. 그는 신비를 퇴폐와 관능 등 악의 요소와 결부시켜 논의하면서, 시의 신비가 종교의 윤리에 환원되는 것을 끊임 없이 견제한다. 시의 신비가 종교의 윤리에 종속된다면 그것은 이미 근대시가 아니라 중세시이기 때문이다. 김억의 뒤를 이어 변영로와 이훈이 신비주의에 대한 적극적인 관심을 표명하는데, 특히 변영로의 글에서 신비주의를 시적 근대성의 기획에 포섭하고자 하는 노력이 잘 드러난다.

  俗臭가 코를 찌르고 嘔吐를 催하난 低級의 傷感文學과 粗大醜穢한 갑싼 物質主義에만 膠着하야 漸漸 萎縮하여가고 沈滯하여가고 凋殘하여가고 退嬰하여 가며 墮落하여 가난 우리 所謂 文壇과 思想界에 玲瓏하기 珠玉갓고 朦朧하기 쑴갓고 芳醇하기 古酒갓흔 最近 歐洲文壇의 新文學的 傾向인 神秘思想을 紹介하려함이 아조 無意味한 일은 안일 것이다. (중략)
  그런데 메터링크氏와 예잇스氏의 神秘思想은 古代神秘思想家의 敬虔한 心情 우에 倦疲한 現代人의 世紀末的 「무엇」을 더 加味한 것이다. 故로 兩氏의 思想은 어느点으로 보던지 十九世紀初葉頃브터 오날날까지 歐洲文壇을 直接間接으로 支配하난 모든 爛熟하야 膿汁이 쑥쑥 흐를쯧한 世紀末의 頹廢文學과 其 哲學上 論調든지 色彩든지 趨向上으로든지 符合되난 点이 만타. 그러나 메터링크, 예잇스兩氏의 思想이 其 頹廢文學의 것과 다른点은 吾人이 늘 보고 感하난바 其頹廢文學의 特徵이랄만한 過度한 「官能美」와 「情緖美」의 氣分에서 解放되야 吾人이 至今껏 感치도 못하고 보지도 못하든 새世界―卽새로운 「色」과 「香」과 「리슴」의 天地를 찻고, 其天地에서 吾人은 萬物을 透視하난 靈眼으로 모든權力, 金錢, 地位, 驕傲, 放肆, 虛飾, 誇張을 剝奪된 微妙한 人間의 魂의 聲과 悲痛하고 凄切한 「그림자」를 凝視하며 同時에 衆目앞헤 表現함이 곳 兩氏의 안이 一般神秘思想의 根本意이다.[18]

변영로의 이 글은 당대 시의 신비주의 수용의 의미를 이해하는 데에 매우 중요한 단서들을 제공해준다. 그는 신비주의가 "감상문학"과 "물질주의"에 대한 저항의 의미를 갖는다는 사실을 분명히 밝히고 있다. 특히, "과도한 '관능미' '정서미'"를 앞세운 퇴폐문학과 변별되는 매터링크(M. Maeterlinck)와 예이츠(W. B. Yeats)의 신비주의를 소개하여 퇴폐주의에 대해 경계하고 있다. 나아가 그는 서정시에서의 신비사상이 고대적 신비주의로의 순수한 귀환이 아니라, 근대세계의 여건에 걸맞는 문예사조임을 명시하고 있다. 김억이 이성의 불빛 아래 신경쇄약증이 걸린 근대인의 정황에서 신비주의가 요청됨을 밝힌 바와 같이 변영로는 근대시의 신비사상은 "古代神秘思想家의 敬虔한 心情 우에 倦疲한 現代人의 世紀末的 「무엇」을 더 가미한 것"이라고 말한다. 이는 당시 신시 이론의 신비사상이 맹목적인 고대에 대한 동경이 아니라 근대적 정황에 걸맞는 근대시의 방법과 사상 모색의 차원에서 수용된 것임을 말해준다.

오상순의 경우는 직접적으로 신비주의를 언급하는 것은 아니지만 신비주의적인 종교 개념을 통해 종교와 예술을 비교한다.[19] 오상순은 종교와 예술의 공통점을 감정, 상상, 직각 세 가지 차원에서 찾고 있다. 이 세 가지 요소는 모두 자아의 내면에 해당하는 것이다. 종교와 예술의 공통점을 감정에서 찾고 있는 것은 이광수의 논의과 같지만, 이광수가 대사회적 윤리의 관점에서 바라보는 것과 달리 오상순은 내면의 관점에서 포착하고 있다. 이광수의 종교가 윤리적 종교라면, 오상순이 말하는 종

---

18) 변영로, 「메터링크와 예잇스의 神秘思想」, 『폐허』2, 1921.1.
19) 오상순, 「宗敎와 藝術」, 『폐허』2, 1921.1.

교는 "神人合一의 聖境", "神과 接하는 感情"의 종교, 즉 신비주의적인 종교이다. 그리고 상상의 관점에서 오상순은 종교와 예술이 공히 상상의 산물임을 지적하고 있다. "宗敎의 世界는 一面 神秘의 世界"라고 말하는 데에서 단적으로 드러나듯이 여기에서 상상의 산물로서 종교 또한 신비주의적 종교이다. 왜냐하면 신비주의는 다분히 주관적이고 내면적인 사유와 경험의 산물이기 때문이다. 세 번째 직각은 합리적인 언어로 설명하기 어려운 종교와 예술 경험의 특수성을 말하고 있다. "神交靈感의 宗敎的 實驗"이라는 대목에서 드러나듯이 이 항목에서의 종교 또한 신비주의적 종교의 특징을 드러내고 있다. 오상순은 종교의 신비주의적 요소가 갖는 미학적 요소를 적절히 지적하고 그것을 예술과 견주면서 예술의 자율적인 영역을 모색한 것이다.

동인지 시대 근대적 미학을 모색하는 논자들은 신비주의가 갖는 주관성, 내면성, 비합리성 등의 속성을 활용하여 윤리와 과학, 합리주의로부터 분리된 시의 독자적인 영역을 모색할 수 있었다. 주관적이고 내밀한 종교로서 신비주의는 이데올로기나 이성으로 환원될 수 없는 상상적이고 허구적인 내면성을 가지고 있기 때문에[20] 미학적인 내면을 형성하는 데에 적합한 사조였다. 그리하여 동인지 이론가들은 신비주의를 수용하면서, 인간관계의 윤리학에 기초한 유교의 이데올로기나 계몽주의적 근대성에 대한 반발로서 미적인 것의 자율적인 영역을 개척하는 데에 많은 도움을 얻을 수 있었다.

---

20) J. Hessen, *op. cit.*, pp. 479-480. ; H. Meyerhoff, *Time in Literature*, 이종철 역, 『문학과 시간의 만남』, 자유사상사, 1994. p. 84.

3. 영혼과 신비의 시학

동인지 시에서 신비주의 수용과 관련하여 주목해야할 시적 근대성의 중요한 인자의 하나가 "영혼(靈魂)"이다. '영혼'이라는 말은 물론 조선조에서도 쓰였다. 그러나 그것은 극히 드문 경우이며, 유교국가인 조선에서는 '영혼'보다는 '혼백(魂魄)'이라는 단어가 보편적으로 쓰였다. 가령 조선왕조실록에서 혼백은 41번 쓰인 반면, 영혼은 단 2회밖에 발견되지 않는다. '영혼'을 찾아볼 수 있는 기사는 세종 14년 8월 13일[21]과 헌종 5년 10월 18일 기사이다. 전자에서 영혼의 의미는 혼백과 변별되지 않는다. 반면 후자에 쓰인 영혼은 기독교적 개념이다.

> 그런데 저들은 곧 나를 낳은 이는 육신(肉身)의 부모(父母)가 되고 천주(天主)는 영혼(靈魂)의 부모가 된다고 하여, 친애(親愛)하여 숭봉(崇奉)함이 저 천주에 있고 이 부모에게 있지 않아서 스스로 그 부모를 절연(絶緣)하고 있으니, 과연 혈기(血氣)의 천륜(天倫)으로 차마 할 수 있는 일이겠는가? 제사(祭祀)의 예(禮)는 조상(祖上)을 추모하며 근본에 보답하는 것이니, 효자(孝子)가 그 어버이를 차마 죽었다고 생각할 수 없음은 신리(神理)·인정(人情)이 그렇게 하지 않을 수 없는 것이다. 그런데 저들은 곧 신주(神主)를 부수고 제사를 폐지하고는 죽은 자는 알지 못한다고 말하고 있다. 진실로 이와 같다면 저들이 말하는 영혼은 또 무엇에 의거한다는 말인가?[22]

"나를 낳은 이는 육신의 부모가 되고 천주는 영혼의 부모가 된다"는 대목에 드러난 육체와 영혼의 이원론은 전형적인 서구의 기독교적 영혼관이다. 영혼을 천상적인 고귀한 것으로, 육신을 지상적인 저급한 것으

---

21) 「賜祭于左副代言宋仁山」, 『조선왕조실록』, 世宗 57卷 14年 8月 13日 (己亥) 007.
22) 「下斥邪綸音于京外」, 『조선왕조실록』, 憲宗 6卷 5年 10月 18日 (庚辰) 001 (조선왕조실록 공식 홈페이지의 번역을 따랐다. http://sillok.history.go.kr)

로 보는 이와 같은 기독교적 영혼관은 플라톤의 영혼관의 골격을 계승한 것이다.23) 플라톤의 영혼관에서 영혼은 이데아를 고향으로 삼는 신비적인 것이며, 반대로 육신은 질료의 영역에 속하는 것으로 영혼의 그림자와 같은 것이다.

플라톤에서 기독교로 이어지는 이와 같은 영혼의 관념은, 개화계몽기를 거치면서 조선조의 유가적인 혼백과 변별되는 기독교적-근대적 개념으로 정착된다. 그리고 그것은 인간 내부의 정신 영역에서 종교에 할당된 부분으로 확립된다.24) 영혼은 이성으로 파악가능한 자연과 사물 세계의 외부에 속하는 것으로 설정되는 것이다. 따라서 세계를 이성과 과학으로 파악 가능한 것으로 보는 근대적 세계관에서 영혼이라는 존재는 타자적인 성격을 갖게 된다. 그리하여 영혼은 이성과 과학에 의하여 일상 세계에서 추방되면서, 종교라는 독립적인 영역에서 자치권을 확보하는 것이다.

종교의 내부에서 '영혼'은 윤리적 종교보다는 신비주의적 종교에 가까운 요소이다. 윤리적인 종교에서는 사회가 중요한 대상으로 부각되고 종교의 윤리적 기능이 중요시 되는 반면, 신비주의는 사회에 괄호를 치고 자아의 내면에 침잠하여 신적인 것 혹은 초감각적 대상과의 교감을 추구하기 때문이다. 윤리적 종교에서는 실천적인 이성이 중요시 되는 것과 달리 신비주의에서는 신비적 대상을 감지하는 영혼이 중요시 된다. 이때의 영혼은 초감각적 대상을 감지하는 일종의 '고차원적 이성(higher reason)'25)으로서, 주체와 초감각적 대상과의 교감을 가능하게 하여 준다. 산타야

---

23) J. Hirschberger, *Geschichte der Philosophie - volume 1*, 강성위 역, 『서양철학사-고대와 중세』上, 이문출판사, 1987, p. 176.
24) 장석만, 「개항기 한국사회의 "종교"개념 형성에 관한 연구」, 서울대학교 박사학위논문, 1992, pp. 93-94. 참고.
25) G. Santayana, "Understanding, Imagination, and Mysticism", *Interpretation of Poetry and Religion*, co-ed. W. G. Holzberger & H. J. Saatkamp, Jr., Massachusetts: The MIT Press, 1990, pp. 8-11.

나가 말하는 고차원적 이성으로서 영혼은 시적 상상의 주체와 가까운 것이다. 그러한 까닭에 그는 신비주의적 사유를 미학적인 것으로 규정한다. 신비주의적 사유는 외부의 어느 것으로부터도 독립된 매우 내밀하고 주관적인 것이다. 따라서 신비주의적 영혼은 예술의 자율성 논의와 손쉽게 이어질 수 있게 된다.

1910년대의 반아생이나 이광수가 윤리적 종교의 차원에서 종교와 문학의 근친성을 주장하는 데에 반하여, 동인지 이론가들은 신비주의적인 "영혼"이라는 개념을 미학적 주체와 동일시하면서 예술의 자율성을 모색하는 경향을 보여준다. 개화계몽기 이론가들이 집단의 이념에 예술을 종속시키는 경향을 보이는 반면, 동인지 이론가들은 미학적 주체를 집단적 이념으로부터 분리해내는 양상을 보여준다. "영혼"에 관한 논의는 그와 같은 미적 근대성 기획의 일환으로 이해할 수 있으며, 그 핵심에는 미학적 자아 확립의 문제가 놓여있다.

> 詩는 詩人 自己의 主觀에 맛길 째에 비로소 詩歌의 美와 音律이 생기지요. 다시 말하면 詩人의 呼吸과 鼓動에 根底를 잡은 音律이 詩人의 精神과 心靈의 産物인 絕對 價值를 가진 詩된 것이오. 이 詩形으로의 音律과 呼吸이 이에 문제가 되는 듯 합니다.[26]

김억은 시인의 정신과 심령의 산물인 시를 "절대 가치를 가진 시"라고 한다. 그는 진정한 시라는 것은 시인의 "정신과 심령"에서 나와야 한다고 본 것이다. 여기에서 "정신과 심령"은 시인의 "주관"에 다름 아니다. 김억은 정신과 심령의 외적 조화가 육체이며, 정신과 심령의 개성에 따라 육체가 다르듯이, 예술 또한 정신과 심령의 조화의 표현이며 개성을 드러내기 마련이라고 말한다.

---

26) 김억, 「詩形의 音律과 呼吸」, 『태서문예신보』14, 1919.1.12.

김억의 자유시 논의에서 우리가 주목해야할 점은 그가 전대의 집단적 이념으로부터 "주관" 즉 개인의 내면을 분리해내고 있다는 점이다. 그러나 동인지 시대에 심령이나 영혼은 단순한 주관성이나 내면에만 머무르지 않는다. 그것은 "신비"를 감지하는 일종의 신비주의적인 영혼이다. 근대적 세계관에 의하여 종교의 영역으로 추방당한 신비주의적인 영혼은 중세적인 유교 윤리나 계몽과 합리주의의 대척점에 놓여있는 것이었다. 동인지 시대 자유시론은 그와 같은 신비주의적인 영혼을 미학적 자아로 수용함으로써, 유교적 이데올로기나 계몽주의적 합리주의 등으로부터 독립된 시의 자율성을 탐구하는 경향을 보여준다.

> 靈魂이라는 것은 永遠性을 有한 것이오며, 又 靈魂에 覺醒을 得한 人은 罪를 버서나, 一時的 生活되난 肉體를 써나 永遠性을 實現하난 人이라, 靈魂性이란 것은, 吾人의 普通道德을 써나, 超越하야, 自由, 無罪, 純潔한 本性生活을 하난 것이라 稱할지라.27)

장미촌 동인으로 활동하게 되는 이훈은 이 글에서 신비주의를 소개하면서 신비주의의 영혼관을 밝히고 있다. 그에 의하면 신비주의의 육체는 타락과 죄의 속성을 지니는 것이며, 영혼은 죄를 정화하려는 속성을 가지고 있으며 영원성의 속성을 지닌다. 이와 같은 영혼관은 플라톤에서 기독교로 이어지는 신비주의적인 영혼관이다. 플라톤주의 세계관에서 영혼은 근본적으로 지상적인 것이 아니기 때문에, 지상적인 것의 속성을 지양하는 경향을 갖는다. 동시에 그것은 본래적인 영역으로서 이데아와 같은 천상적인 곳으로 상승을 지향하는 존재이다.

신비주의에서는 이와 같은 영혼의 상승성과 초월성, 그리고 그것을 매개로 한 자아와 신적인 대상과의 신비적 합일의 경험을 추구한다. 그

---

27) 李薰, 「(一) 神秘主義(MYSTICISM)」, 『학지광』21. 1921.1.

때문에 윤리적 측면을 중요시하면서 신과 인간의 엄격한 분리를 강조하는 전통적 기독교에서는 신비주의를 이단으로 낙인찍기도 한다. 보들레르는 그와 같은 이단적인 신비주의를 시에 수용하면서 중세적인 기독교 윤리로부터 독립된 근대시의 자율성의 초석을 놓을 수 있었다.[28] 동시에 그것은 계몽주의의 합리성에 대한 항의도 포함하는 것으로 시적인 것의 독립성을 확고하게 보장할 수 있었다.

1920년대 초반 한국의 근대시 또한 그와 같은 방법으로 미적 근대성의 기획을 추진하고 있었던 것으로 이해할 수 있다. 신비주의적인 영혼은 유가의 혼백과는 구분되는 새로운 영혼관이다. 유가에서 혼백은 육체와 대립하는 것이 아니다. "혼기체백(魂氣體魄)"에서 알 수 있듯이 유가의 혼백은 육체와 정신을 포괄하는 개념이다.[29] 반면 신비주의의 영혼은 육체, 그리고 일체의 지상적인 것과는 구분되는 신비로운 것으로 감각의 세계와 초감각의 세계를 매개하는 중간자적인 존재이다.[30] 동인지 시대 논자들은 이와 같은 영혼과 신비주의를 수용하면서, 조선조의 유교 이데올로기나 개화계몽기의 계몽주의적 근대성에 대한 항의로서 시적인 것의 자율성을 확보해나간 것이다.

> 極度로 困憊한 人間의 靈魂은 쉬지안코 '精神의 隱遁所'를 찻난 것이다. 그리하야 人間의 意識과 感覺은 次次로 '볼 수 잇난 世界'로서 '볼 수 업난 世界'에 ─ 즉 物質界로서 精神界에 나아가 보지 못하든 形像에 目을 瞠하며, 듯지 못하든 音響에 耳를 澑하며, 맛지 못하든 薰香에 鼻를 張하난 것이다. (중략) 그러면 우리난, 적어도 精進한 巡禮者의 敬虔한 心情과, 詩人의 赤熖 갓흔 情熱과, 哲人의 電光 갓흔 理智로, 「沈黙의 海」와 「孤獨의 森林」을 헤매이면서라고, 그 精神界─即 詩의 王國 叡

---

28) 보들레르의 신비주의 수용에 대해서는 M. Raymond, *De Buadelaire au surréalisme*, 김화영 역, 『프랑스 현대시사』, 문학과지성사, 1983, pp. 22-31. 참고.
29) 금장태, 『유교사상의 문제들』, 여강출판사, 1991, pp. 171-172.
30) J. Hirschberger, *op. cit.*, pp. 169-170.

智의 園 - 안니 薔薇村을」 차저 나가지 안니하면 안될 것이다. 아 兄弟들이여! 누이들이여! 예전에 圓卓騎士가 Holy Grail(基督이 마즈막으로 마서든 聖盃)를 차저가듯키, 이스라엘 族屬이 伽南의 福地를 차저가듯키, 우리난 精神의 世界으로 詩의 王國인 薔薇의 村을 차저 가자!31)

『폐허』에서 매터링크와 예이츠의 신비주의적 시학을 소개한 변영로는 『장미촌』에서 신비주의적인 시론을 은유적으로 표현하고 있다. 여기에서 그가 말하는 "영혼"은 다분히 신비주의적인 것이다. 신비주의적 영혼은 초감각적 영역에 해당하는 것이기 때문에, 이성과 물질주의가 만연한 감각적 일상의 영역에서 그것은 "곤비"해진다. 신비주의적 영혼은 "물질계"를 떠나 그것의 본래적인 영역인 초감각적 "정신계"를 향하여 나아가는 속성을 가지고 있다.

그는 정신계의 표상을 "장미촌"으로 제시한다. 이 장미촌은 이중의 의미를 지닌다. 하나는 "시의 왕국"이며 다른 한편으로는 "예지의 원"이라는 것이다. 여기에서 "예지"는 다름이 아닌 산타야나가 말하는 고차원적 이성으로서 신비주의적 영혼이라고 할 수 있다. 그것은 "장미촌"이 한편으로는 서정적인 것 혹은 미학적인 것의 유토피아이면서 다른 한편으로는 신비주의적인 의미에서 초감각적 영역임을 말해준다.

우리는 여기에서 변영로에게 신비주의적인 것과 시적인 것은 다른 개념이 아님을 알 수 있다. 시적인 것, 미학적인 것의 유토피아로서 "장미촌"은 곧장 정신계, 즉 초감각적인 것으로 가득 채워진 유토피아인 것이나. 이것은 "물질주의"로 표상되는 근대의 일상 세계에 포획되지 않는 자율성의 영역이다. 동인지 시론가들은 이처럼 영혼과 신비를 활용하여 시의 미학적인 주권의 토대를 다져나간 것이다.

이와 같이 영혼과 신비의 시학은 동인지 시대 시적 근대성 담론의 주

---

31) 변영노, 「薔薇村」, 『장미촌』1, 1921. 5.

류였으며, 『창조』, 『폐허』, 『장미촌』, 『백조』를 관류하여 구체적인 작품으로 표현되고 있다. 동인지 시에 만연한 실연과 죽음의 모티프, 악마주의 등은 영혼과 신비의 시학을 대변해준다.

> 나의 靈은 死의 번개뒤번치는
> 黑血희하늘빗,
> 할문山에 祈禱하는 基督갓치
> 업듸여운다.
>
> — 황석우, 「愛人의 引渡」[32]

황석우의 「愛人의 引渡」는 자아의 영혼이 상실한 애인을 찾아 몽환적인 공간을 헤매는 내용을 담고 있다. 이러한 모티프는 백조파 시인들에게 고스란히 계승된다.[33] 동인지 시대에 이와 같은 실연의 모티프를 단순한 연애시로 보아서는 곤란하다. 이 시대 실연의 모티프에는 어떠한 신비가 전제되어 있다.

인용한 시에서 몽환적인 여행의 주인공이 "나"가 아니라 "나의 靈"이라는 점에 주목할 필요가 있다. 이 시는 감각적 자아가 아닌 초감각적 자아로서 영혼의 여행을 담고 있는 것이다. 이 영혼이 찾는 것은 "날째 더리고온 단 하나의 애인"으로서 초감각적 세계에서 짝 지워진 신비로운 영혼의 배우자이다. 따라서 이 시가 담고 있는 신비로운 공간으로의 여행은 신비적 합일을 위한 신비주의적인 영혼의 여행을 반영하고 있음을 알 수 있다. "祈禱"나 "基督"은 그와 같은 신비주의적 분위기를 강화한다.

이 시기 시편에 자주 등장하는 '유령'[34]이나 '악마'[35]는 "기도"나 "기

---

[32] 『폐허』1, 1920. 7.
[33] 이에 해당하는 시로는 홍사용의 「쑴이면은?」, 박영희의 「꿈의 나라로」, 「그림자를 나는 쏘치다」, 이상화의 「나의 침실로」 등이 있다.

독" 등과 마찬가지로 신비성을 강화하는 요소들이다. 동인지 시에서 죽음의 미화 또한 초감각적 세계에 대한 동경에 맞닿아 있다. 죽음은 현실 세계의 유한과 순간에 대립된 무한과 영원으로서 신비의 영역으로 수용되고 있다.36) 황석우의 「薔薇村의 饗宴」은 영혼과 신비의 시학의 성격을 가장 잘 보여주는 작품이다.

> 孤獨은 내 靈의 月世界./ 나는 그 우의 沙漠에 깃드려잇다/ 孤獨은 나의 情熱의 佛土./ 나는 그 우에 한 적은 薔薇村을 세우려한다./ 그리하여 나는 스사로 그 村의 王이 되려한다/ 아아 나는 孤獨에 도라 왓슬 쌔, 비로서/ 나의 慧智가 눈쯤을 알(認識)엇다./ 孤獨은 苦痛이 아니고, 나의 慧智에의/ 즐겁은 黎明일다./ 실노 孤獨은 神과 人과의 愛의 境界./ 이곳에 드러와야/ 神의 감춘손(秘手)을 쥠을 엇는다./ 안일다, 孤獨 그 自身이 '愛'일다./ 神과 人과의 愛, 神人同體의/ 가장 合理的의 强하고, 淨한 愛일다./ 아아 孤獨은 愛의 絶頂일다/ 이 우를 넘어서는 愛가 업다./ 아아 나는 이우에 한 적은 薔薇村을 세우려한다.
> ― 황석우, 「薔薇村의 饗宴-序曲」37)

「장미촌의 향연」은 '서곡'편과 '薔薇村의 第一日의 黎明'편으로 이루어져 있다. 후자가 장미촌에서의 첫날 새벽의 감회를 적고 있는 부분이라면, 전자는 장미촌 건설의 의지와 고독의 의미를 은유적으로 표현한 것이다. 서곡에서 화자는 "장미촌"이 "고독"의 내부에 세워질 수 있는 영역임을 말하고 있다. "孤獨은 내 靈의 月世界"라는 대목에서 우리는 고독이 영혼의 영역임을 알 수 있고, "孤獨은 神과 人과의 愛의 境界", "孤獨은 愛의 絶頂"라는 대목에서 영혼이 신비적 합일을 지향하

---

34) 박영희, 「幽靈의 나라」, 『백조』 2, 1922. 5. ; 홍사용, 「墓場」, 『백조』 3, 1923. 9.
35) 김유방, 「惡魔의 물음」, 『창조』 8. 1921. 1.
36) 김유방, 「죽음의 노리」, 『창조』 8. 1921. 1. ; 박종화, 「밀실로 도라가다」, 『백조』 1, 1922. 1. ; 「死의 禮讚」, 『백조』 3, 1923. 9.
37) 『장미촌』 1, 1921. 5.

는 신비주의적인 것임을 알 수 있다. 그러므로 고독은 신비주의적인 영혼의 상태를 의미하는 것으로 파악할 수 있다. 이렇게 볼 때 장미촌은 신비주의적인 영혼의 사유와 상상이 만들어낸 영역이 된다.

신비주의는 개인적이고 내밀하고 주관적인 성질을 지니고 있다. 신비주의적 체험 속에서 자아는 외부로부터 스스로를 격리하고 내면에 침잠하여 자신의 가장 깊은 곳으로 가라앉는 고독의 정황을 전제하게 된다. 그러한 고독의 상태에서 영혼은 신적인 대상과 일체감을 경험할 수 있게 된다. 황석우가 말하는 고독은 그와 같은 신비주의적인 고독의 연장선에 놓인다. 그렇다면 황석우가 신비주의적인 고독을 형상화한 까닭은 무엇일까. 그것은 바로 근대시의 중요한 요소 중의 하나가 고독이기 때문이다. 슈타이거가 말하듯이 서정시는 다른 어떤 문학 장르보다도 주관적이기 때문에 "고독의 예술"이라고 할 수 있다.[38] 슈타이거에 의하면 외부의 어떠한 정황이 아니라 자신의 내면을 바라보고 주관을 따르기 때문에 서정시인은 외로우며, 서정적인 작품은 외로운 생활 속에 깃든 정적에서만 꽃을 피우며, 서정적인 고독 속에는 어떠한 행복이 가득 차 있다. 이와 같은 서정시의 장르적 특징으로서의 고독은 서정시가 그 외부의 어떠한 것으로도 환원될 수 없는 철저하게 자율적인 것임을 담보해주는 하나의 요소가 된다. 이렇게 볼 때 황석우가 신비주의적인 고독을 수용한 것은, 서정시의 자율성과 미적 근대성을 위한 기획의 일환으로 이해할 수 있다.

---

[38] E. Staiger, *Grundbegriffe der Poetik*, 오현일 · 이유영 역, 『시학의 근본개념』, 삼중당, 1978, pp. 77-82.

4. 신시논쟁과 국민문학

자율성이라는 개념을 미적 근대성의 관건으로 파악할 때, 신비주의 수용은 고대로의 복귀가 아니라 미적 근대성의 한 요인이 된다. 물론 이 때의 신비주의는 근대적인 변용의 과정을 전제로 한다. 과학과 계몽의 이성이 활기차게 영토를 확장해 나갈 때 근대 미학으로 수용된 신비는 문학의 자치권을 위한 성벽이 되어왔다. 18세기 영국의 낭만주의나[39] 프랑스 상징주의, 국내의 전통주의는[40] 신비주의적인 요소들을 시에 수용하면서 중세적인 기독교 윤리나, 계몽주의의 합리성, 과학의 유물론적 기계관 등으로부터 독립된 미적 자율성의 영역을 확보하여 왔다.

그러한 맥락을 고려하면 동인지 시대 신비주의에 대한 관심은 한국적인 특수한 현상은 아니다. 이 시기 신비주의에 대한 관심은 조선의 유가적 도덕과 전대의 계몽적 이성주의에 대항하여 시적인 것의 자율성을 모색하고자 하는 차원에서 이해할 수 있다. 그렇게 볼 때 당시 영혼와 신비에 대한 관심이 맹목적인 서구시의 추종이 아니라 시적 근대성에 대한 문학사적 요청에서 이루어진 것임을 짐작할 수 있다. 동인지 시론과 작품이 지나치게 서구 상징주의 시의 모방에 치우친 사실을 부정하기는 어렵지만, 다른 한편으로는 그와 같은 서구 추수적인 경향에 대한 반성도 간과할 수는 없다.

> 最近의 日本詩壇이나 또는 우리들이 쓰는 詩는(詩形은 비록 西詩形을 模倣하엿다하더래도) 곳 日本人의 創造한 詩, 또는 우리가 創造한 독립한 詩일다. 詩形과 詩는 달다. 詩를 덥허노코 西洋詩의 模倣이라하는 것은 적어도 一民族의 그 國民詩歌運動에 與하는 이우에 더 넘는 甚한 큰 侮辱은 업는줄 안다.[41]

---

39) 화이트헤드는 18세기 영국의 낭만주의를 과학적 유물론에 대한 반동으로 규정한다.
A. N. Whitehead, *Science and the Modern World*, 오영환 역, 『과학과 근대세계』, 서광사, 2005, pp. 119-149.
40) 김옥성, 『한국 현대시의 전통과 불교적 시학』, 새미, 2006, pp. 53-116.

이 글은 '신시 논쟁'[42]에서 제기된 황석우의 견해이다. 황석우가 발표한 일련의 시론을 고려할 때 그가 여기에서 말하는 "시"는 곧 상징주의적인 경향의 시로 받아들일 수 있다. 황석우는 이 글에서 신시(신체시, 자유시)[43]는 서구시의 모방이라는 현철의 주장에 대하여 매우 민감한 반응을 보인다. 그는 당시 자유시 운동을 "국민시가운동"으로 규정하고, 신시(자유시)를 서양시의 모방으로 보는 것은 이에 대한 모독이라고 주장한다.

그러나 황석우가 말하는 "국민시가"는 1920년대 중반의 국민문학 개념과는 거리가 먼 것이었다. 그는 본질적으로 코스모폴리탄이었다. 그는 현철의 반론에 뒤이은 「注文치 아니한 詩의 定義를 일러 주겟다는 玄哲君에게」에서 당대를 "民族魂이 人類魂으로 多樣의 獨立한 各民族의 國語가 一語로 統一되어 가려는" 시대로 이해하고 있다. 그에게 "국민시가"는 인류보편의 시가로 나아가는 과도기적인 현상이지 궁극적인 목표는 아니다. 이는 국민문학의 완성을 궁극적 목표로 설정한 국민문학파와 상반된 견해이다. 그는 "국민시가"의 개념을 첫째, 작가가 그 국민의 일원인 것, 둘째, 그 국민성을 표현한 것으로 규정한다. 황석우의 이러한 "국민시가"론은 조금 엉뚱하고 느닷없는 것이었지만, 당시 문단에 팽배해진 상징주의적인 경향의 시에 대한 반성의 계기를 마련해준다.

> 萬一 黃君이 君의 말과 가티 眞正한 誠意로 朝鮮民族을 爲하야 國民
> 詩歌를 創設하랴고 하거던 그 順序로써 먼저 우리의 古詩를 硏究하여
> 그 詩想과 詩形이며 또는 그 民族性이 那邊에 잇는 것을 깁히 안 後에

---

41) 황석우, 「'犧牲花'와 '新詩'를 읽고」, 『개벽』6, 1920. 12.
42) 신시 논쟁은 신시의 정의를 둘러싼 논쟁으로 현철과 황석우를 중심으로 다음 글들을 통해 이루어진다. 현철, 「詩라고하는 것은 무엇인가」, 『개벽』5, 1920. 11. ; 황석우, 「'犧牲花와 新詩를 읽고」, 『개벽』6, 1920. 12. 현철, 「批評을 알고 批評을 하라」, 『개벽』6, 1920. 12. ; 황석우, 「注文치 아니한 詩의 定義를 일러 주겟다는 玄哲君에게」, 『개벽』7, 1921. 1. ; 김유방, 「'批評을 알고 批評을 하라'를 읽고」, 『개벽』7, 1921. 1. ; 현철, 「所謂新詩形과 朦朧體」, 『개벽』8, 1921.2.
43) 신시 논쟁에서 '신시', '신체시', '자유시'는 혼용되기도 하고 변별되기도 한다.

> 朝鮮文을 - 朝鮮語 -를 新古勿論하고 잘 알아야할지요 그런 뒤에는 外國詩想이나 詩形을 배울 것이며 또 그 主義主張을 參酌하여 가장 우리 民族性의 特長에 融入하는 것이라야 비롯오 참으로 黃君의 偉大한 所謂 國民詩歌가 創造될 줄 안다. 그러치 아니하고는 아모리 外國에서는 조코 適當한 모든 詩具를 가지고 오더래도 그것은 한갓 徒勞에 不過할 것이요 또 沙場에 세우는 집이나 蜃氣樓에 지나지 못할 것이다.44)

현철은 황석우의 견해가 공허한 주장임을 피력하고 있다. 그는 당시 문단에 유행하는 "신시"나 "상징주의"를 "몽롱체"로 규정하고, 이에 대하여 "어렵게만 써노흐면 누가 알아보지 못하기 째문에-自己도 모르지마는 남도 모르니까 응당 이 가운대 무슨 意味가 잇는 것 가티 欺瞞할 手段"이라는 비판적인 견해를 보인다. 현철의 견해에서 우리는 당시의 자유시(신시)는 곧 상징주의로 인식되었으며, 대체로 난해한 양상을 띠게 된 것을 알 수 있다.45)

김억, 황석우, 변영로 등이 근대적 미학을 확립하기 위하여, 시에 신비를 수용하면서 막연한 몽롱을 추구하고 있을 때에, 현철은 이 글에서 몽롱의 한계를 지적하면서, 시의 '신비'를 국민시가의 수준에서 수용하기 위해서는 조선적인 것에 대한 이해가 선행해야 함을 주장하고 있다.46) 그의 주장은 1920년 전후의 영혼과 신비의 시학이 1920년대 중반 국민문학논의로 조용하게 스며드는 모습을 예견하는 것 같은 인상을 준다.

동인지 시대를 거치는 동안 영혼와 신비의 시학은 서정시를 평가하는 하나의 기준으로 확고하게 정착되는데, 예를 들어 박종화는 월평에서 노작의 「꿈이면은」에 대하여 실연의 "혼"의 애상을 형상화하는 데에 성공

---

44) 현철, 「所謂新詩形과 朦朧體」, 『개벽』8, 1921.2.
45) 이는 현철뿐만 아니라 김억, 변영로, 황석우 등에서도 공통적으로 확인된다.
46) 최남선의 「조선국민문학으로서의 시조」를 필두로 1920년대 중후반에 국민문학론이 본격화된 점을 고려할 때 신시 논쟁에서의 국민시가론은 큰 성과가 아닐 수 없다. 신시 논쟁의 부산물로 산출된 국민시가론은 1920년대 미적 근대성의 기획에 주체적 의식이 결합하기 시작하였다는 점을 말해준다.

한 작품이라 평하고, 회월의 「미소의 허화시」에 대하여 "몽롱한" 아름다움을 형상화하는 데에 성공한 작품으로 평가하고 있다.47) 이러한 현상은 비단 동인지 문단에만 국한되는 것은 아니다.

그것은 1920년대 중반의 국민문학론의 현장까지 이어진다. 가령, 이광수는 최남선의 시조에 대하여 "神秘主義에 갓가오리만큼 그 생각이깁고 象徵主義에 갓가오리만큼 그 表現이 怪奇하다"라고 평가한다. 이광수가 신비주의적인 미학을 갖춘 최남선의 시조를 "새 생각을 가지고" 지은 것이며, "時調史上에 一新境域을 연 것", 시조를 "新文學"으로 재생시킨 것이라고 평가하는 데에서,48) 당시의 영혼과 신비의 시학이 새로운 미학으로서 시적 근대성의 일부로 정초되었음을 확인할 수 있다.

영혼과 신비의 시학이 1920년대 초반 서구추수적인 경향에서 국민시가로 옮겨오는 과정은 김소월의 시편에서 선명하게 드러난다.

>   어둡게깁게 목메인하눌.
>   숨의품속으로서 구러나오는
>   애달피잠안오는 幽靈의눈결.
>   그림자검은 개버드나무에
>   쏘다쳐나리는 비의줄기는
>   흘늣겨빗기는 呪文의소리.
>
>   식컴은머리채 푸러헷치고
>   아우성하면서 가시는짜님.
>   헐버슨버레들은 꿈트릴째,
>   黑血의 바다. 枯木洞窟.
>   啄木鳥의
>   쏘아리는소리, 쏘아리는소리.
>
>   ― 김소월, 「悅樂」49)

---

47) 박종화, 「嗚呼我文壇」, 『백조』 2, 1922. 5.
48) 이광수, 「六堂과 時調」, 최남선, 『百八煩惱』, 동광사, 1926, pp. 3-4.
49) 『개벽』4, 1922.

"숨", "幽靈", "黑血", "洞窟" 등의 시어를 통해 우리는 이 시가 상징주의적인 경향의 시에서 영향을 많이 받은 것을 알 수 있다. "숨", "幽靈"은 『창조』, 『백조』 등에 수록된 시편들에서 빈번하게 등장하며, "黑血"은 백조파 시인들에게 지대한 영향을 끼친 황석우의 「애인의 인도」에, 그리고 "洞窟"은 이상화의 「나의 침실로」, 「말세의 희탄」 등에서 확인된다. 이 외의 김소월의 많은 시편에서도 당대 동인지 시의 영향이 농후하게 드러난다.

하지만 김소월은 점차적으로 그러한 영향에서 벗어나 전통적 사유와 상상을 펼쳐보인다. 백조파 시인들이 주로 몽롱한 상태와 신비를 드러내기 위하여 "사막", "광야", "활문산" 등의 이국적인 배경과 "기독", "마돈나" 등의 이국적인 요소들을 도입하는 데에 반하여, 김소월은 전통적인 배경과 시어들을 사용하면서 전통적인 신비를 형상화한다.

> 오오, 빗나는 太陽은 나려쪼이며
> 새무리들도즐겁은노래, 노래불너라.
> 오오恩惠여, 살아잇는몸에는넘치는恩惠여,
> 모든慇懃스럽음이우리의맘속을차지하여라.
>
> 世界의씃튼어듸? 慈愛의하눌은넓게도덥펏는데,
> 우리두사람은일하며, 사라잇섯서,
> 하늘과太陽을바라보아라, 날마다 날마다도,
> 새라새롭은歡喜를지어내며, 늘갓튼쌍우헤서.
>
> 다시한번 氣잇게웃고나서, 우리두사람은
> 바람에일니우는보리밧속으로
> 호믜들고드러갓서라, 가즈란히가즈란히
> 거러나아가는깃븜이어, 오오生命의向上이어.
>
> — 김소월, 「밧고랑우헤서」[50]

"오오 恩惠여, 살아잇는몸에는 넘치는恩惠여"에서 확인할 수 있는 바와 같이 이 시에는 "은혜", "자애"로 표상되는 신비가 전제되어 있다. 시적 자아는 신비적 대상과의 교감을 통하여 "은혜"와 "자애"를 느낀다. 따라서 이 시에는 신비주의적인 사유가 내면화되어 있는 것으로 이해할 수 있다. 그런데 이 시에는 "사막"이나 "광야"와 같은 이국적인 공간 대신 "밧고랑 우"라는 토속적인 공간이 배경으로 설정되어 있다. 그리고 초감각적 대상과의 신비주의적인 교감은 노동으로 인하여 고양되는 생명력과 결부되어 낯익은 분위기로 다가온다.

이렇게 볼 때 김소월은 상징주의 계열 시편의 영향을 많이 받았지만, 그들에게서 계승한 영혼과 신비의 시학을 전통적인 미학으로 변용하면서, 현철이 말하는 "국민시가"를 완성하였다고 할 수 있다. 비록, 김소월과 같은 경로를 거친 것은 아니지만, 김소월의 시와 함께 국민문학운동성과의 최고봉의 하나로 손꼽히는 한용운의 시[51] 또한 불교적인 신비를 담고 있다는 점에서, 동인지의 영혼과 신비의 시학은 국민문학의 탄생에 지대한 공헌을 하였다고 평가를 할 수 있다.

5. 시사적 의의

1920년대 동인지 작가들은 전대의 춘원과 육당이 추구한 계몽을 거부하고, 계몽의 타자인 신비주의에 경도되는 양상을 보인다. 종교를 윤리주의와 신비주의로 나눌 때 전자가 사회와 윤리에 중심을 두는 반면 후자는 주관과 환상, 내적 체험을 중요시한다. 주관성의 종교로서 신비주의는 개인적이고 내밀한 체험에 근거하기 때문에 시적인 사유와 상상의 논리

---

50) 『영대』3, 1924. 10.
51) 박현수, 「전통주의의 형성」, 한국현대시학회 편, 『20세기 한국시의 사적 조명』, 태학사, 2003, pp. 165-168.

와 쉽게 겹쳐질 수가 있다. 1920년대 동인지에서 이와 같은 신비주의는 미적 근대성의 기획에 일조를 하게 된다. 신비주의의 비합리적 요소는 계몽주의적 근대성과 조선조 유교의 윤리주의에 대한 반발력의 가능성을 가지고 있기 때문이다. 동인지 작가들은 이와 같은 신비주의의 근대성에 대한 타자적 성격을 활용하여 미적 자율성을 능동적으로 추구한다.

동인지의 "영혼"은 그와 같은 신비주의 수용의 과정에서 필연적으로 등장한 미학적 자아이다. 신비주의에서 영혼은 감각적 세계와 초감각적 세계의 신비를 매개하는 주체의 내면이다. 그것은 지극히 영적이고 내면적인 것으로, 이성으로 해명이 불가능한 존재이다. 동인지 작가들은 그와 같은 신비주의적인 영혼을 끌어들여, 사적이고 내밀한 내면으로서의 미학적 자아를 구축한다. 동인지 시에서 이 미학적 자아는 신비주의적인 영혼의 상태에서 초감각적 세계로 자유로운 여행을 펼쳐 보인다. 그와 같은 영혼과 신비의 시학은 어떠한 외적인 것으로도 환원될 수 없는 시의 주권성을 확인시켜준다. 동인지 시인들은 영혼과 신비를 수용하여 시적 자율성의 영역을 구축하면서 미적 근대성의 기획을 추진한 것이다.

이렇게 볼 때, "영혼"과 "신비"는 계몽주의적 근대성에 대한 반동이면서, 미적 근대성의 일부로 수용되고 있음을 알 수 있다. 하지만 그것은 본질적으로는 종교적인 속성을 갖고 있기 때문에 중세적인 미학의 세계로 귀소하려는 경향을 가지고 있다. 그러한 까닭에 동인지 작가들은 "영혼"과 "신비"를 퇴폐와 악, 관능 등과 연결시키고, 동시에 "기독", "광야", "사막"과 같은 서구적인 언어나 이국적인 배경을 조작해낸다. 그리하여 영혼과 신비의 시학이 윤리나 계몽에 종속되는 것을 차단하면서, 중세로 퇴보하는 것을 막아낸다.

이와 같은 영혼과 신비의 시학은 1920년대 중반 국민문학에도 깊이 침투해 있다. 이 당시 최남선의 시조에도 "신비"를 담아내는 것이 새로운 문학의 사명이라는 인식이 담겨있다. 그리고 김소월의 초기시는 동인지 시의 직접적인 영향에서 성장하여, 서구적인 신비를 전통적인 신비로 바꾸어 놓는다. 다른 한편 한용운은 불교적 신비를 수용하면서 국민문학의 한 봉우리를 형성한다. 그렇게 본다면, 동인지의 영혼과 신비의 시학은 직접, 간접적으로 국민문학의 탄생에 모종의 기여를 한 것으로 평가할 수 있다.

우리 근현대 시사의 한 흐름은 초감각, 신비의 세계가 아닌 일상적이고 덧없는 감각적 세계와의 동일성을 추구하는 방향으로 흘러온 것도 사실이다. 그러나 다른 한편으로는 감각을 넘어선 초감각의 신비적 대상과의 교감을 형상화하는 시편들의 계보가 있는 것도 사실이다. 가령, 우리 근현대 시사의 높은 봉우리를 점유하고 있는 김소월, 한용운, 조지훈, 서정주, 정지용, 김현승, 박두진, 구상 등의 대표적인 작품들에는 신비주의적인 사유와 상상이 내면화되어 있다. 동인지의 신비사상은 그와 같은 사유와 상상의 출발점에 자리 잡고 있는 것이다.

제2장

일제강점기 시의 신비주의적 서정성

1. 신비주의적 서정성 : 시와 종교의 '근본적' 만남

시와 종교가 만나는 방식에는 여러 가지가 있을 수 있다. 시는 종교의 세계관에 의지할 수도 있고, 종교에서 영적 인식론을 빌어올 수도 있고, 다채로운 소재나 상상력을 차용할 수도 있다. 시와 종교가 만나는 방식은 다양하지만, 근본적인 차원에서 양자의 만남은 "신비주의적 서정성"[1]의 양상을 띠게 된다. 신비주의적 서정성은 서정성과 신비주의의 미학적 결합을 의미한다. 많은 학자들이 동의하는 서정성의 본질은 동일성이다. 신비주의의 본질 또한 동일성이기 때문에 양자는 자석의 양극처럼 강력하게 서로를 끌어당긴다. 그러한 연유로 종교적인 시학을 추구하는 대부분의 서정시는 신비주의적 서정성의 향취를 강하게 발산하게 된다.

종교는 윤리적 종교와 신비주의적 종교로 나눌 수 있으며, 모든 종교는 윤리적 측면과 신비주의적 측면을 내함하고 있다.[2] 신비주의적 종교

---

1) "신비주의적 서정성" 개념의 학술적 의미와 근거는 다음을 참고할 수 있다.
  김옥성, 『한국현대시의 전통과 불교적 시학』, 새미, 2006, pp. 26-38.
2) J. Hessen, *System der Religionsphilosophie*, 허재윤 역, 『종교 철학의 체계적 이해』, 서광사, 1995,

이든, 종교의 신비주의적 측면이든 모든 양태의 신비주의는 신비적 합일(unio mystica)을 본질로 한다. 즉, 신비적 대상(신)과 자아의 일체감, 혹은 신비를 매개로 한 자아와 우주의 일체감을 본질로 삼는 것이다.

종교는 역현(kratophany)적 종교, 성현(hierophany)적 종교, 신현(theophany)적 종교로 구분된다.[3] 본고에서는 역현적 종교를 자연이나 사물에 깃들어 있는 마나(mana)와 같은 초자연적인 힘이나 정령, 영혼에 대한 믿음에 기초한 애니미즘이나 샤머니즘과 같은 종교로, 성현적 종교는 유교의 이(理)나 불교의 공(空), 열반(涅槃)과 같은 신성에 대한 믿음에 기초한 종교로, 신현적 종교는 유대교, 이슬람교, 기독교와 같이 유일신에 대한 믿음에 기초한 종교로 규정한다. 본고는 이 모든 종교에는 신비주의적 측면이 있으며, 그것이 서정시와 결합하여 다양한 색채의 신비주의적 서정성을 생성한다고 본다.

한국현대시사에서는 1920년대의 국민문학파, 일제말기 문장파, 전후 전통파의 뒤를 이어 1990년대에 다시 한번 전통론이 대두되면서 서정시의 본질로서 서정성이 화두로 떠오르게 된다. 1990년대 이후 서정성에 대한 다양한 논의가 제기되었지만, 서정성을 자아와 세계의 상호 융화로 보는 원론적인 차원에서 크게 벗어나지 않고 있다. 이제는 기존 논의를 토대로 서정성의 다양한 양상에 대해서 논구할 필요가 있다. 그러한 관점에서 본고는 서정성의 특수한 형태로서 '신비주의적 서정성'이라는 개념을 설정하고, 구체적인 작품에 드러나는 신비주의적 서정성의 제 양상을 검토하고자 한다.

종교의 시적 측면으로서 신비주의와 서정성이 결합할 경우 역현적 종교, 성현적 종교, 신현적 종교로 분류되는 다양한 종교적 세계관에 토대

---

pp. 472-497.
3) 정진홍, 『한국종교문화의 전개』, 집문당, 1988, p. 80. ; 정진홍, 『경험과 기억』, 당대, 2003, pp. 28-31. 등 참고.

를 둔 신비주의적 사유는 다채로운 양상으로 펼쳐진다. 하지만 모든 신비주의는 신비가 전제된 동일성을 고유의 근거로 삼고 있기 때문에 보편적인 양상을 보여주기도 한다.

　본고에서는 일제 강점기 김소월, 한용운, 정지용의 시편을 중심으로 한국 현대시에 나타난 신비주의적 서정성의 세 가지 양상을 논구한다. 이미 널리 알려진 바와 같이 김소월의 시는 샤머니즘적인 세계관에, 한용운의 시는 불교적 세계관에, 정지용의 중기시는 가톨릭적 세계관에 토대를 두고 있다. 따라서 김소월의 시편을 통해서는 역현적 종교의 세계관에 기반한 신비주의적 서정성을, 한용운의 시편을 통해서는 성현적 종교의 세계관에 기반한 신비주의적 서정성을, 정지용의 중기시편을 통해서는 신현적 종교의 세계관에 기반한 신비주의적 서정성의 양상을 살펴본다. 이 세 가지 신비주의적 서정성의 특수한 양상을 논구하기 전에 우선 그 예비작업으로서 신비주의적 서정성의 보편성과 특수성을 고찰할 필요가 있다. 왜냐하면 모든 신비주의적 사유는 차이를 관류하는 동일성이라는 보편적인 속성을 구비하고 있기 때문이다.

2. 보편성과 특수성

　①우리두사람은/ 키놉피가득자란 보리밧, 밧고랑우헤 안자서라./ 일을畢하고 쉬이는동안의깃븜이이./ 지금 두사람의니야기에는 꾯치필째.//
　오오 빗나는太陽은 나려쏘이며/ 새무리들도 즐겁은노래, 노래불너라./ 오오 恩惠여, 살아잇는몸에는 넘치는恩惠여,/ 모든은근스럽음이 우리의 맘속을 차지하여라.//
　世界의씃튼 어듸? 慈愛의하눌은 넓게도덥혓는데,/ 우리두사람은 일하며, 사라잇섯서,/ 하늘과太陽을 바라보아라, 날마다날마다도,/ 새라새롭은歡喜를 지어내며, 늘 갓튼짱우헤서.//

　　　　다시한番 活氣잇게 웃고나서, 우리두사람은/ 바람에일니우는 보리밧
속으로/ 호믜들고 드러갓서라, 가즈란히가즈란히,/ 거러나아가는깃븜이
어, 오오 生命의向上이어.

　　　　　　　　　　　　　　　　　　　　— 김소월, 「밧고랑우헤서」4)

　　②바람도업는공중에 垂直의波紋을내이며 고요히써러지는 오동닙은
누구의발자최임닛가/ 지리한장마씃헤 서풍에몰녀가는 무서은검은구름
의 터진틈으로 언뜻언뜻보이는 푸른하늘은 누구의얼골임닛가/ 쏫도업
는 깁흔나무에 푸른이끼를 거처서 옛塔위의 고요한하늘을 슬치는 알ㅅ
수업는향긔는 누구의입김임닛가/ 근원은 알지도못할곳에서나서 돍쑤리
를울니고 가늘게흐르는 적은시내는 구븨구븨 누구의노래임닛가/ 련쏫
가튼발쑴치로 가이업는바다를밟고 옥가튼손으로 끗업는하늘을만지면서
써러지는날을 곱게단장하는 저녁놀은 누구의詩임닛가/ 타고남은재가
다시기름이됩니다. 그칠줄을모르고타는 나의가슴은 누구의밤을지키는
약한등ㅅ불임닛가

　　　　　　　　　　　　　　　　　　　　— 한용운, 「알ㅅ수업서요」5)

　　③내 무엇이라 이름하리 그를?/ 나의 영혼 안의 고운 불,/ 공손한 이
마에 비추는 달,/ 나의 눈보다 값진 이,/ 바다에서 솟아 올라 나래 떠는
금성(金星),/ 쪽빛 하늘에 흰꽃을 달은 고산 식물(高山植物),/ 나의 가지
에 머물지 않고,/ 나의 나라에서도 멀다./ 홀로 어여뻐 스스로 한가로워
- 항상 머언 이,/ 나는 사랑을 모르노라. 오로지 수그릴 뿐./ 때없이 가
슴에 두 손이 여미어지며/ 굽이굽이 돌아 나간 시름의 황혼(黃昏) 길 위
-/ 나 - 바다 이편에 남긴/ 그의 반임을 고이 지니고 걷노라.

　　　　　　　　　　　　　　　　　　　　— 정지용, 「그의 반」6)

　①은 보리밭에서 노동을 하다가 잠시 휴식을 취하고 나서 다시 노동
으로 복귀하는 과정에서 펼쳐지는 시적 자아의 감상을 담고 있다. 여기

---

4) 본고에서 김소월 시의 인용은 다음 시집에 준한다. 김소월, 『진달내꼿』, 매문사, 1925.
5) 본고에서 한용운 시의 인용은 다음 시집에 준한다. 한용운, 『님의 침묵』, 회동서관, 1926.
6) 본고에서 정지용 시의 인용은 다음 시집에 준한다. 정지용, 『정지용전집』1, 민음사, 1988.

에서 우리는 노동으로 인해 고양되는 시적 자아의 생명력을 쉽게 간취할 수 있다. 김재홍은 그것을 "강인하고 굳센 노동의 사상에 뿌리를 둔 민중적 생명력"[7])으로 규정한다. 그렇다면 이때 노동에 의해서 고양되는 생명력의 근원은 어디인가. 표면적으로 시적 자아는 노동을 통해 자연과 동화되면서 '빛나는 태양', '새무리의 노래', '하늘' 등으로 표상되는 자연에서 생명력을 얻는다. 그러므로 생명력의 근원은 자연으로 이해할 수 있다. 그런데 여기에서의 자연은 무상한 자연이 아니라 신적인 "은혜"로 충만한 영원하고 무한한 자연이다. 다시 말해 신비가 전제된 자연이다.[8]) 시적 자아는 노동을 매개로 자연과 상호 융화를 경험하고, 그러한 경험 안에서 자연의 배후에 놓인 초월적 실재로서 신비적 대상과 접촉하게 되는 셈이다. 그리하여 신비적 대상의 "은혜"와 "자애", "은근스럼음"이 시적 자아의 "맘속"을 충만하게 채우게 된다. 시적 자아는 신비적 대상과 일체감을 확보한 것이다. 시적 주체는 그러한 신비가 전제된 서정적 상호 융화를 "생명의 향상"으로 기록하고 있다.

김소월 시의 시적 사유와 상상이 샤머니즘적인 세계관에 토대를 두고 있음은 이미 널리 알려져 있지만 ①에는 샤머니즘적인 사유가 잘 드러나지 않는다. 다만 "보리밧", "밧고랑", "호믜" 등의 시어와 시적 자아의 노동에서 민중적인 정서를 감지할 수 있다.

②에서 시적 자아는 자연현상의 배후에 있는 초월적 실재 혹은 신비적 대상을 인식하고 있다. "오동잎", "하늘", "향기", "시내", "저녁놀"은 모두 신비적 대상을 암시하는 자연의 이미지들이다. "누구"로 표상되는 신비적 대상은 자연의 이미지들을 관류하는 어떠한 근원적인 존재이다. 그런데 시적 자아는 그 근원적인 존재에 대하여 "알 수 없어요"라고 말

---

7) 김재홍, 『한국현대시인 연구』, 일지사, 2004, p. 49.
8) 김동리는 김소월 시의 "자연"을 "신"과 대등한 것으로 규정하고 있다. 김동리, 「청산과의 거리-김소월론」, 『문학과인간』, 민음사, 1997. 참고.

하고 있다. 근원적인 존재에 대해서 논리적 이성적으로는 알 수가 없지만 시적 자아는 자연을 통하여 그의 실재성을 인식하고 있다. 그러한 점에서 시적 자아는 그런 신비적 대상과 신비적으로 교감을 나누고 있는 것이다.

우리는 이미 한용운의 시편이 불교적 세계관에 토대를 두고 있음을 잘 알고 있지만, 이 시에는 불교적인 요소가 표면화되어 있지 않다. 굳이 찾아내자면 "타고 남은 재가 다시 기름이 됩니다"에 윤회론적 사유가 드러난다고 할 수도 있다. 하지만 엄밀하게 말하면 이 부분도 윤회론적 사유로 한정할 수 있는 근거는 없다. 다만 우리는 이 대목에서 이 시에 신비적인 순환의 원리가 제시되어 있음을 확인할 수 있을 뿐이다. 그러한 원리가 자아의 내면으로 진입해서 등불로 타오르고 있다.[9] 시적 자아는 "신적 존재로 불릴 수 있는 보편적인 원칙"[10]과 신비적 합일을 이루고 있는 것이다. 그러한 점에서 이 시는 성현적인 신비주의적 사유를 시적으로 형상화하고 있는 것으로 이해할 수 있다.

③에서 시적 주체는 신비적 대상을 "달", "금성", "고산식물" 등과 같은 지고한 천체와 자연의 이미지로 제시하고 있다. 지고한 이미지로 형상화된 신비적 대상은 "나의 가지에 머물지 않고, 나의 나라에서도 멀다"가 말해주는 바와 같이 먼 거리에 놓여있다. 시적 자아가 "바다 이편"에 거주하는 반면, 신비적 대상의 "바다"로 표상되는 먼 거리의 저편에 거주하는 셈이다. 그러한 거리감은 신비적 대상의 초월성을 강조하고 있다.

이는 분명 ①이나 ②와 변별되는 특징이다. ①과 ②에도 신비적 대상은 지고한 천체의 이미지와 결부되지만 그것은 "보리밭", "밧고랑", "쌍우"(「밧고랑우혜서」), "푸른이끼", "돍샛리", "발쑴치"(「알ㅅ수업서요」)

---

[9] "그칠 줄을 모르고 타는 나의 가슴은 누구의 밤을 지키는 약한 등불입니까."
[10] R. S. Ellwood, Jr., *Mysticism and Religion*, 서창원 역, 『신비주의와 종교』, 이화여대 출판부, 1994, p. 26.

등의 지상적인 이미지와 결합하면서 지고한 성격을 상실하게 된다. 그리하여 그것은 오히려 지상에 스며있는 어떠한 신비한 대상의 의미를 확보하게 된다. 반면 ③의 경우는 지고한 사물의 이미지가 "나의 가지에 머물지 않고, 나의 나라에서도 멀다"라는 의미와 만나면서 지고한 성격, 초월성이 강화된다. 이 시에서 "그"는 초월적 실재로서 가톨릭적인 신, "예수 그리스도"나 "하느님"을 지칭하는 것으로 알려져 있지만,[11] 이 시에서 그렇게 볼 수 있는 근거를 찾을 수는 없다. 다만 우리는 ①과 ②에 비해 시적 자아와 신비적 대상 사이의 거리감이 강조되어 있음을 확인할 수 있을 뿐이다. 그것은 신현적 종교의 특징이다. 유일신관에 기반한 신현적 종교는 신과 인간의 이원론에 토대를 두고 있기 때문이다.

비록 ③에 신현적 종교의 이원론적 성격이 강하게 드러나지만, 한편으로는 신비적 대상과 자아의 신비적 교감이 나타나고 있다. 무엇보다도 모두(冒頭)에서 신비적 대상으로서 "그"가 "나의 영혼 안의 고운 불"이라고 전제되고 있는 데에서 확인할 수 있다. 신비적 대상은 초월적으로 먼 거리에 놓여있지만 시적 자아는 "나의 영혼 안"에서 그러한 신비적 대상과 신비적 합일을 이루고 있는 것이다.

지금까지 우리는 김소월, 한용운, 정지용의 시 한 편씩을 선정해서 신비주의적 서정성의 양상을 살펴보았다. 이러한 시편들은 매우 유사한 사유를 보여준다. 우선, 공통적으로 이 세 편의 시에는 세계의 배후에 신비(적 대상)이 설정되어 있다. 이러한 시편에서 신비는 이중적인 성격을 갖는다. 우선 초월적인 성격을 지적할 수 있다. 궁극적 실재 혹은 궁극성이라 할 수 있는 신비는 이성으로는 파악이 불가능한 존재로, 경험적·객관적 현실의 체계에 속하지 않다. 그 때문에 시적 자아는 그 대상에 대하여 "알ㅅ수업서요", "내 무엇이라 이름하리 그를?"과 같은 의문의 태도를 취한다. 이는 신비적 대상의 초월성에 대한 반응이다.

---

11) 김용직, 『한국 현대시 해석·비판』, 시와시학사, 1991, pp. 84-86.

또 하나의 성격은 동일성이다. 신비적 대상은 현실의 체계를 초월한 존재이기 때문에 이성적으로는 파악이 불가능하지만, 시적 자아는 심정적으로 그것과 교감을 나누게 된다. 초월적인 신비와 자아를 매개해 주는 것은 경험적·객관적 현실의 사물들이다. 신비적 대상은 현실의 체계에 속하지 않지만, 현실의 사물을 통해 자신을 현시한다. 그리하여 시적 자아는 경험적·객관적 현실에 스며있는 신비와 교감을 나누면서 자아와 세계의 동일성을 경험하게 된다.

위에서 살펴본 시편들의 신비주의적 서정성에서 신비적 대상은 초월성과 동일성을 구유하고 있으며, 시적 자아는 무상한 세계가 아니라 영원과 무한에 해당하는 신비가 전제된 세계와 동일성을 경험하게 된다. 이러한 양상은 신비주의적 서정성의 보편적인 구조이다.

반면, 이 세 편의 시에서 시적 사유와 상상의 차이를 찾아내기는 어렵다. 왜냐하면 이들의 시편이 공통적으로 신비주의적 사유에 토대를 두고 있기 때문이다. 다만, 우리는 김소월의 시편에는 민중 지향적인 사유가, 한용운의 시편이 신비적 대상으로서 어떠한 보편적인 원리와의 교감을 추구하는 성현적인 신비주의적 사유가, 정지용의 시편이 신과 인간의 이원론에 토대를 두면서 신과의 교감을 추구하는 신현적인 신비주의적 사유가 두드러짐을 확인할 수 있을 뿐이다. 이러한 차이를 보다 분명하게 확인하기 위해서는 개별 시인의 다른 작품과의 관계, 그리고 시인의 전기적 사실을 동원할 필요가 있다. 이하에서는 그러한 점을 고려하여 세 유형의 신비주의적 서정성의 특수한 양상을 구명한다.

3. 김소월 시의 역현적 신비

김소월은 민요조의 전통적 가락과 전통적인 소재, 전통적인 정서를 통해 기층민의 삶과 애환을 서정적으로 표현해온 시인이다. 그러한 까닭에 「밧고랑우헤서」에서 확인한 바와 같이 김소월 시에는 민중적인 사유와 상상이 두드러진다. 김소월 시의 그러한 민중적인 사유와 상상의 형이상학적 토대는 샤머니즘적 세계관으로 알려져 있다.[12] 그렇다면 역현적 종교의 일종으로서 샤머니즘적 세계관에 토대를 둔 김소월 시의 신비는 어떠한 것이고 자아와 신비적 대상의 교감을 통해 확보되는 신비주의적 서정성은 어떠한 특성을 보이는가.

김소월 시편에서 「밧고랑우헤서」와 유사한 시적 사유와 상상이 잘 드러나는 다른 작품으로 「合掌」, 「默念」, 「비난수하는 맘」 등이 있다. 이러한 시편들에는 「밧고랑우헤서」와 같은 건강한 노동의 정신이 없지만, 세계의 배후에 설정된 신비에 대한 경건하고 간절한 마음이 표면화되어 있다. "厄맥이 祭", "비난수" 등의 시어는 그러한 시편의 신비가 토속적인 사유로서 샤머니즘-무속과 연결되어 있음을 암시해준다.

> 내몸은 생각에 잠잠할째. 희미한수풀로서
> 村家의厄맥이祭지나는 불빗츤 새여오며,
> 이윽고, 비난수도머구소리와함께 자자저라.
> 가득키차오는 내心靈은……하늘과땅사이에.
>
> — 「默念」 부분

---

[12] 그렇다고 해서 김소월 시의 신비주의적 서정성이 전적으로 샤머니즘으로 환원될 수 있는 것은 아니다. 신비의 이중성, 즉, 초월과 동일성 중 초월이 강조될 경우 김소월 시의 신비주의적 서정성에는 기독교적인 이원론이 나타나기도 한다. 서정주는 한편으로는 김소월의 시편에 샤머니즘적인 유계가 나타남을 지적하면서 다른 한편으로는 유교나 기독교적인 이원론적 신관념이 드러남을 밝힌 바 있으며, 김희보는 후자를 적극적으로 수용하여 김소월 시에 나타난 기독교적인 자연신비주의적 면모를 논구하였다. 서정주, 「김소월과 그의 시」, 『서정주 문학 전집』 2, 일지사, 1972. ; 김희보, 「김소월 시의 자연신비주의」, 『기독교 사상』, 1978. 등 참고.

인용한 부분은 토속적인 분위기 속에서 시적 자아가 자연의 배후에 설정된 어떠한 신비적 대상과 교감하는 장면을 보여준다. "가득키차오는 내心靈은⋯⋯하늘과쌍사이에"는 신비적 대상과의 교감을 통해 하늘과 땅 사이를 가득채울 만큼 팽팽하게 부풀어오른 자아의 의식을 표현한 것이다. 하지만 여기에는 신비의 존재방식이라든가 신비와의 교감의 구체적인 양상이 잘 드러나지 않는다. 그렇다면 김소월 시에서 신비는 어떠한 영역에 거주하며, 어떠한 방식으로 시적 자아와 교감하게 되는가. 「열락」과 「무덤」에는 그 양상이 비교적 선명하게 드러나고 있다.

> 어둡게깁게 목메인하눌./ 꿈의품속으로서 구러나오는/ 애달피잠안오는 幽靈의눈결./ 그림자검은 개버드나무에/ 쏘다쳐나리는 비의줄기는/ 흘늣겨빗기는 呪文의소리.//
> 식컴은머리채 푸러헷치고/ 아우성하면서 가시는싸님./ 헐버슨버레들은 꿈트릴쌔,/ 黑血의 바다. 枯木洞窟./ 啄木鳥의/ 쏘아리는소리, 쏘아리는소리./
>
> ―「悅樂」

김소월의 많은 시편들에는 현실과 꿈의 경계적인 상태, 비몽사몽의 지평이 형상화되어 있다. 이 시는 그러한 지평 구조를 대변하는 작품 중 하나이다. "애달피 잠 안오는"과 "꿈의 품 속"에서 알 수 있듯이 시적 자아는 현실과 꿈의 경계에 놓여있다. 비몽사몽의 정황에서 경험적 현실의 "어둡게깁게 목메인하눌"과 "쏘다쳐나리는 비의 줄기" 소리는 꿈의 상태와 결합하면서 각각, "유령의 눈결"이나 "주문의 소리"로 재생산된다. 여기에서 "유령"과 "주문"은 이승과 저승의 경계를 넘나들면 양자를 매개하는 존재이다. 그렇게 볼 때 이 시에서 현실과 꿈의 경계적 정황은 이승과 저승의 경계적 상태로 변주된다. 그러한 양상은 이 시뿐만 아니라 김소월의 다양한 시편에서 확인할 수 있다.[13]

2연에는 그 구체적인 양상이 잘 나타난다. 현실적으로 "고목동굴"은 고목 속에 깊이 패인 구멍이며, "흑혈의 바다"는 그 구멍에 고인 물이다. 현실적으로 외부에 내리는 비가 고목의 패인 구멍에 고인 것이다. 그 때문에 썩은 나무를 파먹고 사는 벌레들이 꿈틀거리게 된다. 그러한 경험적 현실에서 얻은 기억의 단편들은 시적 주체의 사유와 상상의 여과를 거쳐 꿈의 상태와 뒤섞이면서 저승의 이미지로 변환한다. 저승으로 걸어가는 사자인 "싸님"의 이미지와 연결되면서 "黑血의 바다"와 "枯木洞窟"는 저승의 의미를 확보하게 된다. 그런데 이러한 이미지에 담긴 저승은 고목 둥걸 속에 담겨 있는 저승이라는 점에서 현실의 내오(內奧)에 깃들어 있는 타계이다. 그러한 저승관은 다분히 샤머니즘적인 것이다. 샤머니즘적인 저승은 이승과 이어져 이승 안에 담겨 있으며, 이승과 저승은 구분되기는 하지만 분리되지는 않는다.[14]

마지막 연에서 갑작스럽게 등장하는 딱따구리의 이미지는 이승과 저승의 교감을 추구하는 시적 자아의 초상으로 이해할 수 있다. 주지하는 바와 같이 딱따구리는 나무 속의 벌레를 파먹기 위해 온 숲이 울리도록 나무를 쪼아대는 새이다. 그러한 현실의 딱따구리 이미지는 꿈의 이미지와 뒤섞이면서 현실의 내오에 깃든 저승으로서 "흑혈의 바다", "고목동굴"과의 소통을 위해 미친 듯이 나무껍질을 쪼아대는 새의 이미지로 거듭난다. 2연의 마지막 부분을 장식하는 "啄木鳥의 쏘아리는소리"는 1연의 마지막 대목인 "呪文의소리"와 상응하는 부분이다. 이러한 "소리"들은 이승과 저승, 현실과 꿈의 경계를 허물어 온 우주를 하나로 상호 융화시켜 주는 기능을 한다. 이 시의 제목이 "열락" 즉 '환희'인 이유는 바로 거기에 있다. 이 시의 분위기는 비록 전반적으로 어둡고 음습하지만 시적 자아는 자아와 세계, 이승과 저승, 현실과 꿈이 하나의 신비적

---

13) 김옥성, 「김소월 시에 나타난 '영혼'과 '꿈'의 역학」, 『한국현대문학연구』15, 2004. 참고.
14) 정진홍(1988), 앞의 책, pp. 94-102.

단일체로 융화되는 서정적 경험 속에서 "열락"을 만끽하는 것이다.

김소월 시에서 '신비'는 '외재적으로 초월적인' 어떤 것이 아니다. 그것은 현실의 내오에 깃들어 있는 저승적인 영역에 담겨 있는 영혼이나 힘과 같은 것이다. 시적 자아는 "소리"를 매개로 그러한 영혼·힘과 교감을 나누면서 1연에서 확인할 수 있는 바와 같이 "유령"과 동일시되는 셈이다. 여기에서 우리는 서정시(lyric)의 어원이 되는 리라(lyra)의 소리를 상기할 수 있다. 그리스 신화에서 오르페우스의 리라 소리는 거친 성질을 누그러트리고, 단단한 것들을 감응시켜 말랑말랑하게 한다.15) 이와 관련하여 서정성에 대한 슈타이거의 다음 지적은 시사적이다.

> 자아 의식은 녹아내린다. 그래 우리는 "융화(Schmelz)"라는 단어를 서정적인 언어로 믿도록 권장한다. 융화는 견고한 것의 녹아내리는 작용이다.16)

서정성은 자아 의식과 사물의 경계가 녹아 하나의 단일체로 용해되는 지평이다. 우리는 그러한 서정적인 정황이 오르페우스 신화의 리라 소리가 생성하는 경지와 매우 흡사함을 쉽게 간취할 수 있다. 김소월 시에서 "소리"는 오리페우스의 리라 소리처럼 단단한 사물들의 경계를 허물고 자아와 세계를 하나의 신비적 단일체로 상호 융화시킨다. 「열락」의 "주문의 소리", "쏘아리는소리"는 소리는 「무덤」에서 "나를 헤내는 부르는 소리"로 변주된다.

> 그누가 나를헤내는 부르는소리/ 붉으스럼한언덕, 여기저기/ 돌무덕이도 음즉이며, 달빗헤,/ 소리만남은노래 서리워엉겨라,/ 옛祖上들의記錄을 무더둔그곳!/ 나는 두루찻노라, 그곳에서,/ 형적없는노래 흘너퍼져,/

---

15) 이윤기, 『이윤기의 그리스 로마 신화』1, 웅진, 2005, pp. 225-226.
16) E. Staiger, *Grundbegriffe der Poetik*, 오현일·이유영 역, 『시학의 근본개념』, 삼중당, 1978, p. 109.

> 그림자가득한언덕으로 여긔저긔,/ 그누구가 나를헤내는 부르는 소리/ 부르는소리, 부르는소리,/ 내넉슬 잡아쓰러헤내는 부르는소리.
> ─「무덤」

"나를 헤내는 부르는 소리", "소리만 남은 노래", "형 없는 노래"는 무덤 속에서 들려오는 소리이다. 무덤이 "옛 조상들의 기록"을 묻어둔 곳이라는 점에서 그것은 죽은 자들의 혼령으로부터 들려온다. 혼령은 소리를 통해서 "내 넋을 잡아끌어헤내는" 강력한 힘을 발휘한다. '헤내다'는 "강하게 끌어나오게 하다"[17]라는 의미로 풀이할 수 있는데, 시적 주체는 거기에 "잡아"와 "끌어"을 덧붙여 "잡아끌어헤내는"이라는 대목을 만들어내고 있다. 그것은 자아("내넋")에 작용하는 혼령의 힘의 강력함을 전달하기 위한 것인 셈이다. 그 강력함은 자아와 초자연적인(타자적인) 실체로서의 혼령과의 교감의 정도를 반영하는 것으로 이해할 수 있다. "내넋"은 "잡아끌어헤내는 소리"를 매개로 초자연적인 실체와 신비적 합일을 이룬 셈이다. 그러한 점에서 이 시는 샤머니즘적인 신비적 교감을 시적으로 형상화한 것이다.

다른 한편으로 저승에서 들려오는 소리는 모든 단단한 것들을 융화(schmelz)시킨다. "돌무덕이도 음즉이며"에서 알 수 있듯이 그 소리는 오르페우스의 리라가 바위를 말랑말랑하게 만든 것처럼 돌무더기에 활력을 부여하고 있다. 그리하여 그것은 자아와 세계의 단단한 벽이 허물어진 서정적 상호 융화를 함축하게 된다.

"돌무덕이도 음즉이며"는 「찬 저녁」에서 "엉긔한무덤들은 들먹거리며"로 변주된다. 「찬 저녁」에서 시적 자아는 이승과 저승, 현실과 꿈의 경계에 놓여 있다. "세상은 무덤보다도 다시 멀고"는 시적 자아가 놓인 정황을 단적으로 말해준다. 그는 일상적인 밝음의 세계인 "세상"으로부

---

17) 박현수, 『현대시와 전통주의의 수사학』, 서울대 출판부, 2004, p. 21.

터 일탈하여 "퍼르스럿한 달"의 빛에 물든 어스름한 공간으로 나와 있다. 그 공간은 "세상"도 아니지만 물론 "무덤"의 내부인 타계도 아니다. 이승과 저승의 경계 구역인 성황당과 무덤이 있는 외진 곳이며, 밝음과 어둠의 중간인 달빛이 스며들어 어스름한 곳이다. 그러한 경계적인 이미지는 서정적인 융화의 지평을 암시해준다. "데군데군 허러진", "무덤들은 들먹거리며", "눈녹아" 등은 모두 어떠한 단단한 상태가 허물어지고 있음을 말해준다. 여기에서 시적 자아는 세계가 융화되는 소리들을 듣고 있다.("나는 소래를드러라, 눈석이물이 씩어리는") 그리하여 「무덤」에서와 마찬가지로 시적 자아는 사물과 사물, 이승과 저승의 장벽이 허물어지는 경계지점에서 유령적인 상태로 동화된다.[18]

지금까지 살펴본 바와 같이 김소월 시에서 "소리"는 세계의 경계가 허물어지는 서정적 융화의 지평을 암시하는 이미지이다. "소리"를 매개로 자아와 세계, 이승과 저승은 하나의 점액질의 상태로 용해된다. 김소월 시에서 이러한 서정성의 상태에는 신비가 전제되어 있다. 그 신비는 저승적인 영역, 서정주의 표현을 빌면 "유계"[19]에 해당하는 샤머니즘적인 것이다. 샤머니즘적인 사유에서 저승이나 유계는 저 멀리 떨어진 초월적인 영역이 아니라 현실의 내오에 담겨있는 영역이다. 그러므로 저승은 이승과 구분되기는 하지만 분리되지는 않는다. 그것은 모든 죽은 자들의 혼령의 저장고로서 강한 힘을 내함하는 영역이다. 김소월 시에서 그러한 영역에 거주하는 신비는 "유령", "옛 조상들의 기록" 등으로 대변되는 샤머니즘적인 혼령이라고 할 수 있다. 시적 자아에게 그 혼령은 "내넉슬 잡아끄러헤내는 부르는" 강력한 힘으로 다가온다. 시적 주체는 이승과 저승의 경계지점으로 이해할 수 있는 몽환적인 지평을 마련하고

---

[18] 가령, "눈물은 물보다 더딤이 업서라"에서 물보다 더 따뜻해야 하는 눈물이 그러하지 않다는 것은 시적 자아가 무덤 속에 거주하는 사자(死者)와 동화되었음을 의미한다.
[19] 서정주, 앞의 글, pp. 173-177.

거기에서 신비적 대상으로서의 혼령의 강력한 힘과 자아의 교감을 통해 신비주의적 서정성을 확보하게 된다. 샤머니즘적인 세계관에 토대를 둔 이러한 김소월 시의 서정성은 역현적인 신비주의적 서정성으로 규정할 수 있다.

4. 한용운 시의 성현적 신비

한용운 시의 주된 정조가 부재의식임은 이미 널리 알려져 있다. 그 부재는 표면적으로 볼 때는 연인의 부재이며, 역사적인 배경을 고려할 때 조국의 상실이며, 종교적인 관점에서 해석할 때는 세속의 현실이다. 이 세 가지 의미의 층위에서 나머지 두 가지를 포괄할 수 있는 가장 넓은 층위는 세 번째이다.[20] 그러한 까닭에 한용운 시의 부재의식의 어떠한 층위도 종교적인 의미로부터 자유로울 수는 없다. 주지하는 바와 같이 종교적 관점에서 볼 때 한용운 시의 시적 사유와 상상의 형이상학적 토대는 불교적 세계관이다. 그렇다면 불교적 세계관에 기반한 한용운의 시적 세계에서 부재는 어떠한 방식으로 해소되며, 신비주의적 서정성은 어떠한 특성을 지니는가.

> 희미한조름이 활발한 님의발자최소리에 놀나쌔여 무거은눈섭을 이기지못하면서 창을열고 내다보앗습니다
> 동풍에몰니는 소낙비는 산보롱이를 지나가고 쓸압희 파초닙위에 비ㅅ소리의 남은音波가 그늬를쒬니다
> 感情과理智가 마조치는 刹那에 人面의惡魔와 獸心의天使가 보이다 사러짐니다
> 　　　　　　　　　　　　　　　　　　　　　－「?」 부분

---
20) 오세영, 『한국현대시인연구』, 월인, 2003, p. 78. 참고.

이 시는 『님의 침묵』에 나타난 부재의식의 양상을 가장 분명하게 보여주는 작품 중의 하나이다. 1연에서 시적 자아는 방안에서 "조름"을 졸다가 소나기 소리에 깨어나 창을 열고 밖을 내다본다. 소나기가 지나간 창 밖은 생동감이 넘치고 있다.("파초닢위에 비ㅅ소리의 남은 音波가 그늬를쯤니다") 방안의 정황과는 대조되는 양상이다. 불교적 사유의 관점에서 볼 때 "조름"과 "무거은 눈섭"으로 표상되는 방안은 세속적인 정황으로서 무명(無明)의 상태를 로 해석된다. 반면 소나기가 맑게 씻고 지나간 외부는 깨달음 혹은 성스러움의 지평에 해당되는 것으로 이해된다. 방안에서 졸고 있는 자아를 깨웠다는 점에서 소나기 소리는 무명의 상태에 어떠한 균열을 일으킨 것으로 이해할 수 있다. 그 균열은 성과 속의 경계지점을 형성하게 된다. "감정"과 "이지", "인면"과 "수심", "악마"와 "천사"는 그 경계지점에서 착종된 상태로 출현하는 속과 성의 이미지이다. 시적 자아는 소나기 소리를 매개로 방안으로 표상되는 유폐된 속의 영역에서 외부의 영역으로 인식의 지평을 넓혔지만 거기에서 존재의 근거를 확보하지는 못한다. 화자는 여전히 방안이라는 부재의 영역에 유폐되어 있다.

만해의 『님의 침묵』에 지배적인 시적 사유와 상상은 이러한 부재의 상태에서 존재의 근거 찾기이다.[21] 그렇다면 부재의 상태에 놓인 시적 자아가 존재의 근거를 찾기 위하여 합일하고자 하는 성스러운 대상, 물음표로 표상되는 신비는 무엇인가.

> 그대의 붉은恨은 絢爛한저녁놀이되야서 하늘길을 가로막고 荒凉한 써러지는날을 도리키고자함니다
> 그대의 푸른근심은 드리고드린 버들실이 되야서 꽃다은무리를 뒤에 두고 運命의길을써나는 저문봄을 잡어매랴함니다

---

21) 이에 대한 보다 자세한 사항은, 김옥성, 앞의 책, pp. 129-138. 참고.

나는 黃金의소반에 아츰볏을바치고 梅花가지에 새봄을걸어서 그대
의 잠자는곁헤 가만히 노아드리것습니다
자 그러면 속하면 하루ㅅ밤 더듸면 한겨울 사랑하는桂月香이어
―「桂月香에게」 부분

여기에서 "저녁", "저문 봄"은 역사적 고통과 부재를 상징한다. 엘리아데에 의하면 인간은 언제나 당대의 역사를 고통으로 인식한다. 역사는 곧 고통이라 할 수 있다.[22] 여기에서 고통을 부재로서 세속적 현실로 보아도 무방하다. 성과 속, 역사와 신성사가 분리되기 이전에 세계는 행복한 시대이지만, 양자가 분리되면서 세속과 역사는 고통과 부재로 전락되었다. 그러한 역사적인 고통과 부재를 하이데거는 "밤의 시대"[23]로, 블로흐는 "살고 있는 순간의 어두움"[24]으로 명명한다. 고통과 부재뿐인 세계에는 인간의 체류 거점이 없다. 따라서 인간은 어떠한 방식으로든 고통과 부재로 가득 찬 세계 내에 체류 거점을 마련해야만 존재의 의미를 확보하게 된다.

이 시에서 "아츰"과 "새봄"은 순환론적 시간에 대한 믿음에 토대를 둔 재생의 관념을 상징한다.[25] 시적 주체는 "새봄"이라는 상징을 통해 역사적 고통이 언젠가는 더 이상 존재하지 않으리라는 확신을 제시해준다. 화자는 빠르면 하룻밤, 더듸면 한 겨울을 지나 역사적 고통을 몰아내고 새봄이 돌아오게 될 것을 예견하고 있다. 역사적 시간에 있어서 정의는 역사의 느린 또는 급한 진전 속에 현존적으로 실현된다. 그때까지

---

[22] M. Eliade, *Cosmos And History*, 정진홍 역, 『우주와 역사』, 현대사상사, 1995, p. 138.
[23] 하이데거는 자아의 체류근거로서 신(성)이 사라져버린 시대를 "밤의 시대"로 규정한다. 그런데 체류근거는 "밤의 시대"의 심연을 응시함으로써만 확보될 수 있다는 점에서, "세계의 밤"은 거룩한 밤이라는 이중적인 의미를 지닌다. M. Heidegger, 소광희 역, 『시와 철학』, 박영사, 1975, pp. 61-62.
[24] E. Bloch, *Das Prinzip Hoffnung*, 박설호 역, 『희망의 원리』5, 열린책들, 2004, pp. 2817-2831. ; 이승은, 「에른스트 블로흐의 예술철학에 관한 연구」, 서울대 석사논문, 1998, p. 8.
[25] 이에 대한 보다 자세한 사항은 김옥성, 앞의 책, pp. 117-129. 참고.

광명은 존재하지 아니한다.26) 하지만 이 시에서 순환론적 시간에 대한 인식은 역사적 고통과 부재가 언젠가는 해소되고 풍요로운 시대가 도래할 것이라는 믿음을 생성하게 된다. 순환론적 시간의식에 기반한 미래에 대한 예견이 역사적 고통과 부재를 해소하는 셈이다. 그러므로 이 시에서는 순환의 원리가 역사적 고통과 부재의 영역에 자아의 체류 근거를 마련해주는 것으로 이해할 수 있다. 『님의 침묵』에서 존재의 근거가 될 수 있는 성스러운 것은 대부분 「계월향에게」에서 확인 바와 같은 순환의 원리로 나타난다.

①타고남은재가 다시기름이됨니다
— 「알ㅅ수업서요」 부분

②우리는 맛날째에 써날것을염녀하는것과가티 써날째에 다시맛날것을 밋슴니다
— 「님의沈黙」 부분

③우리들은 님에대하야 맛날째에 리별을념녀하고 리별할째에 맛남을 긔약합니다
— 「最初의 님」 부분

④참盟誓를째치고가는 리별은 옛盟誓로 도러올줄을 암니다 그것은 嚴肅한因果律임니다
— 「因果律」 부분

인용한 대목에서 확인할 수 있는 다양한 유형의 순환론은 불교의 연기론-윤회론적인 순환의 원리와 관련된다. 시적 주체는 그러한 순환의 원리를 "인과율"로 규정하고 있는 데, 그것은 과학적 객관적인 인과율이 아니라 주관적이고 신비적인 인과율이다. 시적 자아는 이러한 신비적 대

---

26) 김우창, 「궁핍한 시대의 시인」, 신동욱 편, 『한용운』, 문학세계사, 1994, p. 225. 참고.

상으로서 인과율과 신비적 교감을 나눔으로써 경험적 현실의 부재와 고통을 해소하게 된다.

> 죽은줄아럿든 매화나무가지에 구슬가튼꼿방울을 매처주는 쇠잔한눈 위에 가만히오는 봄긔운은 아름답기도함니다
> 그러나 그밧게 다른하늘에서오는 알수업는향긔는, 모든꼿의죽엄을 가지고다니는 쇠잔한눈이 주는줄을 아심닛가(중략)
> 一莖草가 丈六金身이되고 丈六金身이 一莖草가됨니다
> 天地는 한보금자리오 萬有는 가튼小鳥임니다
> 나는 自然의거울에 人生을비처보앗슴니다
> 苦痛의가시덤풀뒤에 歡喜의樂園을 建設하기위하야 님을써난 나는
> 아아 幸福임니다
> ―「樂園은가시덤풀에서」부분

이 시에서 시적 자아는 자연을 관조하면서 자연에 내재된 순환의 질서를 읽어낸다. 그러한 순환의 질서에 대한 인식에 의해 "죽엄" 속에서 "낙원"이 예견된다. 순환론적 시간의식에 기반한 인식론에서 역사를 볼 때, 그것은 과거에서 미래로 흐르지 않는다. 시간은 영원히 되풀이될 뿐이다.

자연의 순환론에 기초한 신화적 시간의식에서도 마찬가지이다. 순환론적-신화적 시간의식에서 역사는 "과거에서 미래로 흐르지 않는다".[27] 시간은 원초적 과거를 향해 영원히 회귀적으로 순환할 뿐이다. 그러나 이러한 시간이 세속화될 경우 원초적 과거는 미래적인 시간이 된다. 세속적인 관점 혹은 근대의 직선적인 시간의식의 관점에서 볼 때 원초적 과거는 "미래적인 것"으로 여겨지는 것이다.[28]

이 시에서 시적 자아는 "인생"을 "자연의 거울"로 표상되는 순환론적 시간에 견주어보고 있다. 여기에서 "인생"은 역사적 시간으로서, "고통",

---

[27] K. Hübner, *Die Wahrheit des Mythos*, 이규영 역, 『신화의 진실』, 민음사, 1995, p. 202.
[28] *Ibid.*, p. 206.

"가시덤풀"에서 "행복", "낙원"으로 나아가는 직선적인 흐름이다. 시적 자아는 "자연"의 순환론을 세속화시켜 "인생"이라는 미래지향적 직선적인 진보의 시간론으로 뒤바꾸어놓는 것이다. 그리하여 시적 주체는 세계의 밤의 시대로서 역사적인 부재와 고통을 희망으로 전환하게된다.

지금까지 살펴본 바와 같이 한용운 시에서 궁극적 실재로서 신비는 혼, 초자연적인 힘이나 인격적인 신이 아니라, 순환의 원리이다. 이 순환의 원리는 현실과 분리된 초월적인 것이 아니라 경험적 현실에 내함된 질서이다. 그러한 질서를 포착하지 못한 경우 시적 자아는 「?」에서 확인한 바와 같은 부재의식을 느끼게 된다. 반면, 「桂月香에게」나 「樂園은가시덤풀에서」에서 시적 자아는 부재의 현실에 스며있는 신비적 대상으로서 순환의 원리와 신비적 교감을 확보하면서 경험적 현실의 부재와 그로 인한 고통을 희망으로 뒤바꾸어놓는다. 그러므로 한용운 시의 서정성은, 순환의 원리와 신비적 교감을 나눔으로써 확보되는 것이다. 그것은 한용운 시의 시적 사유와 상상이 성현적 종교로서 불교적 세계관에 기반해 있기 때문이다.

5. 정지용 시의 신현적 신비

정지용이 언제 가톨릭에 입교했는지는 확실하지 않으나 1930년 『시문학』지가 간행된 무렵에 이미 가톨릭에 깊이 관계되어 있었던 것으로 알려져 있다.[29] 해방 이후 스스로 가톨릭을 버리기 전까지 정지용은 두 아들을 신부로 만들려고 할 만큼 독실한 신자였다. 정지용의 시적 세계는 대체로 초기의 '사물시의 성향', 중기의 '가톨리시즘적 경향', 후기의 '명징한 말씨와 동양적 절제'로 구분된다. 정지용의 신비주의적 서정성

---

29) 김윤식, 『한국근대작가론고』, 일지사, 1997, p. 111.

은 가톨릭적 세계관에 기반한 중기 시편에서 쉽게 찾아볼 수 있다.

    누어서 보는 별 하나는
    진정 멀ㅡ 고나.
    아스름 다치랴는 눈초리와
    金실로 잇은듯 가깝기도 하고,

    잠살포시 깨인 한밤엔
    창유리에 붙어서 였보노나.

    불현 듯, 소사나 듯,
    불리울 듯, 맞어드릴 듯,

    문득, 령혼 안에 외로운 불이
    바람 처럼 일는 悔恨에 피여오른다.

    힌 자리옷 채로 일어나
    가슴 우에 손을 념이다.
                                            ㅡ「별1」

  우리는 이 시가 앞에서 살펴본 바 있는 김소월의 「열락」과 유사한 배경에서 전개됨을 쉽게 간취할 수 있다. 한밤에 잠이 살포시 깨인 시적 자아는 누워서 창 밖의 별 하나를 올려다본다. "진징 밀ㅡ 고나"에서 알 수 있듯이 화자는 처음에는 별과의 거리감을 느낀다. 하지만 2연에 오면 곧바로 그 거리감이 극복된다. 시적 자아는 실눈을 뜨고 별을 관찰하면서 별의 빛이 자신의 눈초리까지 뻗어내려와 있음을 깨닫는다. 그리하여 그는 별과 자아의 거리가 "금실로 잇은듯 가깝"다고 느끼게 된다. 광선을 매개로 별과 자아는 상호 융화되는 것이다. 별빛은 자아의 내면으로 스며들어와 "령혼 안에 외로운 불"을 일으키게 된다. 시적 자아의 내면에 타오르는 '영혼 안의 불꽃'은 루카치가 말하는 자아와 세계, 내부와 외부가 혼연 일치된 지평과 상통한다.

> 세계는 무한히 광대하지만 마치 자기 집에 있는 것처럼 아늑한데, 왜냐하면 영혼 속에서 타오르는 불꽃은 별들이 발하고 있는 빛과 본질적으로 동일하기 때문이다. 다시 말해서, 세계와 자아, 천공(天空)의 불빛과 내면의 불꽃은 서로 뚜렷이 구분되지만 서로에 대해 결코 낯설어지는 법이 없다. 그 까닭은 불이 모든 빛의 영혼이며, 또 모든 불은 빛 속에 감싸여져 있기 때문이다.30)

루카치에 의하면 고대(그리스) 사회는 자아와 세계, 내부와 외부가 통합된 총체성의 시대이다. 루카치는 그러한 "행복한 시대"를 별과 같은 천공의 불빛과 영혼 안의 불꽃이 본질적으로 동일한 시대로 설명하고 있다. 데카르트적 이성은 그러한 행복한 시대의 총체성을 철저하게 파괴한다. 데카르트적 이성은 자신의 내부에다 단 하나의 참된 실체를 상정한다. 그러한 까닭에 자아와 세계에는 메울 수 없는 심연이 생기게 된다. 데카르트적인 유아론적 이성은 반성을 통하여 모든 실체가 심연의 저편에 조각조각 나부끼도록 만들어버린다.

하지만 총체성, 행복한 시대에 대한 동경은 여전히 남아있다. 플라톤-기독교적 세계관에 입각한 서구의 예술사에서 그러한 동경은 지상과 천상의 위계질서를 생성하게 된다. 그러한 위계질서로 인해 기독교적 상상력은 수직적인 양상을 띠게 된다.

우리는 「별1」에서 수직적인 상상력을 어렵지 않게 찾아낼 수 있다. 경험적 현실에서 별은 진정으로 먼 곳에 놓여있다. 하지만 "불리울 듯, 맞어드릴 듯"에서 알 수 있듯이 시적 자아는 그 별과 서정적인 교감을

---

30) G. Lukacs, *Die Theorie des Romans*, 반성완 역, 『루카치 소설의 이론』, 심설당, 1995, p. 29.

나눈다. 이때 별과 시적 자아의 관계는 위계적인 것이다. 별은 지고한 존재이며 자아는 지상에 거주하는 낮은 존재이다. "힌 자리옷 채로 일어나 가슴 우에 손을 념이다."는 자아와 별의 그러한 위계적-수직적 관계를 암시해준다.

  신앙심을 전면에 노출시킨 정지용의 시편에서 궁극적 실체로서 "신비"에 해당하는 대상은 대개는 천체 이미지로 표현된다. 정지용은 기독교적인 지고한 신성을 「다른 한울」에서는 "다른 한울"로, 「또 하나 다른 태양」에서는 "또 하나 다른 태양"으로 표현하고 있다. 즉, 양자는 모두 천체의 이미지로 신비을 표현하고 있다. 그런데 시적 주체는 그 신비가 "한울"이나 "태양"과 위상학적으로 지고한 대상이라는 점에서 유사하지만, 물리적 대상이 아니라 정신적으로 지고한 존재임을 강조하고 있다.

> 그의 모습이 눈에 보이지 않었으나
> 그의 안에서 나의 呼吸이 절로 달도다.
>
> 물과 聖神으로 다시 낳은 이후
> 나의 날은 날로 새로운 太陽이로세!
>
> 뭇사람과 소란한 世代에서
> 그가 다맛 내게 하신 일을 진히리라!
>
> 미리 가지지 않었던 세상이어니
> 이제 새삼 기다리지 않으련다.
>
> 靈魂은 불과 사랑으로! 육신은 한낮 괴로움.
> 보이는 한울은 나의 무덤을 덮을뿐.
>
> 그의 옷자락이 나의 五官에 사모치지 안었으나
> 그의 그늘로 나의 다른 한울을 삼으리라.
>
>   — 「다른 한울」

이 시에서 궁극적 실재라 할 수 있는 그는 하나님이나 예수, 성모 마리아와 같은 성스러운 존재이다. "그의 옷자락이 나의 오관에 사모치지 안었으나"에서 알 수 있듯이 그는 시적 자아에게서 멀리 떨어진 존재이다. 그리하여 눈에 보이지도 않는다. 하지만 시적 자아는 이미 그의 안에 거주하고 있다.("그의 안에서 나의 呼吸이 절로 달도다.") 왜냐하면 하늘처럼 지고한 그의 은혜가 이미 온 누리를 비추고 있기 때문이다. 시적 자아는 육안으로는 볼 수 없는 신비적 대상과 신비적 교감을 나누고 있는 것이다.

「또 하나 다른 太陽」는 「다른 한울」과 매우 유사한 시적 사유와 상상을 보여주는 작품이다. 이 시에서 시적 자아는 모든 세속적인 것을 부정한다. 여기에서 "장미"나 "나의 나히", "별", "바람", "입맛" 등은 모두 지상적인 요소들이다. 시적 자아는 그러한 세속적인 것에 대한 흥미나 욕망을 부정한다. 그리하여 오직 하나 태양과 같이 지고하지만 물리적인 천체는 아닌 정신적으로 지고한 "또 하나 다른 태양"에 집중한다. 시적 자아는 지상적인 모든 것을 부정하여 "외로운 사슴"같은 고독에 처하게 되지만, 가장 지고한 존재로서 "성모 마리아"에 대한 신앙으로 인하여 행복하다. 그러한 시적 자아의 초상은 「나무」에서 "나무"로 형상화된다.

   얼골이 바로 푸른 한울을 우러렀기에
   발이 항시 검은 흙을 향하기 욕되지 않도다.

   곡식알이 거꾸로 떨어저도 싹은 반듯이 우로!
   어느 모양으로 심기어졌더뇨? 이상스런 나무 나의 몸이여!

   오오 알맞은 位置! 좋은 우아래!
   아담의 슬픈 遺産도 그대로 받었노라.

나의 적은 年輪으로 이스라엘의 二千年을 헤였노라.
나의 存在는 宇宙의 한낱 焦燥한 汚點이었도다.

목마른 사슴이 샘을 찾어 입을 잠그듯이
이제 그리스도의 못박히신 발의 聖血에 이마를 적시며—

오오! 新約의 太陽을 한아름 안다.

— 「나무」

시적 주체는 지상에 발을 딛고서 "푸른 한울"을 우러르는 나무를 자아와 동일시하고 있다. 그리고 그러한 자아의 초상을 "아담"이라는 기독교 신화의 계보에 연결시킨다. 그것은 정지용 중기시의 시적 사유와 상상이 가톨릭-기독교적 세계관에 토대를 두고 있음을 직접적으로 입증해 준다. 정지용의 중기시편은 가톨릭-기독교적 세계관에 토대를 두고 있기 때문에 수직적인 상상력이 돋보인다. 자아와 신비적 대상은 신비적 교감을 나누지만 자아는 항상 낮은 곳에 거주하는 "한낱 초조한 오점"일 뿐이고, 신비적 대상은 위상학적으로 지고하다. 그 때문에 시적 자아는 항상 낮은 곳에서 지고한 존재를 우러르며 신비적 교감을 추구하게 된다. 이는 소월의 샤머니즘적인 신비주의적 서정성이나 만해의 불교적인 신비주의적 서정성과 변별되는 정지용의 기독교적인 신비주의적 서정성의 특성이다. 이 수직적 상상력은 정지용 시만의 특징이 아니라 신과 인간의 이원론에 입각한 기독교적 세계관에서 기인하는 시적 사유와 상상의 보편적인 특징이다. 가령, 기독교적인 신비주의적 서정성을 추구하는 윤동주, 박목월[31], 박두진[32], 김현승의 시편에도 그러한 수직적 상상력이 두드러진다.

---

[31] 박목월 시에 나타난 수직적 상상력에 대해서는 금동철, 「박목월 시의 '어머니' 이미지와 근원의식」, 박현수 편, 『박목월』, 새미, 2002, pp. 173-180. 참고.
[32] 박두진 시에 나타난 수직적 상상력에 대해서는, 김재홍, 앞의 책, pp. 403-408. 참고.

6. 시사적 의의

 이상에서 일제강점기 한국현대시에 나타난 신비주의적 서정성의 대표적인 세 양상을 김소월, 한용운, 정지용의 시편을 중심으로 살펴보았다. 이들의 시편에는 각각 샤머니즘-무속적인 영혼과 힘, 불교적인 순환의 원리, 기독교적인 신이 신비적 대상으로 설정되어 있다. 시적 자아는 무상한 세계가 아니라 신비적 대상과의 교감을 통해 신비주의적 서정성을 확보한다.
 우주를 신비가 전제된 것으로 파악하는 인식은 가장 전통적인 우주론이다. 엘리아데에 의하면 종교적 인간(*homo religiosus*)으로서 고대인은 우주에서 신(성)의 계시를 포착하였으며, 자아와 우주적 생명의 일체감을 경험하였다.[33] 신비주의적 서정성은 그러한 고대인의 경험에 근접해 있다. 근현대시에서 서정성은 반드시 신비를 요청하지 않지만, 신비주의적 서정성은 종교적 인간으로서 고대적인 감수성을 계승하여 서정성에 신비를 확보하고 있다. 가장 전통적인 우주론과 고대적인 감수성을 계승한다는 점에서 신비주의적 서정성은 반근대적이라 할 수 있다.
 주지하는 바와 같이 근대적 세계관은 자아와 세계를 신비적인 단일체로 융화시켜주는 영혼, 초자연적인 힘, 신비적 원리, 신과 같은 궁극적 실재로서의 신비적 대상을 추방한다.[34] 나아가 자아의 내부에 유일한 실재로서 이성을 설정하면서 자아와 세계의 관계를 대립적으로 규정하게 된다. 그러한 대립적 세계관은 주체를 세계로부터 고립시키고 세계를 파편화하며, 대립적 세계관에 입각한 도구화된 이성에 의한 자기 동일화의 경향은 폭력과 갈등을 야기하게 된다.

---

33) M. Eliade, *The Sacred and the Profane-The Nature of Religion*, 이동하 역, 『성과 속-종교의 본질』, 학민사, 1992, pp. 123-127.
34) M. Horkheimer & T. W. Adorno, *Dialektik der Aufklärung*, 김유동 외 역, 『계몽의 변증법』, 문예출판사, 1996, pp. 23-43.

자아와 세계의 동일성을 고유의 근거로 하는 서정성은 파편화된 세계를 통합하고, 도구화된 이성을 인간적인 이성이나 감성으로 안내하면서 경험적 현실에 대한 수정의 모델을 제공해준다. 그러한 기능은 물론 신비가 전제되지 않은 일반적인 서정성에서도 찾아볼 수 있다. 하지만 그것은 무상한 세계와의 상호 융화의 경험이기 때문에 근대적 세계관에 의해 과대하게 팽창된 유아론적 자아 인식을 제어하기에는 충분하지 않다. 반면 신비주의적 서정성의 경우에는 영원과 무한에 해당하는 궁극적 실재로서 신비적 대상을 설정하기 때문에 유아론적 자아 인식을 강력하게 제압할 수 있게 된다.

개항 이후 한국 사회는 서구적인 사유와 제도, 문명을 빠른 속도로 수용하면서 근대화의 급류에 휩쓸리게 된다. 한국 근현대시 또한 그러한 조류와 보조를 맞추어 서구적인 사유와 형식을 추종하면서 미적 근대성을 도모한다. 그런데 일제 강점기 조선의 근대화는 식민지 체제의 강화와 겹쳐진다. 1920년대 중반 국민문학 운동은 그러한 맹목적인 미적 근대화의 추진력에 제동을 건다. 당시 조선의 지식인들 사이에는 서구적 사조의 범람과 식민지 체제의 가속화에 의하여 문화적 주체성이 심각하게 훼손되었다는 위기의식이 대두된다. 그러한 위기의식으로부터 전통이 대안으로 떠오른다. 국민문학파는 전통적인 사유와 형식을 복원하여 문화적 주체성을 확립하고자 하였다.[35] 이때 전통으로서 샤머니즘-무속과 불교가 두 개의 중요한 미학적 이념으로 대두된다. 국민문학파에게 샤머니즘-무속이나 불교는 외래종교가 아닌 토착화된 한국적인 전통이다.[36]

김소월과 한용운의 신비주의적 서정시학은 그러한 1920년의 문학사적 배경에서 배출된다. 김소월과 한용운은 각각 샤머니즘-무속과 불교의 전

---

35) 오세영, 『20세기한국시연구』, 새문사, 1989, p. 77. ; 신범순, 「반근대주의적 혼의 시학에 대한 고찰」, 『한국시학연구』제4호, 2001, p. 182.
36) 김옥성, 앞의 책, pp. 64-78. 참고.

통을 계승하면서 독창적인 신비주의적 서정성을 생성한다. 반근대주의에 입각한 이들의 신비주의적 서정성은 식민지적 근대에 대한 항의를 내포한다. 가령, 김소월의 「바라건대는 우리에게 우리의 보섭대일 쌍이 잇섯더면」, 한용운의 「타골의詩를읽고」, 「桂月香에게」 등에는 식민지 조국의 역사적 현실에 대한 인식이 날카롭게 드러난다. 그렇게 볼 때 김소월과 한용운의 반근대주의적 시학은 식민지적 현실과 근대에 대한 수정의 모델을 제공하면서 동시에 문화적 주체성을 확보한 것으로 이해할 수 있다. 샤머니즘-무속에 토대를 둔 김소월의 신비주의적 서정성은 백석, 서정주 등으로 이어지며, 불교적 세계관에 입각한 한용운의 신비주의적 서정성은 조지훈, 서정주[37] 등으로 이어진다. 그리하여 이 두 계보는 한국 현대시의 전통주의의 두 축으로 확고하게 정착된다. 따라서 김소월과 한용운의 신비주의적 서정시학은 한국 근현대시의 전통주의의 원천이라는 시사적 위상을 부여받을 수 있다.

가톨리시즘에 입각한 정지용의 신비주의적 서정시학은 1930년대 중엽 활발하게 전개된다. 1920년대 중반에 모더니즘과 아방가르드를 선구적으로 선보인 정지용은 서구 사조에 매우 민감한 시인이다.[38] 그러한 점을 고려할 때 정지용의 신비주의적 서정시학은 개인적 신앙의 차원에서뿐만 아니라 서구의 사조와의 관련성에서 이해될 필요가 있다. 1930년대 서구에는 근대 문명에 대한 위기 의식이 대두되었고 그 타개책의 하나로 가톨리시즘이 부상하였다. 그러한 사조는 먼저 동경 문단에 수용되었고, 정지용은 그것을 일본을 통해 받아들였을 것이라는 추측이 가능해진다.[39]

가톨릭적 세계관은 물론 중세적인 것이다. 중세적 세계관에 기반한

---

37) 서정주의 시학에는 무속과 불교적 사유가 뒤엉켜있다. 따라서 서정주 시의 경우는 불교적인 신비주의적 서정성의 관점에서 이해할 수 있으면서, 동시에 김소월의 샤머니즘적인 신비주의적 서정성의 계보를 이어받은 것으로도 규정할 수 있다.
38) 오세영, 『문학과 그 이해』, 국학자료원, 2003, p. 79. 참고.
39) 김윤식, 앞의 책, pp. 90-91.

가톨릭적 미학은 정지용의 「나무」에서 확인한 바와 같은 수직적인 상상력으로 나타난다. 하지만 중세적 세계관이 서정시와 만날 때에는 동일성의 양상을 띠게 된다. 가령, 정지용의 중기 시편에서 신비적 대상과 자아는 수직적인 상하 관계에 놓이지만, 먼 곳에 거주하는 초월적인 대상인 신비는 자아와 교감되며, 이미 자아의 내면에 진입해 있다. 그러한 정지용 시의 신비주의적 서정성은 중세적인 가톨릭에 내함된 고대적인 신비주의적 사유를 계승한 것으로 이해할 수 있다. 정지용의 신비주의적 서정시학은 비록 서구의 가톨리시즘에 맥이 닿아 있지만, 식민지 조선에서는 서구화와 근대화, 식민지적 침탈에 의해 황폐화된 경험적 현실에 대한 어떠한 수정의 모델을 제공해준다.[40]

그럼에도 불구하고 정지용이 가톨릭적 세계관에 기반한 신비주의적 서정성을 끝까지 밀고 나가지 못하고 실험의 차원에서 그치게된 이유는 무엇보다도 문화적 위화감 때문이다.[41] 한민족의 운명과 유구한 역사를 공유해온 샤머니즘-무속과 불교의 전통에 토대를 둔 김소월이나 한용운은 문화적 공감대가 충분히 확보된 까닭에 자신들의 신비주의적 서정시학을 수준급으로 밀고나갈 수 있었다. 반면, 문화적인 공감대가 충분히 확보되지 못한 식민지 조선에서 정지용의 신비주의적 서정시학은 호소력을 가질 수 없었다. 하지만 정지용의 뒤를 이어 윤동주, 박두진, 박목월, 김현승 등에 기독교적 시학이 펼쳐지면서 기독교-가톨릭적 세계관에 기반한 신현적인 신비주의적 서정성은 한국 현대시사에 하나의 큰 흐름을 형성하게 된다. 그렇게 볼 때 정지용의 신비주의적 서정시학은 그러한 흐름의 기원이라는 시사적 위상을 부여받을 수 있다.

일반적인 서정성은 순수하게 미학적인 관점을 유지함으로써 손쉽게

---

40) 실제로, 「勝利者 金안드레아」(『가톨닉청년』16. 1934.9.)에서는 "일제하의 민족 의식의 발로"로 볼 수 있는 "저항 정신"이 강렬하게 드러난다. 위의 책, pp. 191-120.
41) 위의 책, p. 112.

"시적 이기주의(poetical selfishness)"[42]에 빠질 수 있다. 그것은 온전히 시적 주체의 내적 사유와 상상의 산물이기 때문에 사회와의 통로를 확보하기 어렵다. 반면, 신비주의적 서정시학은 순수하게 미학적인 것이 아니다. 그것은 문학과 종교가 결합되어 생성된 만큼, 문학-미학적인 측면과 함께 종교-윤리학적 측면을 지니게 된다. 신비주의적 서정시학 또한 시적 사유와 상상의 창조물이지만 그것은 분명히 외적인 요소를 지니고 있다. 가령, 우리가 살펴본 세 시인의 신비주의적 서정시학은 각각 샤머니즘-무속의 전통, 불교의 전통, 가톨릭의 전통을 매개로 시적 세계의 외부와 연결되고 있다. 일제 강점기 상황에서 신비주의적 서정시학은 그러한 전통을 매개로 강력한 사회적 힘을 발산할 수 있게 된다.

김소월 시에서, 무덤 속에 살아있는 "옛 조상들의 기록"으로 대변되는 샤머니즘-무속적인 혼과 힘은, 식민지 체계의 가속화와 근대화에 의해 사라져 가는 조선적인 것을 환기하면서 문화적 주체성에 대한 인식을 강화한다. 한용운 시에서 "인과율"로 대변되는 순환의 원리는 3.1운동의 실패 이후 침체된 식민지 조선의 현실인 "가시덤풀"에 "낙원"의 희망을 제공해준다. 정지용 시에서 천체의 이미지로 대변되는 가톨릭적인 신은 식민지 현실의 비루한 삶에 대한 인식이 좌절이나 절망으로 나아가는 것을 차단한다.

신비주의적 서정성의 이러한 측면은 다른 한편으로는 세계를 신비화함으로써 경험적 현실에 대한 냉철한 인식을 방해할 수 있다. 니체가 기독교 전통에 대해서 지적한 바와 같이 종교는 약자의 도덕률로서 효과적이다.[43] 왜냐하면 종교는 경험적 현실에서는 극복하기 어려운 적에 대한 승리를 내세로 연기하면서 상상적, 신앙적으로 현실의 고통을 초극할

---

42) G. Santayana, *Interpretation of Poetry and Religion*, co-ed. W. G. Holzberger & H. J. Saatkamp, Jr., Massachusetts: The MIT Press, 1990, pp. 16-17.
43) F. Nietzsche, 김태현 역, 『도덕의 계보/ 이 사람을 보라』, 청하, 2000, pp. 31-63.

수 있게 하여주기 때문이다. 종교적 세계관, 신념체계에 토대를 둔 신비주의적 서정성 또한 경험적 현실의 폭력과 고통, 차이와 갈등을 상상적으로 신비화함으로써 동일성의 비전을 생성한다. 그러한 까닭에 일제 강점기 상황에서 신비주의적 서정성은 현실을 망각하고 과대망상적인 낙관론으로 이어질 가능성을 내함하게 된다.

일제 강점기 신비주의적 서정시학은 경험적 현실의 결핍과 고통의 배후에서 신비를 이끌어내고 그것을 매개로 문화적 자긍심이나 희망의 비전을 확보할 수 있었다. 하지만 한편으로는 종교적인 낙관론으로 현실의 결핍과 고통을 희석시킬 수 있다. 이렇게 볼 때 일제 강점기 신비주의적 서정시학의 의의와 한계는 동전의 양면과 같은 관계이다.

우리는 편의상 일제 강점기 김소월, 한용운, 정지용의 일부 시편을 대상으로 신비주의적 서정성의 대표적인 세 가지 양상과 그것의 의의와 한계를 살펴보았다. 한국 근현대시사에는 다양한 종교적 전통을 수용하면서 독자적인 신비주의적 서정시학을 펼쳐보인 시인들이 무수히 많다. 신비주의적 서정시학은 특정한 종교 전통에 시적 사유와 상상의 토대를 두고 있는 까닭에 비교적 선명하게 변별되는 계보를 형성한다. 한국 근현대시사를 관류하는 다양한 계보의 신비주의적 서정성의 양상과 그것의 시사적 의의에 대한 연구는 향후의 과제이다.

제3장

'영혼'과 '꿈'의 역학
- 김소월론 -

1. 서론

육체의 대립개념으로서 영혼은 근대적인 것이다.[1] 한국근대시사에서 영혼은 상징주의 시론에서 본격적 논의된다. 김억은 상징주의 시론에 입각해서 '詩形으로의 음률과 호흡'이 '詩人의 精神과 心靈의 산물'이라고 소개하고 있다.[2] 황석우는 그러한 정신과 영혼의 산물로서의 음률을 '靈律'이라고 말하고 있다.[3] 상징주의 시론은 리듬을 자유화시킴으로써 '詩人의 內部生命', 즉 시인의 영혼을 표현해야함을 주장하고 있는 것이다.[4]

상징주의 시론은 '영혼'을 드러내기 위하여 리듬의 자유화를 모색했으며, 다른 한편으로는 '상징'을 매개로 하여 '신비'를 드러내고자 했다.

象徵主義란 무엇인가? 象徵派 詩人들은 잡기 어려운 理解를 뛰어나

---

[1] 장석만, 「개항기의 한국 사회와 근대성의 형성」, 『모더니티란 무엇인가』, 민음사, 1999, p. 272.
[2] 김억, 「詩形의 音律과 呼吸」, 『태서문예신보』 14, 1919. 1. 12.
[3] 황석우, 「詩話」, 『매일신보』, 1919. 9. 20.
[4] 한계전, 『한국현대시론연구』, 일지사, p. 24.

는 神秘的 解答을 우리에게 提供한다. 만은 그 가장 옳은 解答은 아마 簡單한 듯하다. 卽, '記述을 말아라, 다만 暗示' 그것인 듯하다. 象徵은 神秘의 換意라고도 생각할 수 있다.5)

김억은 '상징'을 신비의 換意라고 소개하고 있다. 가시적 세계와 불가시적 세계, 물질계와 영계, 유한과 무한을 연결시키는 매개자가 상징이라는 것이다. 그는 상징의 암시적 기능이 꿈 혹은 영혼의 참된 모습을 드러낸다는 말라르메의 시론과 보들레르의 조응(correspondance)의 이론을 함께 소개한다. 근대성의 구조에서 영혼과 육체의 양분법은 초자연과 자연의 대립항의 연속선상에 놓여있다는 점을 염두에 둔다면6) 여기에서 말하는 '신비'는 바로 초자연에 해당하는 것이며, 그것은 영혼에 속하는, 자연의 대타적인 영역이다.

변영로는 「메터링크와 예잇스의 神秘思想」7)에서 메터링크와 예잇스의 신비주의를 고대신비사상가의 경건한 심정 위에다가 권태롭고 피로한 현대인의 세기말적 '무엇'을 가미한 것이라고 말하고 있다. 그는 서구 근대시의 한 특징을 신비주의로 전제하고 그것이 단순히 고대적인 사상이 아니라 세기말적 정황에서 탄생된 서구 근대시가 담지한 내면의 한 양태로 보는 것이다.8)

1910년대 후반에서 1920년대 초반으로 이어지는 상징주의 계열의 시론은 영혼과 신비를 드러내는 것을 근대시의 요건으로 인식하고 있었는데, 그것을 본격적인 창작 행위로 실천한 일군의 시인들이 『백조』파이다. 『백조』파 시인들은 꿈과 관념적인 상징, 괴기취미의 시어9)를 통해 영혼과 초자연을 형상화하여 근대시의 내면을 확보하고자 한다.

---

5) 김억, 「프란스 詩壇(二)」, 『태서문예신보』11, 1918. 12. 14.
6) 장석만, 앞의 글, p. 267.
7) 변영로, 「메터링크와 예잇스의 神秘思想」, 『폐허』2, 1921. 1. pp. 32-33.
8) 김용직, 『한국근대시사』上, 학연사, 1996, p. 174.
9) 김은전, 『한국상징주의시연구』, 한샘출판사, 1991, pp. 238-239.

김소월 또한 근대시의 요건을 '영혼'과 '신비'로 파악한 상징주의시론에 수긍한 것으로 보인다. 김소월이 보여준 일련의 시편들은 상징주의 시인들과 유사한 '영혼'과 '꿈'을 제재로 삼고 있기 때문이다. 하지만 상징주의 시인들이 지나친 관념성과 허구성으로 인하여 시적 완성도에서 실패한 데 반하여 김소월은 성공한 것으로 평가받고 있다. 본고는 그러한 점을 염두에 두고 김소월 시의 낭만적 영혼과 꿈이 상징주의 시의 그것과 어떻게 다르며 어떠한 내적 역학을 형성하고 있는가를 구명하고자 한다.

김소월 시에서 '혼' 혹은 '영혼'은 두 가지 방향에서 이해되어 왔다. 하나는 김소월의 평문 「시혼」10)을 근거로 김소월의 시론을 파악하는 방식이다. 김소월은 「시혼」에서 '영혼'과 '시혼'을 구분해놓고 있다. 그는, '영혼'은 '가장 높이 느낄 수도 있고 깨달을 수도 있는 힘'을 지니고 있으며 '모든 물건이 가장 가까이 비쳐 들어오는 거울과 같은' 존재이고, '시혼'은, 그 본체는 영혼이지만 그것보다는 '영원의 존재이며 불변의 成形'이라고 말한다. 오세영11)은, 김소월의 그러한 시론은 낭만주의의 영감론에 입각한 것이며, 유한한 영혼이 음영으로서의 현상을 인식하는 것이라면, 영원한 시혼은 자연의 본질을 인식하는 존재라고 밝힌다. 그러한 논의에 의하면, 김소월의 시는 영원과 자연을 지향하며, 시혼은 그것을 발견하기 위한 수단이다. 신범순12)은 그러한 논의를 확장시켜, '영혼의 미적 측면이 시를 향해 접근할 때 시혼이 된다'고 지적하고, 영혼의 존재론을 김소월 시에 나타난 집의 이미지에 적용시킨다. 그는 영혼의 존재론이 서정적 주체의 미적 역학에 관련된 것으로 보고, 일상으로부터의 일탈과 환원이라는 역학으로 집의 의미구조를 분석한다.

'영혼'에 관한 연구의 다른 하나의 경향은, 민족주의나 전통주의적 시

---

10) 김소월, 「詩魂」, 『개벽』59, 1925. 5.
11) 오세영, 『한국낭만주의시연구』, 일지사, 1980, pp. 136-138.
12) 신범순, 『한국현대시사의 매듭과 혼』, 민지사, 1992, pp. 75-106.

각에 의한 것이다. 이 경우는 「초혼」의 혼에 주목하게 되는데, 김윤식[13]은 「초혼」이 「禮記」의 유가적 법도에 바탕을 두고 있음을 지적한다. 그에 의하면 '유교적인 법도가 우리 생활 속에 흡수되어 보이지 않는 것으로 되었을 때 바로 그것이 한국적인 것'이며, 그런 의미에서 '소월의 시는 한국적'이다. 박현수[14]는 '초혼'이 유교문화권에서 이루어진 유구한 문화적 양식임을 지적하고, 소월의 시 「초혼」이 개인사의 특수성을 벗어버리고 보편성을 지향하고 있음을 밝힌다. 이러한 논의에서 김소월 시에 나타난 혼은 개인적 창작물이라기보다는 민족적인 형식의 하나로 이해된다.

김소월 시에 나타난 꿈에 관한 논의는 크게 심리학적인 측면과 사조적인 범주로 나뉜다. 전자의 입장에서, 오세영[15]은 프로이드를 원용하여 김소월 시에 나타난 꿈을 소원충족을 통해 현실의 결핍을 메꾸어 자기동일화를 이룩할 수 있도록 하여주는 심리적 방어기제로 파악한다. 그는 김소월 시에서 현재는 '님이 없는 현재'이며, '잃어버린 현재'이기 때문에, 시적 자아는 꿈을 통해 현실의 결핍을 채우고 있음을 논증한다. 이정강[16]은 그러한 소원충족으로서의 심리학적 꿈을 두 가지로 나누고 있다. 그에 의하면 자기동일화를 가능하게 해주는 사랑의 대상과의 이별에 집착한 경우 '병적 어두운 꿈'이, 대상과의 합일에 무게중심이 실린 경우에는 '희망적 밝은 꿈'이 나타나게 된다.

박상천[17]은, 사조적인 차원에서 김소월 시의 꿈은 낭만적 동경의 문

---

13) 김윤식, 「혼과 형식-소월시와 관련하여」, 『한국근대문학사상비판』, 일지사, 1978, pp. 143-153.
14) 박현수, 「김소월 시의 보편성과 토포스(topos) 연구」, 『한국현대문학연구』7, 1999, pp. 71-72. ; 박현수, 「전통주의의 형성」, 한국현대시학회 편, 『20세기 한국시의 사적 조명』, 태학사, 2003, p. 166.
15) 오세영, 앞의 책, pp. 310-312.
16) 이정강, 「소월과 만해의 시에 나타난 내면적 공간세계 비교고찰」, 『덕성여대논문집』2권 1호, 1973, pp. 82-85.
17) 박상천, 「한국 근대문학 성격 구명 시고 2 - 김소월의 시론 「시혼」을 중심으로」, 『한양대 한국학논집』10권 1호, 1986, pp. 196-197.

제와 연관되어 있으며, 그것을 통해 자연과 인간의 초자연적인 합일이 이루어지며, 꿈의 과도한 상태인 죽음에 의해 초자연적 합치가 영원으로 이어지게 됨을 밝히고 있다.

김소월 시에 나타난 '영혼'의 의미는 김소월의 시론「시혼」에 근거한 시론적인 차원에서, 그리고 「초혼」에 근거하여 민족적, 전통적 기반에 초점을 두고 논의되었다. '꿈'의 경우는 심리학적인 기능과 낭만주의라는 사조적인 맥락을 중심으로 연구되었다. 이러한 논의들은 김소월의 시론과 시에 나타난 영혼과 꿈의 성격과 문학사적 의미를 어느 정도 밝혀 주었다.

본고는 그러한 논의를 염두에 두면서, 김소월 시에 나타난 '영혼'과 '꿈'이 당대의 상징주의 시와 시론과 무관하지 않을 것이라는 점에 착안하여 선행 연구가 놓친 김소월 시에 나타난 '영혼'과 '꿈'의 역학을 구명하고자 한다.

2. 상징주의의 영혼과 소월 시의 영혼

낭만주의에서 낭만적 '영혼'은 현실적인 제반의 질서를 거부하고 초월을 꿈꾸는 자유로운 상상의 주체들이다.[18] '신비의 감각, 공감의 본능'[19]을 되찾고 '영혼의 상태'를 추구하는 프랑스 상징주의에 영향을 받은 것으로 알려진 1920년대『백조』파 시인들의 작품은 그러한 낭만적 영혼과 그것이 펼치는 꿈의 이미지로 가득 차 있다. 그런 낭만적 혼과 꿈의 미의식은 박종화가 백조 창간호를 평가하는 글에서 분명하게 나타난다.

---

18) 김용직, 앞의 책, p. 238. 참고. 본고에서 낭만적 영혼은, 무한한 가능성을 믿고 무한한 천공을 비상하고자 하는 낭만적 자아를 의미한다.
19) 김붕구, 「보들레르와 상징주의」, 김용직 외 편,『문예사조』, 문학과지성사, 1977, pp. 205-207.

노작(露雀)씨의 「꿈이면은」이란 장편시는 시원치 않은 인생이라는 그 속에서 청춘의 애달픈 실연(失戀)의 혼이 고요한, 차디찬 달밤 거리에 애상(哀想)의 붉은 피를 뱉고서, 스스로 그 혼의 자신이 도리어 어쩐 셈도 모르고 「이게 꿈이냐」 하는 가슴 터지는 탄식과 같은 시이었다. 사람의 마음을 들성거리게 하지 않고는 마지 않는다.(중략)

회월(懷月)의 「미소(微笑)의 허화시(虛華市)」는 두 번, 세 번 읽었다. 그 몽롱하게도 아름다운 그곳에 심취하였음이다. 보얀 안개 속 여름 밤에 멀리 하늘가에 춤추는 도시의 불빛을 보는 것 같은, 너덧 겹 사창(紗窓)을 격하여 나체의 미인을 대한 것 같은 감흥을 일으키게 한다. 내가 언제인가 어느 잡지에 그의 시평을 쓸 대, 빈 틈 없이도 잘 조화된 낭만과 상징의 노래이리라 하였다.[20]

박종화는 노작의 「꿈이면은」과 회월의 「미소의 허화시」를 높이 평가하면서, 전자에서는 '사람의 마음을 들성거리게 하지 않고는 마지 않는' '애달픈 실연의 혼'을, 후자에서는 '몽롱하게도 아름다운' 몽환적인 이미지의 조합을 칭찬하고 있다. 박종화의 글에서 암시되는 『백조』파의 시세계는 '실연의 혼'이 얼마나 깊숙이 꿈의 세계로 진입하고 그것을 얼마나 몽환적으로 잘 형상화하느냐에 달려 있는 것이다. 『백조』파의 시에서 낭만적 영혼은 사랑과 깊은 관련을 맺고 있는데, 김용직은 그 사랑을 앤드로귀너스적 사랑이라고 말하고 있다. 앤드로귀너스적 사랑은 현실을 부정하지 않고서는 완성이 불가능하다.[21] 그 때문에 『백조』파의 낭만적 영혼은 현실을 거부하고 초자연적인 몽환적인 공간을 추구하게 된다.

'실연의 혼'과 '몽환적 공간'을 담고 있는 이런 작품들의 좋은 본보기는 『백조』파 시의 전사적 단계로 볼 수 있는 황석우의 「애인의 인도」이다.

---
20) 박종화, 「月評」, 『백조』2, pp.149-150.
21) 김용직, 앞의 책, pp. 206-207.

흙비갓치濁한/ 무덤터(墓地)의線香내나는저녁안개에휩새인/ 끗업는曠野의안으로/ 바람은송아지(雛牛)의우는것갓치/ 弔喪의鐘소래갓치/ 그윽하게불어오며/ 나의靈은死의번개뒤번치는/ 黑色희하늘밋,/ 활문山에祈禱하는基督갓치/ 업듸여운다/ '愛人을내다고'라고,/ 아아내靈은/ 날 때 더리고온 단하나의/ 애인의 간곳을 차즈려/ 여름의鬱陶한구름안갓흔/ 끗업는광야를허매히는맹인이로라.

— 황석우,「愛人의 引渡」 전문[22]

시적 자아의 낭만적 영혼('나의 靈')은 연인을 찾아 '맹인'처럼 어느 광야를 헤매이고 있다. 그 광야는 현실적인 공간이 아니라, '무덤터의 선향내 나는 안개', '조종의 종소래 갓치'불어오는 바람, '死의 번개', '黑血의 하늘 밋', '활문산', '기독' 등의 괴기적인 시어와 낯선 한자어가 조합해 내는 음습하고 비현실적인 몽환의 세계이다.

낭만적 영혼은 '태어날 때 데리고 온' '애인'을 찾아 죽음 너머의 영역인 꿈의 공간에 들어섰다. 여기에서 '애인'은 바로 낭만주의의 앤드로귀너스적 영혼의 배우자로 볼 수 있다. 앤드로귀너스적 영혼의 배우자와의 사랑은 현실의 질서 안에서는 불가능한 것이기 때문에 낭만적 영혼은 사랑을 완성하기 위하여 비현실적인 꿈의 영역으로 입사한 것이다.

대개 『백조』파의 시에서 이러한 앤드로귀너스적인 영혼의 배우자는 현실의 이면에 존재하는 타자적인 세계에 존재하는 '유령'과 같은 타자적인 영혼으로 설정된다. 박영희의 「꿈의 나라로」와 「유령의 나라」가 대표적인 예인데 이러한 시편들에서 '꿈의 나라'나 '유령의 나라'는 현실의 질서로부터 자유로워진 타자적인 세계이며, '그리운 그림자'나 '유령'이 타자적인 세계에 존재하는 앤드로귀너스적인 배우자인 타자적인 영혼이다.

현실의 질서를 거부하고 타자적인 세계를 꿈꾸며, 절대적인 배우자인

---

[22] 『폐허』1.

타자적인 영혼을 찾아 그 세계로 낭만적 몽상의 여행을 감행하는 주체가 낭만적 영혼이다. 그것은 현실의 질서를 거부하고 신비 혹은 초자연의 세계에서 영원한 사랑을 갈구하는 존재인 것이다.

박영희의 「유령의 나라」는, 그 낭만적 영혼이 타자적인 세계에 거주하는 타자적인 영혼인 '유령'을 인식하는 모습을 보여준다.

> 「쑴은幽靈의춤추는마당/ 現實은사람의괴로움, 불부치는/ 싯밝언 鐵工場!」//
> 「눈물은 불에달은/ 괴로움의 씨쩍지/ 사랑은 쑴속으로부르는女神!」
> 아- 괴로움에타는/ 두사람가슴에/ 쑴의터를 만들어노코/ 幽靈과갓치 춤을추면서.//
> 타오르는사랑은 /차듸찬 幽靈과갓도다.//
> 現實의사람사람은 /幽靈을두려워 써나서가나 /사랑을가진우리에게는 / 꼿과갓치아름답도다 //
> 아! 그대여! /그대의흰손과팔을/ 이 어둔나라로내밀어주시요! /내가가리라, 내가가리라,/ 그대의흰팔을 조심해밟으면서-.//
> 幽靈의나라로, 쑴의나라로/ 나는가리라-아-그대의팔을-.
>
> ― 박영희,「幽靈의 나라」전문[23]

이 시에서 '현실'은 고통으로 사람을 달구는 싯벌건 '철공장'이고, 꿈은 '유령이 춤을 추는 마당'으로 대조되고 있다. 현실의 저편에 존재하는 '유령의 나라'는 현실과 자연의 대타적인 세계이며, 이런 타자적인 세계에 거주하는 타자적인 영혼인 유령은 낭만적 영혼의 앤드로귀너스적인 배우자이다. 시적 자아는 현실의 질서아래 규제되는 사람은 유령이 두려워 떠나가나, 영원한 사랑을 추구하는 존재에게 유령은 '꽃과 같이 아름답다'고 말하고 있다.

『백조』파의 시에서 낭만적 영혼은 신비의 영역인 타자적인 세계에서 타자적인 존재인 유령과 영혼의 상태로 조우하여 사랑의 성취를 갈구하

---

23) 『백조』2, pp. 27-29.

게 된다. 현실의 질서에서는 물질적인 불연속면으로 인하여 결코 완전한 사랑이 이루어질 수가 없고, 물질의 상태로부터 자유로워진 영혼의 짝이 만났을 때 사랑이 완성되기 때문이다. 그러한 연유로 『백조』파의 시에서 낭만적 영혼은 적극적으로 현실을 부정하고 몽환적인 공간을 지향한다.

그렇다면, 김소월 시에 나타난 영혼은 어떤 점을 『백조』파와 공유하고 또 어떤 차이를 보이는가.

> 쑴? 靈의 해적임. 서름의 故鄕.
> 울쟈, 내사랑, 쏫지고 저므는 봄.
> 　　　　　　　　　　　- 김소월,「쑴」전문24)

'꿈? 영의 혜적임'은 박종화 시의 '꿈은 유령의 춤추는 마당'이란 표현과 흡사하다. 꿈이 영혼의 혜적임이라는 것은 꿈이, 영혼이 살아 꿈틀거리며 찰방거리는 충만한 상태라는 것을 의미한다. 동시에 그것은 '설움의 고향'으로 의미가 역전된다. 꿈이 영혼이 충만한 상태이면서, 설움의 근원이라는 시적 주체의 역설적인 인식은 두 번째 행에서 그 이유가 암시되고 있다. '사랑'과 '봄'을 단서로 역설의 내막을 추리해볼 수 있을 것이다. 꿈이 일시적이나마 불연속성이 해소되고 '사랑'이 완성될 수 있는 상태이면서, 그 완성은 덧없이 사라지는 '봄'처럼 순간적인 것이라는 인식이 꿈을 영혼의 충만함과 설움의 근원으로 인식하게 하는 것이다. 둘째 행에서 '울자'가 결합함으로써 이 시에서 꿈은 도취와 향연보다는 오히려 '설움'에 무게가 실려있다.

이 시에서 말하는 꿈이 반추(反芻)되는 꿈이기 때문이다. 시적 자아는 비현실적인 세계인 꿈의 영역으로 입몽한 뒤 다시 현실로 환원하여 '설움'의 상태에서 꿈을 반조(返照)하고 있는 것이다. 그러므로 김소월 시

---

24)『진달내꼿』, p. 90.

에서 낭만적 영혼은 꿈의 비현실적인 세계에서 이끌려와 현실적 자아의 내면에 기억되어 있는 혼이라고 할 수 있다. 그 때문에 김소월 시에서 적극적으로 꿈의 영역으로 날아가는 낭만적 영혼의 여행을 찾아보기는 어렵다. 꿈속에서 이끌려나온 혼은 다만 시적 주체의 내면에 거주하며 시적인 사유와 몽상을 자극할 뿐이다.25)

거기에는 적극적으로 꿈의 영토로 진입하여 '밀실', '침실', '흑방', '병실'과 같은 꿈의 공간을 축조하는 『백조』파와는 구별되는 김소월의 현실감각이 반영된 것으로 해석된다. 시적 자아는 '꿈'에서 깨어나 현실의 질서 속에 거주하며 내면에 기억된 혼을 통해 꿈의 여운을 감미하며 어느 정도 꿈과 현실의 거리를 확보하기 때문이다.

「꿈」에 시적 자아의 낭만적 영혼의 존재론이 새겨져 있다면, 「초혼」에는 타자적인 세계에 거주하는 타자적인 영혼의 존재론이 담겨져 있다.

> 산산히 부서진이름이어!/ 虛空中에 헤여진이름이어!/ 불너도 主人업는 이름이어!/ 부르다가 내가 죽을이름이어!//
> 心中에 남아잇는 말한마듸는/ 끗끗내 마자하지 못하엿구나./ 사랑하든 그사람이어!/ 사랑하든 그사람이어!//
> 붉은 해는 西山마루에 걸니웟다./ 사슴이의무리도 슬피운다./ 써러저나가안즌 山우헤서/ 나는 그대의이름을 부르노라.//
> 서름에겹도록 부르노라./ 서름에 겹도록 부르노라./ 부르는소리는 빗겨가지만/ 하눌과 쌍사이가 넘우넓구나.//
> 선채로 이자리에 돌이되여도/ 부르다가 내가 죽을이름이어!/ 사랑하든 그사람이어!/ 사랑하든 그사람이어!
>
> — 김소월, 「招魂」 전문26)

---

25) 다분히 영감론적인 이런 영혼은 김소월 시 구석구석에 배어 있다. 다음의 경우에는 직접적으로 그런 영혼이 등장한다.
"가득히 차오는 내 心靈…… 하늘과 땅 사이에./(중략)/ 照耀히 내려 비추는 별빛들이/ 내 몸을 이끌어라, 無限히 더 가깝게."(「黙念」)
"가주난 아기갓치 울면서 두는/ 내 靈을 에워싸고 속살거려라"(「가을 아침에」)
26) 『진달내꼿』, pp. 164-165.

널리 알려진바와 같이 「초혼」에서는 망자를 떠나보내는 유교의식 가운데 하나인 '고복(皐復)'을 모티프로 삼고 있다.27) '고복'이라는 의식에 반영된 영혼관은 유교의 고유한 것이 아니라 샤마니즘에서 수용한 것이다.28) 샤마니즘의 영혼은 살아있는 사람의 몸 안에 깃든 생령(生靈)과 죽은 사람의 영혼인 사령(死靈)으로 구분된다.29) 「꿈」에서 본 바와 같이 시적 주체는 생령을 자아의 내면에 존재하며 시적인 사유와 몽상에 연료를 제공하는 낭만적 영혼으로서 미학적인 개념으로 인식하고 있다. 「초혼」에 시적 주체는 타자적인 영혼인 사령에 대한 인식을 드러낸다. '고복'의식에서 사령은 잠재적으로 저승으로도 갈 수 있고 이승에 거주할 수도 있는, 모든 경계의 불연속면을 넘나들 수 있는 자유로운 혼이다. 『백조』파의 시에서도 마찬가지로 타자적인 세계에 거주하는 타자적인 영혼을 현실과 교통할 수 있는 존재로 인식하고 있다. 가령 박영희는 「幽靈의 나라」에서 "그대의흰팔을 조심해밟으면서ㅡ./ 幽靈의나라로, 꿈의나라로/ 나는가리라"라고 말하고 있다. 여기에서 "그대의 흰 팔"은 현실과 교통하는 타자적인 영혼의 존재론을 암시해준다.

그러나 「초혼」에서 시적 주체는 이 타자적인 '혼'30)을 자유로운 존재, 현실의 세계로 다시 돌아올 수 있는 존재로 보고 있지 않다. 시적 자아는 아무리 불러도 주인이 없는 이름이라는 것을 인지하면서 설움에

---

27) 오세영, 앞의 책, pp. 336-337. ; 김윤식, 앞의 글.
28) M. Loewe, *Chinese Ideas of Life and Death*, 이성규 역, 『고대중국인의 생사관』, 지식산업사, 1989, pp. 134-133.
29) 김태곤, 『한국무속연구』, 집문당, 1981, pp. 300-307.
30) 김소월 시에서, 이런 낭만적 영혼의 배우자로서 타자적인 영혼이 직접적으로 등장하는 경우는 다음과 같다.
   "보드라운그리운 어떤목숨의/조그마한푸릇한 그무러진령(靈)/(중략)유령(幽靈)실은널뛰는 배깐엣냄새."(「女子의 냄새」)"어둡게깊게 목메인하늘./ 꿈의품속으로서 구러나오는/ 애달피잠안오는 유령(幽靈)의눈결."(「悅樂」)
   특히 「여자의 냄새」는 퇴폐적 낭만주의의 영향이 농후하게 나타난 경우로, 여기에서는 낭만적 영혼이 현실적 질서의식을 파괴하고 타자적인 영혼과 결합하여 죽음과 영원으로 이어지는 장면이 그려진다.

겨워 사자를 부르고 있다.

「초혼」의 낭만적 영혼은 『백조』파의 시에서와 마찬가지로 타자적인 세계에 거주하는 타자적인 영혼을 목놓아 갈구하지만, 그 갈구가 현실의 경계를 넘어 타자적인 세계까지 이어지지는 않는다. '부르는 소리가 비껴가고', '하늘과 땅 사이가 너무 넓다'는 낭만적 아이러니가 개입하여 현실적 질서의식을 드러내며 긴장관계를 형성하고 있다.

「초혼」을 비롯한 김소월 시에서 빈번하게 나타나는 '실연'의 모티프는 『백조』파 시인들에게 공통적으로 발견되는 제재이다.31) 그러나 양자는 큰 차이를 보인다. 『백조』파 시인들의 작품에서 낭만적 영혼은 자신의 짝인 타자적인 영혼을 찾아 몽환적인 세계로 여행을 떠나지만, 「초혼」에서 볼 수 있듯이 김소월 시의 낭만적 영혼은 '산 위'라는 현실의 한계선 위에 멈추어 선다. 현실의 질서에 구속된 낭만적 영혼의 존재조건과 타자적인 세계에 거주하는 타자적인 영혼의 존재조건이 서로 어긋나 있는 것이다.

「꿈」에는 낭만적 영혼의 존재론이, 「초혼」에는 타자적인 영혼이 존재론이 비교적 선명하게 제시된다면, 「무덤」에는 이 두 가지가 함께 제시되고 있다. 현실의 질서에 구속된 자아가 타자적인 세계에 거주하는 영혼을 불러내고 있는 행위가 담겨 있는 「초혼」과 달리, 「무덤」에서는 타자적인 영혼이 시적 자아의 낭만적 영혼을 잡아끌어 당기고 있다.

  그누가 나를헤내는 부르는소리
  붉으스럼한언덕, 여기저기

---

31) 황석우의 「눈으로 애인아 오너라」(『창조』6) 「석양은 꺼지다」(『폐허』창간호) 「애인의 인도」(『폐허』) 등
  박영희의 「적의 비곡」, 「과거의 왕국」(이상 『장미촌』창간호), 「객」, 「환영의 황금탑」(이상 『백조』창간호), 「꿈의 나라로」, 「그림자를 나는 쫏치다」, 「유령의 나라」(『백조』제2호), 「웃음의 여울」(『백조』3) 등.
  김은전, 앞의 책, pp. 224-231.

돌무덕이도 음즉이며, 달빗헤,
소리만남은노래 서리워엉겨라,
옛祖上들의記錄을 무더둔그곳!
나는 두루찻노라, 그곳에서,
형젹없는노래 흘너퍼져,
그림자가득한언덕으로 여긔저긔,
그누구가 나를헤내는 부르는 소리
부르는소리, 부르는소리,
내넉슬 잡아끄러헤내는 부르는소리.

— 김소월, 「무덤」 전문32)

  시적 자아의 낭만적 영혼은 무덤이 있는 밤 언덕을 거닐고 있다. 이러한 야반 산책은 '돌무덕이'가 움직이는 환상적인 공간으로의 몽유로 읽힌다. 그런 환상적인 배경은 현실과 사령들의 세계에 불연속적인 경계를 흐리게 하는 기능을 하고 있다. 그러나 그 공간은 무덤이라는 현실적인 불연속면으로『백조』파 시에 나타난 꿈의 공간과 같은 죽음 이후의 세계와는 차단되어 있다. 무덤 내부의 공간인 '옛 조상들의 기록을 묻어둔 그곳'에서 흘러나오는 소리가 타자적인 세계와 거기에 거주하는 타자적인 영혼의 존재를 알려주지만, 그 소리는 '형체와 흔적'(形迹)이 없다. '그리운 그림자'나 '유령'을 직접적으로 인식하는『백조』파 시에서와 달리 시적 자아의 낭만적 영혼은 타자적인 세계나 타자적인 영혼과 직접적으로는 조우하지 못하고 다만 실체없는 소리를 통해서 조우하는 것이다.
  이처럼 김소월 시에 나타난 낭만적 혼과 타자적 영혼의 존재론은『백조』파의 것과 달리 아이러니적 인식에 의한 현실감각이 강조된다. 현실감각에 의한 긴장은 김소월 시 여기저기에서 나타난다.
  「꿈길」에서, 시적 자아는 밝음과 어둠의 중간 상태인 어스름한 공간

---
32)『진달내꽃』, p. 159.

을 거니는 '낭만적 혼의 여행'의 한 형태를 보여준다. 이 시에서 꿈길을 따라 가는 혼의 여행은 천상으로 상승성과 대지의 인력, 이 두 자장 사이의 갈등 속에서 지상을 표류한다. 이런 낭만적 상승과 아이러니적 절제력은 「찬 저녁」에서 깊이 있게 그려지고 있다.

> 퍼르스럿한달은 성황당의/ 데군데군허러진 담모도리에/
> 우둑키걸니윗고, 바위우의/ 가마귀한쌍, 바람에 나래를펴라.//
> 엉긔한무덤들은 들먹거리며,/ 눈녹아 黃土드러난 멧기슭의,/
> 여긔라, 거리불빗도 써러저나와,/ 집짓고 드릿노라, 오오 가슴이어//
> 세상은 무덤보다도 다시멀고/ 눈물은 물보다 더덥음이 업서라./
> 오오 가슴이어, 모닥불피여오르는/ 내한세상, 마당싸의가을도 갓서라.//
> 그러나 나는, 오히려 나는/ 소래를드러라, 눈석이물이 씩어리는,/
> 쌍우헤누엇서, 밤마다 누어,/ 담모도리에 걸닌달을 내가 쏘봄으로.
> ─ 김소월,「찬 저녁」전문[33]

'세상은 무덤보다도 다시 멀고'는 시적 자아의 낭만적 영혼이 놓인 정황을 단적으로 말해준다. 낭만적 영혼은 일상적인 밝음의 세계인 '세상'으로부터 일탈하여 '퍼르스럿한 달빛'이 스며든 어스름한 공간으로 나와 있다. 그 공간은 세상도 아니지만 물론 '무덤'의 내부인 타계도 아니다. 밝음과 어둠의 중간인 달빛이 스며든 무덤가의 어스름한 환상적인 공간이다. '무덤들이 들먹거린다'는 표현은 그 공간의 환상적인 성격을 암시하고 있다. 샤마니즘적인 사유체계에서 이러한 음습한 공간이 혼령이 출몰하는 곳이다.[34] 시적 주체는 이러한 배경과 결부시켜 낭만적 영혼의 상태를 유령적인 것으로 묘사하고 있다. '눈물은 물보다도 더 더움

---

[33] 『진달내꼿』, pp. 162-163.
[34] 김소월의 만들어 내는 이러한 음습한 이미지의 공간은 조선의 귀신이 출몰하는 공간이다.
村山智順, 김희경 역,『조선의 귀신』, 동문선, 1990, pp. 102-103.
서정주는 이러한 공간을 혼령들이 거주하는 저승적인 곳으로 규정하고 있다.
서정주,「소월의 自然과 幽界와 宗敎」,『신태양』, 1959. 5.

이 없어라'는 표현에서 눈물이 물보다 따뜻하지 않다는 것은 낭만적 영혼이 일상적인 상태가 아닌 유령적인 정황에 놓여있음을 말해준다. 이런 유령화된 낭만적 영혼의 상승성이 '가마귀 한 쌍, 바람에 나래를 펴라'라는 구절과 '모닥불이 피어오르는 가슴'의 이미지를 생성하고 있다. 그런 상승을 지향하는 낭만적 영혼의 의지는 아이러니적 현실감각의 검열에 의해 좌절된다.

마지막 연에서 낭만적 영혼은 하늘로 상승하는 것이 아니라 땅에 드러눕게 된다. 낭만적 초월의식에 의하여 시도된 낭만적 영혼의 여행은 밤마다 땅에 누워 '담모도리에 걸린 달을 보는' 행위로 억제된다. 김소월 시에서 낭만적 혼의 여행이 좌절된 시적 자아가 시체처럼 땅바닥에 등을 대고 누워 바라보는 '달'은, 현실의 기반 위에서 전개되는, 사랑과 낭만적 동경의 대상에 대한 몽상의 매개체이다.

낭만적 영혼은 현실의 질서를 거부하고 현실을 초월하려는 의지를 보인다. 『백조』파 시에서 낭만적 영혼은 현실을 거부하고 초자연적 세계를 꿈꾸며 그러한 타자적인 세계에 낭만적 영혼의 배우자인 '유령'을 설정하고, 타자적인 세계에서 타자적인 영혼인 유령과의 합일을 통해 사랑의 완성을 꿈꾼다. 이때 낭만적 영혼과 유령은, 현실과 초자연적 세계의 한계선을 넘나들 수 있는 존재이다. 그런 연유로 인하여 『백조』파의 시에는 현실적인 질서의식이 희박해진다. 그 때문에 지나치게 관념적이고 비현실적인 방향으로 흘러 시적 긴장을 떨어뜨리게 된다.

이에 비해 김소월 시에서 낭만적 혼과 타자적인 영혼은 강렬한 아이러니적 인식에 의해서 단절된다. 김소월 시는 『백조』파의 시에 비해 아이러니적 인식이 강하게 나타나며 그로 인한 현실적 질서의식이 긴장감을 형성하게 된다. 물론 『백조』파의 시에도 아이러니적 인식이 있지만 그것이 현실인식과 시적 긴장으로 이어지지는 못한다. 이에 비해 김소월의 시에 나타난 아이러니는 현실인식과 시적 긴장으로 이어져 작품의 미학적 완성도에 기여하고 있는 것이다.

3. 현실의 토대에서 반조되는 꿈

앞에서 언급한 바와 같이 『백조』파 시에서는 낭만적 영혼이 적극적으로 비현실적인 꿈의 공간으로 침투해 들어가며, 타자적인 영혼과 꿈의 영토 내부가 직접적으로 묘사된다. 이런 『백조』파 시편에서 영혼과 꿈이 펼치는 드라마는 박영희의 「꿈의 나라로」[35]에 비교적 잘 드러난다. 이 시는, 시적 자아가 '꿈성'으로 들어가 '그리운 그림자'와 조우하고자 환상공간을 배회하는 장면을 고스란히 보여준다. 시적 자아가 '꿈성'으로 진입하고자 애를 쓰며 배회하는 환상공간에서는 현실적 토대를 찾기 어렵다.

작품성을 보장해 줄 수 있는 긴장감은, '아득한 천공을 날고자 하는 원심경향에 대해서 생활의 대지를 인식하는 구심성향이 상호관계를 맺고 작용하는 경우에야 비로소 제대로 작동할' 수 있는데, 『백조』파는 낭만적 영혼의 무한한 가능성을 믿고 무한한 천공을 비상하고자 하는 의지를 지나치게 내세운 나머지 황당무계한 꿈에 사로잡힌 경우로 파악할 수 있다.[36]

이에 비해 소월 시에서 꿈은 잠에서 '깨어난'[37] 상태에서 현실의 토

---

[35] 꿈나라로내가가려고/ 피 흐르는진길을내가거르며/ 煙氣찬 魔방에내가흘릴째/ 꿈성을나는두다리도다.// 꿈나라수풀속에 몸을감추인/ 반가운 잠을 내가잡고서/ 幸福스런 꿈나라로거르려하나/ 그리우는 그림자를 잡은노치다// 꿈나라넓은길을내가단이고/ 욱어진 수풀속에차저서보나/ 두려운 비소리만 숨길에차다. ―「꿈의 나라로」부분, 『백조』2, pp. 23-24.
[36] 김용직, 앞의 책, p. 238.
[37] 가령, 꿈에서 갓 깨어난 상태의 정황은 다음 구절들에서 단적으로 나타난다.
'몹쓸은 꿈을 깨어 돌아누을 때'「깊고 깊은 언약」
'그러나 자다 깨면 님의 노래는'「님의 노래」

대 위에 반조된다. 그리하여 꿈을 모티프로 삼은 시편들에서는 낭만적 영혼이 현실적인 형상을 띠고 나타난다. 낭만적 영혼은 연인과 동떨어져 유폐되어 있는 고독한 인물로, 그 짝이 되는 타자적인 영혼은 '그 여자', '그대'와 같은 현실적인 인물로 나타난다. 이러한 현상은 아이러니적 인식이 낭만적 초월의 의지를 적절히 통제하기 때문에 나타난 것으로 보인다. 여기에서는 현실에 토대 위에서 되비추어지는 소월 시의 꿈의 역학이 어떻게 펼쳐지는지 살펴보기로 한다.

김소월의 많은 시편들에서 밤이 시간적 배경으로 설정되어 있다. 밤은 시적 자아가 꿈을 꾸는 시간이면서 동시에 꿈에서 깨어났을 때에는 어둠이 사위를 에워싸 세계와의 불연속면을 형성하여 끔찍한 고독을 생성한다.38) 어둠에 '갇히는' 것을 두려워하는 소월의 심성은, 꿈속에서 이끌어온 빛에 의지하여 펼치는 몽상으로 힘겹게 고독을 밀어내는 시적 자아의 모습으로 나타난다.

   야밤중, 불빗치밝하게
   어렴프시 보여라.

   들니는듯, 마는듯,
   발자국소래.
   스러져가는 발자국소래.

   아무리 혼자누어 몸을뒤재도
   일허바린잠은 다시안와라.

  '봄 새벽의 몹쓸 꿈 깨고 나면'「몹쓸 꿈」
  '꿈에 울고 일어나 들에 나와라.'「바리운 몸」

38) 김소월은 영변읍에 머물던 날의 회상을 적은 글에서 '밤이면 추야장 나그네방 찬자리에 가치어 마주 보나니 잦는듯한 등불이 그물러질까 겁이 났다고'(『가면』3, 1926.8. ; 『삼천리』66, 1935. 10. pp. 248-249) 적고 있다. 어둠에 '갇히는' 것을 두려워하는 김소월의 심성은, 빛에 의지하여 고독을 힘겹게 견디는 시적 자아의 모습으로 나타난다.

야밤중, 불빛치밝하게
어렴프시보여라.

— 김소월, 「그를숨순밤」 전문[39]

　인용한 작품에서 시적 자아는 꿈과 현실 사이의 비몽사몽 상태에 놓여있다. '잃어버린 잠은 다시 안와라'는 표현을 통해 시적 자아가 꿈에서 막 깨어나 잠을 청하고 있음을 알 수 있다. 꿈속에서 시적 자아는 '그'를 만났고, 꿈에서 깨어나며 멀어져 가는 '그'의 발자국 소리를 듣고 있다. 사랑의 대상인 '그'는 꿈 속에서만 만날 수 있는 존재이기 때문이다. 발자국 소리가 스러져가는 정도는 의식이 깨어나 꿈에서 멀어지는 정도와 비례하고 있다. 여기에서 스러져가는 발자국 소리를 붙잡아 몽상으로 이끄는 '불빛'은 '그'의 은유이다. 그것은 꿈속에서 이끌어온 '불빛'[40]으로 낭만적 영혼에 기록되어 시적 자아에게 몽상의 매개체가 되어 준다. 꿈에서 깨어나 어둠에 파묻힌다면 시적 자아는 철저한 고독의 고통을 절감하게 될 것이지만, 시적 자아는 꿈속에서 이끌어온 불빛을 어둠에 뒤섞어 '어렴풋한' 몽환적인 공간을 생성한다. 꿈속에서 길어온 빛을 현실과 뒤섞어 빚어내는 이런 '어렴풋한' 공간은 '어스름'으로

---

[39] 『진달내꼿』, p. 69.

[40] 김현과 신범순은 김소월의 「시혼」과 플라톤주의에 영향관계를 암시하고 있다. 이들의 논의에서 '이데아'나 '절대'는 현실의 영역에서 '음영'으로 나타나게 되는 것인데, 그 음영을 생산할 수 있도록 현실의 기반 위에서 반조되는 '이데아'나 '절대'의 빛이 이러한 빛이라 생각된다.
김현, 「현실과 초월의 의미」, 김현·김윤식, 『한국문학사』, 민음사, 1973, pp. 147-149. ; 신범순, 앞의 책, p. 79.
이러한 빛의 상상력의 계보를 추적해 보면 플라톤에서 플로티누스로 이어지는 신비주의 전통으로 거슬러 올라간다. 그러한 전통에서 빛은 근원으로서의 일자를 암시하고 있다. 그것은 영혼이 유출되었고 되돌아가야할 영적인 세계이다. 낭만적 세계관의 범주에 포함되는 신비주의적인 상상력은 이러한 빛으로 영혼을 상승시키지만 김소월 시에서는 그러한 상승이 억제되고 현실의 토대에서 반조되는 것이다. 그것은 김소월의 시에 강력한 신비주의적 지향성이 내면화되어 있지만, 다른 한편으로는 근대적 세계관이 그것을 억누르고 있다는 점을 말해준다. 서구의 신비주의 전통의 상상력에 대해서는 다음을 참고할 수 있다.
J. Hirschberger, *Geschichte der Philosophie - volume 1*, 강성위 역, 『서양철학사-고대와 중세』上, 이문출판사, 1983, pp. 360-371.

변주되기도 한다.

「그를 꿈꾼 밤」과 마찬가지로 「꿈꾼 그 옛날」도 꿈에서 깨어난 비몽사몽의 상태에서 꿈을 반조하고 있지만, 전자와 달리 후자에는 꿈의 내용이 비교적 구체적으로 드러난다.

> 박게는 눈, 눈이 와라,
> 고요히 窓아래로는 달빗치드러라.
> 어스름타고서 오신그女子는
> 내쑴의 품속으로 드러와안겨라.
>
> 나의벼개는 눈물로 함쌕히 저젓서라.
> 그만그女子는 가고마랏느냐.
> 다만 고요한새벽, 별그림자하나가
> 窓틈을 엿보아라.
>
> — 김소월, 「쑴꾼그옛날」 전문[41]

밖에 내리는 눈은 어둠에 다시 장막을 쳐서 불연속적인 상태를 강화하는 기능을 한다. 그러한 불연속적인 어둠을 밀어내며 '어스름'이라는 몽환적인 상태를 마련해주는 매개물이 '달빛'이다. 그것은 '창'이라는 불연속면을 뚫고 시적인 사유와 몽상을 가능하게 해주는 '어스름'의 길을 내어준다. 시적 자아는 달빛에 의해 열린 길을 통해 현실적인 자아의 내면에 기록된 꿈의 순간과 지금 여기에 존재하지 않는 님의 기억을 끌어온다.[42] 4행에서 꿈은 자아의 내면 밑바닥에서 건져올린 반조된 꿈이다. 타자적인 세계에 속하는 님이 '어스름'의 길을 타고 그 꿈의 공간으로 걸어 들어온다. 그리하여 님이 거주하는 꿈의 안락한 공간이 몽상을 장

---

[41] 『진달내쏫』, p. 26.
[42] 「찬 저녁」에서 시적 자아가 땅 바닥에 등을 대고 누워 달을 올려다보는 행위와 같다.

악하게 된다.

　이 충만한 몽상의 상태는 홀로 방안에 누워 있는 시적 자아의 정황과 대비되어 한없이 깊은 설움을 생성하게 된다. 시적 자아는 님이 없는 황량한 현실 공간에 님의 은유인 '별 그림자'를 끌어와 그 설움을 몰아내고 불연속면에 뚫린 '창틈'으로 꿈의 기억을 엿본다. 시적 자아는 꿈 속 '그 여자'를 '별 그림자'로 환기하여 안락한 꿈의 느낌을 다시 불러일으키는 것이다. 2연 3, 4행에서, 꿈 속에서 이끌려온 '별빛'[43])은 현실의 어둠과 뒤섞여 꿈과 현실의 불연속면 사이에 균열을 생성하여 다시 '어스름'이라는 몽환적인 공간을 펼치고 있는 것이다.

　여기에서 '별 그림자'는 '불빛'과 마찬가지로 꿈 속에서 길어온 빛이며, 그것이 현실의 어둠과 뒤섞여 생성하는 '어스름'과 '어렴풋'한 공간이 바로 「시혼」에서 말하는 '음영'[44])이다. '음영'은 현실의 토대위로 이끌어오는 꿈의 '기억'이 펼쳐지는 몽환적 공간을 빚어내고 있는 것이다.

　이처럼 꿈과 현실 사이의 불연속면에 만들어진 균열에 몽환적인 몽상의 공간을 펼치는 '빛' 계열의 대표적인 이미지는 '달'이다. 김소월 시에서 '달도 없는 밤'으로 해석될 수 있는 밤이 등장하는 시는 찾아보기 어렵다. 어둠에 갇히기를 두려워하는 소월의 심성이 밤을 배경으로 하는 대부분의 시편들에 '달'을 띄워놓고 있다. 심지어는 '그믐'에도 '달'을

---

43) 꿈에서 이끌어온 별빛의 이미지는 「묵념」에서 잘 나타나고 있다. 그것은 자아를 영원으로 이끈다. "照耀히 내려 비추는 별빛들이／내 몸을 이끌어라, 無限히 더 가깝게" - 「默念」

44) 소월의 그의 시론에서 '어둠음의 거울'을 말한 바 있다. 이 거울은 바로 일상적인 밝음과 대비되는 긍정적인 어둠 속에서 생의 본질적인 면(이 글의 논의에서는 꿈과 영원의 빛)을 되비추는 거울이다. 김소월이 말하는 음영은 완전한 현실도 아니고 그렇다고 영원의 빛이 그대로 드러난 것도 아닌, 영원의 빛이 '어둠음의 거울'에 반조된 상태라고 보는 것이 옳을 것 같다. 즉, 현실의 토대 위에 '어둠음의 거울'에 되비추어진 영원의 빛이 어둠과 뒤섞여 생성하는 장면이 음영이다.
김현은 「시혼」이 플라톤 주의에 깊은 영향을 받고 있지만, 작품에서는 절대나 이데아보다는 음영의 변화에 집착하여 정조시를 생산하는데 머물고 있다고 말한다. 여기에서 그가, 김소월이 절대의 탐구를 포기했다고 주장하는 근거도 결국은 아이러니적 인식이라고 할 수 있다.
김현, 앞의 글, p. 149.

띄워 '그믐에 지는 달'(「님의 말씀」)의 이미지를 낳게 된다. 이러한 달 빛은 「꿈꾼 그 옛날」에서처럼 '그 여자'를 현실의 몽상 속에서 반조된 꿈의 공간으로 끌어들이는 매개물로 등장한다.

> 달빗츤 밝고 귀쑤라미울째는
> 우둑키 싀멋업시 잡고섯든그대를
> 생각하는밤이어, 오오 오늘밤
> 그대차자다리고 서울로 가나?
>
> — 김소월, 「月色」 전문[45]

이 시에는 달빛이 은은한 가을밤의 몽상이 담겨 있다. 달빛과 귀뚜라미 소리에 내함된 빛과 소리의 성질은 불연속적인 경계를 넘나들 수 있는 것이다. 그리하여 그것은 현실의 몽상 안쪽으로 '밤'으로 표상되는 불연속면을 투과하여 '그대'를 불러올 수 있게 해준다. '그대'는 「기억」에서 '달 아래 시멋 없이 섰던 그 여자'로 다시 나타나는 존재이며, 깊은 꿈의 '기억'에서 이끌어온 것이다.[46] '그대'가 서있는 공간은 님이 거주하기 때문에 안락한 추억의 밤이 된다. 그것과 대조적으로 현실에 속하는 '오늘밤'은 현실적 공간인 '서울'과 이어진다. 전자의 경우는 현실성이 배제된 꿈의 상태로 충만하게 되지만, 후자의 경우에는 현실에서 겪어나가야할 고뇌와 번민만이 남아 있다. 그 번민은 꿈속에서는 님과 함께하면 행복이 넘쳐나지만, 현실에서 '오늘 밤'은 그대를 찾는다해도 생계를 위해 서울로 데리고 올라가 얼마나 많은 고생을 겪게 될 것인가 하는 의문으로 던져지고 있는 것이다. 이러한 현실적인 정황이 반조된 꿈의 충만함을 '우둑히 시멋 없이'와 같이 담담한 어조로 가라앉히고 있

---

45) 『진달내꽃』, p. 105.
46) 달 아래 시멋 없이 섰던 그 여자(女子),/ 서있던 그 여자(女子)의 해쓱한 얼굴,/
(중략) 그립다 그 한밤을 내게 가깝던/ 그대여 꿈이 깊던 그 한동안을/ - 「기억」중에서

는 것이다.

　지금까지는 꿈에서 막 깨어난 비몽사몽의 상태나, 빛으로 매개된 몽환적인 정황에서 꿈의 기억을 되비추어보는 시편들을 보았다. 이와 달리 「원앙침」, 「애모」 등의 시편에는 꿈으로 진입하기 전의 몽환적 정황이 그려진다.

　　바드득 니를갈고/ 죽어볼까요/ 窓까에 아롱아롱/ 달이 비츈다.//(중략)
　　두동달이벼개는/ 어듸갓는고/ 언제는 둘이자든 변개머리에/「죽쟈사쟈」 언약도 하여보앗지.//
　　(중략)
　　두동달이 벼개는/ 어듸갓는고/ 窓까에 아롱아롱/ 달이 비츈다.
　　　　　　　　　　　　　　　　－ 김소월, 「鴛鴦枕」 부분47)

　　왜 아니 오시나요./ 暎窓에는 달빗, 梅花꼿이/
　　그림자는 散亂히 휘젓는데./ 아이. 눈 싹감고 요대로 잠을들자.//
　　저멀니 들리는 것!/ 봄철의 밀물소래/
　　물나라의玲瓏한九重宮闕, 宮闕의오요한곳/ 잠못드는龍女의춤과노래, 봄철의밀물소래.//
　　어둡은가슴속의 구석구석……/ 환연한 거울속에, 봄구름잠긴곳에,/ 소솔비나리며, 달무리둘녀라./ 이대도록 왜안이 오시나요. 왜안이 오시나요.
　　　　　　　　　　　　　　　　－ 김소월, 「愛慕」 전문48)

　「원앙침」은, 시적 자아가 님이 없어 뼈저리게 고통스러운 현실에서 바드득 이를 갈며 탄식하는 내용이 아주 길게 반복되다가, '창가에 아롱아롱 비친 달'을 바라보는 대목에서 끝이 난다. 잠 못 이루는 화자가 발견한 달빛은 「애모」의 몽상으로 이어진다. 「애모」에서 1연의 공간은 달

---
47) 『진달내꼿』, pp. 268-269.
48) 『진달내꼿』, pp. 65-66.

빛이 흔들리는 매화꽃 그림자를 감싸안고 영창에 내려앉는 방안이다. 시적 자아는 달빛을 매개로 임을 떠올리고, 오직 꿈에서만 감지되는 연인을 만나기 위해 잠을 청하고 있다. 2연에 오면 연인과 사랑에 대한 그리움이 '저 멀리 들리는 밀물소리'의 이미지를 생성하며 방안이라는 공간을 무한히 확장한다. 그 밀물 소리는 다시 바다밑의 용궁이라는 몽환적인 이미지를 생성하여 방안을 '물나라의 구중궁궐'로 변형시킨다. 수면과 꿈으로 진입하는 단계의 이러한 몽상은 꿈으로 깊게 빠져들지 못하고 다시 바다밑 공간에서 지상으로 올라와 '봄철의 밀물소리'라는 현실적인 세계로 돌아온다. 그러나 온전하게 현실로 복귀하지 않고 '구름'과 '소솔비', '달무리' 등의 이미지가 어우러진 풍경이 담긴 '환한 거울 속'을 몽상하며 님을 애타게 기다리고 있다. 시적 자아는 님을 찾아 적극적으로 꿈속으로 뛰어들기보다는 비몽사몽의 경계적인 상태에 머물러 님을 기다리고 있는 것이다.

그간 심리학적인 현상이나 낭만적 동경으로 이해되어온 김소월 시의 꿈은 이처럼 현실의 토대[49] 위에서 반조되는 경우가 대부분이다. 그러한 꿈에서는 낭만적 영혼이 동경의 대상을 찾아 적극적으로 타자적인 세계로 떠나는 여행의 모습이 비치지 않는다. 『백조』파의 시에서 비현실적인 이미지들로 가득찬 꿈의 세계도 김소월 시에서는 직접적으로 묘사되는 경우가 없고, 꿈의 기억은 '빛'의 이미지를 통해 현실의 공간으로 이끌려나와 빛과 어둠이 뒤섞인 현실과 꿈 사이의 몽환적인 공간을 형성하게 된다. 그것은 아이러니적 인식이 낭만적 영혼의 상승의지를 지상에 묶어 놓고 있기 때문이다.[50]

---

49) 김소월 시편들 중에서 현실적인 토대에 대한 인식이 극단적으로 표출된 경우가 「바라건대는 우리에게우리의 보섭대일쌍이 잇섯더면」과 같은 계열의 작품들이다. 이런 시편들에서 꿈은 현실에 가리워져 훨씬 축소되는 양상을 보인다.
50) 이 글에서 '꿈'에 관한 논의는 『진달내꼿』을 중심으로 이루어졌다. 『진달내꼿』에 나타난 꿈은 대체로 본고의 논의에 해당되지만, 이러한 경향과는 구별되는 시편들도 있다. 가령, 『개

4. 결론

1910년대 후반에서 1920년대 초반까지 전개된 상징주의 운동은 한국 근대시의 내면 형성에 크게 기여하였다. 상징주의 시론은 육체와 자연에 대립되는 영혼과 신비를 드러내는 것을 근대시의 중요한 요건으로 파악했으며, 『백조』파 시인들은 그러한 상징주의 시론을 구체적인 창작활동으로 실천했다. 『백조』파 시인들은 영혼과 신비를 형상화하기 위하여 꿈과 비현실적인 공간을 형상화했으나, 현실에 대한 인식이 없이 낭만적 영혼의 무한한 비상에 집중한 나머지 추상적이고 관념적인 수준에서 머물러 작품의 미학적 완성도를 높이는 데까지 나아가지는 못했다.

본고는 낭만적 영혼과 꿈의 존재론이 비교적 선명하게 드러난 김소월의 작품 또한 영혼과 신비를 근대시의 중요한 요건으로 파악한 상징주의 시의 연장선에 놓여있다고 보고, 김소월 시에 나타난 낭만적 영혼과 꿈이 상징주의의 그것과 어떻게 차별화되고 어떠한 고유의 역학을 형성하고 있는가를 구명했다.

김소월 시에 나타난 낭만적 영혼과 꿈은 당대의 상징주의 시에서 지대한 영향을 받았지만, 상징주의 시와 달리 김소월 시에서는 낭만적 아이러니가 현실인식으로 이어지면서 낭만적 초월의 상상력과 현실인식이 시적 긴장을 형성한다.

김소월 시에서 낭만적 영혼은 상징주의 시에서와 마찬가지로 앤드로귀너스적인 영혼의 배우자가 거주하는 타자적인 세계로의 무한한 비상을 꿈꾸지만, 아이러니적 인식에서 비롯된 현실감각으로 인하여 현실에

벽」에 발표된 「꿈자리」와 같은 경우는 형식적인 면에서 민요적인 운율의 질서에서 완전히 벗어나 있으며, 내용적인 면에서도 상징성이 아주 짙다. 김용직은 「꿈자리」와 「깁흔구멍」이 타고르의 영향을 느끼게 하는 작품으로 꼽고 있다. 이런 작품들에 관해서는 고를 달리해 논의될 필요가 있다.
김용직 편, 『김소월전집』, 서울대출판부, 1996, p. 308. 참고.

서 벗어나지 않는다. 낭만적 영혼은 현실의 한계선을 인식하고 그 한계선에서 타자적인 영혼을 동경한다.

　꿈의 경우도 『백조』파의 시에 나타난 황당무계한 꿈과 달리, 김소월 시에서는 현실의 토대에서 반조되는 꿈이 나타난다. 김소월 시에 나타나는 꿈은 잠에서 막 깨어난 비몽사몽의 상태에서 꿈을 음미하거나 잠들기 직전의 몽롱한 상태에서 청하는 꿈이 대부분이다. 아이러니적 인식이 현실을 떠나 꿈의 세계에 온전하게 귀속될 수만은 없다는 현실인식으로 이어지고 있는 것이다.

　김소월 시에서 '영혼'과 '꿈'을 제재로 삼고 있는 일련의 시편들은 영혼과 초자연을 작품의 내면공간에 담아내고자 하는 당대 상징주의의 근대시 운동의 연장선에서 이해할 수 있다. 그러나 김소월은 『백조』파를 중심으로 한 당대 상징주의 시인들이 놓친 현실감각을 확보함으로써 무한한 낭만적인 비상에 제동을 걸 수 있었고 그로 인해 작품에 긴장을 형성할 수 있었다. 그러한 긴장감이 김소월 시의 미학적 완성도를 높이는데 기여한 것이다.

제II부
불교적 세계관과 선적 미학

제1장

선적 미의식과 불교적 세계관
- 김달진론 -

1. 서론

　김달진 시에 관한 논의는 그리 많지 않으며, 학술적이라기보다는 인상 비평적인 차원에서 전개되었다. 김달진 시에 나타난 선(禪)적 색채나 불교적 사유에 대해서도 비평적인 차원에서 피상적으로 언급되고 있는 실정이다. 조남현은 김달진 시가 동양적 · 고전적 · 불교적인 것에 자리잡고 있음을 지적하였다.[1] 김재홍[2]과 최동호[3]는 선적 감각 · 불교 사상과 노장 사상이 합류되어 있음을 밝혀냈다. 그러나 이러한 논의들은 김달진 시를 떠받치고 있는 불교적 세계관이나 불교적 사상, 선적 미의식이 어떠한 것인지를 심도 있게 천착하지는 않고 있다. 왜냐하면 김동리의 지적처럼 김달진 시에는 자연경관의 즉관(卽觀)이 두드러지고,[4] 사상이나 상상력은 내밀하게 감추어져 포착해내기가 쉽지 않기 때문이다.

---

1) 조남현, 「평범에서 달관으로-『올빼미의 노래』론」, 『김달진 전집』1, 문학동네, 1997, p. 515.
2) 김재홍, 「김달진, 무위자연과 은자의 정신」, 『김달진 전집』1.
3) 최동호, 「김달진 시와 무위자연의 시학」, 『김달진 전집』1.
4) 김동리, 「월하(月下) 시의 자연과 우주의식」, 『김달진 전집』1, pp. 480-482.

최근 김달진의 시를 '선시'의 일종으로 규정하고 묵조선적 특성을 구명하는 논의가 제기되기도 하였다.5) 이 논의는 시학적 특수성이나 고유한 미학을 변별해내지 못하고 김달진 시를 묵조선의 논리로 환원하는 양상을 보인다. '불교시'나 '선시'의 범주 설정은 미학이 종교의 시녀로 복무하는 중세 문학 연구에서는 유효하지만, 미적 자율성이 관건인 현대시 연구에서는 그다지 큰 의미가 없다. 왜냐하면 미적 자율성에 입각한 현대시는 특정 종교에 전적으로 귀속될 수 없기 때문이다. 만약 특정 종교에 전적으로 귀속될 수 있다면 그것은 이미 현대시가 아니라 중세시의 범주에 속한다. 현대시 연구에서는 무엇이 '불교시', '선시'이며, 어떠한 시가 '불교시', '선시'의 범주에 해당하는가, 불교·선의 사상이 어떻게 구현되었는가보다는, 미적 자율성의 범주 내에서 불교·선의 요소가 어떻게 창조적으로 수용되었는가, 현대시의 '불교적 시학'6)이나 '선적 미의식'이 어떠한 특성을 지니며, 현대 사회와 현대 문학사에서 어떠한 의의를 갖는가가 중요한 문제이다.

선행 연구의 인상 비평적인 한계와 환원론적인 태도를 극복하기 위해서는 무엇보다도 김달진 시에 적용될 수 있는 '선'은 무엇이고 '불교'는 무엇인가에 대한 이론적 검토와 작품에 대한 면밀한 분석이 필요하다. 나아가 김달진 시의 진가를 드러내기 위해서는 선행 연구에서는 거의 시도되지 않은 시사적 위상과 의의에 대한 평가가 필요하다. 그러한 취지에서 이 글은 김달진 시의 형식·기법적 차원에 구현된 선적 미의식과 내용적 차원에 펼쳐진 불교적 세계관에 토대를 둔 사유와 상상의 창조적인 국면을 검토하고, 그를 바탕으로 하여 김달진 시의 시사적 위상과 의의를 밝힌다.

---

5) 현광석, 「한국 현대 선시 연구」, 경희대 석사논문, 2000.
6) 김옥성, 「한국 현대시의 불교적 시학 연구-한용운, 조지훈, 서정주의 시를 중심으로」, 서울대 박사논문, 2005.

2. 선적 미의식의 요건

널리 알려진 바와 같이 선(禪)의 종지(宗旨)는 '직지인심(直指人心), 견성성불(見性成佛), 이심전심(以心傳心), 불립문자(不立文字)'이다.[7] 이는 언어에 대한 배타성,[8] 직각관조,[9] 신비적 합일[10] 등과 같은 선의 속성을 반영하고 있다. 이러한 선의 속성에 부합하는 선의 미학을 조지훈은 ①"단순화", ②"비범화", ③"전체화"로 규정한다.[11] 갈조광 또한 그와 비슷하게 표현의 차원에서 선의 미학을 ④"자연스러움", ⑤"간결성", ⑥"함축미"로 규정한다.[12] 조지훈과 갈조광의 논의를 참고하여 현대시와 연결시킬 수 있는 좁은 의미의 선적 미의식을 다음 몇 가지로 정리해볼 수 있다.

첫째, 간결성에 대한 지향이다. 여기에는 ①과 ⑤가 해당된다. '이심전심(以心傳心)'과 '불립문자(不立文字)'에 단적으로 드러나듯이 선은 근본적으로 언어를 거부한다. 따라서 선은 언어를 사용하지 않으면 안 되는 때에 이르러서 불가피하게 간결한 언어를 활용한다. 갈조광에 의하면 이러한 간결성은 "자구(字句)와 물상을 감소함으로써 배후의 상상공간을 증가"[13]시키게 된다. 이처럼 ①과 ⑤를 포함하는 간결성은 언어와 표현의 절제로 요약할 수 있다.

둘째, 비범화의 추구이다. 이에는 ②, ③와 ⑥이 포함된다. 조지훈은

---

7) 葛兆光, 『禪宗与中國文化』, 정상홍·임병권 역, 『禪宗과 中國文化』, 동문선, 1991, p. 279. ; 方立天, 『佛敎哲學』, 유영희 역, 『불교철학개론』, 민족사, 1992, p. 83. 참고.
8) 이종찬, 『한국 선시의 이론과 실제』, 이화문화, 2001, p. 15. ; 葛兆光, 위의 책, p. 289. 등 참고.
9) 이진오, 『한국불교문학의 연구』, 민족사, 1997, pp. 57-64. ; 葛兆光, 위의 책, pp. 210-226. 등 참고.
10) H. Dumoulin, 박희준 역, 『선과 깨달음』, 고려원, 1993, pp. 17-18. ; 葛兆光, 위의 책, p. 211. 등 참고.
11) 조지훈, 「현대시와 禪의 미학」, 『조지훈 전집』2, 나남, 1998, pp. 220-223.
12) 葛兆光, 앞의 책, pp. 279-305.
13) 위의 책, p. 292.

②비범화를 "시의 내용적 특성으로서 경이(驚異)의 발견"14)이라고 말한다. 그런데 비범함(경이)은 평범한 것을 통해 드러난다. 이러한 선의 미학은 ③과도 관련된다. ③전체화는 '단면으로 전체를 드러내는 것'이라는 점에서 평범한 것을 통해 비범함을 드러내는 ②에 가까운 개념이다.15) 비범화와 전체화는 평범과 단면으로 일상과 '다른' 어떠한 신비나 전체를 표현하는 방식이다. 갈조광에 의하면 함축은 "표현하는 구체적인 물상을 멀리멀리 초월하고 그 심도도 이미 언어문자의 표면적인 의미를 멀리 초월하게"16) 된다. 갈조광이 말하는 선의 함축은 일반적인 함축과 미묘하게 변별된다. 선의 함축은 일상언어나 구체적인 물상의 표면적 의미가 아니라 그것을 초월한 깨달음의 영역이나 신비를 표현하는 방식이다. 따라서 ②, ③과 ⑥은 물론 상당한 차이를 내포하고 있지만 근본적으로는 일상 세계의 배후에 있는 신비 혹은 초월의 영역을 담아내는 방식이라는 점에서 함께 묶일 수 있다.

셋째, 자연스러움에 대한 지향이다. 여기에는 ④가 해당된다. 선의 미학은 일상성의 장벽을 격파하기 위하여 기괴한 표현을 고안해내기도 하지만, 본질적으로는 수식하지 않고 자연스럽게 이루어지는 것을 추구한다. 시와 관련하여 생각해 볼 때 본질적으로는 기교와 격식을 거부하고 이성의 여과 없이 직접적으로 진실한 감정과 표상을 토로한다. 그리하여, 선적 미의식은 선리(禪理), 불리(佛理)에 대한 이성적, 사변적인 표현을 지양하고 평범하고 단순한 표현을 선호한다.

넷째, 불교적 세계관에 토대를 둔 시적 사유와 상상의 지향이다. 위의 세 가지 항목이 대체로 형식·기법적인 차원에 해당되는 반면, 이는 내용적 차원에 해당된다. 선적 미의식은 형식·기법적인 차원에서는 간결성,

---

14) 조지훈, 앞의 글, p. 220.
15) 양자의 유사성은 조지훈, 「시의 원리」, 앞의 책, p. 62.에서 확인할 수 있다.
16) 葛兆光, 앞의 책, p. 298.

비범화, 자연스러움을 지향한다. 그런데 이러한 방법론적 차원의 선적 미학은 유가의 한시나 도가적 세계관에 기반한 시편에서도 찾아볼 수 있다. 따라서 불교적 시학의 범주에 속하는 선적 미의식을[17] 판별하는 기준의 하나로 내용적인 면에서 시적 사유와 상상의 토대로서 불교적 세계관을 설정할 필요가 있다.

이 네 가지 항목은 모든 선적 미의식을 포괄할 수는 없다. 하지만, 현대시의 선적 미의식을 판별할 수 있는 하나의 기준으로서는 유효하게 활용될 수 있다. 한국 현대시사에서 이 네 가지 요건을 만족시키는 선적 미의식에 입각한 시편은 1930년대 이후에 본격적으로 대두된다. 물론 1920년대 만해의 『님의 침묵』이 선시의 전통을 현대적으로 계승하고 있기는 하지만, 이는 선리(禪理)나 불리(佛理)에 대한 지향성, 사변적인 성격이 강하며, 타고르의 산문시 형식을 수용하여[18] 산문적인 표현을 구사하는 점에서 우리가 위에서 규정한 좁은 의미의 선적 미의식과는 배치된다.[19]

한국 현대시사에서 선적 미의식의 네 가지 요건을 만족시키는 시학을 보여준 대표적인 시인은 조지훈이다.[20] 특히 조지훈의 월정사 시편은 네 가지 선적 미의식을 충실히 반영하고 있다. 일제 말기 조지훈은 시와 시론의 양면에서 선적 미의식을 천착하는데, 그 배경은 전기적 사실과 관련하여 이해할 수 있다. 이 시기 조지훈은 불교계의 중앙불교전문학교-혜화전문학교에서 수학하고(1938-1941),[21] 오대산 월정사 불교강원에서

---

[17] 불교적 미의식·불교적 시학은 선적 미의식·선적 시학, 민중불교적 미의식·민중불교적 시학 등의 범주로 세분화될 수 있다.
이와 관련된 사항은 위의 책, pp. 210-305. ; 孫昌武, 『中國佛敎文化序說』, 우재호 역, 『중국불교문화』, 중문, 2001, pp. 365-366. 등 참고.
[18] 송욱, 「유미적 초월과 혁명적 아공」, 『시학평전』, 일조각, 1963, pp. 295-296. ; 정한모, 「타고르의 본격적 도입」, 『한국 현대시문학사』, 일지사, 1974, p. 400.
[19] 김옥성, 앞의 논문, pp. 243-244. 참고.
[20] 위의 논문, p. 232. 및 p. 244.
[21] 일제 강점기 한국불교계의 전문교육기관은 다음과 같이 개편·개명되면서 명맥을 이어나간다.

외전강사로 일하는(1941.4.-1941.12.) 등, 불교적인 환경에 둘러싸여 있었다. 1931년 선학원의 재건 이후 한국 불교계에는 선을 한국 전통불교로 인식하고 이를 대중화하려는 움직임이 활발하게 전개되었다. 조지훈의 선적 미의식은 이러한 한국 불교계의 동향과 밀접한 관계에서 형성된 것으로 추정할 수 있다.[22]

김달진의 선적 미의식 또한 그러한 불교계의 분위기와 관련하여 이해할 수 있다. 1935년 김달진은 백용성(白龍城) 스님[23]을 모시고 함양 백운산 화과원(華果院)에서 반농반선(半農半禪)의 수도 생활을 하였다.[24] 그리고 1936년 중앙불교전문학교를 입학하여 1939년에 졸업한다. 이러한 전기적 사실을 감안할 때 조지훈의 시학과 마찬가지로 김달진의 시학도 당시 불교계에 팽배해진 선풍 진작운동의 영향을 받았을 것이라는 추측이 가능해진다.

조지훈 시의 선적 미의식은 비교적 활발하게 논의된 반면, 김달진의 선적 미의식은 별로 주목받지 못했다. 그 이유는 두 가지 정도로 추정할 수 있다. 우선, 작품의 차원에서 보면 조남현과 장호의 지적처럼 김달진

불교고등강숙(1914)→중앙학림(1915)→중앙불교전수학교(1928)→중앙불교전문학교(1930)→혜화전문학교(1940) (이에 대해서는 강석주·박경훈, 『불교근세백년』, 민족사, 2002, pp. 185-196. 참고.) 한국 현대시의 불교적 시학을 대변하는 시적 세계를 일구어낸 한용운, 서정주, 조지훈은 모두 이러한 교육기관과 인연을 맺고 있다. 한용운은 1918년 중앙학림 강사에 취임하며, 서정주는 중앙불교전문학교에서, 조지훈은 혜화전문학교에서 수학하였다. 이에 대해서는 위의 논문, p. 3. 참고.

22) 이에 대한 보다 자세한 사항은 위의 논문, pp. 55-61. 및 pp. 163-182. 참고.
23) 백용성은 일제 강점기 한국 불교계를 대표할 수 있는 선지식의 일원이다.(p. 71.) 선학원 창건 상량문(上樑文)의 발기자 명단에도 백용성의 이름이 제일 먼저 수록되어 있는 것을 보면 그는 선학원 운동의 상징적인 인물이었다. 하지만 그는 선학원의 운영에는 참여하지 않고 독자적으로 전통 선의 부흥과 선의 대중화 활로를 모색한다.(pp. 168-176.) 그 성과의 하나가 선농불교(禪農佛敎) 운동이다. 선농불교 운동은 "선율의 겸행과 노농의 실행을 통한 자작자급(自作自給)"에 이론적 기초를 두고, 경남 함양의 백운산에 화과원(華果院), 중국 간도의 용정에 선농당(禪農堂)을 설립하여 실천으로 옮겨진다. (pp. 91-108.)
이상은 김광식, 「백용성의 선농불교」, 「백용성의 독립운동」, 『근현대불교의 재조명』, 민족사, 2000. 참고.
24) 『김달진 전집』1, p. 585. 참고.

시는 외형적으로 너무 "평범"[25]하고 "무기교"[26]적이라는 인상이 강하기 때문이다. 둘째, 전기적 차원에서 보면 김달진이 은자적인 삶을 선호하여 해방이후에는 문단에서 멀어져 버렸기 때문이다.[27] 그러한 점을 감안하여 본고는 우선, 김달진 시의 선적 미의식과 불교적 세계관의 특성을 논구하고, 이를 토대로 김달진 시의 시사적 위상과 의의를 구명한다.

3. 세미화(細微畵)의 기법과 불교적 우주론

현대시에서 간결성, 평범의 비범화, 자연스러움 등을 요건으로 하는 선적 미의식에 적합한 기법이 "세미화"이다. 가치화된 문학적 세미화로서 시적 세미화는 영혼이 감각적 세계의 외관에서 초월적 현실, 즉 이데아로 나아가는 플라톤적인 변증법과 유사하지만 다르다. 플라톤의 변증법이 논리에 기대고 있는 반면, 바슐라르의 세미화는 상상력을 토대로 하고 있다. 시적 상상력이 작은 것에 가치를 부여하면서 거기에 담겨 있는 큰 것, 하나의 새로운 우주를 체험하게 하는 것이 시적 세미화이다.[28]

한국 현대시사에서 이러한 세미화의 기법은 조지훈의 시편에 두드러진다. 조지훈은 우리가 앞에서 살펴본 선적 미의식을 충실히 반영하여 고전 선시의 전통을 현대적으로 계승한다. 그는 세미화의 기법을 활용하여 연기적 전체로서의 자연, 그리고 자아와 자연의 아날로지를 담아낸다. 이 세미화의 기법에 효과적인 수사학이 제유인데, 조지훈은 제유를 활용하여 자연의 작은 경물을 통해 유기적 전체로서의 자연, 나아가 우

---

25) 조남현, 앞의 글, p. 512.
26) 장호, 「김달진의 불교문학-선운(禪韻)과 우주유비(宇宙類比)」, 『김달진 전집』2, p. 247.
27) 조남현, 앞의 글, p. 511. ; 최동호, 「김달진 시와 무위자연의 시학」, 『김달진 전집』1, pp. 551-552. 등 참고.
28) G. Bachelard, *La Poetique de L'espace*, 곽광수 역, 『공간의 시학』, 민음사, 1997, pp. 279-316. 참고.

주를 담아낸다.29)

우리는 이러한 세미화의 기법을 김달진의 시편에서도 찾아볼 수 있다. 신상철은 김달진 시의 표현상의 경향을 "미시적인 안목으로 사물을 그리되, 시어를 최대한 절제함으로써 짧은 시형 속에서 시적 탄력을 얻고 있는 것"30)이라고 규정한다. 하지만 그는 미시적인 안목과 짧은 시형이 갖는 의미를 천착하는 데까지는 나아가지 않고 있다. 그렇다면 "미시적인 안목"과 "짧은 시형"이 갖는 의미는 무엇인가.

> 숲 속의 샘물을 들여다본다
> 물 속에 하늘이 있고 흰구름이 떠가고 바람이 지나가고
> 조그마한 샘물은 바다같이 넓어진다.
> 나는 조그마한 샘물을 들여다보며
> 동그란 地球의 섬 우에 앉았다.
>
> ―「샘물」전문31)

선행 연구의 대부분 논자들이 주목하고 있는32) 이 시는 김달진의 대표작이라 할 수 있다. 시적 주체는 "샘물"의 세미화를 그려내고 있다. 세미화 속에서 샘물은 "하늘", "흰구름", "바람"을 담고 있다. 우주의 극히 작은 일부분인 샘물이 하나의 우주가 되는 셈이다. 그리하여 샘물은 "바다"같이 넓어진다. 넓은 우주에 대한 인식으로부터 작은 자아에 대한 인식이 생성된다. 그와 동시에 작은 자아가 발을 딛고선 "지구" 또한 작은 "섬"으로 축소된다.

---

29) 김옥성, 앞의 논문, pp. 168-196. 및 pp. 232-244. 참고.
30) 신상철,「김달진의 작품세계」,『김달진 전집』2, pp. 272-273.
31) 이하 작품 인용은『김달진 전집』1.에 준하며, 필요한 경우에는 별도의 출처를 밝힌다.
32) 김동리, 앞의 글, p. 483. ; 오탁번,「과소평가된 시-김달진의「샘물」」,『김달진 전집』1, p. 498. ; 최동호, 앞의 글, pp. 556-557. ; 윤재근,「현대시와 노장사상-김달진의 시를 중심으로」,『김달진 전집』2, pp. 305-307. ; 신상철, 앞의 글, p. 271.

이러한 시적 사유와 상상은 조지훈의 「渺茫」과 매우 흡사하다. 「묘망」에서 지구는 "광대무변한 우주의 한알 모래인 지구"로 표현되며, 자아 또한 한없이 축소되는데 이는 불교적 우주론에 기반한 상상력이다.[33] 불교의 우주론에서 우주는 황하의 모래알 수만큼이나 많은 삼천대천세계로 이루어진다. 이는 우주의 무한성을 부각시킨 표현이다.[34] 그런데 이러한 불교의 우주론에서 우주는 무수히 많은 겹으로 이루어지는 특징이 있다.[35] 이 시를 노장적 세계관에 기반한 것으로 보는 견해도 있지만,[36] 이 시의 세미화에 담긴 우주 인식은 노장사상과 분명하게 구분되는 불교적인 특성을 지니고 있다.

불교사상을 사양하고, 사상적 명명 이전의 우주의식에 머물고 있는 것으로 평가되는 만큼,[37] 김달진 시는 결코 불교적 세계관을 전면에 내세우지 않는다. 표면적으로 시적 주체는 "샘물"이라는 작은 대상에 대한 "미시적인 안목"을 "짧은 시형"에 담아낼 뿐이다. 이는 선적 미의식의 요건 중 간결성과 자연스러움에 해당한다. 샘물이라는 평범한 대상에 대한 자연스러운 감상을 표현하고 있기 때문에 "동시(童詩)"[38]같다는 인상을 준다. 간결성과 자연스러움 때문에 선적 미의식에 입각한 시편은 흔히 동시에 가까운 형태로 창작된다. 가령, 조지훈의 「달밤」은 그 좋은 예이다. 하지만 동시와 같은 단순함 속에는 비범함이 감추어져있다.[39] 조지훈의 「달밤」에 화엄적 존재론이 담겨 있는 것과 마찬가지로 김달진의 「샘물」에는 불교적 우주론이 비범함으로 담겨 있다.

---

33) 김옥성, 앞의 논문, pp. 188-189.
34) 불교의 우주론에 대해서는, 오형근, 『불교의 영혼과 윤회관』, 새터, 1995, pp. 157-169. ; 方立天, 앞의 책, pp. 180-183. 등 참고
35) 가령, 일천 개의 수미세계가 모여 일소천세계를 이루고, 일천 개의 일소천세계가 모여 일중천세계를 이루고, 일천 개의 일중천세계가 모여 일대천세계를 이룬다.
36) 김재홍, 앞의 글, p. 539.
37) 김동리, 앞의 글, p. 485.
38) 오탁번, 앞의 글, p. 498.
39) 김옥성, 앞의 논문, p. 172. 참고.

등단 이후 작고시까지 60여 년 동안 김달진의 시는 거의 변화가 없는 것으로 알려져 있는데,[40] 「샘물」의 선적 미의식 또한 변함없이 이어진다. 가령, 「샘물」은 『청시』[41]에 수록된 시편으로 1938년 『동아일보』에 발표된 작품인데, 여기에 나타난 선적 미의식은 1979년에 발표된 「벌레」[42]로 고스란히 이어진다.

> 고인 물 밑
> 해금 속에 꼬물거리는 빨간
> 실낱 같은 벌레를 들여다보며
> 머리 위
> 등뒤의
> 나를 바라보는 어떤 큰 눈을 생각하다가
> 나는 그만
> 그 실낱 같은 빨간 벌레가 되다.
>
> ―「벌레」 전문

「샘물」과 마찬가지로 이 작품 또한 동시와 진배없다. 이 시는 "벌레"에 대한 시적 세미화라고 할 수 있는데, 무수한 겹으로 이루어진 불교적 우주가 내밀하게 표현되어 있다. 시적 자아는 "벌레"-"나"의 관계에서 "나"-"어떤 큰 눈"의 관계를 유추해 낸다. 그러한 아날로지적 상상력에 의하여 우주는 무한히 확장되고, 역으로 자아는 축소된다. 그리하여 자아는 "벌레"가 된다. 이러한 상상력은 불교의 윤회론과도 밀접하게 관련된다. 불교의 윤회론에서 자아는 육도와 삼계를 무한히 순회하게 되는데, 이는 아날로지적인 우주의 인식의 일종으로 이해할 수 있다. 아날로지적인 인식에 기반한 윤회론에 의하여 불교적 세계관에서 모든 생명체

---

40) 최동호, 앞의 글, p. 569.
41) 김달진, 『靑柿』, 청색지사, 1940.
42) 『竹筍』, 1979. 봄. 복간호.

는 근본적으로 "친밀성"⁴³⁾을 가지게 되며, "중생일가관(衆生一家觀)"⁴⁴⁾을 확보하게 된다.

「벌레」에서 자아가 벌레와 동일화되는 것은 그러한 불교적 세계관이 내밀하게 작용한 것으로 이해할 수 있다. 불교적 사유와 상상에 의해 「산장의 밤」에서도 자아는 벌레와 동일화되며, 「고독한 동무」에서 자아는 벌레에게 친밀감을 갖게 된다.

>   찬 별이 기름ㅅ발처럼 영롱한
>   반 밤의 정적—
>
>   이 산장의
>   불 끄고 꼭꼭 닫힌 문의 침묵은 얼마나 처연함인고
>   쇠잔한 반딧불만이 零星하였나니
>
>   世代에 가당치 않은 한 존재를 슬퍼하다가
>   엉거주춤 뜰귀에 선 채
>   꽃수풀 속의 작은 버레가 되어 울어보다
>   —「산장의 밤」 전문

「벌레」의 "어떤 큰 눈"-"나", "나"-"벌레"의 관계로 표상되는 불교적인 아날로지적 우주의 구조는 이 시에서 "별"-'자아', '자아'-"버레"의 관계로 변주된다. 1연의 천상의 별의 세계는 광대무변한 우주이다. 반면 자아는 우주의 극히 비좁은 부분인 지상의 영역에 유폐되어 있다. "불 끄고 꼭꼭 닫힌 문의 침묵"은 유폐감을 단적으로 보여주는 대목이다. "처연함", '슬픔'과 같은 감정은 광대무변한 우주를 발견한 작은 자아가

---

43) R. E. A., Johansson, *The Dynamic Psychology of Early Buddhism*, 박태섭 역, 『불교 심리학』, 시공사, 1996. p. 163. 참고.
44) 서정주, 「佛敎的 想像과 隱喩」, 『서정주문학전집』2, 일지사, 1972. p. 268. 참고.

느끼는 유폐감으로 이해할 수 있다. 그리하여 작은 자아는 "작은 버레"와 동일화되고, 자아의 유폐감은 벌레의 울음으로 전이된다. 이러한 유폐감은 「고독한 동무」에서 "고독"과 "적막"으로 변주되고, 벌레는 시적 자아의 고독한 동무로 인식된다.

이처럼 김달진 시에서 "벌레"는 황하의 모래알처럼 많은 삼천대천세계로 이루어진 무량무변한 불교적 우주에 대한 인식이 내밀하게 작용하여 생성되는 작은 자아이며, 지구라는 작은 섬에 유폐된 자아이다. 시적 주체는 세미화의 기법에 의해 미시적인 안목으로 작고 평범한 사물에 비범한 우주론을 내밀하게 담아내는 것이다.

4. 수인(囚人)으로서의 자아와 환(幻)으로서의 세계

김달진 시에서 불교의 광활한 우주와 대립된 지상의 유폐적 삶은 수인(囚人)의식으로 변주된다. 수인의식은 근대 문명에 감금된 근대인의 정황에 대한 비판을 내밀하게 함축한다. 일제 강점기 한국 문학에서 흔히 '거울', '유리' 등은 식민지적 근대성과 연결된다.[45] 조지훈의 「재단실」의 "거울", 「부시」의 "수족관" 등은 식민지적 근대의 유리감옥이다.[46] 김달진 시에서 식민지적 현실에 대한 비판은 찾아보기 어렵지만, "유리벽", "유리창" 등의 이미지에 의해 근대적 세계에 대한 비판이 내밀하게 암시된다.

　　작은 항아리를 세계로 삼을 줄 아는 금붕어
　　간밤에도 화려한 용궁의 꿈을 꾸고 난 금붕어
　　하늘이 풀냄새 나는 오월 아침

---

45) 신범순, 「이상 문학에서 글쓰기의 몇 가지 양상」, 『이상 리뷰』3, 2004, pp. 75-76. 참고.
46) 김옥성, 앞의 논문, pp. 107-109. 참고.

산호 같은 빨간 꼬리를 떤다
자반뒤지를 했다
너는 언제 꽃 향기 피는 나무 그늘과 찬 이슬과 이끼냄새와
호수와 하늘의 별을 잊고 사나
작은 遊戱 속에 깊은 슬픔이 깃든다느니
여윈 조동아리로 유리벽을 쪼아라 쪼아라

항아리 물 밖에 꿈만 호흡하고 사는 금붕어
해가 新綠을 새어 창경을 쏘았다
금붕어는 빨간 꼬리를 떤다
금붕어는 혼자다.

―「금붕어」 전문

　이 시는 조지훈의 「부시」와 상호텍스트적인 작품이다. 금붕어가 본래적으로 거주해야할 영역은 "나무", "이슬", "이끼", "호수", "별" 등이 있는 드넓은 외부의 세계이지만, 그는 작은 수족관을 세계로 삼아 살고 있다. 여기에서 금붕어는 "벌레"와 마찬가지로 광활한 우주에 비해 비좁은 세계 내에 유폐된 자아의 투사물이다. 유폐된 자아가 광활한 외적 우주를 동경할 때에 수인의식이 발생한다. "슬픔"과 "꿈"에서 알 수 있듯이 시적 주체는 수족관에 유폐된 금붕어의 삶을 슬픔으로 인식하고, 외적 세계에 대한 "꿈"을 심어놓고 있다. 그리하여 시적 자아는 금붕어를 향해 "유리벽을 쪼아라 쪼아라"라는 발언을 한다. 여기에서 수족관은 한편으로는 불교적 우주론에 토대를 둔 인간의 존재조건이지만 다른 한편으로는 유리로 표상되는 근대 문명에 사로잡힌 근대인의 정황이다. 이러한 수인의식은 「수인」에서 보다 선명하게 드러난다.

　　눈 멎은 오후, 황혼의 그림자 어른거리는 높은 빌딩 유리창 앞에 내
　가 바라보는 서울 거리는 음울한 하늘처럼 슬프거니……?

나는 가만히 생각한다. 어딘가 내 가슴속 한 편에 갇혀 있는 囚人을
　　　―먼 태고 어느 때부터, 낮도 밤도 없는 혼탁한 심장의 창살 그늘에
　　　'七人의 睡眠者'처럼, 지쳐 쓰러져 있는 한 사람 囚人을.
　　　　　　　　　　　　　　　　　　　　　　　　―「囚人」 부분

"빌딩 유리창"은 수족관의 "유리벽"과 마찬가지로 근대인의 정황을 함축한다. 김달진 시에서 이처럼 근대에 대한 비판이 표면에 드러난 시는 드물다. 시적 주체는 대체로 자연의 세미화에 의해 불교적 우주론과 인간의 본질적인 존재 조건을 천착하면서 간접적으로 근대를 비판한다. 그러한 자연의 세미화는 간결성, 비범성, 자연스러움 등의 선적 미의식을 갖추고 있는 데 반해, 「금붕어」, 「수인」 등의 시편에는 선적 미의식의 가장 기본적인 요건인 간결성이 결여되어 있다. 서정시의 산문화 현상은 사변이나 사상이 강화될 때 일어난다.[47] 한용운 시의 경우는 대체로 선적인 형식미보다는 선이나 불리와 같은 사변이나 사상의 표현에 경도되어 산문시를 지향한다. 반면, 김달진 시의 경우는 대체로 선적 미의식에 입각한 간결한 형식과 자연스러운 표현을 지향한다. 간혹 사변이나 사상이 강화되어 산문화되기도 하지만 이는 드문 예이다.

　　　나는 하나 惑星 안의 孤兒라.
　　　집집마다 꼭꼭 닫힌 문 앞을 지나,
　　　눈보라 어둠 속을
　　　두 손길 호호 불며 걸어가노라.
　　　　　　　　　　　　　　　　　　　　　　　　―「시간」 부분

「수인」의 "수인"은 이 시에서 "하나 혹성 안의 고아"로 변주된다. 시

---

47) 송욱에 의하면 산문시는 주로 "위대한 사상과 인간성"을 표현하는 데 적당한 형식이다. 가령, 만해의 산문시가 그 예이다. 송욱, 「유미적 초월과 혁명적 아공」, 『시학평전』, 일조각, 1963, pp. 295-296.

적 주체는 자아의 존재 거처로서 지구를 "하나 혹성"으로 인식하고 있다. 「샘물」에서 지구가 하나의 작은 섬으로 인식되는 것처럼, 이 시에서 지구가 "하나 혹성"으로 인식되는 것은 그 배후에 불교적인 우주론에 토대를 둔 시적 사유와 상상이 작용하고 있기 때문이다. 이렇게 볼 때 근대 비판과 겹쳐지는 수인의식은 근본적으로는 불교적인 우주론에 토대를 두고 있음이 분명해진다.

지금까지 살펴본 바와 같이 시적 주체는 지상에서의 삶을 유폐로 인식하고 거기에서 "고독"과 "슬픔"을 느끼게 된다. 그러나 그러한 감정은 결코 비탄이나 좌절로 나아가지 않는다. 왜냐하면 유폐적 정황은 환(幻)에 불과한 것이기 때문이다. 「시간」에서 확인할 수 있듯이 시적 주체는 자아의 고향, 근원을 지상의 유폐적 정황에 두지 않는다. 시적 자아는 근원적인 영역으로부터 떨어져나와 잠시 환의 세계에 유폐되어 있는 "고아"이다.

①웬 이리도 많은 사람들인가?
모두들 어디로 가는 사람들인가?
(중략)
내 그 중의 한 사람으로……
幻影처럼 걸어가다 발길 멈추면,

먼 '행복의 섬'에서 불어오는 바람 소리,
그 너머 더 멀리
무슨 부르는 소리.
        —「불리어가는 사람들」 부분

②옛사람 내리고, 새사람 오르는 동안,
눈부신 저녁 볕 사이로
꽃 피던 이야기에 도리어 고달파져……

> 감았던 눈을 가만히 뜨면
> 연기 자옥한 희부연 등불 아래,
> 아, 우리 모두
> 幻의 세계에 귀양살이 나그네.
>
> ―「車中에서」부분

김달진 시에서 유폐적 정황으로서 지상에서의 삶은 근원으로 다가가는 여로로 표현되기도 한다. ①에서 지상의 사람들은 "먼 '행복의 섬'"으로 불리어가고 있다. 시적 사유와 상상의 일관성의 관점에서 볼 때 그곳은 근원적인 어떤 곳으로 고전 불교시의 "고향"에 가까운 영역으로 이해할 수 있다. 고려시대 불교시에서 "고향"은 '깨달음의 세계, 佛性, 極樂, 眞如의 경지, 불국토'에 해당한다.[48] 시적 주체는 이처럼 한편으로는 유폐적 현실의 영역 배후에 근원적인 영역을 설정하면서 유폐감이 비판이나 좌절로 나아가는 것을 차단한다. 그와 함께 지상의 존재 조건은 환으로 인식된다. ②에서 지상의 삶은 자동차를 타고 가는 여로에 비유되고 있다. 잠시 자동차 위에 올라탄 순간이 바로 지상의 삶인 셈이다. 그러므로 지상의 삶의 일회적인 것이 아니라 옛사람이 내리고, 새사람이 타는 것과 같은 순환이다. 우리는 그러한 시적 사유와 상상의 배후에 불교적 연기론이 자리잡고 있음을 쉽게 간취할 수 있다. 연기론에 의하면 세계는 무수한 조건들의 연쇄반응에 의해 형성되는 비실체적인 영역이다. 이러한 비실체적인 영역에는 영원불변한 것, 자아라 할 수 있는 것, 독자적인 실체가 없다.[49] 이 시에서 버스의 안으로 표상되는 지상적 세계는 고정된 영역이 아니라 사람들의 타고 내림으로 인해 형성되는 비실체적인 세계이다. 그러한 연기론적 세계관에 의해 시적 주체는 지상의 세계를 "환"으로 받아들이고, 자아를 "환의 세계에 귀양살이 나그네"

---

48) 인권환, 『한국불교문학연구』, 고려대 출판부, 1999, pp. 150-151.
49) 김종욱, 『불교생태철학』, 동국대 출판부, 2004, p. 86. 참고.

로 인식하게 된다. 이러한 "환"으로서의 세계와 거기에 거주하는 자아에 대한 인식은 유폐감을 상쇄한다.

> 희미한 달빛 돌아오는 골목길에
> 모든 것 幻이요, 꿈이라 생각했다.
>
> 어디서나 또다시 幻을 가질 수 있기에
> 나는 生에 애달 것 없이 게으롭다.
>
> ―「권태」 전문

이 시는 「車中에서」의 연장선에 놓이는 작품이다. 여기에서의 "권태"는 일상적인 삶에서 파생되는 자질구레한 집착으로부터 해방된 무욕의 경지이다. 그러한 경지는 지상의 삶은 "환"이며, 그 "환"은 연기론의 원리에 의해 끊임없이 순환하는 것("어디서나 또다시 幻을 가질 수 있기에")이라는 깨달음으로부터 생성된다. 이처럼 시적 주체는 비록 지금 여기의 현실을 비본질적이며 유폐적인 정황으로 인식하지만, 동시에 그것을 환으로 받아들이면서 유폐감이 비탄이나 좌절로 나아가는 것을 차단한다.

세계를 환으로 바라보는 인식은 자칫 허무주의로 이어질 수 있다. 하지만 김달진 시의 시적 사유와 상상의 배후에는 불교적인 순환의 원리에 대한 신념이 깔려있다. 그러한 신념은 시적 자아에게 세계를 무욕의 시선으로 바라볼 수 여유를 제공한다. 그리하여 허무주의적 인식의 생성을 억제하고, 유폐의식의 부정적인 의미작용을 무력화할 수 있게 하여 준다.

5. 시사적 의의

이상에서 논의한 바와 같이 김달진의 시는 간결한 형식에 불교의 우주론과 연기론에 기반한 시적 사유와 상상을 내밀하게 함축해낸다. 이는 선적 미의식에 부합하는 것으로, 김달진의 시편은 조지훈의 시편과 마찬가지로 좁은 의미의 선시의 전통을 창조적으로 계승한 것으로 평가할 수 있다. 김달진은 60여년 동안 그러한 하나의 일관된 시적 사유와 상상을 펼쳐나가면서 불교적 시학의 일종이라 할 수 있는 자신의 독자적인 시학을 일구어낸다.

자신의 독자적인 시학을 정립하면서 한국 현대시의 불교적 시학의 전통을 형성한 대표적인 시인으로 한용운, 조지훈, 서정주가 손꼽힌다. 세 시인의 불교적 시학은 각각 1920년대, 일제 말기, 전후의 불교적 시학을 대변한다. 한용운의 시학은 근대적 시간의식과 불교적 시간의식의 결합, 불리(佛理)·선리(禪理)의 강화, 산문성, 조지훈의 시학은 앞에서 정리한 좁은 의미의 선적 미학, 서정주의 시학은 민중불교적인 미학을 특징으로 한다.[50] 김달진의 시학은 여기에서 조지훈의 불교적 시학과 가장 가깝다.

김달진과 조지훈의 불교적 시학의 유사성의 근거는 우선 동일한 시대적 배경으로부터 유추해낼 수 있다. 앞에서 살펴본 바와 같이 1930·40년대 김달진과 조지훈은 불교적 환경에 에워싸여 있었다. 그런데 당시 한국 불교계에는 한국 전통 불교의 핵심을 "선"으로 보고 선풍을 진작하려는 움직임이 활발하였다. 김달진과 조지훈의 선적 미학은 그러한 한국불교계의 분위기에서 많은 영향을 받은 것으로 추측할 수 있다.

다음으로 전기적 사실에서 영향관계를 추정할 수 있다. 중앙불전 2년 선후배관계인 김달진과 조지훈은 1938년 봄부터 1939년 봄까지 함께 학교에 다니게 된다. 당시 중앙불전 학생들의 창작열은 대단했다. 중앙

---

50) 김옥성, 앞의 논문, pp. 238-245. 참고.

불전 학생회는 재정적 부담 등의 갖은 난관을 뚫고 자발적으로 회지(會誌) 『룸비니』를 창간한다.[51] 김달진과 조지훈이 함께 재학 당시 발간된 『룸비니』를 보면 김달진과 조지훈의 글이 함께 실린 것을 확인할 수 있다.[52] 1929년 양주동의 고선(考選)으로 『문예공론』에 「잡영수곡」이 실리면서 등단한 김달진은 이 때 이미 주요 잡지와 중앙일간지에 많은 작품을 발표하고 시집 『청시』 발간을 눈앞에 둔 쟁쟁한 시인이었다. 김달진은 『룸비니』에 수필과 시를 가장 많이 발표한 필자 중 한 명이었다. 따라서 대부분 미등단 상태인 중앙불전 문학청년들에게 김달진은 자연스럽게 선망의 대상이 되었다.[53] 반면 조지훈은 아직 창작의 길에 본격적으로 발을 들여놓기 이전이었다. 김달진이 졸업을 한 해인 1939년 봄 조지훈은 『문장』지에 「고풍의상」을 발표하면서 비로소 문단에 진출한다.[54] 물론 단정할 수는 없는 일이지만, 이러한 전기적 사실들을 고려할 때 조지훈이 김달진의 영향을 받았을 가능성은 농후해진다.

끝으로 조지훈의 창작적 경향에서 또 하나의 유사성의 근거를 찾을 수 있다. 습작기 시편을 보면 조지훈은 선배 시인의 시편을 모방하면서 자신의 독자적인 시학을 모색하는 경향이 드러난다.[55] 그러한 창작적 경향과 전기적 사실을 연관시켜 보면 조지훈이 이상, 백석뿐만 아니라 문단의 저명한 시인이자 동문 선배인 김달진의 시편을 모방하면서 습작기를 보냈을 것을 미루어 짐작할 수 있다. 실제로 조지훈의 시편에는 세미화의 기법뿐 아니라 시어나 표현의 면에서도 김달진을 모방한 흔적이 역력하다.

---

51) 김두헌, 「축사」, 『룸비니』1. 1937. 5. pp. 6-7. 참고.
52) 『룸비니』3호(1939. 1.)에는 조지훈의 논문, 「된소리 記寫에 對한 一考察」와 김달진의 산문 김달진, 「古心·古書」, 김달진의 시편, 「古宮의 幸福」, 「孤寂」, 「사랑」 등이 함께 수록되어 있다.
53) 김어수, 「물망초의 그림자」, 『룸비니』3, 1939. 1. p. 100. 참고.
54) 조지훈의 추천 과정에 대한 보다 자세한 사항은 김옥성, 앞의 논문, p. 168. 참고.
55) 위의 논문, pp. 99-109.

①그렇기에 나는 차라리 요카낭의 肋骨과같이 여윈 저쪼각달빛을 내 심장으로 하고싶다.
　　　　　　　　　　　― 김달진, 「戀慕에 지쳐」, 『詩苑』3, 1935. 5.

①´기울었다 하이얀 조각달조차/ 야윈 요카낭의 肋骨아 울어라.
　　　　　　　　　　　― 조지훈, 「浮屍」, 『白紙』2, 1939. 8.

②조그마한 샘물은 바다같이 넓어진다./ 나는 조그마한 샘물을 들여다 보며/ 동그란 地球의 섬 우에 앉았다.
　　　　　　　　　　　― 김달진, 「샘물」, 『靑柿』, 청색지사, 1940.

②´이 廣大無邊한 宇宙의 한알 모래인 地球의 둘레를 찰랑이는 접시물 아아 바다여
　　　　　　　　　　　― 조지훈, 「묘망」, 『풀잎단장』, 창조사, 1952.

①´는 ①의 "여윈", "요카낭의 늑골", "쪼각달"을 고스란히 활용하여 새롭게 조합해내고 있다. ②´도 ②의 "바다", "지구"를 공유하고 있으며, 시적 사유와 상상의 관점에서도 지구를 바다에 에워싸인 조그만 섬이나 한 알 모래알로 보는 점에서 대동소이하다.

전기적 사실과 작품의 상호텍스트성에 입각한 이상의 세 가지 사항을 고려할 때 우리는 조지훈의 선적 시학이 김달진의 선적 미학과 무관하지 않으리라는 추측을 조심스럽게 제기할 수 있다. 양자의 영향 관계에 대해서는 고를 달리하여 보다 심층적으로 논의할 필요가 있으며, 이 글에서는 이상과 같은 몇 가지의 사항을 고려하여 김달진 시의 시사적 의의를 점검해보고자 한다.

조지훈의 시학은 문장파[56]에서 문협정통파[57]로 이어지는 전통주의의

---

56) 위의 논문, pp. 53-61.
57) 김윤식, 『한국근대문학사상연구2-문협정통파의 사상구조』, 아세아문화사, 1994, p. 346. 김윤식은 문협정통파로서 김동리, 서정주, 조지훈의 사상적 기조를 불교로 규정한다.

주류 속에 확고하게 정위되면서 한국 현대시의 불교적 시학을 대변하는 하나의 시학으로 평가된다. 반면, 김달진은 앞서 언급한 바와 같이 은자적인 삶을 선호하여 해방이후 문단에서 멀어지고, 시적인 면에서는 평범하고 무기교적인 성향으로 인하여 연구자들의 주목을 별로 받지 못하게 된다. 그러한 까닭에 시사적 의의도 거의 드러나지 않고 있다.

그렇다면 김달진 시의 시사적 의의는 무엇인가. 김달진의 시학은 우선 전통 선시의 미학을 충실히 계승하면서 문학사적 연속성에 기여하였다는 점에서 시사적 의의를 찾을 수 있다. 신기성, 현란한 수사학 등이 만연한 한국 현대시사에서 김달진이 보여준 전통적인 선시적 미학은 소중한 보배가 아닐 수 없다. 김달진의 선적 미학은 사변과 언어를 최대한 절약한 평범하고 무기교적인 표현에 불교적 세계관에 기반한 경이로운 우주를 담아낸다. 그리하여 우주의 광활함과 인간의 작음을 보여준다. 이러한 김달진의 시적 사유와 상상은 자기중심적이고 현실중심적인 근대적 세계관에 입각한 현대인에게 하나의 수정의 모델을 제공해줄 수 있다.

다음으로 1930년대 김달진의 시학은 1920년대 한용운, 오상순, 최남선의[58] 불교적 시학에서 찾아볼 수 없는 좁은 의미의 선적 미의식을 본격적으로 추구하면서 한국 현대시사에 선적 미학의 전범을 마련했다는 데에서 또 하나의 의의를 구할 수 있다. 한국현대시사에서 선적 미의식을 보여준 대표적인 시인으로 조지훈이 손꼽히는데, 그에 앞서 김달진은 선적 미학을 선구적으로 선보인 셈이다. 물론 조지훈이 김달진의 선적 미학을 의도적으로 계승했는가에 대해서는 의문의 여지가 있지만, 김달진에 의해 시도된 선적 미학은 조지훈에 의해 한국현대시사에 하나의 시적 경향으로 확고하게 정초되고 해방 이후 다양한 시인들에 의해 광

---

58) 1920년대 오상순과 최남선의 불교적 시학에 대해서는, 김옥성, 앞의 논문, pp. 42-53.

범위하게 수용되는 양상을 보인다.
　김달진 시는 이상과 같은 시사적 의의와 위상을 지니지만 동시에 일정한 한계를 노정한다. 고전 선시의 전통을 계승하여 문학사적 연속성을 확보하면서 문화적 주체성의 강화에 기여하고, 한국 현대시사에 선적 미학의 전범을 마련해 준 김달진 시학은 그 의의에 못지않게 한계를 지닐 수밖에 없다. 김달진 시학은 전적으로 '선시'나 '불교의 세계관'으로 환원될 수 없는 독자적인 미의식과 창조적인 사유와 상상의 산물이지만, 한편으로는 '선시'의 미의식과 '불교의 세계관'의 전통을 계승하고 있는 것도 사실이다. 김달진은 '선시'의 미의식과 '불교의 세계관'의 테두리에서 크게 벗어나지 않은 수준에서 자신의 창조적인 시학을 펼쳐 보인다. 그 때문에 김달진 시학에는 미학적인 새로움이나 현대성에 대한 인식이 빈약하다. 이는 창조성과 현대성이 중요한 요건으로 대두된 현대시에서는 치명적인 결함이 아닐 수 없다.

6. 결론

　김달진 시의 선적 미의식과 불교적 세계관, 시사적 의의에 대한 학술적인 차원의 심층적인 논의는 찾아보기 어렵다. 그 이유는 작품의 형식적·내용적 차원, 그리고 전기적 사실의 차원에서 찾을 수 있다. 김달진의 시는 형식적인 면에서 평범하고 무기교적이며, 내용적인 면에서는 사상이나 상상력이 두드러지지 않는다. 그리고 전기적인 차원에서 김달진은 은자적인 삶을 추구하였다. 그러한 까닭에 김달진의 시는 많은 연구자들의 주목을 끌지 못하였다.
　본고는 그러한 점을 고려하여 김달진 시의 평범하고 무기교적인 형식의 의미, 내밀하게 감추어진 사상과 상상력의 심층적인 탐구를 시도하였다. 그리하여 김달진의 시의 형식·기법적인 차원을 선적 미의식의 관점에서, 내용적 차원의 시적 사유와 상상을 불교적 세계관의 관점에서 살펴보았다. 동시(童詩)에 가까울 만큼 평범하고 무기교적인 김달진 시의 형식은 선적 미의식에 기반한 세미화의 기법에서 기인한다. 김달진 시의 세미화 기법은 사소한 대상에 대한 시적 사유와 상상을 간결하고 자연스러운 형식으로 표현한다. 그 때문에 동시와 같이 평범하고 무기교적인 양상을 띠게 된다.

김달진 시의 세미화 기법은 유추적 상상력을 활용하여 작은 대상을 통해서 거대한 우주에 대한 인식을 드러낸다. 유추적 상상력은 '사소한 대상-자아', '작은 공간-지구'의 관계를 '자아-보다 큰 대상으로서 신비적인 타자', '지구-보다 넓은 우주'로 확장하면서 자아가 벌레를 내려다보듯이 자아를 굽어보는 지고한 대상과 무수히 많은 겹으로 이루어진 광대무변한 우주에 대한 인식을 생성한다. 김달진 시의 우주론은 물론 창조적인 시적 사유와 상상의 산물이지만 불교의 우주론과 매우 유사하다. 그것은 김달진 시의 시적 사유와 상상이 불교적 세계관에 토대를 두고 있기 때문이다.

김달진 시에서 자아는 불교적인 거대한 우주에 대비되어 한없이 작은 존재로 축소된다. 그러한 작은 자아에 대한 인식은 '수인의식'으로 이어진다. 시적 자아는 자신을 한없이 넓은 우주에 비해 극단적으로 좁은 영역에 거주하는 유폐된 존재로 인식하는 것이다. 그러한 유폐의식은 비탄이나 좌절로 나아가지 않는다. 그것은 시적 주체가 유폐적 현실을 환(幻)으로 받아들이기 때문이다. 김달진 시에서 세계는 고정된 실체가 없는 순환적인 것이다. 고정된 실체가 없다는 점에서 세계는 환이다. 이러한 인식은 비록 세계를 환으로 보기는 하지만 순환이라는 신비적 원리를 설정하기 때문에 허무주의로 이어지는 않는다. 순환의 원리에 대한 믿음은 세계에 의미를 부여하고, 자아에게 무욕의 경지에서 세계를 바라볼 수 있는 여유를 마련해준다.

이와 같은 김달진의 시의 시사적인 의의는 무엇보다도 고전문학의 선시 전통을 현대적으로 계승하면서 문학사적 연속성을 확보한 점에서 찾을 수 있다. 김달진이 보여준 선적 시학은 1920년대의 한용운, 최남선, 오상순 등의 불교적 시학에서는 찾아보기 어려운 것이다. 따라서 김달진의 시학은 한국현대시사에 새로운 경향의 불교적 시학으로서 선적 시학의 토대를 마련한 것으로 평가할 수 있다. 전적으로 김달진의 영향이라고 할 수는 없지만, 불교적 시학의 한 범주로서 김달진에 의해 촉발된 선적 시학은 조지훈에 의해 한국현대시사에 하나의 경향으로 확고하게 정착되고 이후 다양한 시인들에 의해 추구되면서 하나의 계보를 형성한다. 특히 20세기 후반에 오면 선적 미학은 문단에 광범위하게 퍼지게 된다. 불교적 시학의 한 갈래로서 선적 시학의 문학사적 계보를 파악하는 연구는 향후의 과제이다. 선적 시학의 총체적인 면모를 드러내기 위해서는 우선 개별 시인론이 선행되어야하고, 그를 토대로 선적 시학의 보편성과 특수성이 탐구되어야 할 것이다.

제2장

현대시와 선적 미학
- 조지훈 시론과 관련하여 -

1. 서론

1990년대 이후 정신주의 시 운동이 활성화되면서 현대시 연구자들에게 선이 큰 주목을 받아왔다. 그러한 경향에 힘입어 현대의 선시의 개념과 속성에 대한 논의가 꾸준히 이루어져 왔다. 그 대표적인 성과로 오세영의 연구를 예로 들 수 있다.[1] 그에 의하면 좁은 의미의 선시는 선이라는 종교적 목적에 활용되는 시를 의미한다. 이때의 선시는 종교의 시녀로서 봉사하는 중세적인 성격의 문학이다. 그는 넓은 의미의 선시를 세 가지로 분류한다. 넓은 의미의 선시에는 좁은 의미의 선시(선의 시)와 함께, 선림의 시, 선미의 시가 포함된다. 선적인 미학을 지닌 현대시는 선미의 시에 해당된다.

현대시로서의 선미의 시는 선림에 의하여 씌어진 시도 아니고 선을 위한 시도 아니다. 그것은 선적인 미학을 지닌 현대시이다. 주지하는 바와 같이 현대시는 미적 자율성이 관건이다. 따라서 선적인 미학을 갖춘

---

[1] 오세영, 「선시의 범주와 그 전통」, 최승호 편, 『21세기 문학의 유기론적 대안』, 새미, 2000.

현대시를, 선이라는 종교에 의하여 목적론적으로 정향된 중세적인 장르인 '선시'로 규정하기에는 무리가 따른다. 그러한 맥락에서 이제는 '현대의 선시는 무엇인가?'라는 물음을 '현대시에 나타난 선적 미학은 무엇인가?'로 전환해볼 필요가 있다.

그렇다면 중세적인 선시의 특성을 계승한 현대시의 미학, 즉 현대시의 선적 미학은 어떠한 것인가. 내용적인 면과 형식적인 면으로 나누어 기존의 논의를 살펴보자. 내용적인 차원에서 이에 해당하는 개념이 오세영의 "禪味의 시", 서덕주의 "禪迹詩"이다. 오세영은 불교적인 세계를 형상화하거나 불교 교리를 탐구한 것, 선의 세계를 동경하거나 선적 취향을 내비친 것 등을 선미의 시로 규정한다.[2] 그리고 서덕주는 '선적 인식과 고전 선시의 痕迹을 통해 형성되었다.'는 의미에서 현대 선시를 "禪迹詩"로 규정한다.[3] 이러한 견해들을 종합해보면 내용 면에서 현대시의 선적 미학은 좁은 의미에서는 선적인식이나 고전 선시의 흔적을 담고 있는 것이며, 넓은 의미에서는 선을 포함하여 다양한 불교적 인식이나 불교 사상을 내포하는 것이다.

널리 알려진 바와 같이 선은 言語道斷, 不立文字, 直指人心, 見性成佛 등을 종지로 삼는다.[4] 이러한 선의 교의에는 두 가지 차원이 내포되어 있다. 하나는 이념적 차원으로서 '心', '佛'로 표상되는 '궁극성으로서의 신비'[5]이며, 다른 하나는 방법론적 차원으로서 '斷', '不'로 표상되는 부정성이다.

전자는 선적 미학의 내용적 차원으로서 선이나 불교에 대한 지향성과

---

2) 위의 논문, pp. 23-24.
3) 서덕주, 「현대 선시 텍스트의 생성과 해체성 연구」, 서강대 박사학위논문, 2003, p. 17.
4) 이종찬, 『한국선시의 이론과 실제』, 이화문화, 2001, p. 15. ; 葛兆光, 『禪宗与中國文化』, 정상홍·임병권 역, 『禪宗과 中國文化』, 동문선, 1991, p. 289. ; 오세영, 「현대시론에 끼친 불교의 영향」, 『우상의 눈물』, 문학동네, 2005, pp. 98-99.
5) 김옥성, 『한국현대시의 전통과 불교적 시학』, 새미, 2006, pp. 26-38. 참조.

맞닿아 있으며, 후자는 형식적 차원으로 연결된다. '언어도단', '불립문자'에서 알 수 있듯이 선은 언어와 문자를 부정하기 때문에 의사소통을 위해서는 함축성, 압축성이 강한 상징을 활용하거나 아니면, 反常合道의 수사학으로서 역설(혹은 모순어법)을 활용하여 일상적인 언어의 질서를 파괴하면서 신비에 접근한다. 고전문학 연구자들은 주로 선적 미학의 상징적 차원에 주목하는 반면, 현대문학 연구자들은 역설적 차원에 주목하는 경향을 보인다. 그런데 선적 미학에 관한 논의에서 제기된 상징론의 입장과 역설론의 입장은 서로 상반된 성격을 지닌다. 이종찬은 "전달수단으로서의 언어나, 그것의 표현인 문자 없이 전달하는 것이 바로 이 別傳이요 禪이겠으나, 언어 표현으로 전하지 않을 수 없을 때, 그 언어의 표현은 되도록이면 압축 내지는 함축성을 띠어, 극도의 상징이 될 수밖에 없다."6)고 말한다. 따라서 이종찬이 말하는 상징성은 함축성에 상응하는 개념이다.

역설론의 입장은 박찬두의 견해에 잘 드러난다. 박찬두가 말하는 역설은 경험세계의 이원적이고 대립적인 가치체계를 파괴하기 위한 수사학이다. 그와 같은 역설은 "현실의 가면을 벗기고 존재의 심층을 파고들게 하는 효과"7)를 가지고 있다.

상징론의 입장은 간결한 언어적 표현에다가 거대한 우주를 압축해낸다는 점에서 선적 미학을 통합적인 것으로 파악한다고 할 수 있다. 반면 역설론의 입장은 불교-선적인 신비에 접근하기 위하여 경험세계의 질서와 체계를 격파하여 파편화시킨다는 점에서 선적 미학을 해체적인 것으로 바라보고 있다고 할 수 있다.

엄밀하게 나누어지는 것은 아니지만, 선적 미학을 바라보는 입장에 따

---

6) 이종찬, 앞의 책, p. 15.
7) 박찬두, 「시어와 선어에 있어서 비유, 상징, 역설」, 이원섭 외 편, 『현대문학과 선시』, 불지사, 1993, p. 221.

라서 선행 연구는 전자와 유사하게 선적 미학을 통합적인 것으로 파악하는 견해와 후자와 가깝게 해체적인 것으로 인식하는 견해로 분류해 볼 수 있다. 전자에 입각한 논자가 이종찬[8], 오세영[9], 김선학[10] 등이라면, 후자에 입각한 논자는 이형기[11], 고명수[12], 박찬두[13], 서덕주[14] 등이다.

1990년대 이후 '현대시의' 선적 미학에 관한 연구에서는 후자의 논의가 전자보다 훨씬 활발하게 전개되었다. 그것은 선적 미학 논의가 1990년대 전후 한국 문화계의 화두로 떠오른 포스트모더니즘 논의와 결부되었기 때문이다. 후자의 논의는 해체적 방법이라는 점에서 선적 미학을 다다이즘, 초현실주의, 포스트모더니즘 등과 비교하면서 선적 미학의 현대적 가치를 부각시키는 경향이 강하다.

그런데 이와 같은 논의는 자생적인 것이라 보기 어렵다. 이때의 선적 미학은 동아시아에서 서구로 흘러들어가 서구의 전위적인 사조들과 뒤섞이는 과정을 거치고 나서 다시 동아시아로 소환된 것이다.[15] 비트와 다다, 포스트모더니즘 등과 섞이고 나서 귀환한 선적 미학은 해체적인 성격이 크게 강화된 양상을 보인다.

그와 같은 해체적 성격에 주목한 논의는 선적 미학의 현대적 가치를 발굴하는 데에 큰 기여하기도 했지만, 다른 한편으로는 선적 미학이 매우 난해하며 전위적인 것이라는 인상을 심어주게 된 것도 사실이다. 그러한 탓에 선적 미학은 매우 낯선 것, 이질적인 것으로 자리잡아가는 경향을 보여왔다. 그와 동시에 선을 해체론적인 차원에서 보는 논의가 확산되면

---

8) 이종찬, 앞의 책.
9) 오세영, 「선시의 범주와 그 전통」, 최승호 편, 앞의 책. ; 오세영, 「현대시론에 끼친 불교의 영향」, 『우상의 눈물』, 문학동네, 2005.
10) 김선학, 「현대시와 선시의 경계」, 『2004 만해축전』, 만해사상실천선양회, 2004.
11) 이형기, 「현대시와 선시」, 이원섭 외 편, 앞의 책.
12) 고명수, 「현대문학사상과 선」, 위의 책.
13) 박찬두, 앞의 논문.
14) 서덕주, 앞의 논문.
15) 고명수, 앞의 논문. ; 김현창, 『세계문학 속의 동양사상』, 서울대출판부, 1996. 참조.

서, 선적 미학은 연구자들이나 학습자들로부터 점점 멀어지게 되었다.

이제는 해체론적 입장의 선적 미학에 비해 상대적으로 주목받지 못한 통합적인 차원의 선적 미학을 발굴하고, 선적 미학의 쉽고 친숙한 면들을 밝혀내 교육 현장으로 끌어낼 필요가 있다. 전통 계승적인 면이 강한 통합적인 성격의 선적 미학은 구태의연하다는 비판에 직면할 수도 있겠지만, 그것이 한국 현대시사의 저변에 면면히 흐르고 있는 이상 정당한 가치를 부여하는 것도 필요하다. 본고는 그러한 입장에서 현대시의 통합적인 성격의 선적 미학에 대한 선구적인 논의를 제시한 조지훈의 시론과 작품을 살펴보고, 최근에 제기된 한 논의와 관련하여 그것의 교육적인 의미를 진단하고자한다.

조지훈의 시론이 선적 미학에 대한 선구적인 논의를 담고 있다는 의견은 종종 제기되었다.[16] 하지만 조지훈 시론의 선적 미학에 대한 본격적인 논의는 거의 찾아보기가 어렵다. 조지훈의 시론은 대체로 '순수시론', '유기체시론', '생명사상' 등의 세 가지 관점에서 논의되어 왔다. '순수시론'의 관점에 입각한 논의들은 대체로 조지훈 시론이 해방 공간에 취한 정치적 입장으로서 민족주의적인 경향에 주목하고 있다.[17] '유기체시론'의 관점에 입각한 논의는 대체로 조지훈 시론에 나타난 사유가 콜리지의 낭만적 유기체론로 가깝다는 점을,[18] 그리고 '생명사상'에 입각한 논의는 유가적 형이상학에 토대를 두고 있다는 점을 논구하고 있다.[19] 특히, 동아시아 전통 미학의 관점에서 조지훈의 시론은 대개 유가

---

16) 이종찬, 앞의 책, pp. 15-16. ; 홍신선, 「한국시의 불교적 상상력 연구」, 『한국어문학연구』43, 2004a, pp. 50-51.
17) 권영민, 「조지훈과 민족시로서의 순수시론」, 『한국민족문학론연구』, 민음사, 1995. ; 홍신선, 「조지훈의 시론」, 『한국시와 불교적 상상력』, 역락, 2004b. 참조.
18) 박호영, 「조지훈 문학 연구」, 서울대 박사학위논문, 1988. ; 박호영, 「조지훈 시론 연구: 유기체 시론을 중심으로」, 『한국 현대 시론사』, 모음사, 1992.
19) 최승호, 「조지훈 서정시학 연구」, 「조지훈 시학에 있어서의 형이상학론적 관점」, 「조지훈 순수시론의 몇 가지 이론적 근거」, 『한국적 서정의 본질 탐구』, 다운샘, 1998.

적인 미의식에 기반한 것으로 알려져 왔다.

비록 그의 선적 미학이 연구자들의 큰 관심을 끌지는 못하였지만, 조지훈은 해방이전부터 지속적으로 詩禪一如에 대해서 언급하여 왔으며, 다양한 글에서 자신의 불교 내지는 선의 사상에 대해서 이야기하여 왔다.[20] 그것은 조지훈 시론에서 선적 미학이 차지하는 위치의 중요성을 방증해준다. 조지훈의 시선일여의 정신이 집약적으로 드러나는 글은 「현대시와 선의 미학」이다. 여기에서 조지훈은 시의 본질적인 측면과 선적 미학이 겹쳐지고 있음을 분명하게 지적한다.

> 나는 拙著 『시의 원리』에서 시의 근본 원리로서 '복잡의 단순화', '평범의 비범화', '단면의 전체화'라를 세 가지를 들었습니다. 단순미는 시의 형식적 특성으로서 시의 운문적 原形質이요, 비범화는 시의 내용적 특성으로서 驚異의 발견이며, 전체화는 상징성의 지향으로서 시의 기법적 기초가 되기 때문입니다. 단순미의 설계에 가장 중요한 것은 壓縮과 飛躍과 觀照입니다. 그 중에도 단순미의 큰 함정인 單調性을 초극하는 비약이 가중 중요한 것이 되겠습니다. 이 단순화·비범화·전체화는 시의 운문성·낭만성·상징성의 바탕이 되는 것일 뿐 아니라 이의 背理를 찾아 전락한 현대시를 시의 正道에 환원시키는 길인 동시에 시대적인 요청으로서 우리 현대시를 전환시키는 거점이 되기도 합니다.
> 이 단순화와 비범화와 전체화의 지향을 아울러서 우리에게 주는 것이 禪의 방법이요, 선의 美學입니다. (중략) 내가 여기서 禪의 방법, 선의 미학이라 부르는 것은 현대시가 섭취한 것이 선의 사상 자체보다도 선의 방법의 적용이기 때문에 선의 미학이라고 이름지은 것입니다.[21]

---

20) 조지훈의 불교사상 혹은 불교적 시론을 엿볼 수 있는 글은 다음과 같다. 조지훈, 「西窓集」, 『문장』21, 1940. 11. ; 조지훈, 「西窓集 -亦一詩論」, 『동아일보』, 1940. 7.9.-16. ; 조지훈, 「大道無門」, 『현대문학』, 1955. 1. ; 조지훈, 「放牛莊 散稿」, 『현대문학』, 1955.1. ; 조지훈, 「般若思想에 대하여」, 『불교사상』, 1963. 13. ; 조지훈, 「亦一禪談」, 『신동아』, 1966. 7. ; 조지훈, 「현대시와 선의 미학-시의 방법적 회의에 대하여」, 『조지훈전집』2, 나남출판, 1998, pp. 208-225.
21) 『조지훈전집』2, pp. 220-222.

조지훈은 과학의 발달과 기계문명으로 인하여 현대사회의 구조와 기능이 복잡해졌고, 그에 발맞추어 현대시 또한 복잡하고 난해하여졌다고 진단한다. 그는 그러한 현상을 시가 그 본질에서 멀어진 것으로 판단한다. 조지훈의 시의 근본 원리를 "복잡의 단순화", "평범의 비범화", "단면의 전체화" 등의 세 가지로 규정한다. 나아가 이 세 가지가 "전락한 현대시를 시의 정도에 환원시키는 길"이며, "시대적 요청으로서 우리 현대시를 전환시키는 거점"이라고 주장하고 있다. 그에 의하면 그러한 세 가지 원리를 모두 제공해 줄 수 있는 미학이 다름이 아닌 선의 미학이다. 조지훈은 선적 미학이 현재와 분리된 구시대적인 유물이 아니라, 현대시의 본질적인 원리를 제공해줄 수 있다고 판단한 것이다. 그는 선적 미학의 도움으로 현대시는 복잡성과 난해성에서 벗어나 시의 본질적인 형태를 회복할 수 있다고 생각한 셈이다.

조지훈은 "복잡의 단순화", "평범의 비범화", "단면의 전체화"를 "선의 미학"으로 규정하고 있지만, 현대시에 관한 논의에서 그것들이 온전히 선으로 환원될 수 없다는 점에서 우리는 보다 정확히 '선적 미학'으로 규정하고자 한다. 조지훈은 이러한 선적 미학이 현대시가 "선의 사상"이 아니라 "선의 방법"에서 수용한 것이라고 밝히고 있다. 즉, 선적 미학은 현대시가 선의 방법으로부터 받아들인 미학이라 할 수 있다.

조지훈이 제시한 선적 미학은 일견 편협해 보일 수도 있다. 하지만 다른 연구자들의 견해와 비교해볼 때 상당히 설득력이 있음을 확인할 수 있다. 가령, 갈조광 또한 그와 비슷하게 표현의 차원에서 선적 미학을 "자연스러움", "간결성", "함축미"로 규정한다.[22] 갈조광이 말하는 "자연스러움"은 조지훈의 "평범"에 가까운 개념이며, "간결성"은 "단순화"에, "함축미"는 "비범화"와 "전체화"에 가까운 개념이다.[23]

---

22) 葛兆光, 앞의 책, pp. 279-305.
23) 이에 대해서는 본론에서 상세히 논의된다.

이종찬은 선과 시가 합류하는 지점을 "상징성"으로 규정하는데, 그에 의하면 선은 교외의 별전이기에 문자가 필요 없으나, 언어 표현으로 전하지 않을 수 없을 때에, 불가피하게 언어를 사용하지만 이때의 언어는 되도록이면 압축 내지는 함축성을 확보하여야한다. 그는 압축과 함축성을 "상징성"으로 규정하고, 조지훈의 견해를 빌어 이 상징성에서 선과 시가 만난다고 주장하고 있다.[24] 이렇게 볼 때 우리는 조지훈이 제시한 선적 미학이 상당히 호소력 있는 개념임을 미루어 짐작할 수 있다. 본론에서는 그 구체적인 양상이 확인될 것이다.

2. 조지훈 시론의 선적 미학

1) 복잡의 단순화

조지훈의 시론에서 복잡의 단순화는 크게 두 가지로 나뉜다. 첫째는 시의 착상 과정에 해당하는 것으로 복잡한 생각을 단순하게 정리하는 행위라고 할 수 있다. 즉 우리가 어떠한 대상에 마주하였을 때, 그 대상에 대해서는 다양한 사유가 복잡하게 떠오르게 된다. 시를 쓰기 위해서는 그 복잡한 사유와 사상을 하나의 초점으로 모을 필요가 있다. 시의 착상 과정의 차원에서 복잡의 단순화는 그러한 초점화로 이해할 수 있다. 이에 대하여 조지훈은 다음과 같이 말하고 있다.

> 무엇을 쓸 것인가보다도 무엇을 안 쓸 것이냐 하는 데 중점을 두는 까닭은 무엇을 쓸 것인가 하고 망설이는 이유가 쓸 것이 많아서 갈피를 잡을 수 없다는 말이요, 쓸 것이 많아서 생각의 갈피를 못 잡는다는 것은 한 덩이로 뭉쳐진 생각이 마련되지 못했다는 말에 지나지 않

---

[24] 이종찬, 앞의 책, pp. 15-16.

기 때문이다.

　이런 뜻에서 混沌은 宇宙 이전이요, 생각의 錯亂이란 시에서는 무와 마찬가지라 할 것이다. 그러므로, 시의 현상은 먼저 혼돈의 질서화, 복잡의 단순화에서 비롯되는 것이다. 그 많은 有象無象의 생각 속에서 무엇을 안 쓸 것인가를 결정하고나면 써야 할 것, 씌어질 것이 스스로 고개를 들고 일어서는 것이다.25)

　그에 의하면 시인에게 문제가 되는 것은 "무엇을 쓸 것인가"가 아니라 "무엇을 안 쓸 것인가"이다. 왜냐하면 무엇을 쓸 것인가를 생각하면 써야할 것이 너무나도 많기 때문이다. 써야할 것이 너무 많은 경우 시인은 생각의 갈피를 잡지 못하고 "혼돈"과 "생각의 착란"에 빠지게 된다. 그러므로 시인은 과감하게 사유와 사상의 군더더기를 버리는 데에 주력해야한다. 시인은 혼돈과 착란의 무성한 생각의 숲에서 가지치기를 통하여 한 덩이로 뭉쳐진 생각을 마련하여야 비로소 시를 쓸 수 있게 된다. 그러한 의미에서 "복잡의 단순화"는 "혼돈의 질서화"와 통하는 것이다.

　둘째는 시의 표현과 형식적 특성으로서의 단순화이다. 조지훈의 생략법을 시의 중요한 언어적 특성으로 들고 있으며, 짧은 길이를 시의 본질적인 형식이라고 말한다. 그리고 이러한 것들을 "복잡한 사상의 단순화"와 연결시키고 있다. 조지훈의 시론에서 언어적 표현이나 작품의 길이의 간결성은 시의 형식적인 미학으로서 "단순미"로 일컬어진다.

　『시의 원리』에서 禪에 관한 논의는 쉽게 찾아보기가 어렵지만, 조지훈은 시의 이러한 표현과 형식적 특성이 선적인 미학과 관련되어 있음을 완곡하게 암시하고 있다.

　　言外言! 곧 말로서 나타나지 않은 수많은 말과 생각을 함축하기 위하여 시는 의식적으로 설명과 서술을 거부하는 것이다.(중략)

---
25) 『조지훈전집』2, p. 102.

> 시의 언어는 원칙적으로 생략법의 언어이지만 산문의 언어는 지나친 생략으로써는 의사가 통하지 않는다. 우리가 일상 생활에서도 항상 느낄 수 있거니와 以心傳心으로 통하는 자리, 또는 사람 사이에는 눈을 껌적하거나 고개를 끄덕하거나 감탄사 한 마디로 뜻이 통한다. 시는 바로 이러한 언어의식을 바탕으로 한다.26)

조지훈은 시적 언어를 원칙적으로 설명과 서술을 거부하는 생략법의 언어로 파악한다. 그는 그러한 시적 언어의 특징을 "언외언", "이심전심"과 같은 선의 방법과 견주어 설명하고 있다. 不立文字, 直指人心, 見性成佛 등을 宗旨로 삼는 선은 본질적으로는 언어에 대하여 배타적이며, 불가피한 경우에만 최소한의 언어를 사용하기 때문에 시의 언어와 선의 방법이 근본적으로 유사하다고 본 것이다.

조지훈은 물론 시의 표현 방식이 매우 다양함을 알고 있었다. 그는 『시의 원리』에서 시적 표현의 방식을 생략과 부연, 해조와 변조, 과장과 반복 등으로 규정한다. 그런데 그에 의하면 "詩表現의 제 1원리는 '생략'"27)이며, 그것은 곧 선적 미학에 해당한다. 따라서 그에게 가장 본질적인 시적 표현은 선적 미학인 셈이다.

그런데 여기에서 주의할 점은 조지훈 시론의 단순미는 단순히 생략을 통해서만 확보되는 것이 아니다. 조지훈이 말하는 복잡의 단순화, 단순미는 시의 가장 기본이 되는 미학으로서 뒤이어 살펴보게 될 "평범의 비범화", "단면의 전체성"과 긴밀하게 연결된다.

> 시는 그 본질적 형식이 單純美의 구성이기 때문에 심포니 같은 거대한 것은 敍事詩와 통하고 우리가 보통 말하는 시, 곧 '마이너 포임'(minor poem)은 그 규모에 있어 그림에다 비길 것이다. 그러므로, 시

---
26) 『조지훈전집』2, p. 52.
27) 『조지훈전집』2, p. 105.

의 형식적 본질인 단순성은 그 내용에다 '斷面의 전체성'이라는 특질을 제약하는 것이다. 다시 말하면, 장황하게 서술하는 전체가 아니라 특수한 구성으로 단순하게 結晶시켜 나타내는 전체의 모습이란 말이다. 그러므로, 시의 언어는 '단순미의 설계' 속에서 비약하면서 연락되고 평범하면서 비범해지는 것이다. 언어는 적으면서 사상은 더 큰 것! 이것이 시의 本道요, 시의 자랑이란 말이다.[28]

단순미는 단순함 속에 커다란 것을 함축해야만 한다. 그것은 평범함 속에 비범함을 함축하고, 단면 속에 전체를 함축한다는 점에서 선적 시학의 근본 토대가 되는 것이다. 따라서 조지훈 시론의 생략에는 함축이 전제되어 있다. 조지훈이 말하는 생략은 갈조광이 말하는 간결미에 해당하는데, 그것은 "字句와 물상을 감소함으로써 배후의 상상공간을 증가"[29]시키며, "작품이 응축되고 간결할수록 그 '남은 뜻(餘意)'은 더욱 풍부해지고 사람들에게 제공하는 상상의 공간도 더욱 넓어진다."[30] 즉, 생략을 통하여 더욱 의미가 풍부하게 함축되는 것이다. 그런데 이때의 함축은 자구나 물상과 일대일 대응관계를 이루는 것이 아니라, 그것들을 멀리멀리 초월한 커다란 관념을 담아내는 것이다.

이렇게 볼 때 우리는 조지훈이 말하는 복잡의 단순화, 혹은 단순미를 간결한 표현에 자구와 물상을 초월한 커다란 사유와 상상을 함축해내는 것으로 이해할 수 있다. 조지훈은 이를 시의 가장 기본적인 특징으로 생각했으며, 나아가 그것이 선적 미학과 일치한다고 본 것이다.

---

28) 『조지훈전집』2, p. 62.
29) 葛兆光, 앞의 책, p. 292.
30) 위의 책, p. 290.

2) 평범의 비범화

조지훈이 말하는 "평범의 비범화"라는 개념을 정확히 이해하기 위해서는 우선, "평범"의 개념부터 확정할 필요가 있다. 조지훈 시론의 "평범"은 초현실주의나 모더니즘의 감각주의와 현란한 수사학을 비판하는 개념이다.

> 감각의 첨단을 걷는 모더니즘은 이러한 난점을 벗어나기 어렵다. 왜 그러냐 하면, 그들은 비범을 평범에서 따로 떼어 찾으려 하기 때문이다. 진리는 평범한 곳에 있기 때문에 평범을 잃은 예술은 생활을 잃는 것이요, 생명적 자연을 잃게 된다.[31]

그는 초현실주의나 모더니즘이 일상적인 것, 평범한 것에서 소재를 구하지 못하고, 감각의 첨단을 걷기 위해서 신기한 것, 낯선 것에 집착하는 감각과 수사학을 취한다고 판단하여 이를 비판한다. 첨단의 감각과 수사학은 사람들의 이목은 쉽게 끌지만 오랜 세월을 두고 독자의 심금을 울려줄 수 없기에, 그것은 끊임없이 가면을 바꿔 쓰고 유행을 맞춰가야만 한다.

따라서 그는 시인의 감각과 표현은 항시 어린 아이의 언어를 본받을 것을 권장한다. 그에 의하면 어린 아이의 "아직 몇 마디 배우지 못한 단어의 지식으로 그의 생명의 의욕을 표현하는 것이라든가 언어의 기묘한 선택과 배열로써 하는 충분한 의사표시는 시인의 본질과 같은 것"[32]이다. 따라서 시인의 본질이란 신기하고 낯선 감각과 수사학을 동원하는 것이 아니라, 어린 아이와 같은 소박한 언어를 시적으로 선택 배열하여 시적 세계를 구축하는 것이다. 따라서 조지훈 시론에서 "평범"이란 어린

---

31) 『조지훈전집』2, pp. 83-84.
32) 『조지훈전집』2, p. 84.

아이와 같은 언어적 표현이라고 할 수 있다.

그런데, 어린 아이와 같은 시적 언어의 사용은 "평범"에 머무르지 않고 "비범"으로 이어진다. 왜냐하면 "어린 아이는 사물을 보는 눈이 다르고 표현하는 말이 다르"기 때문이다. 여기에서 어린 아이는 생물학적인 아이로 보아서는 곤란하다. 그가 말하는 어린 아이의 마음은 공자가 시의 이상으로 상정한 '思無邪'와 통하는 개념이다. "邪됨"이 없이 천진한 마음이 어린 아이의 마음이며, 그러한 마음으로 생명을 그대로 표현하는 것이 시의 이상으로서 선적 미학이다.

이러한 선적 미학으로서 "평범"은 갈조광의 "자연스러움"과 통한다. 갈조광에 의하면 "자연스러움"은 "수식하지 않고 자연스럽게 이루어지는 것"33)이며, "자연스럽게 흘러나오고 뜻대로 하여 渾然天成"34)하는 것이고, "억지로 꾸미지 않아 자연스러우며, 조금도 조탁한 흔적이 없는 것"35)이다. 갈조광이 말하는 선적 미학의 하나로서 "자연스러움" 또한 어린 아이의 언어처럼 꾸미지 않고 자연스럽게 표현하는 것이다. 조지훈은 어린 아이의 천진한 시선과 언어로 시적 세계를 구성할 때 평범 속에 비범함이 깃들 수 있다고 보았다.

> 마음 속에 커다란 허무를 지님으로써 일체를 洞察하면서 퇴폐에 떨어지지 않아 순정으로 진실되게 살려는 심정! 이것이 시를 구성하는 힘이 되는 것이다. 평범한 것을 그대로 보지 않고 또한 비범한 것만을 굳이 찾지 않는 것, 다시 말하면 평범한 것을 비범하게 구성할 수 있는 힘은 이러한 '허무의 진실' 속에 있다고 생각되지 않는가.36)

---

33) 葛兆光, 앞의 책, p. 284.
34) 위의 책, p. 286.
35) 위의 책, p. 288.
36) 『조지훈전집』2, p. 85.

마음 속의 "커다란 허무"란 "邪된 마음"을 비워내는 것이다. 따라서 이 허무로 인하여 첨단의 감각과 현란한 수사학이 빠지기 쉬운 퇴폐의 길이 차단된다. 나아가, 신기한 것, 낯선 것이 아니라 일상 세계의 평범한 대상에서 진실을 찾아내는 것, 이것이 바로 허무가 지니는 힘이다. 마음을 비워내고 허무의 자세로 시에 임할 때 평범한 것을 비범하게 구성할 수 있게 되는 것이다.

이는 러시아 형식주의자들의 견해와 상반된다. 러시아 형식주의자들에게 '낯설게 하기'는 예술의 원칙인데, 시에서 '낯설게 하기'는 일상언어, 규범문법의 파괴와 전통적 율격, 전통적 미적 규범의 파괴에서 발생한다.37) 이러한 '낯설게 하기'는 형식적인 차원의 비범함이다.

형식주의자의 '낯설게 하기'는 모더니즘의 창작원리로서 끊임없는 부정을 통해 새로움을 추구한다.38) 새로움, 신기성은 미학적 충격 효과를 통해 나태한 감각을 일깨워주지만, 동시에 그것은 친숙한 것을 몰아내면서 자아를 세계로부터 소외시키게 된다. 따라서 '낯설게 하기'는 자아를 파편화된 근대적 세계의 이방인으로 내던져놓는다. 이는 자아와 세계를 대립적으로 규정하는 근대적 세계관의 범주에 포위된 시학이라 할 수 있다.

반면, 조지훈은 모더니즘이나 초현실주의의 형식적 차원의 비범함으로서 낯설게 하기에 대해 매우 비판적인 태도를 취한다. 왜냐하면 형식적인 차원의 신기성은 쉽게 사람들의 이목을 끌지만 다른 한편으로는 쉽게 낡은 것이 되기 때문이다. 따라서 낯설게 하기는 끊임없는 부정을 통해 새로움을 추구하는 일을 모래성 쌓기처럼 무의미하게 반복한다. 그 과정에서 자아는 친숙한 것들로부터 소외된다.39) 조지훈이 말하는 평범의 비범화는 그러한 미학과는 상반되는 것이다. 평범의 비범화는 평범한

---

37) 김준오, 『시론』, 삼지원, 2006, pp. 351-353.
38) 구모룡, 「포위된 혁명:시적 근대성 비판」, 최승호 편, 앞의 책, pp. 67-68.
39) 그 때문에 낯설게 하기는 소외의 기법으로 일컬어진다. 김준오, 앞의 책, pp. 351-352.

것, 즉 친숙한 것들을 발굴하고 그 안에 내밀하게 감추어진 세계의 비밀을 드러내는 미학적 방법이다. 여기에 미학적 충격이 전혀 없는 것은 아니다. 외형적으로는 평범한 것들을 통해 은근하게 드러나는 비범함은 '낯설게 하기'와는 또 다른 미학적 충격을 안겨주게 된다. 조지훈은 형식적인 차원의 비범함으로서 '낯설게 하기'의 자리에 내용적인 차원의 비범함을 대체한 것이라 할 수 있다.

그렇다면 그의 시론에서 비범이란 어떤 것일까. 이는 단면의 전체화와 절묘하게 맞물려있다. 비범이란 평범하고 작은 것을 통해 드러나는 커다란 우주의 비밀과 같은 것이다. 이에 대해서는 단면의 전체화의 항목에서 다시 살펴보도록 하자.

3) 단면의 전체화

앞에서 언급한 바와 같이 조지훈의 시론에서 "복잡의 단순화", "평범의 비범화", "단면의 전체화"는 불가분의 관계이다. 나아가 엄밀하게 말하자면 이들은 서로 명확하게 구분될 수도 없다. 조지훈의 시론에서 이것들은 매우 긴밀하게 맞물려 있다. 그 때문에 "단면의 전체화"는 단순화와 비범화의 개념으로 설명된다.

> 시의 형식적 본질인 단순성은 그 내용에다 '단면의 전체성'이라는 특질을 제약하는 것이다. 손바닥 위에서 세계를 보고 한 방울 이슬 속에서 우주를 본다는 것은 이 세상의 모든 생명의 완전된 모습은 그대로 小宇宙요, 개개의 太極이라는 것이다. 그러므로, 시가 몇 마디의 언어로써 완성된 언어요, 살아 있는 유기체라면 그는 혼돈과 복잡으로서 소재 그대로 방치된 것이 아니고 시인의 재창조를 통한 단순미의 설계로서 비약하면서 연락되고 나타난 이면의 無限廣大性을 간직하는 것이기 때문이다.[40]

단순화(단순성)가 외형적인 특징이라면 단면의 전체성의 그것의 내적인 특질이다. 단면의 전체성이란 우주의 작은 단면을 통해 거대한 우주를 표현하는 시의 내면적 속성이라고 할 수 있다. 시는 형식적인 차원에서 언어를 최소한으로 하면서, 혼돈과 복잡의 상태에 놓인 우주의 단면을 포착하여 그 단면에 우주의 무한광대성을 담아낸다는 것이다. 여기에서 우주의 무한광대성은 "비범"에 해당한다. 조지훈은 "시의 언어는 단순미의 설계 속에서 비약하고 연락되고 평범하면서 비범해지는 것"[41]이라고 말한다. 따라서 우리는 조지훈이 말하는 단면의 전체화의 개념을 작고 평범한 대상을 통해 거대한 사상 혹은 우주의 섭리로서의 비범을 담아내는 것이라고 말할 수 있다.

갈조광의 "함축"은 조지훈 시론의 비범화나 전체화에 가까운 개념이다. 갈조광에 의하면 선적 미학은 禪理나 佛理 등의 표현에 대해서 부정적이며, 물상을 비유로 사용하지만 물상을 가리키지는 않는다. 갈조광은 구체적인 물상과 언어의 표면적 의미를 멀리멀리 초월하는 것을 "함축"이라고 말한다.[42] 이 "함축"은 우주의 부분, 평범한 것에 의해, 그것을 아득히 초월한 거대한 것을 함축하는 점에서 조지훈이 말하는 비범화나 전체화에 가깝다.

조지훈이 말하는 선적 미학으로서 단면의 전체화 개념은 사상적으로는 화엄사상에 토대를 두고 있는 것이다. 조지훈은 등단 무렵부터 이미 화엄적인 사유에 심취해있었다.

> 世界를 凝視하는 곳에 하나를위한 眞實한마음이 잇고 하나에 眞實한 이곳 世界를 사랑함이라. 한알의 모래속에 永劫의 時空을 보는…… 一卽多 多卽一.[43]

---

40) 『조지훈전집』2, pp. 105-106.
41) 『조지훈전집』2, p. 62.
42) 葛兆光, 앞의 책, p. 298.

"한 알의 모래 속에 永劫의 時空을 보는"은 화엄사상의 "한 알의 작은 먼지 속에 삼악도, 천, 인, 아수라가 모두 현존한다(於一微塵中現有三惡道天人阿修羅)"를 인유한 것이며, "일즉다 다즉일"은 "一卽一切 一切卽一", "一中多 多中一"을 끌어온 것이다.44) 이러한 화엄의 사상에서는 현상 세계의 개체들은 모두 다른 개체들을 비추고 나타내면서, 개체가 전체를 반영하게 된다.

조지훈이 시론에서 끊임없이 말하는 "손바닥 위에서 세계를 보고 한 방울 이슬 속에서 우주를 본다"45)는 것이나 "작은 대상 속에 宇宙의 정신을 포옹하는 것"46)은 이러한 화엄의 세계관에 토대를 둔 것이다. 그가 선적 미학으로 제시한 "단면의 전체화"는 화엄사상을 표현하는 미학적 방법으로 이해할 수 있다. 부분과 전체에 대한 화엄적인 인식론을 담아내기에 적합한 수사학이 바로 제유이다. 주지하는 바와 같이 제유란 부분으로 전체를 담아내는 수사학이다. 따라서 우리는 선적 미학으로서 "단면의 전체화"에 적합한 수사학이 제유라는 것을 짐작할 수 있다.

최근에 시의 수사학을 은유와 환유로 이분하여 설명하는 경향이 확산되었는데, 구모룡에 의하면 그러한 수사학은 주체중심적이며 기계론적인 근대적 세계관의 범주에 갇혀있다.47) 구모룡이나 최승호는 그러한 근대성의 수사학의 한계를 극복할 수 있는 대안으로 제유에 주목한다.

> 그들은 세계를 일방적으로 자아화시켜버리는 근대적 주체의 폭력성과 전체주의적 횡포를 예로 들어 은유를 비판하고 있으며, 동시에 사물들 사이의 관계를 파편화시키고 허무주의적 세계인식을 견지·유포한다는 이유로 환유를 부정하고 있다. 그에 비해 제유는 사물들 사이의

---

43) 조지훈, 「西窓集 -亦一詩論」, 『동아일보』, 1940. 7.12.
44) 한자경, 『불교철학의 전개』, 예문서원, 2003, pp. 172-176. 참조.
45) 『조지훈전집』2, p. 105.
46) 『조지훈전집』2, p. 57.
47) 구모룡, 앞의 글, pp. 73-74.

내적 연관성을 중요시하며 부분과 전체가 유기적으로 조화되어 있는 것을 전제로 하는 세계인식 방법이다.(중략)
이 제유적 수사학은 전통적인 유기론적 세계관과 잘 연결되어 있다. 유기론적 세계관이라 우주 전체를 부분과 전체가 잘 조화된 거대한 생명 체계로 인식하는 방법이다.[48]

제유는 사물과 사물들 간의 독자성을 인정하면서 내적 연관성을 확보하고, 동시에 부분과 전체의 조화를 반영하는 수사학이다. 제유의 그러한 특성에 주목한 많은 연구자들은 제유야 말로 근대성을 넘어설 수 있는 진정한 탈근대적 수사학으로 주목하고 있다. 작품 내에서 "단면의 전체화"가 제유와 관련되는 구체적인 양상은 다음 장에서 살펴보게 될 것이다.

4) 불교적 세계관

조지훈에 의하면 앞의 세 가지 사항은 방법론, 형식적 차원에 주목한 선적 미학이다. 따라서 이상의 사항만 고려한다면 현대시의 선적 미학은 내용적 차원에서는 선사상이나 불교사상과 전혀 무관할 수도 있다. 조지훈은 방법적, 형식적 차원에서 선적 미학이 시의 형식적 본질과 일치한다고 본 것이다. 하지만 그렇게 볼 때 선적 미학의 범주는 지나치게 광범위해진다. 또한 시인의 정신적 지향성을 무시하고 방법적, 형식적 차원만을 문제 삼을 경우 현대시에 스며있는 전통으로서의 '선'의 의미는 불분명해진다. 따라서 현대시의 선적 미학의 내용적, 정신적 지향성의 차원에서 불교적 세계관을 설정할 필요가 있다.

조지훈은 시의 기본적인 미학 세 가지를, 우아미, 비장미, 관조미로 나눈 바 있다.[49] 선적 미학은 이 세 가지 미학 중 세 번째, 관조미에 해당한다. 조지훈에 의하면 관조미란 "대상의 깊은 곳에 파고 들어가 그

---

48) 최승호, 『서정시의 이데올로기와 수사학』, 국학자료원, 2002, pp. 224-225.
49) 『조지훈전집』2, pp. 86-100.

본성을 파악하는 지적 직관, 다시 말하면 감각적이면서 철학적, 종교적 의미에 도달한 것"50)이다. 그리고 철학적, 종교적 의미를 기독교 사상이나 선사상등과 연결하여 설명하고 있다. 그렇게 볼 때 우리는 조지훈이 말하는 넓은 의미의 선적 미학이 형식적 요건을 만족시키는 것이라면, 좁은 의미의 선적 미학은 형식적인 요건과 함께 내용적인 면에서도 선이나 불교적 세계관을 구비한 것으로 규정할 수 있다.

그러나 문학작품에서 형식과 내용이 분리될 수 없는 것처럼, 조지훈의 선적 미학에서 정신적 지향성으로서의 불교적 신비가 내용뿐만 아니라 방법과 형식 속에도 깊이 스며들어 있다는 점을 간과해서는 안 된다. 앞에서 살펴본 "복잡의 단순화", "평범의 비범화", "단면의 전체화"는 비록 방법적, 형식적인 성격이 강하지만 여기에 담겨있는 '함축', '비범'과 '전체'는 내용이나 정신적 지향성의 성격을 지니기도 한다. 그러므로 우리는 앞에서 살펴본 선적 미학의 형식에 내용으로 전제된 '함축', '비범'과 '전체'가 불교적 세계관에 토대를 두었을 때, 이를 좁은 의미의 선적 미학에 해당하는 것으로 규정할 수 있다. 이러한 조지훈의 선적 미학은 형식과 내용 면에서 공히 불교적 신비가 깃들어 있는 것이다.

다음 장에서는 작품을 통해서 조지훈 시론의 선적 미학의 구체적인 양상을 살펴본다. 한국 현대시사에서 통합적인 차원의 선적 미학을 추구한 대표적인 시인들로는 일제 말기의 김달진, 조지훈, 그리고 최근의 이성선이 대표적이다. 김달진과 조지훈이 한국 현대시사에 통합적인 선적 미학을 본격적으로 도입한 최초의 시인들이라면,51) 이성선은 그것을 충실히 계승한 대표적인 시인이다. 이 세 시인의 작품을 통해 조지훈이 제시한 선적 미학의 구체적인 양상을 확인할 수 있을 것이다.

---

50) 『조지훈전집』2, p. 98.
51) 김옥성, 「김달진 시의 선적 미의식과 불교적 세계관」, 『한국언어문화』28, 2005, pp. 100-101. 참조.

3. 현대시의 선적 미학

1) 복잡의 단순화

> 별 빛 받으며
> 발 자취 소리 죽이고
> 조심스리 쓸어 논 맑은 뜰에
> 소리 없이 떨어지는
> 은행 잎
> 하나.
>
> — 조지훈, 「靜夜1」

앞에서 언급한 바와 같이 조지훈의 시론에서 복잡의 단순화는 시적 착상·사유 과정의 차원과 시적 표현·형식의 차원, 두 면모를 지닌다. 먼저 전자에 관점에서 살펴보자. 이 시는 고요한 밤을 제재로 삼고 있다. 그런데 고요한 밤을 표현할 수 있는 이미지는 무수히 많다. 즉, 고요한 밤은 몇 가지의 이미지로 이루어지는 것이 아니라 자아를 둘러싼 무수히 많은 사물과 분위기들로 구성되는 것이다. 그런데 그러한 모든 사항을 고려하여 고요한 밤을 형상화하려고 하면 시인을 결코 시를 쓸 수가 없다. 왜냐하면 써야만 할 것이 너무 많기 때문이다. 따라서 조지훈은 시적 착상의 과정에서 복잡한 것을 단순화할 필요가 있다고 지적한다. 그렇다고 해서 아무런 질서가 없이 무작위로 이미지를 선택해서도 안 된다. 어떠한 질서에 입각해서 특정 이미지를 선별할 필요가 있다. 이 시에서는 시적 인식의 대상을 수직적인 축으로 단순화하고 있다. 천상에 해당하는 "별 빛", 지상에 해당하는 "뜰", 그리고 그 사이의 중간자적 존재로서 "은행 잎"이 바로 고요한 밤을 구성하는 수직적인 축이다. 이처럼 고요한 밤을 구성하는 다채로운 이미지를 모두 수용하는 것이 아니라 특정한 질서에 해당하는 이미지를 시적 대상으로 축소하는 과정이 시적 착상과 사유 과정에서의 복잡의 단순화라 할 수 있다. 따라서 복잡의 단순화는 혼돈의 상태에 놓인 대상에 어떠한 질서를 부여하는 과정이라는 점에서 "혼돈의 질서화"[52]로도 명명할 수 있다. 이처럼 시적 착상·사유 과정에서의 복잡의 단순화는 시적 인식의 대상의 폭을 좁히고, 선택된 대상에 질서를 부여하는 과정이라고 할 수 있다.

다른 한편으로 표현 방식에서의 단순화 혹은 단순미에 대해서 생각해 보자. 이는 표현상의 생략과 작품 길이의 단형을 의미하는 것으로 긴 설명이 필요 없을 것이다. 과감한 생략과 간결한 분량이 두드러지는 위 작품 「靜夜1」은 단순미의 대표적인 예이다. 이 시는 의식적으로 설명과 서술을 거부하고, 단지 "별 빛", 깨끗한 "뜰", 고요히 떨어지는 "은행잎"의 이미지를 간결하게 나열하고 있다는 점에서 표현과 형식 면에서 단순미를 잘 갖추고 있는 것이다.

"복잡의 단순화"가 갖는 이상과 같은 두 차원만을 본다면 그것은 본질적인 의미의 서정시의 미학과 변별되지 않는다. 시선일여를 주장하는 조지훈의 시론을 고려할 때, 양자가 많은 면에서 겹쳐지는 것은 당연한 일이다. 그러나 조지훈이 말하는 선적 미학은 정신적 지향성으로 인하여 서정시 일반의 미학과 변별된다. 그가 말하는 선적 미학으로서 간결의 미학, 단순미는 함축을 전제로 하는데, 그 함축하는 내용이 불교적 세계를 지향할 경우 이를 좁은 의미의 선적 미학이라 할 수 있기 때문이다. 조지훈의 선적 미학에는 정신적 지향성으로서의 불교적 신비가 방법과 형식에까지 깊숙이 스며들게 되는 것이다.

이 시에서 은행잎은 불교적 세계를 함축하고 있는 것으로 볼 수 있다. 조지훈의 시편에는 소멸성의 이미지가 두드러지는데 그것은 우주의

---

[52] 『조지훈전집』2, p. 105.

실상으로서 空을 환기한다.53) 공은 여러 가지 의미가 있지만, 연기론적으로 볼 때 그것은 사물들 간의 유기적인 생성과 소멸로 형성되는 일종의 꽉 찬 無로서의 우주의 이법이라 할 수 있다.54) 이 시에서 은행잎은 "떨어지는" 것이라는 점에서 소멸성을 담고 있으며 따라서 공을 환기하게 된다. 떨어지는 은행잎은 불교적 우주의 이법을 함축하고 있는 셈이다. 그렇게 본다면 밤하늘의 맑은 "별 빛"이나 "조심스리 쓸어 논 맑은 뜰"은 바로 우주의 이법을 관조하기 위한 깨끗한 마음의 상태로 받아들일 수 있을 것이다.55)

이렇게 볼 때 이 시는 간결하고 '단순'한 형식 속에, '평범'한 이미지들로 '비범'함 혹은 우주 '전체'의 형상으로서 불교적 신비를 함축하고 있는 것이다. 따라서 복잡의 단순화, 평범의 비범화, 단면의 전체화가 불가분의 관계를 이루고 있음이 분명해진다.

2) 평범의 비범화

```
순이가 달아나면
기인 담장 위으로
달님이 따라 오고

분이가 달아나면
기인 담장 밑으로
달님이 따라 가고
```

---

53) 홍신선(2004a), 앞의 글, pp. 52-54. ; 김옥성, 『한국현대시의 전통과 불교적 시학』, 새미, 2006, pp. 234-235. 참조.
54) 동국대 불교교재 편찬위원회, 『불교사상의 이해』, 불교시대사, 2004, pp. 152-174. 참조.
55) 물론 이러한 해석은 조지훈이 지속적으로 불교와 선에 조예가 깊은 시인이며, 지속적으로 선적 미학을 추구해온 시인이라는 기대지평 내에서 가능할 것이다.

하늘에 달이야 하나인데……
순이는 달님을 다리고
집으로 가고

분이도 달님을 다리고
집으로 가고

— 조지훈, 「달밤」

이 시는 군더더기 하나 없는 깔끔한 표현으로 이루어졌다는 점에서 단순미를 잘 구비하고 있다는 데에 누구나 쉽게 동의할 수 있을 것이다. 그러나 다른 한편으로는 어린 아이의 천진난만한 시선으로 세계를 바라보고 있다는 점에서 매우 평범하다는 느낌을 받을 것이다. 이 시에서는 어떠한 작위적이거나 생경한 표현을 하나도 발견할 수 없다. 어린 아이가 달을 보고 떠올린 상상을 소박하게 전개한 느낌이다. 따라서 이 시는 童詩에 가까운 극단적으로 평범한 작품으로 받아들여질 수 있는 것이다.

그러나 조지훈은 이 동시적인 평범함 속에 심오한 사유를 심어놓고 있다. 그것은 하나인 실재가 여럿으로 느껴질 수 있다는 사실이다. 이러한 사유는 비록 불교사상을 모른다 하여도 매우 비범한 시적 발견이라 할 수 있다. 그런데 불교 사상에 조예가 깊은 조지훈은 이러한 달의 상상력에 화엄사상을 함축하고 있다. 화엄사상에서는 개체가 곧 전체이고 전체가 곧 개체라고 말한다.56) 모래 한 알에는 우주가 담겨있고, 우주에는 모든 것을 꿰뚫는 하나의 원리가 스며있기 때문이다. 불가에서는 그러한 화엄적 진리를 달의 비유를 들어 설명한다. 즉, 하늘에 달은 하나이지만 그것은 세상 만물을 공평하게 비춘다. 이렇게 볼 때 달은 하나이지만 개체의 입장에서는 무수히 많은 것이며, 무수히 많은 사물들을 비추지만 결국은 하늘에 떠있는 달은 하나이다. 따라서 달은 하나이면서

---

56) 한자경, 앞의 책, pp. 172-176.

많고, 많으면서도 하나인 셈이다. 그러한 까닭에 달은 흔히, 하나이면서도 삼라만상에 고스란히 깃들어있는 불성에 비유된다.57) 이 시에서 이러한 화엄적인 사유는 비범함에 해당한다. 시적 주체는 동시적인 평범함 속에 비범함을 감추어 놓고 있는 셈이다.

1930년대 선적 미학을 추구한 대표적인 시인으로 김달진을 손꼽을 수 있는데, 다음에서는 김달진의 시를 통해 평범의 비범화를 살펴보자. 김달진의 시에는 외형적으로 너무 "평범"58)하고 "童詩"59) 같다는 지적을 받는 작품들이 많다. 그 대표적인 예의 하나로 「벌레」를 들 수 있다.

> 고인 물 밑
> 해금 속에 꼬물거리는 빨간
> 실낱 같은 벌레를 들여다보며
> 머리 위
> 등뒤의
> 나를 바라보는 어떤 큰 눈을 생각하다가
> 나는 그만
> 그 실낱 같은 빨간 벌레가 되다.
>
> — 김달진, 「벌레」

이 시의 화자는 고인 물 밑의 실낱 같은 빨간 벌레를 들여다보며 어린 아이와 같은 동시적인 상상을 펼친다. 표면적으로는 매우 평범한 상상이지만, 여기에는 불교적인 우주관이 내밀하게 함축되어 있다. 화자는 "벌레"-"나"의 관계에서 "나"-"어떤 큰 눈"의 관계를 유추해 낸다. 그러한 아날로지적 상상력에 의하여 우주는 무한히 확장되고, 역으로 자아는 축소된다. 그리하여 자아는 "벌레"가 된다. 이러한 상상력은 불교의 윤

---
57) 김옥성, 앞의 책, pp. 205-207.
58) 조남현, 「평범에서 달관으로-『올빼미의 노래』론」, 『김달진 전집1』, 문학동네, 1997, p. 512.
59) 오탁번, 「과소평가된 시-김달진의 「샘물」」, 위의 책, p. 498.

회론과도 밀접하게 관련된다. 불교의 윤회론에서 자아는 육도와 삼계를 무한히 순회하게 되는데, 이는 아날로지적인 우주 인식의 일종으로 이해할 수 있다. 아날로지적인 인식에 기반한 윤회론에 의하여 불교적 세계관에서 모든 생명체는 근본적으로 "친밀성"[60]을 가지게 되며, "衆生一家觀"[61]을 확보하게 된다. 따라서 "벌레"는 무수한 겁으로 이루어진 불교적 우주를 비범함으로 함축하는 이미지로 이해할 수 있다.

모더니즘 미학에 익숙한 연구자들은 이상과 같은 시를 미학적 성과의 면에서 수준이 낮은 것으로 평가할 수도 있다. 모더니즘 미학은 서정시의 본질적인 요건의 하나를 '낯설게 하기'로 규정하고 있기 때문이다. 그러한 관점에서는 이상과 같은 시를 미학적 퇴보로 비판할 수도 있을 것이다.

하지만 전통 계승의 관점에서 보자면 평범의 비범화는 '자연스러움'이라는 선적 미학을 충실히 계승한 것이다. 근대적 미학으로서 '낯설게 하기'가 독자를 세계로부터 소외시킴으로써 미학적 충격을 이끌어내는 데에 반하여, 평범의 비범화는 독자와 세계를 친화시키면서 그 안에 내밀하게 감추어진 비범함을 체험하게 한다. 이러한 평범의 비범화는 자아와 세계 사이에 불화가 자리 잡은 근대적 세계관에 대한 하나의 수정의 모델을 제공해 줄 수 있다는 점에서 의미심장하다.

3) 단면의 전체화

木魚를 두드리다
졸음에 겨워

---

60) R. E. A., Johansson, *The Dynamic Psychology of Early Buddhism*, 박태섭 역, 『불교 심리학』, 시공사, 1996, p. 163. 참조.
61) 서정주, 「佛敎的 想像과 隱喩」, 『서정주문학전집2』, 일지사, 1972, p. 268. 참조.

고오운 상좌아이도
잠이 들었다.

부처님은 말이 없이
웃으시는데

西域 萬里ㅅ길
눈 부신 노을 아래

모란이 진다.

— 조지훈, 「古寺1」

　표면적으로 이 시는 山寺 풍경의 단면을 스케치하고 있다. 목어를 두드리다가 잠이 든 상좌아이, 말없이 웃고 있는 불상, 노을 아래에 지는 모란 등이 산사의 풍경을 구성하는 이미지들이다. 우선 이 시는 언어에 대한 집착을 보이지 않고 몇 가지의 이미지로 산사의 풍경을 깔끔하게 제시한다는 점에서[62] 단순미를 잘 갖추고 있으며, 생경한 표현이나 현란한 수사학을 구사하지 않는 점에서 평범미를 구비한 것으로 평가할 수 있다. 이 두 가지 사항에 대해서는 앞에서 논의하였으므로 여기에서는 단면의 전체화에 대해서 살펴보도록 하자.

　앞서 언급한 바와 같이 이 시는 표면적으로는 산사 풍경의 단면을 보여준다. 단면의 전체화란 그러한 단면이 그보다 커다란 세계로서의 우주를 보여주는 미학적 방법이다. 단면이 표면적인 현상이라면 전체는 그러한 표면으로서의 단면에 깃들어 있는 작품의 심층적인 현상이라고 할 수 있다.

　이 작품에 대한 해석은 다양하지만 "모란이 진다."를 중심으로 이 시

---

[62] 박호영(1988), 앞의 글, p. 76.

에 담겨있는 '전체'로서의 우주적 의미를 중심으로 "단면의 전체화"의 양상을 살펴보자. 여기에서 "서역 만리길"은 깨달음의 도정으로 받아들일 수 있으며, 따라서 눈부신 노을 아래 모란이 지는 사실은 깨달음의 세계에 대한 담론으로 읽을 수 있다.[63] 노을과 지는 모란은 모두 소멸성의 이미지이며, 그것은 세계의 실상으로서의 空을 환기한다. 주지하다시피 공이란, 모든 존재는 연기에 의하여 생성된 것으로 실체라 할 수 있는 것이 없다는 뜻이다. 불교적 세계관에서 이러한 공은 우주의 실상이다. 그렇게 볼 때 이 시에서 지는 모란은 우주의 실상으로서 '공'을 함축하는 이미지로 이해할 수 있다. 우주의 한 단면인 "모란"이 우주의 전체의 실상으로서 '공'을 함축한다는 점에서 이 시는 단면의 전체화를 잘 구현한 것이다.

선적 미학으로서 "단면의 전체화"에 효과적으로 활용될 수 있는 수사학이 '제유'이다. 주지하다시피 제유란 부분으로 전체를 설명하는 수사학이다. 조지훈은 그의 시에서 제유를 즐겨 사용한다.[64] 가령, 앞에서 살펴본 「정야」의 "은행잎"이나 「낙화」의 지는 꽃의 이미지가 그 대표적인 예이다. "모란"과 함께 "은행잎", "낙화" 등은 우주의 부분이지만 커다란 우주의 실상을 환기한다는 점에서 제유의 일종으로 이해할 수 있다. 이처럼 조지훈은 다양한 시편에서 제유를 활용하여 단면의 전체화를 구현하고 있다.

이와 비슷한 예는 이성선의 시에서도 찾아볼 수 있다.

나뭇잎 하나가

아무 기척도 없이 어깨에

---
63) 홍신선(2004b), 앞의 책, p. 17.
64) 구모룡, 「서정시학과 제유의 수사학」, 『시와 사상』 20, 1999, 봄. ; 최승호(2002), 「제유적 세계인식과 서정적 대응방식」, 앞의 책.

톡 내려앉는다

내 몸에 우주가 손을 얹었다

너무 가볍다.
                                    － 이성선, 「미시령 노을」

 이성선의 대표작 중 하나로 알려진 이 시에서 핵심적인 이미지는 "나뭇잎"이다. 그것은 「고사1」의 "모란"과 마찬가지로 "노을"과 결합해 있다. 노을의 이미지와 결합된 떨어지는 나뭇잎의 이미지는 소멸의 속성이 강화된다. 그리하여 그것은 앞서 살펴본 "모란"과 마찬가지로 우주의 실상으로서 '공'을 함축하게 된다. 이처럼 제유는 단면을 통하여 우주 전체의 실상을 드러내게 된다. 김달진의 시에도 이러한 제유를 통한 단면의 전체화 양상이 두드러지게 나타난다.

숲 속의 샘물을 들여다본다
물 속에 하늘이 있고 흰구름이 떠가고 바람이 지나가고
조그마한 샘물은 바다같이 넓어진다.
나는 조그마한 샘물을 들여다보며
동그란 地球의 섬 우에 앉았다.
                                    － 김달진, 「샘물」

 화자는 샘물을 들여다보면서 "하늘", "구름", "바람" 등이 고스란히 담겨 있음을 발견한다. 그리하여 샘물은 바다처럼 넓게 느껴진다. 나아가 우주의 극히 작은 일부분인 샘물은 하나의 우주로 확장된다. 넓은 우주에 대한 인식은 역으로 자아를 왜소하게 인식하게 하고, "지구" 또한 작은 "섬"으로 축소시킨다.
 그렇게 볼 때 이 시에서 샘물은 다름 아닌 우주 전체의 표상이다. 김달진은 제유를 활용하여 샘물이라는 단면으로 전체로서의 우주를 형상화하고 있는 셈이다. 여기에서 제유로서의 샘물은 불교적 우주를 함축한다. 불교의 우주론에서 우주는 황하의 모래알 수만큼이나 많은 삼천대천세계로 이루어진다. 이는 우주의 무한성을 부각시킨 표현이다.[65] 그런데 이러한 불교의 우주론에서 우주는 무수히 많은 겹으로 이루어지는 특징이 있다.[66] 샘물은 그러한 겹으로 이루어진 우주에 대한 제유로 이해될 수 있을 것이다.

이처럼 제유는 한편으로는 자아를 축소시키지만, 다른 한편으로는 자아가 곧 거대한 우주와 동일한 것이나 혹은 우주의 법칙에 귀속되어 있음을 인식하게 한다. 즉, 제유는 개별적 실존을 긍정하면서 다른 한편으로는 그것이 거대한 우주와 유기적으로 연결되어 있음을 말해준다. 이와 같은 제유는, 근대를 넘어서려고 하지만 근대의 범주에 사로잡혀 있는 은유와 환유의 한계를 극복할 수 있는 탈근대적 전망을 가진 수사학이다. 따라서 조지훈의 선적 미학은 난국에 봉착한 근대를 넘어선 비전을 담고 있다는 점에서 일정한 의의를 지니는 것으로 볼 수 있다.

4. 선적 미학의 교육적 의미

조지훈이 제기한 선적 미학은 압축과 함축을 관건으로 하는 통합적인 경향의 미학이다. 이는 서정시의 본질에 매우 근사하지만 정신적 지향성의 면에서 불교-선적인 신비를 상정하고 있다는 점에서 그와 구분된다. 산문화와 해체화의 경향이 다분해진 현대시의 정황을 진단해 볼 때, 조

---

[65] 오형근, 『불교의 영혼과 윤회관』, 새터, 1995, pp. 157-169. ; 方立天, 『佛教哲學』, 유영희 역, 『불교철학개론』, 민족사, 1992, pp. 180-183. 참조.
[66] 가령, 일천 개의 수미세계가 모여 일소천세계를 이루고, 일천 개의 일소천세계가 모여 일중천세계를 이루고, 일천 개의 일중천세계가 모여 일대천세계를 이룬다.

지훈이 제기한 선적 미학은 서정시의 본래적인 미학을 상기하는 데에 기여할 수 있을 것이다.[67]

구태의연하고 단순하다는 선입관이 작용한 탓에 조지훈의 선적 미학은 크게 주목을 받지 못하였다. 반면, 모두에서도 언급한 바와 같이 1990년대 전후의 포스트모더니즘 논의와 결부되면서 선적 미학의 해체적 측면은 크게 부각되었다. 그리고 그것은 현대시의 난해성으로 연결되는 경향을 보여 왔다. 이형기는 현대시의 난해성을 세계적인 현상으로 파악한다. 그에 의하면 서구의 경우 "신은 죽었다"는 니체의 선언이 단적으로 증언하듯이 세계는 중심축을 상실해버렸다. 현대의 난해시는 신을 상실한 시대의 혼란을 부정, 격파하면서 새로운 세계를 창조하고자 하는 의지의 산물이다. 마찬가지로 선의 방법 또한 세계를 가변적인 것으로 보고 그것을 부정, 격파하면서 진리에 도달하고자 한다. 그러한 맥락에서 이형기는 난해성으로 치닫는 현대시가 모순어법을 매개로 선의 방법과 겹치게 되었다고 말한다. 그리하여 그는 "현대시와 선의 방법론의 공유는 우발적인 관계가 아니라 필연적인 관계"라고 결론짓는다.[68] 비슷한 입장에서 고명수는 선의 방법이 다다이즘, 초현실주의, 포스트모더니즘 등의 해체적 미학과 근접해 있다고 말한다.[69] 논지에 큰 차이가 놓여 있기는 하지만, 박찬두, 서덕주 등 많은 논자들이 근본적으로 선적 미학이 지닌 부정, 파괴, 해체의 성격에 주목해 왔다.

선적 미학의 해체적 성격이 부각되고 강화되면서, 그것은 매우 어려운 것, 이질적인 것으로 인식되기 시작하였다. 그런데 한국시의 전통에서 선적 미학은 불교적 미학을 대변한다 해도 과언이 아닐 만큼 그 비

---

[67] 김준오는 현대시의 선적 미학 추구가 서정시의 본래적 정신과 형식을 복원하는 데에 중요한 기능을 할 수 있다고 지적한 바 있다. 김준오, 「현대시와 선사상」, 『현대시의 환유성과 메타성』, 살림, 1997, pp. 13-15.
[68] 이형기, 앞의 논문.
[69] 고명수, 앞의 논문.

중이 크다. 따라서 선적 미학의 난해화와 이질화는 불교적 미학 전반에 관한 인식에도 크게 영향을 끼치게 되었다. 그러한 탓에 교육의 영역에서도 선적 미학이나 불교적 요소와 같은 것은 부정적인 인상을 심어주게 되었다.

우리는 전통적 미학의 알기 쉬운 부분들을 발굴하거나, 아니면 그것들을 알기 쉬운 미학으로 간추려낼 필요가 있다. 조지훈은 선의 어려운 미학을 자신의 시론에 쉽고 간명하게 녹여냈다. 그러한 의미에서 조지훈의 시론은 교육적 차원에서 매우 중요하다.

조지훈의 시론은 서구의 낭만주의 시론과 전통적인 동양사상을 결합한 일종의 유기체시론이므로 우리에게 그렇게 낯설게 느껴지지 않는다. 그리고 그 근간이 되는 선적 미학 또한 앞에서 살펴본 바와 같이 어렵거나 낯설지 않다. 오히려 평범하고 친숙한 것으로 느껴진다. 조지훈 시론의 선적 미학은 지나치게 단순한 것이라는 비판을 받을 수도 있지만, 다른 한편으로는 어렵고 낯선 것으로 고착화되고 있는 선적 미학을 쉽고 친숙한 언어로 교육하는 데에 큰 도움이 될 수 있을 것이다. 그러한 점에서 조지훈의 선적 미학은 문학교육의 차원에서 의미심장하다.

무엇보다도 압축과 함축, 간결미를 관건으로 하는 조지훈의 선적 미학은, 시가 지나치게 산문화되고 해체적인 미학이 기승을 부리는 상황에서, 학습자들에게 서정시의 본래적인 정신과 형식을 상기시키는 데에 유용하게 활용될 수 있을 것이다. 그리고 내용적인 면에 담겨있는 통합적인 세계관에 입각한 불교-선적인 사유와 상상은 자아와 세계를 대립적으로 규정하는 근대적인 세계관에 대한 수정의 모델을 제공하는 데에 유용할 것이다. 특히 그와 같은 사유와 상상은 21세기 문학의 화두로 급부상한 문학생태학적 담론과 결부되어 교육현장에서 매우 중요한 의미를 가질 수 있을 것이다.

5. 결론

  손창무와 갈조광에 의하며 중국의 전통적인 불교적 미학은 크게 민중적인 것과 사대부적인 것으로 나뉜다. 그에 의하면 전자는 민중불교적인 미학이며, 후자는 선적인 미학이다.[70] 한국 현대시사에서 전자의 미학을 구사한 대표적인 시인은 서정주이며, 후자의 영역에서 미학적인 성과를 거둔 대표 시인은 조지훈이다.

  한국 현대시사에서는 한용운이 선적 미학을 구사한 대표적인 시인으로 알려져 있는데, 한용운의 선적 미학은 갈조광이 말하는 사대부의 미학으로 선적 미학과는 약간 다르다. 갈조광은 선적 미학을 '자연스러움', '간결성', '함축미' 등의 세 가지로 규정한다. 이는 조지훈이 규정한 "복잡의 단순화", "평범의 비범화", "단면의 전체화"와 유사한 미학으로서 압축과 함축을 관건으로 하는 통합적인 미학이다. 여기에 해당하는 시를 구사한 시인으로는 조지훈 앞에 김달진이 있고, 뒤로는 이성선, 오세영 등이 있다.

  반면 한용운의 현대시는 압축과 함축이 큰 의미를 지니지 않는다. 주지하다시피 한용운의 시는 산문시의 형식에 가깝다. 한용운의 시는 주로 반상합도의 수사학으로서의 역설을 활용하여 부정과 격파의 방법을 추구하는 해체적인 미학이다. 물론 각 시인들의 시적 세계 사이에는 엄청난 차이가 놓여있는 것도 사실이지만 부정과 격파, 해체적인 미학을 현대적으로 계승한 시인들로는 김춘수, 황동규, 박제천, 고은, 황지우, 이성복, 최승호 등이 있다. 이러한 시인들의 해체적 미학은 현상 세계와 일상언어 체계의 부정과 파괴라는 점에서 다다이즘이나 쉬르리얼즘, 포스트모더니즘과 동일시되기도 한다.[71]

---

[70] 葛兆光, 앞의 책, pp. 210-305. ; 孫昌武, 우재호 역, 『중국불교문화』, 중문, 2001, pp. 365-366. 참조.

조지훈의 선적 미학은 전통 계승적인 면이 강한 반면, 해체적인 차원의 선적 미학은 선을 현대적으로 변용한 면이 강하다. 후자의 경우는 서정시의 본질적인 면에서 상당히 멀어지는 양상을 보여주었다. 조지훈은 그의 시론에서 과학과 기계문명의 확산, 사회구조의 변화 등으로 인하여 현대사회가 매우 복잡해졌고, 그와 보조를 맞추어 현대시 또한 모더니즘, 아방가르드, 초현실주의, 실존주의 등을 거치면서 복잡하고 난해해졌다고 말한다. 그는 그러한 현대시를 시의 본질과 어긋난 것으로 판단한다. 그리하여 그는 전통적인 선의 미학을 근대적 시론에 수용하면서 서정시의 본질 회복을 시도한 것으로 미루어 짐작해 볼 수 있다.

불교적 미학이나 선적 미학에 대한 논의는 비교적 꾸준히 이루어진 편이다. 그러나 그것들에 대한 미세한 접근은 활발하게 이루어지지 못했다. 불교적 미학이나 선적 미학의 다양한 유형에 대한 미시적인 천착은 미흡하다고 할 수 있다.

그러한 점을 고려하여 본고는 종교적인 의미의 선에 환원될 수 없는, 즉 중세적인 장르로서 선시라는 테두리에 갇힐 수 없는, 미적 자율성에 입각한 현대시의 선적 미학에 한 걸음 다가가고자 하였다. 그리하여 그에 관한 선구적인 견해를 담고 있는 조지훈의 시론을 대상으로 하여 선적 미학을 진단하였으며, 김달진, 조지훈, 이성선 등의 시편을 대상으로 그 구체적인 양상을 살펴보았다.

조지훈의 지론이 시선일여이므로, "복잡의 단순화", "평범의 비범화", "단면의 전체화"를 골격으로 하는 그의 선적 미학은 서정시의 본래적인 미학과 많은 부분 겹쳐진다. 그러나 조지훈의 선적 미학에는 불교-선적 신비에 대한 정신적 지향성이 확고하게 자리 잡고 있다는 점에서 변별된다. 그와 같은 조지훈의 '선적 미학'은 근대적 시론과 전통적인 '선의

---

71) 이형기, 앞의 논문, pp. 52-54. ; 박찬두, 앞의 논문, pp. 212-225. ; 송희복, 앞의 논문, pp. 306-312. 참조.

미학'을 절충시킨 것으로, 근대 시론의 관점에서 보아서도 크게 이질적이거나 낯설지 않다. 오히려 쉽고 친숙하다. 이러한 조지훈의 선적 미학은 자칫 어렵고 낯설게 느껴질 수 있는 전통적인 미학을 교육의 현장으로 끌어와 활용할 수 있는 하나의 가능성을 보여준다.

제Ⅲ부
기독교적 상상력과 미적 자율성

제1장

고독의 연금술과 통과의 상상력
- 김현승론 -

1. 서론

1) 연구사와 연구 목적

　김현승(1913-1975)은 1934년 『동아일보』에 양주동의 추천으로 등단하여 세상을 떠날 때까지 260여편의 시를 6권의 시집으로 남겼다.[1] 그는 성실한 시인이었지만 한편으로는 목사의 아들로 태어나 기독교적인 가풍 속에서 청교도적 교육을 받으며 자라난 기독교 신자이기도 하였다. 때로는 신앙에 회의하며 고독을 노래하고 시에서 구원을 모색하지만

---

1) 생전에 출판한 시집으로는 다음이 있다. 『김현승 시초』, 문학사상사, 1957. ; 『옹호자의 노래』, 선명문화사, 1963. ; 『견고한 고독』, 관동출판사, 1968. ; 『절대 고독』, 성문각, 1970. ; 『김현승 전집』, 관동출판사, 1974.
　유고시집으로는 다음이 있다. 『마지막 지상에서』, 창작과비평사, 1975.
　『김현승 전집』에는 이전에 간행된 시집의 시들을 거의 수록하였고, 단행본으로 출간되지 않은 초기시를 「새벽 교실」로, 어느 시집에도 수록되지 않은 해방 이후의 시들은 「날개」라는 제목으로 묶어 합본하였다. 여기에서 누락된 시들은 『마지막 지상에서』에 수록되었다. 최근 숭실대 도서관에서 새로 발굴된 작품들까지 포함하면 작품은 총 280여 편에 이른다.
　본고는 김현승이 급격한 심경의 변화를 겪고난 후에 쓴 『마지막 지상에서』의 1부 시편들은 이전의 시편들에 비해 긴장도가 떨어지고 관념화되며 상상력에 있어서도 큰 차이를 보인다는 점에서 논의에서 제외한다.

1973년 어느 봄날 고혈압으로 졸도하여 사경을 헤매다 깨어나면서 극적으로 확고한 신앙을 얻게 된다. 이듬해 어느 산문에서 시인은 '썩어질 그 문학 때문에 하마터면 영원한 생명의 믿음을 저버릴 뻔하였다'[2]고 적는다. 그리고 숭전대학 채플 시간에 기도 중 다시 고혈압으로 쓰러진 얼마 후 영면에 들 때까지 '마지막 지상에서'의 3년을 고스란히 신앙이 충만한 삶을 향유하며 보낸다.[3] 이러한 그의 삶은 '돌아온 탕자'에 비견할만한 한 편의 드라마이다.

이러한 전기적 사실과 작품의 표면을 장식하고 있는 기독교적 색채는 여러 연구자들을 매료하여 김현승 시에 관한 연구의 궤도를 종교적 형이상학이나 이념을 구명하는 방향으로 이끌었다. 그리하여 김현승 시에 관한 연구는 초기부터 시인이 기독교라는 특정한 세계관이 형성하는 척·인력의 자장 안에서 시작 활동을 전개하였다는 사실을 전제하고 작품에 나타나는 기독교 사상을 구명하는 데에 치우쳐 왔다. 그것은 원죄의식[4], 기독교적 감사와 박애의 사상[5], 종교적 초월의식과 청교도적 윤리관[6], 유일신관[7], 프로테스탄트의 자기각성 과정으로서의 방법적 고독[8] 등 작품에 내재된 종교적 감수성과 사상의 깊이를 드러내었다는 데에 의의가 있지만 김현승 시를 '기독교 시', 김현승을 '기독교 시인'이라는

---

[2] 김현승, 『孤獨과 詩』, 지식산업사, 1977, p. 140.
[3] 위의 책, pp. 137-141. ; 김현승, 「김현승 자술 연보」, 이운용 편, 『김현승』, 문학세계사, 1993, pp. 143-161.
[4] 장백일, 「원죄를 끌고 가는 고독」, 『현대문학』, 1969. 5.
[5] 신익호, 「김현승 시에 나타난 기독교 의식」, 숭실어문학회 편, 『다형 김현승 연구』, 보고사, 1996. (『기독교와 한국현대시』, 한남대출판부, 1988.)
[6] 권영진, 「김현승 시와 기독교적 상상력」, 숭실어문학회 편, 『다형 김현승 연구』, 보고사, 1996.
[7] 김희보, 「김현승 시와 기독교적인 실존」, 『한국문학과 기독교』, 현대사상사, 1979.
[8] 장백일, 앞의 글. ; 신익호, 앞의 글. ; 김현, 「김현승」, 김현·김윤식, 『한국문학사』, 민음사, 1994, p. 279. ; 범대순, 「시적 고독-김현승의 경우」, 『현대시학』, 1974. 12. ; 홍기삼, 「김현승론」, 『상황문학론』, 동화출판공사, 1975, pp. 45-66. ; 안수환, 「다형문학과 기독교」, 『시문학』, 1977, pp. 3-4.(『상황과 구원』, 시문학사, 1991, pp. 102-105.) ; 신익호, 「고독 속에 나타난 성서관과 무덤의식」, 『현대문학』, 1980. 2.

수사로 한정하여 해석의 범주를 기독교의 도그마에 가두어 놓았다.

이에 대한 반작용으로서 기독교 세계관과 사상을 전제하면서도 다른 정신사적 배경을 고려하여 정신사적 연구의 범주가 확대되기도 한다. 김우창9)은 시에 나타나는 투명하고 명징한 이미지에 주목하고 거기에서 정신적 가치가 상실된 시대에 대한 거부의 정신을 읽어낸다. 그리고 그것을 선비정신의 전통에 연결시켜 기독교에 국한된 선행연구에 반성적 계기를 제공한다. 김재홍10)은 김현승 시에 나타난 기독교적 상상력에서 만해 한용운의 시와도 공유될 수 있는 보편적인 종교적 관념과 상상력을 검출해낸다. 여기에서 한 걸음 더 나아가 조태일11)은 김현승 시의 특수정신을 기독교 정신으로, 기본정신을 인간중심주의로 구분하고 이 두 정신의 변증법적 긴장관계에서 김현승시의 정신적 변모가 이루어짐을 구명한다.

이상과 같은 정신사적 연구에서 크게 두 가지의 문제점을 도출해내어 볼 수 있다. 하나는 시적 주체의 기독교 신자로서의 신앙적 자의식에 무게를 두고 이념이나 형이상학 혹은 신성을 해석의 중심에 설정하여 작품의 자기 준거성과 '심미성(Ästhetizität)'12)을 간과하고 있다는 점이다. 이념과 형이상학이 절대적인 것으로 부상하는 순간 작품은 타락하여 수단화되어 버린다. 대부분의 정신사적 연구는 신성을 목적론적 원인자로 설정하여, 작품을 이념과 형이상학에 봉사하는 수단으로 전락시키면서, 작품의 자율성과 심미성을 희생시키고 있는 것이다. 다른 하나는, 선행연구에서 구명한 기독교 세계관이나 사상이 반드시 기독교적이라고만은 할 수 없다는 점이다. 거기에는 모든 인류에게 보편적인 원형의 층위로

---
9) 김우창, 「김현승의 시-세편의 소론」, 『지상의 척도』, 민음사, 1981.
10) 김재홍, 「다형 김현승, 가을정신 혹은 고독의 사상」, 『소설문학』, 1985. 11.(김재홍, 「다형 김현승」, 숭실어문학회 편, 『다형 김현승 연구』, 보고사, 1996.)
11) 조태일, 『김현승 시정신 연구』, 태학사, 1998.(「김현승 시정신 연구」, 경희대 박사논문, 1991.)
12) 최문규, 『탈현대성과 문학의 이해』, 민음사, 1996, pp. 49-83.

볼 수 있는 종교적 상상력과 기독교 전통에서 통용되는 상징의 층위에서 확인되는 기독교적 상상력, 개인적 기호와 개성에서 생성되는 개인적 상징 혹은 이미지의 층위에 형성되는 개인적 상상력이 뒤엉켜 역동적으로 작용하고 있다. 선행연구는 대체로 작품을 신앙적 자의식으로 매개되는 종교적 상상력과 기독교적 상상력이 형성하는 문학 외적 규범과 이념을 밝혀내는 데에 경주하여 김현승 시에 나타난 상상력의 개별적 측면을 간과하고 있다.

물론 이 두 가지가 선명하게 분리되는 사항은 아니지만, 첫 번째 문제는 문학 외적인 규범의 규제력으로부터 독립된 작품의 미적 자율성 내지는 심미성과 관련하여, 두 번째 문제는 세계관이나 상상력의 보편성과 개별성에 관하여 검토할 수 있다.

김현승 시에서 전자의 문제는 '고독'에 관한 논의에 집약되어 있다. 정신사적 차원의 연구는 한결같이 김현승 시에 나타난 '고독'을 종교적 구원과 신성에 접근하기 위한 방법론적 도구로 해석하여 기독교적 규범에 종속되는 것으로 보아왔다. 그러한 논의는 김현승 시에서 고독은 외형적으로 기독교에 대한 회의를 통해 신앙과 신으로부터 단절을 초래하는 것 같지만 그것 역시 구도적이며 신앙을 더욱 견고하게 굳히는 도구에 불과하다는 결론을 제시하였다.

이에 비해 오규원[13]과 김윤식[14]은 '고독'을 종교적인 범주에서 해방시켜 선행연구에 반성적 계기를 제공한다. 오규원은 고독을 기독교적 관념을 적극적으로 부정하기 위한 의지로 해석해내고, 김윤식은 기독교 원죄사상에 기반하고 있는 키에르케고르의 '단독자 사상'과 김현승 시의 고독을 비교하여 김현승 시에서 고독은 죄의 의미가 사상되어 있다는 점에서 기독교 전통의 고독과 분리됨을 밝혀내었다. 김윤식의 논리는 김

---

13) 오규원, 「비극적 종교의식과 고독-『김현승 시전집』」, 『문학과 지성』, 1974. 여름.
14) 김윤식, 「신앙과 고독의 분리문제-김현승론」, 『한국현대시론비판』, 일지사, 1996.

현승 시에서 고독이 기독교적 사유에서 발단되었다 하더라도 결정적으로 기독교적인 것일 수 없다는 점을 부각시킨 것으로 대부분의 후행연구에서 긍정적으로 계승되고 있다.[15] 이들의 논의는 김현승 시의 고독은 신성에 종속되지 않는 '고독을 위한 고독'이라는 동어반복적인 결론에 머물러 고독의 복합적인 면모를 드러내지 못하는 한계를 노정하고 있지만, 기존의 정신사적 연구에서 절대적인 위치를 장악하고 있는 신성의 규제로부터 고독을 떼어내어 그 자체의 독자적 논리의 윤곽을 그려내었다는 점에서 의의가 있다.

근래에 곽광수[16]는 김현승 시에 나타난 고독의 의미를 집중적으로 조명하여 시의 통시적인 변모 과정 속에서 고독의 발전적인 면모를 검출한다. 그는 김현승 시에서 고독의 변모과정을 시인의 기질에서 유래하는 고독(기질적 고독), 세계의 신적인 움직임에 대한 성찰 순간의 고독(성찰적 고독), 청교도적인 윤리의식에서 파생되는 고독(사회적 고독), 신 혹은 신성과의 단절감에서 비롯되는 고독(형이상학적 고독), 신마저 사라지게 되는 고독의 다섯 단계로 나누어 고찰하고 있다. 이는 고독을 신성이나 기독교적 이념의 범주에서 분리해내는 수준에서 나아가 김현승 시에서 고독이 차지하는 절대적인 위상을 드러내려는 의도를 담고 있는 것으로 시적 변모과정이 종교적 구원이나 신성을 회복해가는 도정의 알레고리가 아니라는 사실을 방증하고 있다.

오규원, 김윤식, 곽광수 등의 논지를 종합해보면 김현승 시의 고독은 종교적인 이념에 복무하는 수단적인 고독이 아니라 신성과 긴장관계를 이루며 독자적인 논리의 축을 형성하고 있는 요소라는 점을 알 수 있다. 즉, 이들의 논의에는 김현승 시에서 고독은, 가장 강력한 문학 외적 규

---

15) 원형갑, 「김현승 시인의 고독」, 『수필문학』, 1975. 6. pp. 19-24. ; 이운용, 「지상의 마지막 고독」, 『김현승』, 문학세계사, 1993, pp. 196-209.
16) 곽광수, 「김현승의 고독」, 숭실어문학회편, 『다형 김현승 연구』, 보고사, 1996.

제력인 신성이나 종교적 이념에 대항하여 작품의 자기 준거성이나 미학적인 자율성을 확보해주는 제일 인자라는 인식이 깔려 있다. 본고는 여기에 착안하여 김현승 시에 나타난 고독의 미학적인 위상을 검토하여 김현승 시가 신적인 이념을 밀어내며 미적인 것의 현존을 구축하는 양상을 구명할 것이다. 그러한 논의는 신적인 것의 형이상학을 고독의 형이상학으로 대치함으로써 작품을 또 다른 이념에 환원시킬 위험을 부담하고 있다. 작품의 미학적 성과는 이념이나 형이상학적 깊이보다는 형상성과 상상력의 구현에 의해 가늠되기 때문에 이념적 환원론의 위험을 제거하고 김현승 시의 종교성(religiosity)이 아닌 심미성을 구명하기 위해서는 상상력의 논리와 현상에 천착하여 고독의 심미적 형상화와 표출방식의 창조성을 밝히는 방식이 주가 되어야 할 것이다.

그것은 앞서 제시한 두 번째 문제, 세계관과 상상력의 보편성과 개별성의 문제에 관련되어 있다. 세계관과 상상력에 관한 선행연구는 대부분 작품에 나타난 공간적 구도와 이미지의 지향성 혹은 움직임에 주목하고 있다. 최하림[17]은 김현승 시에서 '신 - 인간과 시'로 구성된 수직적인 좌표를 찾아내고, 전자는 모든 의식의 지향점이며 후자는 전자와의 합일을 지향해나가는 '가존재'에 불과하다는 점을 지적한다. 그리하여 김현승 시에서 의식은 신을 향하여 수직적으로 투사되며, 인간적인 모든 관계를 끊고 신에게로 나아가려 한다고 결론을 내린다. 박이도[18]는 이를 발전시켜 김현승의 시적 여정은 기독교 전통에서 출발하여 시를 수단으로 신앙을 표현하며 수직적으로 지고의 위치에 있는 신을 지향하지만, 인간적인 차원에서 신과 수직적으로 정면대결하게 되고 여기에서 좌절하여 허무와 절망의 늪에 침전하게 됨을 지적한다. 곽광수[19]는 지상적인

---

17) 최하림, 「수직적인 세계」, 『창작과비평』, 1975. 여름.
18) 박이도, 「다형문학고-그의 시정신을 중심으로」, 숭전대 석사논문, 1977.
19) 곽광수, 「사라짐과 영원성-김현승의 시 세계」, 『가스통 바슐라르』, 민음사, 1995.(『김현승 - 한국현대시문학대계 17』, 지식산업사, 1982.)

것과 천상적인 것으로 구성된 공간적으로 수직적인 좌표를, 사라짐과 영원성으로 전환하여 이미지 현상학적 차원으로 논의의 폭을 확대한다. 그는 김현승 시에서 지상적인 것은 사라지는 것으로 천상적인 것은 영원성 혹은 신적인 것으로 구분하고, 이 두 극점을 중심으로 김현승 시의 상상력과 이미지 체계에 나타나는 '통일적인 흐름'을 밝힌다. 그에 의하면 김현승 시에 나타난 상상력의 체계에서 가장 중요한 현상은 '사라짐'이며, 지상적인 것의 사라짐을 통해 신적인 것을 생성·지향하게 된다. 즉, 통일적인 생성적 움직임은 사라짐에서 근원, 상승, 견고성, 공간적 무한으로 표상되는 신적인 것으로 이어지는 흐름이라는 것이다.

곽광수의 논의는 이미지에서 물질성을 포착하여 지상적인 것과 천상적인 것 사이의 생성적인 움직임을 포착한 것으로 작품에 나타난 이미지의 이항대립적 체계에 대한 인식을 깔고 있다. 임명섭[20], 김인섭[21] 등의 학위논문은 그러한 논의를 발전시켜 작품 전반에 나타난 이미지들을 이원적인 체계로 도식화하여 시정신의 지향성을 밝힌다. 임명섭은 김현승 시에 나타난 이미지를 덧없이 사라지는 것, 비본질적인 것, 지상적인 가치를 상징하는 것과 본질적이고 천상적인 가치를 상징하는 것으로 구분하여 후자를 지향하는 의식을 시정신으로 규정한다. 이에 비해 김인섭은 이미지의 일방향적인 지향성에 주목한 이원체계론을 극복하고, '어둠'과 '밝음'의 주요상징으로 구성된 이미지의 이원적 체계와 제3항으로서 통합적 상징을 찾아내어 이미지의 이원적 체계가 통합적 상징에 수렴·종합됨을 밝힌다. 그의 논의에서 통합적 상징은 시인의 초월의식을 나타내며, 그 초월의식이 지향하는 것은 종교적 경지로서 영원한 혹은 신성한 세계이다.

---

20) 임명섭, 「김현승 시의 의미구조 해석」, 고려대 석사논문, 1988.
21) 김인섭, 「김현승 시의 상징체계 연구-'밝음'과 '어둠'의 원형상징을 중심으로」, 숭실대 박사논문, 1994.

이상과 같이 세계관이나 상상력에 관해 논급하고 있는 선행연구들은 김현승 시에서 신과 인간, 천상적인 것과 지상적인 것으로 구성된 이원적이고 수직적인 공간구도와 신적인 것 혹은 천상적인 것을 지향하는 이미지의 움직임을 지적하고 있다. 그것은 김현승 시에 나타난 성속의 이원적인 세계관과 신성을 향한 이미지의 전이성(trasitionality)을 포착해 낸 것으로 성과 속의 이원적 우주 체계에서 속의 영역에 존재하는 인간이 신성을 지향하는 보편적인 종교적 상상력을 드러내어 김현승 시에 나타난 상상력의 종교적 보편성을 구명했다는 점에서는 의미가 있지만 심미성과 개별성, 창조성을 간과하고 있다. 거기에는, 김현승이 기독교 신자라는 텍스트 외적 사실이 연구자의 주관에 깊이 침투하여 시 해석의 방향을 시적 주체의 신앙적 자의식의 논리로 이끌고 있다는 혐의가 짙게 내포되어 있다. 본고는 가능한 텍스트 외적 조건들을 배제하고 텍스트 내적 존재로서의 시적 주체의 신앙인으로서의 신앙적 자의식과 시인으로서의 심미적 자의식의 논리를 추적하며 그것으로 매개되는 상상력의 역동적인 전개양상을 살펴보고자 한다. 김현승 시에서 신앙적 자의식으로 매개되는 종교적 상상력의 보편적인 발현양상은 선행연구에서 어느 정도 드러났으므로 이를 기반으로 본고는 김현승 시에 나타난 보편적인 차원의 전이적 상상력을 체계적으로 재검토하고 보편적인 차원의 상상력이 개별적이고 창조적인 차원으로 분화되는 양상을 고찰하게 될 것이다.

지금까지 연구사 검토와 문제 제기 과정에서 본고가 제시한 연구 목표는 크게 두 가지로 정리된다. 하나는 문학 외적 규범과 이념의 타자로서 고독의 미학적 의미와 위상을 구명하는 것이고, 다른 하나는 상상력의 개별적이고 창조적인 분화양상을 밝히는 것이다. 이 두 가지는 김현승 시의 종교성에 주목하여온 대다수의 선행연구와 달리 김현승 시의 시적임과 심미성을 구명하려는 의도를 담고 있는 것으로 별도의 문제가 아니다. 양자를 유기적으로 교섭하여 신적인 것의 절대타자로서 고독을 향한 상상력의 지향성 혹은 전이성이 형상화되는 방식을 살펴봄으로써 김현승 시의 미학적인 위상을 드러낼 수 있을 것이다. 이에 본고는 방법론적 차원에서, 선행연구자들이 개념규정 없이 무차별적으로 사용하여온 고독의 복합적인 의미와 양상을 이론적으로 체계화하고, 신성을 중심으로 정향된 상상력의 보편성과 시적 기능으로서의 상상력의 개별적 분화 층위를 구분하고 구체적인 작품 분석에 접근하여 김현승 시가 종교적일 뿐만 아니라 시적이고 심미적이게 하여주는 상상력의 논리를 구명하고자 한다.

본고는 방법론을 연구의 항구적인 대전제로 인증하여 작품을 환원론적으로 영토화하지 않기 위하여 개별 작품에서 시어와 이미지를 분석적으로 추적하여 작품의 개별성을 고려하면서 작품들이 공유하는 상상력의 논리를 추려내어 김현승 시가 어떠한 하나의 시적 세계를 형성하고 있는가를 검토할 것이다. 그러한 과정에서 김현승 시가 문학 외적인 이념의 규제력에 환원되지 않고 시적이고 심미적이게 하여주는 미학적 원인들이 드러나고, 개별 작품의 개별성과 통시적인 변모에도 불구하고 김현승 시를 유일한 비전이게 하여 주는 일관된 상상력의 논리가 밝혀질 것이다.

2) 연구의 이론적 근거

(1) 고독의 의미와 양상

시의 유일한 주제가 '고독(loneliness)'[22]이라 할 수 있을 만큼 많은 시

---

[22] 고독은 의식 속에 의미(meaning)와 감정(feeling)의 차원으로 존재한다. 의미의 차원에서 고독의 본질은 아직 관계맺지 못한 에고를 찾아내고(locate), 통합하고(unify), 연결(connect)하거나 다른 에고들(애완동물과 같은 동물의 에고까지 포함)이나 대상(취미나 오락)과의 관계로 자신

가 직·간접적으로 고독을 드러낸다.23) 고독은 개체로서 모든 인간이 견디어야하는 존재론적 정황이라는 점에서 중요한 문제이기 때문이다. 프롬은 사회심리학적으로 그리고 물리적으로 고독할 수밖에 없는 인간의 정황을 보여준다. 그에 의하면 인류의 역사는 자연으로부터, 그 다음은 종교로부터, 그리고 절대주의 국가의 지배로부터 인간을 혹은 개인을 분리하는 과정을 거쳐 왔다.24) 계통발생학적 차원의 개체화 과정은 개인적 차원에서도 진행된다. 개인은 처음에는 생물학적으로 자궁에서 분리되고, 다음에는 스스로를 세계와 구분되는 존재로 인식하게 되고, 그리고 나서 부모와도 분리된 자신의 개체성을 인식하게 된다. 이러한 개체화 과정을 통해 자유가 증대되고 그와 함께 고독도 증가한다. 인간은 자유를 위해 스스로를 외부세계로부터 분리시켜 나가면서 고독에 당면하게 되는 것이다. 프롬의 사회심리학에 따르면 개체로서의 인간은 본질적으로 고독한 것이다.25)

미주스코빅26)은 데카르트와 라이프니츠 등의 의식이론에서 인간은 형

을 묶고자 하는 강력한 동경으로 구성된다. 감정의 차원에서, 고독은 느끼는 사람마다 다를 수 있기 때문에 정의하기 어렵다. 고독은 감정의 차원뿐 아니라 다양한 인자들과 결부된 복합적 현상이기 때문에 학문적으로 가장 개념화가 덜 된 분야이다.

B. L. Mijuskovic, *Loneliness in Philosophy, Psychology, and Literature*, Assen, The Netherlands : Van Gorcum & Cop., 1979, p. 15. ; J. Hartog, "Introduction - The Anatomization", ed. J. Hartog, J. R. Audy & Y. A. Cohen, *The Anatomy of Loneliness*, New York : International Universities Press, 1981, p. 1. (*The Anatomy of Loneliness*는 이하에서 *Anatomy*로 略) ; F. Fromm-Reichmann, "Loneliness", *Anatomy*, p. 339.

loneliness는 anloness, forlornness, lonliness, solitude, estrangement, isolation, alienation 등을 포괄하여 광범위하게 쓰이는 말이다. 본고에서 '고독'이라는 말은 우리말에서 홀로 있음, 쓸쓸함, 외로움, 고독, 고립(감), 소외(감), 단절(감) 등을 포괄하는 개념이다. 이러한 개념들은 감정의 상태를 표현하는 것으로 개인에 따라 같은 개념을 다른 상황에 적용시킬 수 있으므로 엄밀히 구분될 수 없다.

F. Fromm-Reichmann, "Loneliness", *Anatomy*, p. 339. ; B. L. Mijuskovic, *op. cit.*, pp. 49-56.

23) T. Parkinson, "Loneliness of the Poet", *Anatomy*, p. 485. ; T. Parkinson, "The Art of Loneliness", *The Ohio Review*, Spring, 1977, p. 18.(B. L. Mijuskovic, *op. cit.*, p. 95.)
24) E. Fromm, Escape from Freedom, 이규호 역, 『자유로부터의 도피·건전한 사회』, 삼성출판사, 1985, p. 45. 및 p. 65.
25) *Ibid.*, pp. 60-65.
26) B. L. Mijuskovic, *op. cit.*, pp. 15-21.

이상학적으로 절대적으로 고독함을 이끌어낸다. 데카르트 전통의 이론에서 마음은 하나의 실체이고, 영혼이고 '나'이다. 그것은 존재하기 위해서 아무런 장소도 필요로 하지 않고, 어떠한 물질적인 사물에도 얽매이어 있지 않은 실체이다. 비물질로 이루어진 마음과 달리 물질로 된 외적 세계와 타자의 마음은 의식에 의해서만 추론되고 확인될 수 있는 비실체적인 것이다. 자아에 대한 확신을 가능하게 하여주는 의식 및 마음과 외적 세계 사이에는 균열이 생겨 있는 것이다. 물질세계에 둘러싸여 있는 유일한 비물질로서 마음은 육체를 비롯한 외면세계와 철저하게 단절된 단자(monad)의 상태에 놓여있다. 그리하여 단자로서의 인간은 고독하다. 단자는 비물질로서 텅비어 있는 '실존적인 무'(existential nothingness)이기 때문에 고독은 언제나 공허감(emptiness)과 함께 나타난다. 공허감과 뒤섞인 고독은 모든 인간에게 침투해 있는 현상이다.

프롬과 미주스코빅이 모든 인간에게 해당하는 보편적인 고독을 논증하고 있다면, 고테스키와 사들러, 존슨은 고독을 차별화하여 유형화를 시도한다. 고테스키[27)]는 다른 학자들이 포괄적으로 고독(loneliness-광의)이라고 하고 있는 개념을 육체적으로 홀로 있음(physical aloneness), 외로움(loneliness-협의), 고립(감)(isolation), 고독(solitude-협의)의 네 가지 유형으로 분류한다. 육체적으로 홀로 있음은 고통스럽거나 즐겁거나 상관없이 혼자 있는 상태이다. 외로움은 타자나, 어떠한 행위, 이해 등에서 배제되었을 때 나타나는 마음의 상태이다. 고립감은 마음의 상태가 아니라, 실제적으로 고립된 상황을 합리적으로 인식하는 것이다. 마지막으로 고독이 긍정적인 가치가 있고 자발적으로 추구되는 경우이다. 그것은 철학적 성찰이나 종교적 경험을 통해 확보되는 평정(serenity)이나 은총감(blessedness)이다.

사들러와 존슨[28)]은 고독을 우주적 차원(cosmic dimension), 문화적 차

---

27) Gotesky, "Aloneness, Loneliness, Isolation, Solitude", ed. J. Edie, *An Invitation to Phenomenology - Studies in th Philosophy of Experience*, Quadrangle Books, 1965. ; B. L. Mijuskovic, *op. cit.*, pp. 50-56.

원(cultural dimension), 사회적 차원(social dimension), 대인관계의 차원(interpersonal dimension)으로 구분한다. 우주적 차원의 고독은 개인이 우주 혹은 자연으로 언급될 수 있는 전체로서 지각되는 실재와 자아와의 관련성 및 신이나 절대자와 자신의 자아와의 관련성이 붕괴 내지는 약화되는 경험을 자각함으로써 느끼게 되는 심리적 반응이다. 문화적 차원의 고독은 이민자나 이주자들이 겪게 되는 문화적 괴리감, 급격한 사회 변화에서 야기되는 전통과 자아의 단절감에서 비롯된다. 사회적 차원의 고독은 소속되기를 원하는 집단으로부터 소외되었을 때 나타나는 고독이다. 대인관계 차원의 고독은 중요한 대인관계가 단절되거나 약화되는 위협을 받고 있다는 사실의 자기각성으로 볼 수 있다.

어떠한 유형이든 고독은 단절(disconnectedness)과 동경(longing)이라는 상호 유기적으로 엮인 두 가지 조건과 결부된다.[29] 단절은 물리적이나 정신적으로 홀로 있는 개체적 인간의 상태이며, 동경은 단절된 대상과 관계를 형성하고자 하는 욕구이다. 단절과 동경의 대상은 의식적인 것일 수도 있고 무의식적인 것일 수도 있다. 즉, 어떤 특정한 사람이나 단체, 사물, 과거의 기억, 장소 등은 물론 내면의 완벽한 상태, 본래적 자아도 동경의 대상이 된다.[30] 단절과 동경으로 구성되는 고독은 보편적인 것이지만 개별 인간의 성격과 상황에 따라 정도와 차원이 다르게 나타난다.

'상처받기 쉬운(vulnerable)' 성격의 소유자들은 세계로부터 움츠러들어 단절된 상태를 형성한다.[31] 관계가 단절된 사람은 의지할 대상이 없기에 더욱 상처받기 쉽게 되어 의지할 대상이나 관계를 동경하지만 상처받는 것이 두려워 쉽게 관계를 형성하지는 못한다. '여림(vulnerability)'과 고독의 악순환은 절망과 불안을 생성한다. 절망과 불안으로부터 그를 보호

---

28) W. A. Sadler, Jr. & T. B. Johnson, Jr, "From Loneliness to Anomia", *Anatomy*, pp. 42-58.
29) J. Hartog, *op. cit.*, pp. 2-3.
30) M. Klein, "On the Sense of Loneliness", *Anatomy*, pp. 362-363.
31) J. Henry, "Loneliness and Vulnerability", *Anatomy*, pp. 95-97.

하는 요소가 '희망'이다.32)

신앙은 불안과 절망을 방어하여 희망을 제공해준다. 종교적 상상력의 차원에서 고독은 부정적인 경우와 긍정적인 경우가 있다. 신과의 '깨어진 관계'로 인하여 '벗어난(gone astray)' 존재로서의 자아 인식은 부정적인 고독을 생성한다.33) 그것은 죄와 죽음으로 한계 지워진 '벗어남'의 정황에서 신성으로 '돌아간다(return)'34)는 희망으로 극복된다. 종교적 차원에서 세속적인 세계는 '벗어난' 죄의 영역이므로 '돌아감'은 세계로부터 스스로를 격리하는 긍정적인 고독을 요구한다.35) 그것은 궁극적인 존재와 독대할 수 있는 순간을 마련하고, 그 순간 속에서 신성한 공동체를 경험하게 해준다.36)

절망과 불안으로 이끄는 고독은 '파괴적 고독'이고 희망을 통해 자발적으로 참여하게되는 고독은 '건설적 고독'37)이다. 건설적 고독의 다른 예는 '시인의 고독'38)이다. 시인은 세계로부터 물러나 시적인 사유와 상상을 할 수 있는 고독한 순간을 마련한다. 시인은 '시적 과정(poetic process)에 연료를 제공하는' 고독한 순간에 침잠하여 일상적 세계에 대

---

32) 관계 회복에 대한 희망이 없이 절망과 불안만이 있다면 삶은 무의미해지고 죽음만이 정당하게 된다. 절망과 불안이 파고들어오는 고독은 죽음에 이르는 병으로서 '파괴적인 고독'이라 할 수 있다.
   Ibid., p.110. ; F. Fromm-Reichmann, *op. cit.*, p. 358.
33) 새들러와 존슨은 분류에서 신과의 깨어진 관계(broken relationship)로 인한 고독은 우주적 차원의 고독에 속한다. W. A. Sadler, Jr. & T. B. Johnson, Jr., "From Loneliness to Anomia", *Anatomy*, p. 45.
   '벗어남'은 '무(nothingness)'로서 죄의 차원이며, 고독 혹은 소외감을 생성한다.
   P. Ricoeur, *The Symbolism of Evil, trans.* E. Buchanan, Boston : Beacon Press, 1969, pp. 73-74.(양명수 역, 『악의 상징』, 문학과지성사, 1994, pp. 81-83.)
34) *Ibid.*, pp. 77-81.(양명수 역, pp. 85-86.)
35) 키에르케고르, 부버, 틸리히 등의 고독이 이에 해당한다. S. Kierkegaard, "Der Einzelne", 표재명 역, 「단독자」, 『세계사상대전집』제29권, 대양서적, 1981, pp. 235-254. ; M. Buber, "Die Frage an den Einzelnen", 표재명 역, 「단독자에 대한 물음」, 위의 책, pp. 261-308.
36) W. A. Sadler, Jr. & T. B. Johnson, Jr., *op. cit.*, p. 45. ; P. Tillich, "Loneliness and Solitude", *Anatomy*, pp. 550-553.
37) F. Fromm-Reichmann, *op. cit.*, p. 340.
38) T. Parkinson, "Loneliness of the Poet", *Anatomy*, pp. 467-485.

한 타자로서 자신만의 '유일한 비전'인 시세계를 생산한다. 시인은 시를 통해 독자들을 확장된 세계로 이끌고, 그를 통해 소통과 관계를 도모한다. 그리하여 시인의 고독에는 소통과 관계를 형성하는 창조에 대한 예견과 기대가 희망으로 자리 잡고 있다.

고독은 인간이 미처 깨닫기도 전에 벌써 싸우며 견디고 있는 숙명적인 정황이다. 많은 시들은 이러한 고독을 노래한다. 한국 시사를 더듬어 보면 멀리는 「黃鳥歌」에서 "念我之獨"(이내 고독을 생각하네)은 이별(단절)과 동경으로 이루어진 고독을 보여준다. 「가시리」와 「동동」에도 이와 유사한 고독이 나타난다. 김소월의 「진달래꽃」에는 헤어짐(단절)에 대한 예감에서 야기되는 슬픔 깊숙한 곳에 고독이 담겨있다. 한용운의 시편들 구석구석에는 님과의 단절, 동경이 생성하는 고독과 죽음에 대한 예견에서 비롯되는 고독이 배어있다. 백석 시에는 고향을 벗어나 유랑하는 자의 고독이 깃들어 있다. 가까이 김춘수의 시에는 '시적인 사유와 몽상을 가능하게 해주는'[39] 고독이 배어 있다.

어느 시인이나 직·간접적으로 고독을 노래하지만, 김현승만큼 철저하게 고독의 심층을 파헤쳐 보여주는 경우는 드물다. 지금까지 김현승 시에 나타난 고독에 관한 연구는 크게 기독교적인 고독, 반기독교적인 고독의 두 범주에서 논의되었다. 그러한 연구는 개별 작품에 나타난 고독의 차별성과 복합적인 인자를 간과하였다. 본고는 김현승 시에 나타난 상상력과 이미지 분석을 통해 개별 작품에 나타난 고독의 다양한 양상을 고찰하고 복합적인 인자와 미학적 의미를 구명한다.

(2) 통과제의적 상상력과 연금술적 상상력

철학의 영역에서 출발한 상상력에 관한 연구는 문학적 반성의 범주에서도 꾸준히 이루어져왔다. 상상력에 관한 다양한 논의에서 일치를 보이

---

[39] 신범순, 『한국현대시의 퇴폐와 작은 주체』, 신구문화사, 1998, p. 229.

는 견해는, 상상력은 다양한 요소들을 종합하는 기능이라는 점이다. 상상력은 무질서한 상태에 있는 감각들을 고유의 법칙을 통해 종합한다. 그것은 대상을 모방하거나 파악하는 데에 멈추지 않고 통합된 질서 속에 대상을 형성한다.[40] 다시 말해 상상력은 감각을 종합하여 이미지를 생성하고 그 이미지에 질서를 부여하여 하나의 세계를 형성하는 기능이다. 상상력에는 모든 인류가 공감할 수 있는 보편적인 측면과 독창적, 개성적인 측면이 있다.

코울리지는 보편적인 차원의 상상력을 '일차적 상상력(primary imagination)', 독창적인 차원의 상상력을 '이차적 상상력(secondary imagination)'으로 구분한다.[41] 일차적 상상력은 인류의 공통적인 기억이라 할 수 있는 집단무의식적 요소에서 활성화(activation)[42]되는 신화-종교적 상상력의 차원으로 시공간을 초월하여 보편성을 갖는다. 신화-종교적 상상력은 신성(deity)을 목적의미(Zwecksinn)로 담고있는 원형적 이미지로 활성화된다. 일차적 상상력이 보편적인 것은 모든 인류가 원형을 공유하고 있기 때문이다. 일차적 상상력은 원형적 이미지를 통해 문학작품에 반복적으로 나타나지만 그것만을 시적 기능(poetic faculty)으로 볼 수는 없다. 그것은 시

---

40) 오세영, 『문학연구방법론』, 시와시학사, 1993, pp. 341-359.
41) 일반적으로 primary imagination은 '제일상상력'으로 secondary imagination은 '제이상상력'으로 번역되지만 secondary imagination은 primary imagination의 반향(echo)이고 재창조하는(recreate) 것이라 점에서 순차적인 면이 있으므로 본고는 양자를 각각 일차적 상상력, 이차적 상상력으로 번역한다. 이 두 차원의 상상력에 관한 콜리지의 논의는 I. A. 리차즈, W. H. 오든, 위녹, 송욱, 오세영 등에 의해 개진되고 있다. 본고에서는 이들의 논의를 종합적으로 수용한다.
S. T. Coleridge, ed. J. Shawcross, *Biographia Literaria volume 1*, London : Oxford University Press, 1958, p. 202. ; I. A. Richards, *Coleridge on Imagination*, Bloomington : Indiana University Press, 1965, pp. 57-59. ; M. Warnock, *Imagination*, Berkeley & Los Angeles : University of California Press, 1978. pp. 91-92. ; 송욱, 『시학평전』, 일조각, 1983, pp. 54-89. ; 오세영, 『문학연구방법론』, 시와시학사, 1993, pp. 345-346. 및 pp. 357-359.
42) 본고에서 "활성화"의 개념은 활동적 상상력의 작용을 의미한다. 그것은 무의식적인 요소(raw materials of unconsciousness)를 의식의 차원으로 끌어 올려 이미지화(imagination)하는 작용이다. 일차적 상상력은 집단무의식의 요소를 활성화하는 것이므로 보편적이다.
J. Chodorow, *Encountering Jung - On Active Imagination*, Princeton : Princeton University Press, 1997, pp. 1-20.

만의 속성이 아니라 신화와 종교, 문화의 영역에서도 보편적으로 나타나는 상상력이기 때문이다.

시적 기능을 가능하게 하는 것은 이차적 상상력이다. 코울리지와 그의 논의를 계승한 이론가들은 대체로 이차적 상상력은 일차적 상상력의 반향(echo)이고 재창조(recreation)이며, 작품의 특수성과 미의식, 심미성에 관련된다고 보고 있다. 일차적 상상력은 신성을 목적의미로 하는 무의식적 요소에서 원형적 이미지로 활성화되기 때문에 목적론적으로 정향되어(teleologically oriented)[43]있지만, 이차적 상상력은 무의식적 요소와 결별하여 상상 주체의 의지를 통해 이미지들을 탈성화(desacralization)한다. 그리하여 신적인 활동(devine activity)의 범주에서 벗어나 자율성을 얻는다. 일차적 상상력이 보편적인 무의식적 요소에 의해 제한되어 있다면, 이차적 상상력은 탈목적화(deteleolization)와 탈성화를 통해 새로운 의미를 생성하며 자유롭게 전개된다. 이러한 상상력의 층위 구분은 방법론적 편의를 위해 고안된 것으로 문학 작품 속에서 상상력은 유기적으로 엮이어 이미지를 생성하고 구성하여 작품 세계를 형성한다. 본고는 상상력의 유기적 성격을 염두에 두고 반성의 대상으로서 일차적 상상력의 층위를 개념화하고 이를 기반으로 하여 이차적 분화양상에 접근하고자 한다.

일차적 상상력은 무의식과 관련된 신화적-종교적 상상력에 해당한다. 신화적-종교적 상상력의 가장 보편적인 형태는 통과제의(rite of passage, initiation)에 담겨져 체현된다.[44] 통과제의는 신화적-종교적 상상력의 전

---

[43] 목적론(teleology)은 인간의 행위뿐만 아니라 역사적 현상이나 자연현상을 포함한 세계의 만상이 목적에 의하여 규정되고 지배된다고 보는 철학적 종교적 사유방식이다. 이러한 사유방식에서 세계는 목적에 수렴해 나간다. 김현승 시에서 신앙적 자의식에 기반하고 있는 일차적 상상력의 목적은 신성이다.
　J. Hirschberger, *Geschichte der Philosophie-volume 1*, 강성위 역,『서양철학사-고대와 중세』上, 이문출판사, 1987, pp. 574-579. ; volume 2, pp. 508-511.
[44] M. Eliade, *The Sacred and the Profane, The Nature of Religion*, 이동하 역,『성과속-종교의 본질』,

형으로서 통과제의적 상상력의 발현으로 구성되는 하나의 세계이다. 통과제의적 상상력은 통과제의의 구조와 거기에 배태된 신화, 신화적 이미지와 관념으로 표출된다. 그러므로 통과제의적 상상력은 통과제의에 대한 반성적 접근을 통해 사유될 수 있다. 통과제의의 구조는 반 게넵에 의해 최초로 논의되었다. 반 게넵[45])에 의하면 모든 제의는 통과제의적이라 할 수 있는데 그 구조는 분리(separation), 전이(transition), 통합(incorporation) 혹은 전경계 의례(preliminal rites), 경계 의례(liminal rites), 후경계 의례(postliminal rites)의 순서로 이루어진다. 캠벨[46])은 이를 영웅신화에 적용하여 영웅이 치르는 '모험의 표준궤도는 통과제의에 나타난 약식 곧 분리 - 입문 - 회귀의 확대판'이라고 보고, 영웅신화에 나타난 통과제의적 구조, 모티프, 이미지, 그리고 신화-종교적 관념을 밝힌다. 이들이 구조주의적 관점에서 통과제의적 상상력의 골격을 그려내고 있다면 엘리아데는 통과제의적 상상력의 종교현상학적 의미들을 드러내어 보여준다.

엘리아데[47])는 통과제의적 상상력의 모형(matrix)적 관념을 '죽음과 재생' 혹은 '탄생과 재탄생'으로 본다. 통과제의의 과정은 낡은 인간은 죽어 새로운 혹은 신성한 인간으로 재탄생하는 존재론적 변용(ontological transfiguration)으로 상상된다. '죽음과 재생'을 통한 신적인 존재에로의 지향성은 모든 인간에게 보편적인 무의식적 에너지이다. 그리하여 융학파와 그에 영향을 받은 엘리아데는 무의식은 종교적이라고 말한다. 고대에는 통과제의를 통해 몸짓으로 무의식적 에너지의 지향성이 활성화되었지만, 제의가 본질적인 기능을 상실한 현대에는 문학 작품 속에 상상력으로 활성화된다. 통과제의적 상상력은 무의식의 깊은 지층에 은폐되

학민사, 1992, p. 140.
45) A. van Gennep, *Les rites de passage*(1908), 전경수 역, 『통과의례』, 을유문화사, 1992, pp. 40-41.
46) J. Campbell, *The Hero with a Thousand Faces*, 이윤기 역, 『세계의 영웅신화』, 대원사, 1996, p. 34.
47) M. Eliade, *Rites and Symbols of Initiation-The Mysteries of Birth and Rebirth*, trans. W. R. Trask, Woodstock : Spring publications, 1995, pp. 124-128. ; M. Eliade, *Symbolism, the Sacred, and the Art*, 박규태 역, 『상징, 신성, 예술』, 서광사, 1991, p. 300.

어 문학 작품을 통해 반복적으로 표출된다. 비에른느[48]는 엘리아데의 논의를 계승하여 본질 자체가 통과제의적이라 할 수 있는 작품군이 존재함을 구명한다. 그는 통과제의의 전이적 과정을 '준비 - 피안으로의 여행 - 새로운 탄생'으로 구조화하고, 이를 문학작품에 적용하여 '통과제의 비평'이라는 비평양식의 가능성을 보여준다.

이상의 논의를 종합해 보면 통과제의적 상상력은 일상적인 지속에서 벗어나 경계적 상태(liminal state)를 통과하는 전이적 과정으로 이루어진다. 경계적 상태는 이도 저도 아닌(betwixt and between) 애매한 상태로서[49] 여기에서 주체는 '다름'을 체험하게 된다. 일차적인 상상력의 차원에서 이 '다름'은 신성의 체험이고 신성의 체험을 통과한 주체는 존재론적으로 승격된 자아의 상태로 일상에 복귀한다.

신화적-종교적 상상력으로서 통과제의적 상상력은 외적 투사(projection)의 측면이 강하다. 즉, 무의식적 에너지의 지향성을 외적 대상에 투사하여 대상을 통과제의적 상상력의 체계에 통합시키는 것이다. 외적 투사의 차원에서 통과제의적 상상력의 변형태(variety)의 예로 종말론적 상상력[50]과 순례적 상상력[51]이 있다. 종말론적 상상력은 자연 혹은 우주의 변화를 신성한 세계를 향한 통과의 과정으로 상상하는 것이며, 순례적 상상력은 인간의 삶을 신성을 향한 통과의 과정으로 상상하는 것이다. 이러한 통과제의적 상상력에서 우주와 삶은 통과와 변용의 전이적 과정

---

48) S. Vierne, *Rite, Roman, Initiation*, 이재실 역, 『통과제의와 문학』, 문학동네, 1996.
49) V. Turner, *Ritual process : Structure and Anti-sturucture*, London : Routledge & Kegan Paul, 1969, pp. 94-130.
50) P. Ricoeur, *op. cit.*, pp. 260-278.(양명수 역, pp. 244-261) ; F. Kermode, *The Sense of an Ending : Studies in the Theory of Fiction*, 조초희, 『종말의식과 인간적 시간』, 문학과지성사, 1993, pp. 15-45.
51) "Traces of the passage quality of the religious life remain in such formulations as : "The Christian is a stranger to the world , a pilgrim, a traveler, with no place to rest his head." Transition has here become a permanent condition." V. Turner, *op. cit.*, p. 107.
V. Turner & E. Turner, "Pilgrimage As a Liminoid Phenomenon", *Image and Pilgrimage in Christian Culture*, New York : Columnia University Press, 1978, pp. 1-39.

이 된다.

이에 비해 연금술적 상상력은 내적 투사(introprojection) 혹은 동화(assimilation)의 측면이 강한 일차적 상상력으로서 신화적-종교적 상상력이다. 학문적 개념으로 연금술이란 단순히 금을 생산하는 기술이 아니라 신성을 지향하는 무의식적 지향성을 광물에 외적으로 투사하는 기술이지만, 상상력의 차원에서 광물들은 상상 주체의 내부로 인도되어 의식상태와 동일화된다. 연금술적 상상력은 상상 주체의 의지가 무의식적 지향성을 의식의 층위로 활성화시켜 광물의 변형과 변성의 과정으로 상상하는 것이다. 즉, 연금술에서 '연금술적 도가니(alchemical furnace)'는 하나의 소우주로서 연금술적 상상력의 세계, 의식 주체의 마음이다.

융과 융학파[52]는 연금술적 상상력과 통과제의적 상상력을 동일하게 무의식적 지향성이 활성화된 개성화 과정(individuation process)의 표상으로 해석하고 있다. 프로이트의 학설이 정신현상의 원인을 밝히는데 경사되어 있다면 융의 학설은 목적의미를 구명하는 태도를 취하고 있다. 즉 프로이트가 인과론적 태도를 취하고 있다면, 융은 목적론적 입장에 서있는 것이다. 융학파의 학설에서 정신현상의 궁극적인 목적은 전일적인 자아(Selbst, Self)이다. 총체적 자아는 무의식으로부터 신 이미지(imago dei)로 활성화된다. 융학파의 입장에서 보자면 무의식적 지향성으로부터 활성화되는 일차적 상상력의 층위에서 모든 이미지(원형)들은 목적으로서의 신 이미지를 지향한다. 그리하여 융학파의 학설에서 무의식은 종교적이다. 융은 통과제의적 상상력과 연금술적 상상력을 개성화 과정으로 묶는다. 개성화 과정이란 전일적인 자아인 신 이미지 혹은 신성을 지향하

---

52) C. G. Jung, *Psychology and Alchemy - The Collective Works of C. G. Jung, volume 12*, trans. R. F. C. Hull, London : Routledge & Kegan Paul, 1974. ; C. G. Jung, *The Archetypes and The Collective Unconscious-The Collective Works of C. G. Jung, volume 9, Part 1*, trans. R. F. C. Hull, Princeton : Princeton University Press, 1980, pp. 290-354. ; S. F. Walker, "Alchemy and Psychology", *Jung and the Junginans on Myth*, New York & London : Garland Publishing, Inc., 1995, pp. 116-119. ; J. Chodorow, *op. cit*., pp. 166-174.

여 대립적인 요소들을 통합하는 무의식적 과정이다. 무의식에서 신성을 향한 개성화 과정은 영원히 지속된다. 신성은 결코 도달되지 않는 목적이기 때문이다. 개성화 과정이 완결되어 신성에 도달한 사람은 부처나 예수와 같은 사람들뿐이다. 연금술적 상상력의 차원에서 신 이미지는 '금', '보석'과 같은 결정체이다. 상상 주체는 우주의 변화를 불완전한 질료들이 신적인 완전성에 조응하는 결정체를 지향하는 전이적 과정으로 상상한다. 엘리아데는 통과제의적 상상력과 연금술적 상상력의 동일성을 '죽음과 재생'이라는 모형에서 찾아내고, 연금술적 상상의 주체는 시간을 지배하여 우주의 거룩한 목적론적 진행에 동참하고 있다는 견해를 보인다. 신적인 물질을 향한 우주의 목적론적 진행에는 주체의 자아가 투사된다. 연금술적 상상주체는 시간을 주관화하여 자연에서는 서서히 진행되는 질료의 변성 시간을 단축시키고 신적인 물질의 생성을 촉진시킨다. 그것은 시간의 구속에서 벗어나 신적인 영원성과 완전성에 이르고자하는 의지의 활성화이다.

통과제의적 상상력과 연금술적 상상력의 체계에서 우주는 '통과', '변성'과 '변형'의 과정에 놓인다. 우주는 신적인 완전성 혹은 신성을 향하여 움직이는 과도기적 상태에 놓이고, 주체는 우주의 흐름을 '통과'와 '변형'의 과정으로 상상하는 것이다. '통과'와 '변형'은 전이성(transitionality)을 본질로 한다. 전이성이란 운동이 완결되지 않고 진행중인 상태를 말한다. 본고에서 전이적 상상력은 이러한 전이성을 본질로 하는 통과제의적 상상력과 연금술적 상상력을을 포괄한다.53) 일차적 상상력으로서 전

---

53) 통과제의적 상상력과 연금술적 상상력은 전이성(transitionality)을 본질로 하는 동일한 상상력의 다른 표출방식이라는 점에서 본고는 양자를 '전이적 상상력'으로 총칭한다. 전이과정은 '통과(passage)'와 '변형(transformation)'으로 이루어진다. 엘리아데는 주로 양자의 동일성을 '죽음과 재생' 혹은 '탄생과 재탄생'이라는 모형(matrix)에서 찾고, 융과 융학파들은 신적인 자아 혹은 이상적 자아를 지향해가는 개성화 과정(individuation process)으로서 무의식적 지향성의 활성화(activation)로 본다. 엘리아데는 융에게서 많은 영향을 받고 있다.
M. Eliade, *Rites and Symbols of Initiation-The Mysteries of Birth and Rebirth*, pp. 122-124. ; M.

이적 상상력의 층위에서 우주의 운동은 신성을 향해 목적론적으로 정향되어 있다. 터너의 개념을 빌어 이를 다음과 같이 도식화 할 수 있다.

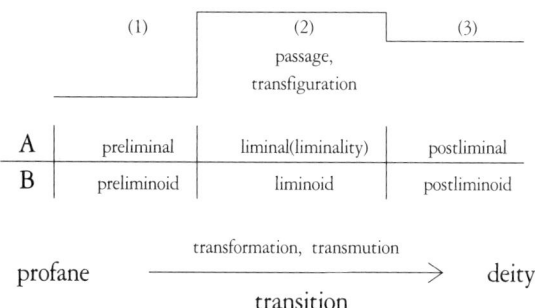

통과제의와 통과제의적 상상력은 (1) → (2) → (3)의 순서로 전이되어 간다. 여기에서 (1)과 (3)은 동등하게 일상적인 영역이고 (2)는 일상적인 관계가 모두 제거된 비일상적인 영역으로 어디에도 관계가 형성되지 않은 애매한 영역이다. (1)과 (3)은 동질적으로 일상적인 영역이지만 (2)를 통과한 주체의 상상력의 차원에서 (3)은 (1)에 비해 보다 고양된 (upgraded)된 상태다. 주체는 경계적 상태를 통과하여 존재론적으로 변형(transfiguration)되는 것으로 상상되는 것이다. 이러한 과정은 일생에서 지속적으로 경험되어 마침내 '죽음'이라는 통과제의를 통해 주체는 신성에 완전히 귀속하는 것으로 상상된다. 이와 같은 통과제의적 상상력은 연금술적 상상력에도 그대로 적용된다. 연금술적 상상력은 통과와 변형이 물질로 상상될 뿐 그 물질에는 주체의 자아가 투사되어 있기 때문이

Eliade, *Forgerons et Alchemistes*, 이재실 역, 『대장장이와 연금술사』, 문학동네, 1999, pp. 132-134, pp. 152-157, pp. 162-163, p. 189. ; C. G. Jung, *Psychology and Alchemy-The Collective Works of C. G. Jung, volume 12*, trans. R. F. C. Hull, London : Routledge & Kegan Paul, 1974, pp. 41-42, pp. 54-57, pp. 134-137. ; P. Homans, *Jung in Context- Modernity and the Making of a Psychology*, Chicago : The University of Chicago Press, 1995, pp. 206-208.

다. 연금술적 상상력의 체계에서 세속적이고 불완전한 물질들은 형태적으로 변형(transformation)되고, 질적으로 변성(transmutation)되어 신성(deity)에 조응하는 완전성을 얻게 된다.

이러한 일차적 상상력은 목적으로서의 신성이 제거되고 탈성화되어 이차적인 의미를 생성한다. 통과제의적 상상력의 차원에서 (A)는 고대사회와 같이 제도적 강제성이 경계성(liminality)을 생성하는 영역이며, (B)는 주로 현대사회에서와 같이 자발적으로 경계성(liminoid)이 생성되는 영역이다.54) 현대사회에서 경계성은 주로 창작, 독서, 영화·연극의 관람과 참여 등 심미적인 체험으로 나타난다. 그것은 통과제의적 상상력이 탈성화되고 탈목적화되어 나타나는 현상이라 할 수 있다. 주체는 일상과 지속의 세계에 생긴 균열, 경계로서의 상상 세계에서 목적론적 지향성을 잃고 방황하게 된다. 본고는 통과제의적 상상력의 이차적 분화를 이러한 탈목적화와 탈성화로 본다. 본론의 2장에서는 이차적 상상력의 층위에서 경계성 혹은 경계적 상태를 신성의 체험이 아니라 본래적 자아에 대한 성찰이나 심미적 체험을 가능하게 해주는 상태로 규정하고, 경계적 상태

---

54) 경계성은 축자적으로 '문턱(limen)에 있음', 혹은 여기에서 저기로 가는 '중간적인 상태'이며, '사건이 진행 중인 상태'이다. 터너는 '경계적인 시간(liminal time)'은 '시계의 시간'과는 다르며, 무엇인가 일어날 수 있는, 아니 일어나야만 하는 '마술적 시간'이라고 한다. 일상이 구조라면 경계성은 반구조의 상태이다. 터너는 경계성을 다양한 사회·문화현상에 확대 적용하여 liminality와 liminoid를 구분한다. 전자는 고대의 제의에서처럼 강제적이며 공동체적인 차원이고, 후자는 비강제적이고 개인적인 차원이라 할 수 있다. 리미노이드는 연극이나 영화관람, 혹은 연극에 참여, 독서나 글쓰기 등 현실에서 벗어나 비현실적인 체험의 상태에 놓여있는 것을 말한다. 리미낼러티는 관습 등에 의해 강제적으로 참여되지만 리미노이드는 자발적으로 참여된다. 이러한 논의는 도티와 호만스에게 수용되고 있다. 리미노이드는 리미낼러티에 비해 생소한 개념이고, 양자의 구분은 인류학이나 사회학적 차원에서는 의미가 있지만 문학연구의 차원에서 큰 의미를 갖지 않는다고 판단하여 본고에서는 양자를 리미낼러티로 통일한다. 그러나 엄밀하게 말해서 본고에서 사용하는 '경계성'은 'liminality'보다는 'liminoid'에 가깝다. 본고에서 '경계성'은 주체가 일상 세계로부터 분리·고립되어 세계의 규범으로부터 물러나 심미적 체험을 하는 상태를 의미한다. 그리고 본고에서 '경계적 상태'는 탈성화된 리미낼러티 혹은 리미노이드 상태를 의미한다.

V. Turner, *op. cit.*, pp. 94-130. ; P. Homans, *op. cit.*, pp. 206-208. ; W. G. Doty, "Ritual : The Symbolic Intercom", *Mythography-The Study of Myths and Rituals*, Tuscaloosa & London : The University of Alabama Press, 1994, pp. 91-95.

와 경계적 실체의 형상화 양상을 구명한다.

일차적 상상력으로서 연금술적 상상력의 체계에서 물질에는 신성이 잠재되어 있다. 연금술적 상상력은 물질에서 불순하고 불완전한 요소를 제거하고 정화하고 정련시켜 신성을 실현한다. 이러한 종교적 차원의 연금술적 상상력에서 물질의 신성을 제거하여 탈성화시키면 물질 자체가 담지한 물질성이 남게 된다.

일차적 상상력으로서 연금술적 상상력의 체계에서 물질은 자아의 투사물이고 신성이 잠재되어 있다. 연금술적 상상력은 물질에서 불순하고 불완전한 요소를 제거하고 정화하고 정련시켜 자아의 신적 완성을 도모한다. 물질에 생명을 부여하고 자아를 투사하여 신성을 향한 목적론적 움직임을 촉진하는 연금술적 상상력은 고대 자연철학자들의 물활론(hylozoism)적 사유에서 이미 발견된다.[55] 바슐라르는 자연철학자들의 흙, 물, 불, 공기의 사원소론(les quatre elements)을 계승·발전시켜 상상력 이론을 전개한다.[56] 바슐라르의 상상력 이론은 물질의 물질성에 주목한 물질적 상상력에서 출발하여 목적의미를 지향하는 원형적 상상력까지 나아간다.[57] 본고는 바슐라르의 이미지 현상학적 방법론으로 연금술적 상상력의 탈성화 양상을 고찰할 것이다. 바슐라르가 제시한 물질적 상상력 체계에서 물질의 물질성은 자유로운 상상의 계기가 된다. 상상 주체의 의식은 물질성에 투사되어 이미지를 자유롭게 변형, 변성시키게 된다.[58] 이때에 이미지는 '여가작용(la valorisation)'[59]을 통해 이전의 이미

---

55) W. S. Sahakian, *History of Philosophy-from the earliest to the present*, New York : Barnes & Noble Books, 1968, pp. 1-23. ; A. Coudert, *Alchemy-The Philosoper's Stone*, 박진희 역, 『연금술 이야기』, 민음사, 1995, pp. 15-48.
56) 연금술적 상상력의 시학적 양상에 관한 논의로는 다음을 참고할 수 있다. G. Bachelard, *La Terre et les Reveries la Volonte*, 민희식역, 『불의 정신분석·초의 불꽃·대지와 의지의 몽상』, 삼성출판사, 1985. ; J.-P. Richard, *Poesie et Profondeur*, 윤영애 역, 『시와 깊이』, 민음사, 1995, pp. 51-52. ; 김동규, 「네르발의 작품에 나타난 연금술적 상상」, 서울대 박사논문, 1991.
57) 곽광수, 『가스통 바슐라르』, 민음사, 1995, pp. 22-53.
58) 위의 책, p. 17.

지와 다른 가치를 얻는다. 물론 물질적 상상력의 층위에도 신성을 지향하는 일차적 상상력의 요소가 있지만 본고는 탈성화된 물질성을 분석한다. 본론의 3장에서는 무의식으로부터 활성화되어 신성을 지향하는 보편적인 연금술적 상상력의 탈성화 양상을 물질적 상상력의 차원에서 분석한다. 그것은 물질적 이미지에 투사된 주체의 의식이나 감정의 형상화 양상을 구명하기 위해서이다.

일차적 상상력으로서 통과제의적 상상력과 연금술적 상상력은 구조와 본질적 의미의 측면에서 동일하게 전이적 상상력에 포함되며, 이차적 상상력으로서 탈목적화·탈성화된 통과제의적 상상력과 연금술적 상상력도 전이적으로 전개된다. 이차적 상상력은 일차적 상상력에 영향을 받으며 분화하기 때문이다. 본론의 4장에서는 2장과 3장의 어느 한 곳에 포함하기 어려운 작품들을 중심으로 전이적 상상력의 분화 양상과 의미를 종합적으로 고찰한다.

앞서 언급했듯이 이러한 상상력의 연구는 고독의 형상화 방식을 중심으로 이루어질 것이다. 연구사에서 확인한 것과 같이 김현승 시에서 고독은 신적 이념으로부터 시적인 것의 자율성을 확인시켜주는 제일의 인자라 할 수 있다. 본고는 상상력의 유기적 관계를 염두에 두고 이미지들의 신적인 이념에 대한 지향성의 축에서 벗어나는 고독에의 지향성을 추적하여 김현승 시의 심미성과 문학성을 드러낼 것이다. 또한 고독의 미적 형상화 논리와 다층적 의미에 주목하여 김현승 시에 나타난 미의식을 구명하게 될 것이다.

---

59) 위의 책, pp. 65-95. ; 김현, 「바슐라르적 콤플렉스 개념」, 『행복의 시학』, 문학과지성사, 1991, pp. 82-85.

2. 통과와 순례의 상상력, 그리고 경계적 고독

1) 심미적 순간의 역동성과 은폐된 고독

　김현승의 초기시와 해방이후 시의 연결 고리를 찾아내기는 쉽지 않은 것으로 알려져 있다.[60] 해방 전과 이후의 작품 사이에 균열을 형성하는 원인 중의 하나는 초기시에서는 해방이후 시에서 빈번하게 쓰이는 "호올로", "고독" 등의 시어가 나타나지 않는다는 점에서 찾을 수 있다. 다른 하나는 시인이 스스로 인정하고 있듯이 기법상의 미숙함에 있다.[61] 미숙함은 해방이전의 시기가 시인에게 모종의 시적 탐색기였다는 것을 말해준다. 이 시기에 김현승은 김기림, 정지용 등의 모더니즘적 기법을 익히고 있었다.[62] 그가 선배시인들의 기법을 체화하여 자신만의 독특한 기법을 드러내기 시작한 것은 일제 말기 십여년의 절필 기간을 거치고 나서 해방이후 작품에서부터이다. 이러한 기법상의 차이가 초기시와 해방 이후시 사이에 균열을 형성하지만, 상상력의 경향과 정조의 일관성이 초기시를 해방 이후 시와 연속선을 이루게 하여준다.

　김현승의 해방이전 시 16편 중「쓸쓸한 겨울 저녁이 올 때 당신들은」, 「어린 새벽은 우리를 찾아온다 합니다」, 「황혼」, 「아침과 황혼을 데리고 갈 수 있다면」, 「아침」, 「새벽은 당신을 부르고 있습니다」, 「새벽 교실」, 「새벽」 등 8편의 제재가 "새벽", "아침", "저녁", "황혼"이다. 이러한 시간은 어둠에서 밝음으로 밝음에서 어둠으로 이행하는 "순간"의 전이적 역동성이 강조된다. 선행연구는 주로 「쓸쓸한 겨울 저녁이 올 때 당신들은」과 「어린 새벽은 우리를 찾아 온다 합니다」 등 몇 편의 작품을 중심으로 초기시의 경향을 메시아 사상과 광복에의 염원을 형상

---

60) 김윤식, 앞의 책, p. 157.
61) 『김현승 전집』, p. 6.
62) 『孤獨과 詩』, p. 229. ; 이운용, 「시와 기독교 사상-김현승론」, 『한국현대시사상론』, 1986, pp. 241-250.

화하는 데 주력하는 것으로 파악해왔다.63) 작품에 나타난 성서의 인유와 연관시켜 볼 때 그러한 논의는 타당성이 있다. 종말론적(eschatological) 상상력으로서 메시아 사상은 역사적 상황의 자극과 결부되어 현실적 정황을 새로운 세계 혹은 신성을 향한 '통과'의 과정으로 형상화하고 있는 것이다. 이러한 종말론적 상상력의 층위에서 어둠은 부정적인 이미지이고, 빛과 태양으로 표상되는 밝음은 신성을 함축하는 긍정적인 이미지이다.64) 그리하여 일차적 상상력의 층위에서 전이적 시간을 구성하는 이미지들은 새벽, 빛, 태양을 향한 움직임을 통해 역동성을 생성한다. 선행연구는 그것을 '새벽 지향'으로 요약하고 있다. 전이적 시간을 제재로 하는 8편중 5편의 제재가 "아침"이나 "새벽"인 것은 그것을 방증해 준다. 그러나 초기시를 '새벽 지향'으로 규정했을 때 "황혼"이나 "저녁"에 대한 동경이 해명되지 못하는 한계가 있다. 그간의 연구는 일차적 상상력의 체계를 밝히는데 편향되어 "황혼", "저녁"에 대한 동경을 논의에서 배제하여 온 것이다. 본고는 이차적인 상상력의 층위에서 "새벽", "아침", "황혼", "저녁"은 심미적 순간으로서 동질적 가치를 지니며 동경을 생성한다고 본다.

> 아침해의 祝福과 사랑을 받지 못하는 크고 작은 琉璃窓들이/ 瞬間의 榮光답게 最後의 燦爛답게 빛이 어리었음이/ 저기 저 찬 하늘과 추운 地平線 위에 붉은 해가 피를 뿌리고/ 있읍니다./ 날이 저물어 그들의 恍惚한 심사가 멀리 바라보이는/ 廣闊 하늘과 大地와 더불어 黃昏의 黙想을 모으는 곳에서/ 해는 날마다 그의 마지막 情熱만을 세상에 붓는다 합니다./ 여보세요. 저렇게 붉은 情熱만은 아마 식을 날이 없겠지

---

63) 박정도, 「김현승 연구」, 고려대 석사논문, 1977, pp. 23-26. ; 남상학, 「김현승 시에 나타난 기독교 사상연구」, 고려대 석사논문, 1981, pp. 24-25. ; 문덕수, 「김현승 시 연구」, 『시문학』, 1984. 10. pp. 90-91. ; 권영진, 「김현승 시와 기독교적 상상력」, 숭실어문학회 편, 앞의 책, pp. 12-19. ; 유성호, 「김현승 시의 분석적 연구」, 연세대 박사논문, 1996, pp. 57-61.
64) 종교적 상상력에서 빛은 주로 신의 상징이고, 성서에도 신은 주로 빛과 태양에 비유된다.
 P. E. Wheelwright, *Metaphor and Reality*, 김태옥 역, 『은유와 실재』, 한국문화사, 2000, p. 130.

요./ 아니 우랄山 골짜기에 쏟아뜨린 젊은 사내들의 피를 모으면 저만 할까?//(중략)//마침내 悲戀의 感情을 발끝까지 찍어 버리고/ 金붕어 같은 삶의 기나긴 페이지 위에 검은 먹칠을 하고/ 하고서, 強하고 튼튼한 歷史를 또다시 쌓아 올리고/ 캄캄하던 東方山 마루에 빛나는 해를 불쑥 올리려고.

—「쓸쓸한 겨울 저녁이 올 때 당신들은」 부분

(전략) 새벽이/ 벌써 희미한 초롱불을 들고 四方을 밝혀 가면서/ 거친 山과 낮은 들을 걸어오고 있었읍니다그려!/ 아마 동리에 수탉이 밤의 寂寞을 가늘게 찢을 때/ 잠자던 어느 골짜기를 떠나 분주히 나섰겠죠.//(중략)// 地球의 구석까지 들어찰 光明을 거느리고, 勇敢스러운 해는/ 어둡고 險峻한 비탈과 絶壁을 또다시 기어오르고 있다는 걸요./ 이제 그 빛난 얼굴을 東方山 마루에 눈이 부시도록 내어 놓으면/ 모든 萬物은 歡呼를 부르짖고/ 새로운 經綸을 이루어 나간다 합니다./ 힘있고 새로운 歷史가 光明한 아침에 쓰여진다 합니다!//(중략)//그러면 글쎄, 참새들은 지금/ 이른 아침 새벽 偵察 나온 구름의 이야기를 하고 있읍니다그려!/ 저걸 좀 보아요. 우렁차고 늠름한 기상을 가진 흰 구름들이 東方에서 일어나/ 오늘은 벌써 西部遠征의 새벽 偵察을 하고 있지 않습니까?(후략)

—「어린 새벽은 우리를 찾아온다 합니다」 부분

「쓸쓸한 겨울 저녁이 올 때 당신들은」에서 전반부는 전이적 순간의 심미성을 묘사하고 있다. 1, 2, 3연의 시간적 배경은 황혼이라는 "찬란"한 "순간"이다. 1연에서는 지고 있는 태양과 햇빛의 역동적 이미지를 통해 갑작스러운 "순간"의 아름다움이 묘사된다. 병렬적으로 배치된 2연과 3연에서는 "기차", "까마귀", "참새", "배달부" 등의 움직임을 통해 '갑작스러움'[65]이 증폭된다. 4연에서 시간적 배경은 해가 진 후인 "저녁"으

---

[65] 본고에서 '갑작스러움'은 연속성의 담론에 대항하는 시간양식으로서, 일상적 지속에 대한 타자로서 심미성의 한 측면으로 규정한다. 이와 관련된 논의로는 다음을 참고할 수 있다. K. H. Bohrer, *Das Absolute Präsens-Die Semantik Asthetischer Zeit*, 최문규 역, 『절대적 현존』, 문학동네,

로 옮겨간다. 저녁은 세계가 어둠 속에 파묻히는 순간이다. 그것은 생동감있는 움직임으로 충만한 심미적 세계가 사라지는 순간이다. 세계의 사라짐에 대한 인식이 의식 주체를 고립시켜 '쓸쓸함'을 불러일으킨다. 그것은 풍요로움이 사라진 "겨울"이라는 계절적 배경과 결합되어 더욱 부각된다. "저녁"은 "겨울"과 결합하여 '쓸쓸함'을 죽음과 소멸의 차원으로 심화시킨다. 그리하여 '죽음과 재생'의 무의식적 욕망이 활성화된다. "여기는 동방", "동방산 마루에 빛나는 해"는 메시아의 도래에 대한 예견을 함축하는 기독교 신화의 상징이다.66) "동방"과 "태양"의 이미지는 메시아 사상이라는 '선조건(prefiguration)'67)을 형성한다. 그것은 시적 주체의 외적 조건인 역사적 현실의 자극과 결합하여 역사적 상상력의 층위를 형성한다. 죽음을 함축하는 원형적인 이미지인 어둠은 제국주의의 지배에 억눌린 민족적 현실의 정황과 겹쳐져서 절망적인 조건을 형성하지만("선인들의 발자취가 어둠 속으로 영원히 사라졌다 합니다"), 여기에 종말론적 상상력이 개입하여 절망을 희망으로 반전시켜 낭만적인 역사의식을 파생시킨다.("강하고 튼튼한 역사를 또 다시 쌓아 올리고")68) 그것은 「어린 새벽은 우리를 찾아온다 합니다」에서 어둠을 슬퍼하며 절망에 빠져 있는 청자에게 화자가 다가오는 새벽의 희망을 상기시키는 방

1995, p. 58. ; K. H. Bohrer, *Suddenness-On the Moment of Aesthetic Apperance*, trans. R. Crowley, New York : Columbia University Press, 1994, pp. 39-63.
66) "동방산 마루에 빛나는 해"에서 "동방"은 성서에서 '동방의 별' 즉 예수 탄생 혹은 메시아 사상의 상징체계와 연결된다.
박정도, 「김현승 연구」, 고려대 석사논문, 1977, pp. 23-26.
67) 선조건이란 용어는 기독교에서 기원한다. 그것은 구약의 인물과 사건을 신약성서와 신약 구원의 역사의 선조건이라고 했던 데에서 유래하게 되었다. 지금은 문학비평에서 흔하게 쓰이는 선조건은 신화에서 이미 주어지고 문학작품에서 반복되는 모티프나, 주제, 이미지, 플롯, 성격들을 말한다.
J. White, *Mythology in the Modern Novel-A Study of prefigurative Techniques*, Princeton : Princeton University Press, 1973, pp. 11-14. ; E. Gould, *Mythical Intentions in Modern Literature*, Princeton : Princeton University Press, 1981, pp. 171-182. ; W. G. Doty, "Myth Criticism in Literary Analysis", *op. cit.*, pp. 171-174, p. 181.
68) 권영진, 「김현승 시와 기독교적 상상력」, 숭실어문학회 편, 앞의 책, pp. 12-19.

식으로 전개되어 나타난다. 이 시에서 "동방산"과 "초롱불"⁶⁹⁾은 선조건을 형성하는 원형적 이미지이다. 선조건에 의하여 "새벽"과 "아침"에는 '벗어남'이라는 악의 상황이 종결되고 '돌아옴'이 실현되는 종말론적인 (eschatological) 시간관이 개입한다. 메시아의 도래에 대한 예견이 함축된 종말론적 시간관이 "힘있고 새로운 역사가 광명한 그 아침에 쓰여진다 합니다"와 같은 낭만적 역사의식의 층위를 형성하고 있는 것이다.

처녀작 두 편에는 성서의 인유를 통해 형성되는 선조건으로 인해 메시아 사상과 종말론적 세계관에서 생성되는 낭만적 역사의식이 비교적 선명하게 드러난다.[70] 이들 시편에서 어둠에는 부정적 가치가, 밝음에는 긍정적 가치가 부여되고, 시간은 어둠에서 밝음으로 흐른다. 이러한 어둠과 빛의 변증법은 가장 원형적이고 종교적이며 신화적인 상상력으로서 무의식적으로 작동한다. 선행연구는 이러한 일차적인 상상력에 주목하여 목적론적으로 정향된 신화성(mythicity)과 종교성, 역사적 상상력을 구명하는 데에 경사되어 전이적 순간의 미학적 가치와 의미를 돌아보지 못했다. 초기시에서 종말론적 상상력과 역사적 상상력은 처녀작 두 편에 비교적 선명하게 나타나고 대부분의 작품에서는 목적론적 지향성이 제거되고 전이적 시간을 채우는 갑작스러운 움직임에 의해 '순간'의 심미성이 부각된다.

수탉의 울음소리 고요한 하늘에 오르고/ 집 위와, 空中과, 먼 山에

---

69) "초롱불"(등불)은 마태복음의 '열 처녀 비유'(마태복음 25: 1-13)를 인유한 것이다. '열 처녀 비유'에서 등불은 메시아 사상과 결부되어 있다. 남상학, 앞의 논문, pp. 24-25.
70) 당시 홍효민도 김현승 시에 나타난 이러한 전진적 사유를 읽어낸 듯하다.
"이러한 詩人은 詩人으로의 어떠한 境地까지 갈수 있으나 이는 詩보다도 더 나가서 우리가 찾는바 무엇을 詩에서 얻어 읽을수있도록 그의 技術이 能難을 要한다. 반듯이 푸로레타리아 詩人을 要求하는 배는아니다. 될 수 있으면 自然, 人生 歲月等等을 노래하는 中에도 이 世紀를 가장앞서가는 詩人이라는 것을 보여 주기를 바라서 마지않는다. 이點에 있어서는 누구보다도 趙靈出, 金顯承兩氏의 詩가 가장 앞날이 囑望된다."
홍효민, 「朝鮮文壇 및 朝鮮文學의 進展-신년에의 전망을 겸하야」, 『신동아』, 1935. 1. p. 151.

鮮明한 沈默이 안개와 같이 기어다닐 때/ 당신은 일찍이 아침을 아름다워하였읍니까?/ 山봉우리에 피어오르는 處女光과 함께 이슬을 몰고 날아가며,/ 서며, 혹은 놓여 있는/ 透明한 아침의 모든 족속들이.//
  그러나, 寢室을 暗示하는 곳― 낮은 하늘과 草地와 머언 人家와 또한 黃土 언덕과 森林과 江 건너는 늙은 나룻배 위에/ 진달래빛과 그윽한 深呼吸이 흘러갈 때/ 黃昏은 또한 아름답지 않습니까?/ 노을을 입고 깃들이며, 누우며, 혹은 사라지는 하늘/ 땅의 젊음의 모든 表情들이.//
  나의 왼편 팔에/ 또한 나의 오른편 팔에,/ 黃昏과 아침을 가벼이 데리고/ 汽車 가는 플랫포움과 鋪石의 道路들과 또한 酒幕을 지나/ 푸른 하늘 아래 빛나는 平野를// 千里나 萬里 끝없이 갈 수 있다면/ 아아 自然은 왜 이다지 아름답습니까?
   ―「아침과 黃昏을 데리고 갈 수 있다면」전문

 가령 「아침과 황혼을 데리고 갈 수 있다면」에서는 "아침", "황혼"의 지향성이 철저히 은폐된다. 원형적 이미지 체계에서 부정적 가치인 어둠과 긍정적 가치인 밝음이 사라지고 전이적 순간의 갑작스러움만이 묘사된다. 아침을 대상으로 하는 1연에서는 "오르고", "기어다니고", "몰고 날아가며" 등의 시어가, 황혼을 대상으로 하는 2연에서는 "흘러가며", "깃들이며", "사라지는" 등의 시어가 갑작스러움을 생성한다. 그러한 갑작스러움은 자연에 생동감을 부여하고, 그 생동감으로 인하여 아침과 황혼이라는 "순간"은 아름다움으로 충만하게 된다. 이 시에서 갑작스런 순간 속에는 아름다움 외에 아무것도 없다. "아침"과 "황혼"은 세계가 물러나고 미가 절대적인 가치로 자리 잡은 순간으로 묘사되고 있는 것이다. 신앙적 자의식으로 매개되는 무의식적 지향성은 신성을 지향해 가지만 미적 자의식은 신성을 미로 대체한 것이다. 그리하여 3연에서는 미를 지향하는 동경(longing)이 생성된다. 아침과 황혼의 심미성은 멀리 있는 풍경으로 포착되어 심미적 자아와 거리를 형성하고 있기 때문이다. "천리나 만리 끝없이 갈 수 있다면"에서 "천리", "만리"는 미적 자아와 심미적 대상인 "순간"과의 거리를, "갈 수 있다면"은 거기에서 파생되는 동경을 은밀하게 드러낸다. "순간"에 대한 몰입은 세계와 단절되어 소외된 자아를 생성하고 소외된 자아는 관계를 형성할 수 있는 대상에 대한 동경을 생성한다. 이 시에서 동경의 대상은 "순간"의 심미성이고, 그것에 대한 동경은 고독을 생성한다. 시적 주체는 소외감을 승화시키기 위하여 "시"를 매개로 심미적 순간과 자아와의 거리를 허물어뜨리려는 시도를 한다. 「새벽은 당신들을 부르고 있습니다」에서는 "시"적인 창조에 대한 예견으로 고독을 건설적인 고독으로 승화시키는 것을 보여준다.

> 그러면 여보, 아침과 저녁 하늘에 애닲고 찬란한 詩를 쓰는 藝術至上主義者인 太陽이 우리들의 사랑하는 풀밭에 내려와 맑고 귀여운 이슬을 죄다 꼬여 가기 전에 당신은 새벽이 부르는 저 푸른 들에 나가지 않으렵니까?
> ―「새벽은 당신들을 부르고 있습니다」 부분

> 새벽/ 세상이 쓴지 괴로운지 멋도 모르는 새벽//(중략) //詩人은 항상 너를 찍으려고 작은 카메라를 가지고 다니더라./ 내일은 아직도 세상의 고뇌를 모른다./ 그렇다면 새벽 너는 금방 우리 앞에 온 내일이 아니냐./ (중략)/ 그리하여 힘있게 오늘과 싸운다.
> ―「새벽」 부분

「새벽은 당신을 부르고 있읍니다」에서 태양은 탈성화되어 "아침과 저녁 하늘에 애닲고 찬란한 시를 쓰는 예술지상주의자인 태양"으로 표현된다. 여기에서 아침과 저녁은 태양이 "시"를 쓰는 시간이다. 즉, 세계와 단절된 전이적 순간에 시적 주체가 시적 과정에 임하는 순간이 투사되어 있다. 동경의 대상이 되는 심미적 순간과의 동일화를 통해 시적 주체의 고독은 건설적인 고독으로 승화하는 것이다. "저 푸른 들에 나가지 않으렵니까?"에 담겨있는 동경과 그 이면에 있는 고독감은 시적 과정에 연료를 제공하는 요소가 되어 버린다.

「새벽」에서 새벽은 "세상이 쓴지 괴로운지 멋도 모르는" 순간이다. 그 순간은 세계의 고통으로부터 단절되어 충만한 미가 현현하는 시간이다. 미의 충만함은 "노래하고", "지껄이고", "속삭이고", "굴리고", "종을 울리는", "부지런한" 등의 시어로 생동감 있게 묘사된다. "시인"은 이러한 순간을 포착하는 존재인데, 그 순간은 "내일"과 동일시되어 "오늘" 즉 현실 세계를 살아가는 시인으로서의 자아와 거리감을 형성한다. "힘있게 오늘과 싸운다"에는 현실적 정황과 일상적 지속에서 배어나오는 무감각한 삶의 무게와 대결하여 미적 체험이 절대화되는 순간을 확보하기 위해 자발적으로 추구하는 고독이 함축되어 있다.71)

"저녁"이나 "황혼"과 결부되면 고독은 "쓸쓸한"이나 "외로움"이라는 시어로 노출되기도 한다. 「쓸쓸한 겨울 저녁이 올 때 당신들은」, 「황혼」에는 심미적 순간이 어둠 속으로 사라지는 데서 야기되는 고독이 '쓸쓸함'으로 표출되고 있다.

> 海岸의 黃昏은 姙娠婦의 고요함과 근심스러움 같습니다./ 언덕 위의 프레젠트—바다의 眞珠와 珊瑚와 新鮮한 生鮮을/ 내어 버리고 피곤한 太陽은 바다의 푸른 寢室로 들어갔습니다.//
> 紫色에 물든 안개는 黃昏의 貞操/ 晩鐘의 머리맡에서 浦口의 돛대가 黙禱를 올립니다.//
> 無人 孤島에 探險갔던 작은 물새가 돌아왔건만/ 밀려 오고 스치는, 스치고 떠나가는 물결의 외로움./ 멀리 水平線 우으로 感傷이 群集할 때,/ 구름은 쓸쓸히 黃昏의 宿泊所를 찾고 있습니다.//
> 黃昏을 보고 싶다 하여 海岸을 찾아온 당신은 어찌하여 말이 없습니까?/ 곱고 아름다운 듯하나 가슴을 쪼개는 黃昏이기에 말입니까?
> —「黃昏」전문

---

71) T. Parkinson, "Loneliness of the Poet", J. Hartog, *Anatomy*, p. 472.

초기시편에서 황혼은 세계가 사라지는 순간이기에 '쓸쓸함'을 불러일으킨다. '쓸쓸함'은 일차적 상상력의 층위에서는 신성과 단절된 정황으로 입사하는 것을 의미하므로 부정적인 가치를 갖지만, 이차적 상상력의 층위에서는 창조에 대한 예견과 기대를 통해 긍정적 가치를 얻게 된다. 황혼이 "임신부의 고요함과 근심스러움"에 비유되는 것은 그 때문이다. 황혼은 시적 사유를 잉태하는 순간인 것이다. "바다의 진주와 산호와 신선한 생선"이 일상적인 삶을 표상하는 기호들이라면, 황혼은 이러한 일상적 가치를 "내어 버리고" 태양을 내면에 파묻는 순간이다. 1연이 시적 사유를 잉태하는 순간으로서 "황혼"의 이미지를 형상화하고 있다면, 2연과 3연은 비일상적인 순간으로서 "황혼"의 아름다움을 묘사하고 있다. 해변의 황혼을 잔잔하고 고요하게 묘사하고 있지만, 황혼을 구성하는 이미지들은 밤과 낮이 갖는 어둠과 밝음의 일상적인 지속과는 다른 갑작스러움을 형상화하고 있다. "돌아왔건만", "밀려 오고 스치는, 스치고 떠나가는", "群集할 때", "찾고 있읍니다" 등은 황혼을 아름다움으로 충만하게 하는 갑작스러운 움직임이지만, 또한 세계가 어둠 속으로 사라지는 움직임이기에 "가슴을 쪼개는" 아픔과 고통으로서의 "외로움"을 담지하고 있다. 초기시에서 "저녁"이나 "황혼"은 "새벽", "아침"과 일상의 단조로움에 균열을 일으키는 갑작스러움이 출렁이는 심미적인 순간으로서 시적인 과정에 연료를 제공하여 주면서 한편으로는 사라짐에 대한 예감을 내밀하게 자극한다.

    초기시에서 "새벽", "아침"과 "황혼", "저녁"은 동일하게 역동적인 움직임으로 가득 차 출렁이어 넘치는 순간이다. 시적 주체는 생동감이 깃들어 있는 다양한 동사를 동원해 갑작스러움을 포착하여 순간의 역동적인 움직임을 그려낸다. 그 순간은 일상적인 지속에서 풀려 흘러나오는 지루하고 무딘한 감각을 깨워 시적인 감수성을 불러일으켜 주는 심미적 세계로서 주체의 동경을 유발한다. 초기시에서 주체의 고독한 감정과 기분은 대체로 원경으로 공간화되어 있는 심미적 순간에 대한 동경에 은폐되어 간접적으로 배어나오고 있다. "새벽"과 "아침"을 노래하는 시편에서 주체의 고독은 시적 창조에 대한 예견과 기대에 깃들어 있는 자발성에 압도되어 은폐의 강도가 비교적 높지만, "황혼"과 "저녁"을 대상으로 하는 시편에서는 세계의 사라짐에 대한 예감이 개입하여 고독의 고통스러움을 내밀하게 노출시키게 된다. 초기시에서 세계가 사라지고 홀로 남게되는 주체에 대한 예감을 생성하는 "황혼"과 "저녁"은 "떠남", "이별", "밤"으로 변주되기도 한다.

> 떠남 너의 뒷 모양은 언제나 쓸쓸하더라./ 너는 젊음을 미워하고 사랑을 시기한다./ 너는 어머니와 아들같이 친한 사이를 간섭하기를 유달리 좋아하더라.//
> 사람들은 너를 위하여 산을 헐어 길을 닦고/ 물 위에 배를 띄운다./ 너는 왜 아득한 모래 위에서 혼자 앉아/ 로렐라이의 노래만을 부르고 있느냐.//
> 나는 너를 잘 안다./ 너는 나의 검은 머리털의 힘을 빼앗고/ 네가 사랑하는 寶石은 眞珠나 落葉보다 눈물이다./ 네게 만일 세월의 친절이 없었던들//
> 이를 무엇에다 쓰겠느냐?/ 떠남 너는 한 번도 약속을 어기지는 않더라./ 네 앞에 自然은 빛을 잃고 汽笛은 사라지며/ 원수도 뉘우친다 !//
> 너는 왜 훌적훌적 울면서도 가고야 마느냐?/ 돌아서 너의 마음을 뉘우침이 좋지 않느냐?/ 아아, 떠남 너의 발자취를 덮을 땅 위의 바람과 눈이 영원히 없음을 너는 모르느냐?
>
> ―「떠남」전문

「떠남」은 초기시에서 빈번하게 나타나는 '쓸쓸함'의 정조가 세계의 사라짐에서 비롯된다는 것을 잘 보여준다. "떠남"의 뒷모습이 쓸쓸하다는 데에서 떠남이 쓸쓸한 정조를 생성한다는 것을 알 수 있다. 이 시에서 떠남은 인간과 인간의 헤어짐이고(1연), 한 인간의 성장과 죽음이고(3연), 그로 인한 세계의 사라짐이다(4연). "떠남 너는 한 번도 약속을 어기지는 않더라"와 "떠남 너의 발자취를 덮을 땅 위의 바람과 눈이 영원히 없음을 너는 모르느냐?"는 세계에 만연한 "떠남"이 누구도 부정하거나 회피할 수 없는 필연적인 것임을 보여준다. 주체는 세계에 개입하는 시간의 파괴적 본성을 인식하고 있는 것이다. 이 시에서 시간은 신성을 향하여 흐르지 않고 소멸과 파괴를 향하여 흐른다. "떠남"은 경험적 과거가 아니라 시간의 침투에 의한 적절한 관계의 파기와 세계의 사라짐에 대한 예감 속에 존재한다. 즉, 파괴적인 시간성에 대한 인식이 고독의 한 측면으로서 '쓸쓸한' 감정과 기분을 생성하는 것이다. 초기시에서 '쓸쓸함', '외로움'은 「이별의 곡」에서는 '슬픔'으로 변주되기도 한다.

> 燈ㅅ불을 남기고 돌아가는 것은/ 오래전부터 이 거리의 美風이다.//
> 안개는 자욱이 잠든 밤 위에 쇠를 잠그다.//
> 멀리 바라보면 二層집이 서고/ 자욱한 鋪道로 넘어오는 만도의 銅像들-/ 호! 밤은 이리도 슬픈 것인가?(중략)
> 아아, 마음은 멀리 沙漠의 地圖를 펴들고/ 매아미 허물같이 외로와 외로와……/(후략)
> 　　　　　　　　　　　　　　　　-「離別의 曲」부분

> 創造 이전의 푸른 湖水와 같습니다./ 어머니와 떨어져 혼자 자는 아기의 생각과 같이 외로운 밤/ (중략)/ 따르릉! 自轉車의 처량한 音波가 돌담을 스치고 지나갔습니다./ 누구일까? 뒤로부터 끝없이 따라가고 싶은 저 소리-/ 아기의 生涯 같은 나의 꿈을 도둑맞은 밤에/ 蒙古沙漠에 퍼지는 天幕과 같습니다.
> 　　　　　　　　　　　　　　　　-「엄마·밤」부분

「이별의 곡」에서 "밤"이 '슬프고', '외로운' 것은 세계가 사라져버리기 때문이다. 이 시에서 "거리"의 "등불"은 세계를 환히 밝혀주는 존재가 아니라 어둠 속에 홀로 깨어 있는 상상 주체 의식의 투사물이다. "안개가 자욱이 잠든 밤 위에 쇠를 잠그다"는 어둠에 의한 고립감을 강화하는 표현이다. 어둠에 둘러싸인 의식이 다시 한번 안개에 덮임으로써 고립감이 증폭되는 것이다. "쇠를 잠그다"는 고립감에서 나아가 구속과 감금의 의미로까지 확장시킨다. 의식의 고립감은 어둠과 안개 속에 서 있는 "이층집"과 "동상"의 이미지를 생성한다. 그러한 생명 없는 구조물은 세계와 관계가 단절된 의식을 형상화한 것이다. 모든 관계가 단절되고 홀로 있는 존재는 생명체로서의 의미를 상실하기 때문이다. 그러므로 밤은 "슬픈 것"이다. "층층계의 중간"은 관계와 의미의 망이 형성되지 않은 밤의 "쓸쓸한" 분위기를 형상화하고 있다. "매아미 허물"은 관계를 형성할 수 있는 생명이 빠져 나가버린 물체이기 때문에 화자의 '외로움'에 비유되고 있다. 이 시에서 '슬픔', '쓸쓸함', '외로움'은 밤이 주는 고립감으로서 고독을 표현하는 등가적인 감정과 기분이다. "마음은 멀리 사막의 지도를 펴들고"에는 이러한 고립감으로부터 벗어나고자 하는, 확 트인 공간에 대한 동경이 드러나 있다. 「엄마·밤」에서도 "사막"은 "밤"이라는 밀폐된 공간과 대비되는 개방된 공간이다. 화자는 "밤"이라는 "외로운" 공간에 갇혀 개방된 공간을 동경하고 있지만 "창조 이전의 푸른 호수와 같습니다"는 창조에 대한 예견이 함유된 고독한 공간의 안락함을 드러내고 있다. 김현승 시에서 "밤"과 "어둠"은 후기시편에까지 지속적으로 나타나는 이미지이다. 그것은 낮과 낮의 사이에 생기는 균열로서 "새벽", "황혼" 등의 이미지와 마찬가지로 일상적인 지속의 지루함을 깨뜨리고 미학적 감수성을 일깨워 심미적 세계의 살아있음에 눈뜨게 해주는 전이적인 순간이다.

선행연구는 대체로 김현승의 초기시에서 종말론적 상상력이나 메시아 사상과 같은 일차적 상상력에 주목하여 왔다. 이러한 일차적 상상력의 요소는 극히 부분적인 것으로 은폐되어 있고, 일차적 상상력에서 기인하는 전이성은 목적론적 지향성을 상실하고, 경계성 자체가 두드러지게 나타난다. 전이적 혹은 경계적 순간은 이차적 상상력의 층위에서는 심미성을 형상화하게 되며, 고독은 주로 심미적 순간과의 단절감과 동경, 세계의 사라짐에서 파생되는 슬픔과 고통 속에 은폐되기도 하고 노출되기도 한다. 시적인 창조에 대한 예견과 기대가 함유될 때 그러한 고독은 부정성이 승화되어 건설적인 긍정성을 얻게 된다.

2) 순례적 상상력과 성찰 순간으로서 고독

초기시의 상상력과 정조를 지배하는 전이적 시간 이미지는 해방이후 시에서 "가을"로 환치된다.[72] 심미적 대상으로서 "가을"은 "낙엽들은 떨어져 뿌리로 돌아가고",[73] "꽃들의 피와 살은 단단한 열매 속에 고요히 스며"[74]드는 전이적인 시간이다. 신앙적 자의식의 목적론적인 인식체계를 매개로 "뿌리"와 "열매"는 근원과 본질 개념에 수렴하여 종교적 차원의 '돌아옴' 혹은 '순례적 상상력'의 층위를 형성한다. 일차적 상상력으로서 순례적 상상력은 세속적인 삶을 신성에서 '벗어남'으로 보고 삶을 신성으로 '돌아가는' 과정으로 상상한다. 여기에서 통과 즉 전이의 과정은 개인적인 삶 전체로 확장된다.[75] 선행 연구에서는 대체로 일차적 상상력에 주목하여 이를 '나그네 의식'[76]이나 '순례자 의식'[77]으로 규정

---

72) 「가을이 오는 시간」, 「가을의 입상」, 「가을의 시」, 「가을의 포도」, 「가을은 눈의 계절」, 「가을의 향기」, 「가을의 소묘」, 「가을 넥타이」, 「가을비」, 「가을의 기도」, 「가을이 오는 달」, 「가을 저녁」, 「가을의 비명」 등
73) 「가을은 눈의 계절」
74) 「가을이 오는 달」
75) W. A. Sadler, Jr. & T. B. Johnson, Jr, *op. cit*., p. 45. ; V. Turner, *op. cit*., p. 107. ; A. J. Lubin, "Loneliness, Creativity, and Vincent van Gogh", *Anatomy*, p. 507.

하여왔지만 이 글에서는 신성을 향해 목적론적으로 정향된 일차적 상상력으로서 순례적 상상력이 이차적 상상 작용을 통해 목적론적 지향성을 잃고 "배회"로 분화되는 양상을 구명한다. 상상력의 분화는 세계와의 관계망으로부터 자아를 절단해 내고 본래성을 탈은폐화하여 홀로 있는 본래적 자아(eigentliches Selbst)에 대한 앎을 추구하고자 하는 자아 성찰의 의지[78]를 통해서 이루어진다. 자아 성찰 의지는 순례적 상상력의 목적인 신성을 본래적 자아로 대체하면서 일차적 상상력을 탈목적화·탈성화시키는 것이다. 「가을의 입상」은 군중적인 삶에 가려진 본래적 자아에 대한 성찰 의지를 잘 드러내고 있다.

    멀리 멀리 흘러갔던/ 보랏빛 구름들과 바다 거품으로부터/ 그만 나의 年輪들을 불러들이자//
    나로 하여금 돌아오는 길목에 서게 하여 다오!//
    나의 詩는 水曜日의 祈禱보다 가벼웠고,/ 너무도 오래인 동안/ 나는 나의 體溫을 비워두었다.//
    나의 가는 목에 어느덧/ 바람이 차면, 저버린 꿈들의 包裝紙, 지는 落葉들을 모아/ 지금은 나의 옛집을 바를 때……//
    나로 하여금 돌아오는 길목에 서게 하여 다오!//
    그림자와 같이 길던/ 한숨마다 멀리 저버리고……//
-「가을의 立像」 전문

"나의 연륜들을 불러들이자"는 본래적 자아에 대한 성찰 의지의 표현이다. "보랏빛 구름들과 바다 거품"은 본래성이 은폐된 채 군중과의 관계에 뒤엉킨 현상적 삶의 기호이고, "멀리 멀리"는 본래적 자아와의 거리감을 강화하는 수사이다. 화자는 군중적 삶에 파묻혀 멀어지게 된 본래적 자아로 "돌아"가고자 한다. 기존의 논의에서 "돌아오는 길목"은 성

---

76) 남상학, 앞의 논문, pp. 39-49.
77) 황제민, 「김현승 시 연구-성서적 이미지를 중심으로」, 인하대 석사논문, 1998, p. 96.
78) P. Tillich, *op. cit.*, p. 551.

서의 탕자의 비유에서처럼 '신에게 되돌아오는 때'[79]라는 순례적 상상력의 차원으로 해석되었다. 일차적 상상력의 층위에서 본다면 '벗어난' 존재로서의 현상적 자아에 대한 인식과 신성으로 돌아가고자 하는 무의식적 욕망은 보편적인 것이므로 타당성 있는 논의로 받아들일 수 있다. 이러한 종교적 차원의 '돌아옴'은 신앙적 자의식에 의해 매개된 신화적 선조건의 활성화이다. 미적 자의식은 신성을 지향하는 신화적 선조건을 탈성화하여 '돌아옴'의 목적지를 본래적 자아로 설정한다. 셋째연에는 미적 자의식과 신앙적 자의식의 미묘한 갈등이 드러난다. "수요일의 기도"란 일요일의 기도에 비해 가볍다고 할 수 있는데, 화자의 시가 그것보다 더 가벼웠다는 것은 신성에서 '벗어났'다고 느끼는 신앙적 자의식의 죄책감을 드러내는 표현이다. 이 작품이 신앙시가 아닌 것은 죄의식을 형성하는 '벗어남'을 극복하는 '돌아옴'의 목적지가 '신성'이 아니라 "나"이기 때문이다. "나는 나의 체온을 비워두었다"에서 전자의 "나"는 현상적 자아이고 후자의 "나"는 본래적 자아이다. 이 본래적 자아는 군중적인 삶에 의해 형성된 관계가 제거되고 홀로 남은 자기 자신이므로, 본래적 자아에 대한 성찰은 경계적 상태를 생성하게 된다. 즉, 군중적 삶의 세계에 대한 타자로서의 어디에도 관계가 형성되지 않은 경계적 세계를 형성하게 된다. "나의 옛집"은 바로 경계적 상태로서 자기 자신만의 공간이다. 신성을 향하는 무의식적인 개성화 과정의 활성화가 이차적인 상상 작용을 통해 본래적 자아로서 홀로 있는 자기 자신으로의 개체화로 재생성되고 있는 것이다. 그러므로 여기에서 "나로 하여금 돌아오는 길목에 서게 하여 다오!"는 일차적으로는 신성으로 돌아가고자 하는 순례적 상상력의 선조건을 형성하지만 이차적 상상력의 층위에서는 본래적 자아에 대한 성찰의지의 표현이다. 그것은 「가을이 오는 시간」에서는

---

[79] 곽광수, 「사라짐과 영원성」, p. 262.

"지금은 폐회와 귀로의 시간", 「가을의 기도」에서는 "가을에는 호올로 있게 하소서"로 전언된다.

> 우리의 마음들은 벌써 幌馬車가 되어 버린다./ 우리의 마음들은 벌써 구름처럼/ 地平線가에 몰려선다./ 에메랄드빛 하늘이 멀어지는 가을이 오면……//
> 海邊에선/ 別莊들의 덧문을 닫고/ 사람마다 사람마다/ 찬란턴 마음의 샨데리야를 졸이고/ 저녁에 우는 쓰르라미가 되는/ 지금은 閉會와 歸路의 時間……//
> 우리의 마음들은 벌써 落葉이 진다./ 우리의 마음들은 남긴 것 없음을/ 이제는 서러워한다./ 지금은 먼 길을 예비할 때―/ 집 없는 사람들 돌아와 집을 세우는,/ 지금은 릴케의 詩와 自身에/ 입맞추는 時間……
> ―「가을이 오는 시간」 전문

"황마차"는 안정된 장소를 갖지 못하고 길이라는 경계에 있는 존재이므로, 마음이 "황마차"가 된다는 것은 경계적 상태, 즉 고독한 상태에 놓이게 된다는 것을 의미한다. 이쪽 세계와 저쪽 세계를 연결하는 "지평선"은 길처럼 어디에도 적절한 관계가 형성되지 않은 경계적 공간이다. 그러므로 "우리의 마음들"이 "지평선가에 몰려선다"는 또한 1행과 등가적으로 고독한 감정을 드러내고 있다. 시적 주체는 근원으로 돌아가는 자연적 현상을 내면화하여 자신의 삶에 동화시키는 것이다. 그리하여 가을은 군중적인 삶의 세계에서 물러나 개체화하는 계절이 된다. 셋째연에서 "별장"과 "샨데리야"는 수다한 군중과 어울리는 삶을 표상한다. "폐회"는 군중적인 삶으로부터 물러나는 것을, 그리고 "귀로"는 본래적인 자아로의 회귀, 즉 개체화를 의미한다. "우리의 마음들은 벌써 낙엽이 진다"는 군중적인 삶에서 형성된 무성한 관계들로부터 떼어지는 개체화의 고독감을 드러낸다. "남긴 것 없음을 이제는 서러워 한다"는 개체화의 고통과 슬픔으로서의 고독감의 표현이다. 하지만 개체화의 고통과 슬품은 "먼 길을 예비할 때"라는 '돌아감'에 대한 예견과 기대로 극복된다. 즉, 화자는 '벗어남'과 '돌아옴'의 경계에 놓여있는 것이다. 그러나 이것은 신화적 의미의 경계가 아니라 심미적 의미의 경계이다. '돌아옴'의 대상이 "릴케의 시와 자신"이기 때문이다. 김현승이 릴케의 시로부터 많은 영향을 받은 것은 익히 알려져 있다.[80] 그가 릴케에게서 영향을 받은 것은 가을의 정조와 고독에 관한 사유이다. 릴케의 시는 시인의 시적인 사유와 상상의 단초를 제공하는 근원이다. 그러므로 여기에서 "자신"이라는 것은 시인으로서의 본래적 자아, 즉 시적인 사유와 상상을 하는 고독한 자아이다. "릴케의 시와 자신에 입맞"춘다는 것은 곧 군중적인 삶의 관계를 거두고 시적인 사유와 몽상의 "집"을 세우는 것이다. 심미적인 세계인 "집"은 군중적인 세계에서처럼 어느 한 곳에 관계가 안착된 공간이 아니라 내면의 "깊이"에 침하하여 "먼 길"에서 "배회"하는 공간이다. 일차적 상상력의 층위에서 "먼 길"은 신성을 향하는 목적론적인 전이의 영역이지만, 이차적 상상력에서는 목적론적 지향성을 잃고 배회로 분화되는 것이다. 목적 없는 움직임인 "배회"는 시적 과정을 가능하게 해주는 내면의 "깊이"를 마련한다.

> 넓이와 높이보다/ 내게 깊이를 주소서./ 나의 눈물에 該當하는……//
> 산비탈과/ 먼 집들에 불을 피우시고/ 가까운 곳에서 나를 徘徊하게 하소서.//
> 나의 空虛를 위하여/ 오늘은 저 黃金빛 열매를 마저 그 자리를/ 떠나게 하소서./ 당신께서 내게 약속하신 時間이 이르렀습니다.//
> 지금은 汽笛을 해가 지는 먼 곳으로 따라 보내소서./ 지금은 비둘기 대신 저 공중으로 산까마귀들을/ 바람에 날리소서./ 많은 眞理들 가운데 위대한 空虛를 선택하여/ 나로 하여금 그 뜻을 알게 하소서.//
> 이제 많은 사람들이 새 술을 빚어/ 깊은 地下室에 묻을 時間이 오

---

80) 『孤獨과 詩』, pp. 26-28. ; 이운용, 『한국현대시 사상론』, 친우, 1986, pp. 263-273. ; 김희보, 「김현승의 시와 기독교적 실존-R. M. 릴케시와의 비교」, 『한국문학과 기독교』, 현대사상사, 1977.

면,/ 나는 저녁 종소리와 같이 호올로 물러가/ 나는 내가 사랑하는 마른 풀의 향기를 마실 것입니다.//

― 「가을의 詩」 전문

　가을의 가장 일반적인 공간기호학적 토포스는 '천고마비(天高馬肥)'로 압축된다. 원형적 상상력의 층위에서 하늘은 신성이다. 그러므로 일차적 상상력의 층위에서 하늘이 높아지는 계절로서 가을은 신성에 대한 경건함과 외경을 고양시키는 계절이다. 다른 한편으로 '말이 살찐다'는 것은 지상의 풍요로움을 의미한다. 풍요로움은 소유물을 타자와 나누어 가질 수 있게 해준다. 풍요로움은 사교성이라는 의미를 내밀하게 배태하게 되는 것이다. 그리하여 가을의 공간기호학적 토포스로서 '천고마비'에는 신성에 대한 외경, 지상의 풍요로움과 사교성이라는 물질성이 잠재되어 있다. 「가을의 시」 1연에서 "넓이"는 지상의 풍요로움과 사교성, "높이"는 천상의 경건함과 신성함을 표상하는 공간적 기호이다. 시적 주체는 이러한 가을의 토포스를 "깊이"로 반전시키고 있다. "넓이와 높이"로 표상되는 외면적 공간성을 "깊이"라는 내면적 공간성으로 전환하는 것이다. "넓이와 깊이보다 내게 깊이를 주소서"는 외면적 세계에서 물러나 내면 공간으로 침하하여 본래적 자아의 상태(고독한 상태, 시적 사유와 상상의 상태)를 확보하려는 의지의 표현이다. 그 의지의 이면에는 여린 성격과 '과잉감수성(hypersensitivity)'[81]이 잠재해있다. "깊이"는 "나의 눈물에 해당"하기 때문이다. "눈물"은 여림을 의미하고, 여림은 미세한 자극에도 반응하는 감수성을 생성한다. 그리하여 주체의 여린 성격은 내면 공간으로 침강하고자 하는 의지를 생산하는 것이다. "가까운 곳에서 나를 배회하게 하소서"는 "내게 깊이를 주소서"와 등가적인 의미관계를

---

81) 여림은 고독을 파생하고 고독은 과잉감수성을 초래한다. J. Hartog, "The Anlage and Ontogeny of Loneliness", *Anatomy*, p. 25.

이루는 진술이다. "배회"는 외적인 세계 어디에도 관계가 안착되지 않은 경계적인 상태이기 때문에 "배회"에의 의지는 외적 세계에서 물러나 내면에 침강하고자 하는 의지와 동일한 의미를 생성하는 것이다. "깊이"와 "배회"는 세계와 단절된 정황이므로 "공허"와 등가적 의미를 갖는다. 다만 "깊이"와 "배회"가 외면 세계에서 내면 세계로의 진입을 의미한다면, "공허"는 내면 세계에서 외적 요소들을 비워낸 상태를 의미한다. "나의 공허를 위하여……떠나게 하소서", "보내소서", "날리소서"는 비본질적인 외면적 요소를 제거하고자 하는 의지의 발로이다. 주체는 외면적인 세계에서 물러나 내면적인 세계로 진입하여 비본질적인 요소들을 비워내고 본래적 공간으로서 "공허"에 침잠하고자 하는 것이다. 세계에서 스스로를 격리하고 내면을 비워냄으로서 얻어지는 공허(emptiness)는 고독의 증후이다.[82] 그러므로 "깊이", "배회", "공허"에의 천착은 고독한 내면을 확보하고자 하는 의지이다. 마지막 연의 "호올로 물러가 나는 내가 사랑하는 마른 풀의 향기를 마실 것입니다"에는 이상과 같은 고독에 대한 의지가 통합되어 있다. "호올로 물러가"는 세계에서 물러나 스스로를 격리하는 상황을 형상화하고 있다. 여기에서 "마른 풀"이 담고 있는 메마름이라는 물질성은 거부와 배타이다. 사교성과 맞닿은 풍요로움이 타협과 화합이라는 성질인 반면 메마름은 물기가 없어 다른 물질과 화합할 수 없는 성질이다. 그리하여 메마름은 주체의 비타협적인 성격과 감정으로서 고독을 형상화하게 된다. 김현승 시에서 고독의 형상화 방식으로서 메마름은 하나의 미학이다. 시인은 산문에서 그것을 '건조미(乾燥美)'라는 말로 표현하고 있다.[83]

가을을 노래하는 시편들에서 "돌아오는 길목에 서게 하여 다오", "깊이를 주소서", "배회하게 하소서", "호올로 물러가"는 동일하게 시적인

---

82) B. L. Mijuskovic, *Loneliness in Philosophy, Psychology, and Literature*, pp. 15-16.
83) 『孤獨과 詩』, pp. 209-212.

사유와 상상의 공간으로서 고독한 상태를 추구하는 의지의 표현이다. 그것은 일상과 지속의 흐름에 균열을 형성하여 심미적 체험 순간을 확보하고자 하는 경계화(liminalization) 의지이다. 「가을의 기도」에서 그것은 "호올로 있게 하소서"라는 발화로 변주된다.

> 가을에는/ 祈禱하게 하소서……/ 落葉들이 지는 때를 기다려 내게 주신/ 謙虛한 母國語로 나를 채우소서.//
> 가을에는/ 사랑하게 하소서……//
> 오직 한 사람을 택하게 하소서,/ 가장 아름다운 열매를 위하여 이 肥沃한/ 時間을 가꾸게 하소서.//
> 가을에는 호올로 있게 하소서……/, 나의 영혼, 굽이치는 바다와/ 百合의 골짜기를 지나,/ 마른 나무가지 위에 다다른 까마귀같이.//
> ―「가을의 祈禱」 전문

범대순[84]은 청교도적인 삶을 살았던 시인의 생애와 기도문의 형식을 빈 시적 격조와 문체 등을 근거로 김현승 시를 기독교의 범주에서 취급해야 한다고 보았다. 그는 김현승의 시와 주기도문을 비교하여 이를 구명하고 있다. 그러한 논리에 따르면 김현승 시는 시라기보다는 기도문이고, 창작은 하나의 종교적 실천행위이다. 하지만 김현승은 기독교 신자인 동시에 시인이었다는 점과 "하소서"는 "하여다오"로 전언되기도 한다는 점에서 그것은 설득력을 잃는다. 「가을의 기도」에서 "기도하게 하소서", "겸허한 모국어로 나를 채우소서", "사랑하게 하소서", "오직 한 사람을 택하게 하소서", "비옥한 시간을 가꾸게 하소서", "호올로 있게 하소서"는 등가적 반복을 이루고 있다. 그 의미는 모두 고독에의 의지에 수렴한다. 종교적 차원에서 "기도"는 세계에서 물러나 신과 독대하는 고독의 공간이지만, 여기에서는 "모국어"를 매개로 의미가 분화된다. "모

---

84) 범대순, 앞의 글.

국어"를 종교적 언어로 보느냐 시적 언어로 보느냐에 따라 해석의 층위가 나누어 질 수 있는 것이다. 일차적 상상력의 차원에서 그것은 신성을 향한 기도가 될 것이다. 그러나 미적 자의식에 기반한 이차적 상상력의 차원에서 그것은 심미성을 추구하는 시적 언어가 된다. 이차적 상상력의 층위에서 "모국어로 나를 채우소서"는 시적인 사유와 상상으로 내면을 충만하게 하고자 하는 의지가 된다. 그것은 등가적 반복을 이루는 시구를 분석해 볼 때 분명해진다. 이 시에서 "사랑"은 "오직 한 사람을 택하"는 것이므로 고독을 함축하고 있다. "사랑"은 결실로 연상되어 창조적 생산물로서 "열매"의 이미지를 생성한다. 그리하여 고독은 창조에 대한 예견과 기대가 충만한 "비옥한 시간"이 된다. 마지막연에서 고독은 "호올로"라는 시어를 통해 직접적으로 노출된다. "호올로 있게하소서"는 고독에 대한 의지이고 등가적 반복은 결국 '고독하게 하소서'의 되풀이인 것이다. 다음 장에서 다시 논의되겠지만 여기에서 "까마귀"와 "마른 나무가지"는 고독에의 의지를 구체적으로 형상화하는 이미지이다. "까마귀"는 배회하는 존재이고, "마른 나무가지"는 거부와 배타라는 비타협적인 물질성을 가지고 있기 때문이다.

이렇게 본다면 김현승 시에서 "기도"는 종교적 실천행위라기보다는 미학적 실천행위에 가깝다. 기도는 신성을 향한 것이 아니라 내면의 본래적 자아를 향한 것이며, 창조에 대한 예견과 기대를 통해 시적인 사유와 상상을 가능하게 해주는 순간을 확보하려는 행위이다. 그러한 행위는 세계의 규범으로부터 분리된 내면의 소우주를 통해 절대적인 미를 드러내려는 의도를 담고 있다.

> 책을 잘못 읽어/ 굽어진 어깨가/ 德壽宮의 담을 끼고 가면,//
> 이렇게도 어울리는/ 지금은 羞恥와 謙讓의 季節……//
> 누구를 시새우고 무엇을 탓하랴/ 모든 사람에 앞서 내가 먼저 외로

  와지는/ 時間−舖道를 걸으면,/ 言語는 낡은 磁氣처럼 비어 있고,//
  抽象의 神은/ 抽象의 神들도/ 옛부터 이런 季節을 위하여 靜肅히 存在하는가!//
  午後의 同行者여,/ 未知의 世代여,//
  너를 거기 두고/ 나는 지금 이마큼 떨어져 舖道를 걷는다!//
  그러면 그 사이는,/ 落葉들이 흩어져,/ 너와 나의 距離를/ 채워 주는……채워 주는……
−「가을의 舖道」전문

  「가을의 포도」에서 시간적 경계성은 '길'과 결부되어 공간화된다. 길은 어느 한 곳에 관계가 안착되지 않은 경계적 상태의 기호이다. "너를 거기 두고 나는 지금 이마큼 떨어져 포도를 걷는다"는 세계와 관계를 끊은 고독한 자아의 이미지를 형상화하고 있다.
  고독한 자아에 대한 성찰의 계기가 되는 "가을"은 "중년"으로 변주되기도 한다. 「십이월」, 「영혼과 중년」, 「밤 안개 속에서」 등에서 "중년"은 세계로부터 분리된 길의 깊숙한 지점으로서 경계적 위치인 "종점부근"으로 공간화 된다. 중년의 자아는 "종점부근"을 "서성거리"는 고독한 자아로 형상화되고 있다.

  잔디도 시들고/ 별들도 숨으면,/ 十二月은 먼 곳/ 窓들이 유난히도 다스운 달……//
  꽃다운 숯불들/ 가슴마다 사위어,/ 十二月은 보내는 술들이/ 갑절이나 많은 달……//
  저무는 해 저무는 달,/ 흐르는 時間의 고향을 보내고,/ 十二月은 언제나/ 흐린 저녁 終點에서 만나는/ 그것은 謙虛하고 서글픈 中年……
−「十二月」전문

  「십이월」에서 "십이월"은 해와 해가 바뀌는 경계적인 시간이다(3연).

그것은 일상적인 지속이 단절되고 뭔가 일어나거나 일어나야만 하는 갑작스러운 순간이다(2연). "잔디도 시들고 별들도 숨"는다는 것은 세계가 소멸한다는 것이다. 그리하여 십이월은 세계로부터 물러나 내면으로 움츠러드는 시간이 된다. 내면으로 웅크리는 것은 본래적 자아에 대한 성찰을 의미한다. "십이월"은 성찰의 순간인 것이다. 그 순간은 "십이월은 먼 곳"으로 공간화된다. "창들이 유난히도 다스운 달"은 그 공간이 가정에서 발산되는 가족적인 유대의 온기와 온정으로부터 벗어나 철저하게 혼자인 상태로 배회하는 영역임을 보여준다. 인간적인 유대와 관계에서 흘러나오는 체온에서 소외되어 있기에 상대적으로 창을 따뜻하게 느낄 수 있는 것이다. "먼 곳"은 주체의 상상과 성찰이 세계에서 떼어져 나와서 자아의 황량한 내면으로 걸어 들어가는 여행과 배회의 깊이를 나타내는 수사이다. 그것은 "종점"과 "중년"으로 변주되고 있다. "종점"은 길의 끝이 아니라 배회의 깊숙한 지점으로서 "중년"이다. 즉, 십이월이라는 경계적 순간의 깊숙한 지점이 "중년"이고, 성찰의 대상이 되는 "중년"의 자아는 배회하는 자아이다.

> 바람에 불 일던 나의 나이,/ 지금은 창문 앞 잔디처럼/ 깎이었네,/ 내 코 밑 수염이 되어/ 이제는 잔잔히 깎이었네.//
> 바람에 물 일던 나의 나이,/ 지금은 綠額 속/ 冬庭湖의 치운 쪽빛같이/ 고요히 머무네,/ 고요히 머물 수 있네.//
> 가락엔 으레이/ 눈물을 섞던 나의 나이,/ 이제는 쑥스러워/ 휘파람도 못 부네/ 휘파람도 못부네.//
> 山 그늘도 하루를/ 半이나 남아 지웠네./ 오늘도 스틱을 휘청이며 걷는 終點附近……/ 씀바귀 마른 잎에/ 바람이 스치는/ 나의 영혼— 植物性 나의 영혼일세.
> 　　　　　　　　　　　　　　　—「영혼과 中年」전문

　　수염을 깎는 비누 거품같이/ 窓들이나 헤어진 壁 위에/ 발려 있던

저녁 안개들……//
밤이 깊어 갈수록/ 뱃고동소리처럼 뿌옇게 四面으로 퍼진다.//
이러한 밤에는/ 終點 附近이나 어디서 서성거리던 나의 버릇(후략)
－「밤 안개 속에서」부분

「영혼과 중년」에서 그 배회하는 자아는 외적 세계의 자극인 "바람"에 더 이상 흔들리지 않고 내면적인 평정함에 머무는 자아이다. "바람에 불 일던", "바람에 물 일던"은 외적 세계에 휩쓸리는 상태이고, "잔디처럼 깎이었네", "잔잔히 깎이었네", "고요히 머무네" 등은 외적 세계에 영향을 받지 않고 내면에 침잠하는 상태이다. 그것은 외적 세계에 관계를 안 착하지 않고 "스틱을 휘청이며 걷는" 배회하는 상태이다. 그 배회의 깊숙한 지점이 "종점부근"이고 "중년"이다. 「밤 안개 속에서」에서 "종점부근"은 "밤", "안개"와 등가물이다. "밤"과 "안개"는 "창"을 막고 "벽"을 형성하는 요소들이므로 고립감을 함축하고 있다. "밤"과 "안개"가 주는 단절감이 "종점부근이나 어디서 서성거리던 나의 버릇"으로 표현되고 있다. 시적 주체는 본래적 자아의 모습을 "밤 안개 속에서", "종점부근이나 어디"를 배회하는 자아로 그려내고 있는 것이다.

기존의 연구에서는 '나그네 의식'이나 '순례자 의식'이라고 보았던 신성을 지향하는 순례적 상상력은 일차적 상상력의 층위에서 어느 정도 타당성이 있을 수도 있다. 그러나 이상에서 고찰한 바와 같이 보다 두드러지는 것은 신성에 대한 목적론적 지향성을 잃고 배회하는 자아의 모습이다. 그 배회하는 자아는 내면의 깊이에 침강하여 시적인 사유와 상상을 전개하는 고독한 자아의 형상화이다.[85]

---

[85] 김현승은 "먼 길"과 결부하여 어느 정도 자신의 의견을 밝혀놓고 있다. 그는 언제나 혼자 시적인 사유에 잠기기 위하여 "먼 길"에 홀로 나서고 싶어 했다. 즉, 시인의 견해로도 "먼 길"은 신성을 향한 길이 아니라 홀로 배회하여 시적인 사유와 상상을 하는 공간이다.
『孤獨과 詩』, pp. 25-34.

3) 투사 대상의 경계화(境界化)

앞절에서 시적 주체의 본래적 자아에 대한 성찰 욕구가 경계화 의지로 발현되는 양상을 검토하여 보았다. 여기에서는 주체의 경계화 의지가 시적 대상에 투사되어 대상을 경계화하는 현상을, "까마귀"와 "나무"의 이미지를 분석하여 고찰한다. 김현승 시에서 "까마귀"와 "나무"는 가장 빈도 높은 이미지에 속하며 많은 연구자들에 의해 심장한 의미가 구명되어 왔다. 그것은 대체로 보편성과 원형성에 주목한 것으로 상상력의 일차적인 작용에 집착하여 신화적-종교적 의미를 밝히는 데 치우쳐 왔다. 김현승 시에서 일차적 상상력의 작용은 전면에 드러나기도 하는 만큼 큰 비중을 차지하지만 이 글은 선행연구에서 간과된 상상력의 이차적인 분화 작용을 살피어 미학적 의미를 구명한다.

신화적-종교적 상상력의 체계에서 새는 인간 세계와 천상 세계 사이를 매개하여 안내하는 존재이다. 그것은 날개를 갖는다는 점에서 그렇다. 날개를 가지는 것은 인간의 조건을 초월하여 천국권(天國圈)으로 다가가는 것의 상징이다.[86] 그러므로 새의 비상은 목적론적이고, 통과제의적이다. 새는 지상과 천상 사이의 경계적 공간을 '통과'하여 신성에 다가가는 수직적으로 경계적인 존재이다. 이러한 일차적 상상력의 차원에서 새는 경계적 공간을 통과하면서 태양신과 같은 신적인 존재로 변용된다. 새의 하위 항목으로서 까마귀의 가장 일반적인 신화적-종교적 상상력은 이상과 같은 의미체계에 귀속된다. 그 외에도 까마귀는 생태적 독특함으로 인하여 다양한 상징적 의미를 축적하고 있지만[87], 김현승 시에서 관습적 상징의 의미는 소진되고 수직적인 경계성이 수평적으로 전환되어 나타난다. 그것은 수직적인 차원에서 목적인 신성이 제거되기 때

---

86) M. Eliade, *Patterns in Comparative Religion*, pp. 135-136.
87) 황남순, 「김현승 시에 나타난 '까마귀' 이미저리 연구-'고독' 상징과 연관시켜」, 한국외대 석사논문, 1998, pp. 48-49.

문이다.

초기시에서 "까마귀"의 보조관념은 언제나 "시인"이고, "새벽", "황혼"의 이미지와 결부되어 있다. 전이적 시간의 이미지와 연합된 "까마귀"는 체계의 내부나 외부, 어느 한 영역에 포섭되지 않고 경계를 넘나드는 '경계적 실체(liminal entity)'[88]의 기호이다. 시인도 현실과 환상의 경계에 위치하여 체계 내부에 창조력을 제공하는 경계적 존재이다.[89] 양자가 놓인 존재론적 분류체계상의 동위성으로 인하여 까마귀의 이미지에 시적 주체의 경계화 의지가 자연스럽게 투사된다.

　(가) 그늘진 산을 넘어와 廣野의 시인— 검은 까마귀가 城邑을 지나간 후/ 어두움이 大地에 스며들기 전에/ 列車는 安全地帶의 輝煌한 메트로 폴리스를 향하여/ 黑暗이 切迫한 北部의 雪原을 脫出한다 하였읍니다.
　　　　　　　—「쓸쓸한 겨울 저녁이 올 때 당신들은」 부문

　(나) 당신이 사랑하는 해가 거친 山頂에 붉은 피를 쏟고/ 感想詩人인 까마귀가 黃昏의 悲歌를 구슬피 불러/ 답답한 어두움이 坊坊谷谷에 숨어들 때/ 당신은 끊어져 가는 날의 숨소리를 들으며 永遠한 밤을 슬퍼하지 않았읍니까?(중략) 그러니 어찌, 感想詩人인 까마귀들만이 그냥 있을 수 있어야지요./ 아마 黃昏에 읊을 詩才를 얻기 爲하여 지금 저렇게 山을 넘어/ 거칠고 쓸쓸한 曠野로 나가는가 봐요.
　　　　　　　—「어린 새벽은 우리를 찾아온다 합니다」 부문

---

88) V. Turner, *Ritual process : Structure and Anti-sturucture*, p. 95.
89) 일반적으로 경계적 실체들이란 통과 제의에 입문하여 경계적 상태로서 일상적 세계와의 관계가 제거되고 이도 저도 아닌 애매한 상태에 놓인 신참자(neophytes)를 말하지만, 협잡꾼, 광대, 시인, 샤만 등은 체계에서 독립적이고 지속적인 경계적 존재들(liminal beings)이다. 그들은 사회적 경계와 암호의 가장자리에 있는 사람들이다. 경계적 존재들은 문화적인 공간에서 지위와 위치를 정하는 분류 체계에서 빠지기 때문에 필연적으로 '이도 저도 아닌(betwixt and between)' 위치에 있는 것이며 따라서 애매모호한 존재들이다. 이들은 사회 체계 속에서 개념화된 것들을 위협하지만 동시에 갱신, 개혁, 창조성의 원천이 되기도 한다. Ibid., pp. 106-113.

(다) 灰色 譜表 꽂은 悲曲의 名作家/ 西山에 깃들이는 黃昏의 詩人-/
나는 하늘에 우는 까마귀 따라간다.

-「까마귀」부분

인용한 시편들에서 "까마귀"는 "광야의 시인"이나 "감상시인", "황혼의 시인"에 비유된다. "광야"는 세계로부터 분리된 "쓸쓸한" 공간이고,90) "황혼"은 어둠에 파묻혀 세계가 사라져 의식만이 남게 되는 "쓸쓸한" 순간이다. 그러므로 "광야"와 "황혼"은 시적 주체가 시적인 사유와 상상을 통하여 시를 생산하는 경계적인 시공간으로서 고독한 상태를 표상한다. 새벽이 오면 경계적(liminal) 공간인 "산을 넘어 거칠고 쓸쓸한 광야"로 날아가 "황혼에 읊을 시재"를 얻어오는 "까마귀"는 고독한 혹은 쓸쓸한 상태에서 시적인 과정을 진행하는 시적 주체의 감정과 기분이 투사된 이미지이다. (다)에서 "까마귀"는 "비곡의 명작가"에 비유되어 이상적 자아로 설정된다. "하늘에 우는 까마귀 따라간다"에는 이상적 자아로서 고독한 시인을 추구하고자 하는 시적 주체의 의지가 드러난다.

해방 이후 시에서 "까마귀"는 초기시의 연장선에서 시인의 "영혼"의 보조관념으로 제시되고, 한편으로는 "가을"의 전이적 이미지와 연합되어 여행과 배회의 이미지로 생성된다.91) 가령, 「가을의 기도」에서 "가을에는 호올로 있게 하소서…… 나의 영혼, 굽이치는 바다와 백합의 골짜기를 지나 마른 나무가지 위에 다다른 까마귀같이."라는 간구에는 "까마귀"의 복합적인 기호체계가 고스란히 담겨 있다. 시적 주체("나의 영혼")의

---

90) 기독교적 세계관에서 '광야'는 악을 파괴하고 신을 창조하는 공간으로서의 고독의 상징이다. 모세의 출애굽 과정과 예수의 40일간의 사막체험은 대표적인 예가 된다. 그것은 경계적 공간의 '통과'를 통해 신성에 접근하는 존재론적인 위상변화를 도모하는 사례이다. P. Tillich, *op. cit.*, p. 552.
김현승 상상력의 체계에서 광야는 '통과'와 '창조'의 의미를 갖는 경계적 공간이지만 신성으로의 접근이 아니라 심미적인 것으로의 접근이다.
91) 「바람」,「내 마음은 마른 나뭇가지」,「가을의 기도」,「가을의 시」,「박명의 남은 시간 속에서」,「겨울 까마귀」,「가을이 오는 달」,「시의 겨울」,「미래의 날개」

경계화 의지가 배회하는 "까마귀"에 투사된다. 까마귀가 최종적으로 다다른 "마른 나무가지"는 여행의 종점(목적지)이 아니라, 전이적 과정의 어느 깊숙한 지점인 고독의 상태이다. 즉, 시적 주체의 경계화 의지가 지향하는 고독의 상태가 "마른 나뭇가지"의 이미지로 나타난다. 이미 논급했듯이 김현승 시에서 메마름은 고독을 형상화하는 '건조미'라는 하나의 미학이다. 그것은 다른 물질과 화합할 수 없는 물질성으로서 주체의 고독한 내면을 형상화하게 된다. 그것은 세계와의 관계가 거두어진 경계적 존재로서 "까마귀"의 이미지와 연합하여 주체의 고독감을 심화하게 된다.

　　내 마음은 마른 나무가지,/ 主여,/ 나의 머리 위로 산까마귀 울음을 호올로/ 날려 주소서.//
　　내 마음은 마른 나무가지,/ 主여,/ 저 부리 고운 새새끼들과,/ 蒼空에 誠實하던 그의 어미 그의 잎사귀들도,/ 나의 발부리에 떨어져 바람부는 날은/ 가랑잎이 되게 하소서.//
　　내 마음은 마른 나무가지,/ 主여,/ 나의 肉體는 이미 저물었나이다!/ 사라지는 먼뎃 종소리를 듣게 하소서, 마지막 남은 빛을 공중에 흩으시고/ 어둠 속에 나의 귀를 눈뜨게 하소서.//
　　내 마음은 마른 나무가지,/ 主여,/ 빛은 죽고 밤이 되었나이다!/ 당신께서 내게 남기신 이 모진 두 팔의 형상을 벌려,/ 바람 속에 그러나 바람 속에 나의 간곡한 抱擁을/ 두루 찾게 하소서.//
　　　　　　　　　　　　　　－「내 마음은 마른 나뭇가지」 전문

　　영혼의 새// 매우 뛰어난 너와/ 깊이 겪어 본 너는/ 또 다른,// 참으로 아름다운 것과/ 호올로 남은 것은/ 가까와질 수도 있는,/ 言語는 본래/ 침묵으로부터/ 高貴하게 탄생한,// 열매는/ 꽃이었던,// 너와 네 조상들의 빛깔을 두르고.// 내가 十二月의 빈 들에 가늘게 서면,/ 나의 마른 나무가지에 앉아/ 굳은 責任에 뿌리 박힌/ 나의 나무가지에 호올로 앉아,// 저무는 하늘이라도 하늘이라도/ 멀뚱거리다가,/ 벽에 부딪쳐/ 아, 네 영혼의 흙벽이라도 덤북 물고 있는 소리로,/ 까아욱-/ 깍-
　　　　　　　　　　　　　　－「겨울 까마귀」 부분

「내 마음은 마른 나무가지」에서 "내 마음은 마른 나무가지"라는 것은 세계에 대한 거부와 배타감으로서 내면의 고독한 감정을 함축한다. "마른 나무가지"가 갖는 메마름의 물질성이 그것을 드러내고 있다. 고독감을 표상하는 메마름은 고독한 존재의 기호인 경계적 실체로서의 "까마귀"를 연상시킨다. "산까마귀 울음을 호올로 날려 주소서"는 주체의 고독에 대한 의지, 즉 경계화 의지의 표현이다. 김현승 시에서 경계적 상태는 본래적 자아의 상태이므로 그것은 "가랑잎이 되게 하소서"라는 발화로 변주된다. 나무가 낙엽을 떨구는 것은 비본질적인 요소 혹은 대기와 맺어진 관계를 제거하고 자신의 본래적인 모습으로 돌아가는 것이므로 거기에는 본래적 자아에 대한 성찰 의지가 함축되어 있다. 그 본래적 자아는 시적 순간 속의 자아이고, "육체"적인 세계에서 돌아와 내면에 시적인 세계를 건설하고 창조하는 자아이다. "육체"가 "이미 저물"어 버린 내면 세계에서는 정신적인 감수성이 극대화된다. 그것은 "육체"적 삶의 영역에서 들을 수 없는 "먼뎃 종소리"를 듣게 하고, "어둠 속에" 감추어진 소리를 듣게 해준다. "귀를 눈뜨게 하소서"는 내면의 시적인 세계에 "눈"과 "귀"를 열어 시적 과정에 임하고자 하는 의지의 발로이다. 이러한 시적 순간의 고독에는 신앙적 자의식이 깊이 침투하여 마지막 연에서와 같은 구원의 소망을 드러낸다. 이때 나무는 지상에 발을 두고 천상을 동경하는 종교적 인간의 모습을 형상화하게 된다. 신앙적 자의식의 개입이 거부와 배타라는 메마름의 물질성보다 나무의 수직적으로 경계적인 이미지를 부각시키기 때문이다.

「겨울 까마귀」에서 "영혼의 새"는 "육체"적인 세계에서 물러나 내면에 침잠한 시적 주체의 상태를 함축하고 있다. 이러한 내면에의 침잠은 "호올로 남은"고독한 자아의 상태이면서, "참으로 아름다운" 심미적 대상이다. "가까와질 수도 있는"은 "까마귀"와 주체의 그러한 동일성에 대한 확인이다. "영혼"에 침강한 상태를 표상하는 "까마귀"는 "마른 나무가지"의 메마른 물질성과 결합하여 고독감을 심화시킨다. "마른 나무가지에 호올로 앉아"는 "마른"의 물질성과 "호올로"라는 단독성이 결합하여 고독의 극한 상황을 생성한다. 그것은 세계로부터 영혼을 격리하여 단절시키는 정신적인 감옥의 기호인 "영혼의 흙벽"이라는 이미지를 생성한다. 감금과 구속으로 확장된 고독감의 강도에 담겨있는 고통스러움이 "벽에 부딪쳐" 짖는 까마귀의 울음소리로 터져나온다. 그 울음소리는 질식할 것처럼 까마득한 고독의 깊이로 파이어 있는 주체의 내면에서 메마름과 단독성이 자아를 내밀하게 자극하는 데에서 풀려나오는 것이다.

김현승 시에서 "나무"는 복합적인 기호이다. 거기에는 상상력의 다양한 층위가 반영되어 있다. 일차적 상상력으로서 신화적-종교적 상상력의 층위에서 나무는 우주적인 나무(cosmic tree)이다. 그것은 지상에 발을 딛고 하늘로의 초월을 도모하는 인간 조건의 상징적 의미를 담고 있다. 나무는 지상과 천상을 관통하여 통로를 만들어 준다. 그리하여 나무는 수직적으로 경계적인 통과제의적 공간이다. 나무의 육체가 하늘에 이르면 그것은 거룩한 천체로 변용된다. 나무의 잎은 구름, 가지는 햇빛, 열매는 별이 되는 것이다. 그러므로 나무는 신현(*theophany*)이거나 성현(*hierophany*)이고, 나무 숭배는 모두 신성 숭배이다.[92] 기독교의 십자가 상징은 이러한 나무의 원형적 의미를 고스란히 담아 현대를 살아가는 기독교인들에게 거룩한 메시지를 전하고 있다.[93] 비단 신화-종교적인 상상력의 차원이 아니더라도 나무의 공간기호학적 토포스는 언제나 수직적인 경계성으로 요약된다.[94] 나무는 이미 형태적 상상력의 차원에서부터 그만큼 강력하

---

92) G. van der Leeuw, *Phanomenologie der Religion*, trans. J. E. Turner, *Religion In Essence and Manifestation-volume 1*, New York & Evanston : Harper & Row, Publishers, 1963, pp. 55-58. ; M. Eliade, *Patterns in Comparrative Religion*, pp. 290-339.
93) M. Eliade, *Images et Symboles*, pp. 175-188.
94) 이어령, 『공간의 기호학』, 민음사, 2000, pp. 123-140.

게 일차적 상상력의 활성화를 촉진시키기 때문이다.

시인이란 이러한 보편적인 관념과 이미지를 형상화하는 존재라기보다는 이를 변형시키고 변성시켜 내밀하게 감추어진 의미를 드러내는 존재이다. 시인의 시적 기능은 일차적 상상력의 구속을 부수고 자기만의 세계를 형성하는데 있기 때문이다. 물론 잠자고 있는 공통적 기억을 깨워 인간의 존재론적 의미와 성스러움을 체험하게 하는 것도 시인의 중요한 임무 중의 하나이지만, 한 시인의 창조성과 문학적 성과는 상상력의 자율성에 의해 확보될 수 있을 것이다.

김현승 시에 나타난 일차적 상상력의 층위에서 나무는 수직적으로 경계적인 존재이지만, 시적 주체의 경계화 의지는 신앙적 자의식에 기반한 수직적인 경계성을 수평적으로 전환시킨다. 신화적 선조건이 두드러지게 나타나는 「한국의 오월」, 「너를 세울지라」 등에서 나무는 수직적으로 경계적인 존재이다. 그것은 세속에 발을 딛고 신성을 향해 구원을 간구하는 종교적 인간(homo religiosus)으로서 신화적 영웅을 형상하게 된다.

> 어설픈 四月에서 돌아와/ 바람은 따뜻한 母性을 되찾고,/ 언덕 위의 수풀들/ 영웅의 팔을 벌린다.//
>
> ─「한국의 오월」 부분

> 마침내는 너를 세울지라,/ 묻는 것도 너/ 대답도 너밖에 없는/ 너를 세울지라.//
> 바람에 물미는 樹液들/ 가지를 뻗쳐 꽃을 피우고,/ 그 꽃들 시들면 뿌리로 돌아와 더욱 살찌는,/ 네게로 돌아오는 너를 세울지라./ 地心은 너의 滋養을 위하여/ 이 오랜 우리의 疆土에서 그렇게 불타고,/ 너의 두 팔의 自由를 위하여/ 꿈의 이마를 닿음이 없이/ 하늘은 푸르러 저렇듯 無限하다.//
> 너의 머리는 사랑과 征服의 사이를/ 헤매는 검은 깃발!/ 너를 더욱 높이 세울지라.//
> 너를 세울지라./ 저희 피로 목을 적시는/ 가시 박은 仙人掌이 피는

땅― 너를 세우기 위하여／ 네가 설 땅 너의 세계는 빈 들이어도 좋을지라!／ 戰爭이 살을 밀고 간 목숨의 바닥에서도／ 너의 뼈는 호올로 남은 잔인한 콩크리트―／ 멍멍한 쭉지를 펴고 캄캄한 거리에／ 너를 세울지라.／／

來日은 永遠 속에 빛나며／ 끊임없이 오늘에 빛을 던진다.／ 그 빛의 뜨거운 복판이나 가장 먼 가녘에서도／ 너를 찾아 헤맬지라,／ 묻는 것도 너, 대답도 너밖에 없는／ 너를 찾아 헤맬지라― 우리의 저무는 時間이여!

―「너를 세울지라」 전문

「한국의 오월」에서 단편적으로 제시된 "나무"는 무한한 하늘을 향해 팔을 벌린 "영웅"의 이미지이다. 「너를 세울지라」는 명시적으로 드러나지 않지만 "나무"를 제재로 삼고 있다. 이 시에는 전형적인 수직적 공간 구조의 토포스가 드러난다. 나무는 "전쟁이 살을 밀고 간 목숨의 바닥"으로 표현된 지상에 뿌리를 박고 "푸르러 저렇듯 무한"한 하늘의 경계에 서있는 존재이다. 경계적 존재로서 나무는 세속에서 신성을, 유한에서 "무한" 혹은 "영원"을 지향하는 자세를 취하고 있다. "너를 세울지라"는 나무의 수직적인 경계성이 내포하는 목적론적 지향성을 시적 주체의 의지와 동일화하고자 하는 표현이다. 즉, 나무의 수직적인 형태적 이미지에 주체의 신앙적 의지가 투사되고 있는 것이다.

이러한 시편에서 "나무"는 지상과 천상의 가운데에 위치한 중간자로서 선조건에 의해 형성된 기호이다.[95] 「나무와 먼 길」, 「푸라타나스」, 「가로수」에서는 수직적 차원의 경계성이 "길"과 결부되어 수평적인 차원으로 전환된다. 그것은 "나무"의 탈신화화와 탈성화이기도 하다. 기존의 논의에서는 김현승 시에 나타난 "나무"의 이미지를 일차적 상상력의 차원에서 수직적으로 경계적인 존재로만 해석해 왔다.[96] 이와 달리 여기

---

[95] 정지용의 「나무」나, 김현승이 회심을 한 후에 쓴 「나무」(『마지막 지상에서』)는 거의 같은 구조와 의미를 지니고 있다. 그것은 종교적 상상력 혹은 기독교적 토포스의 관습적 상징에 갇혀 있기 때문이다.
[96] 김인섭, 앞의 논문, pp. 157-172. ; 유성호, 앞의 논문, pp. 67-78.

에서는 수평적인 경계화 작용에 주목한다.

> 사랑이 얼마나 중한 줄은 알지만/ 나무, 나는 아직 아름다운 그이를 모른다./ 하늘 살결에 닿아 너와 같이 머리 고운 女人을 모른다.//
> 내가 詩를 쓰는 五月이 오면/ 나무, 나는 너의 곁에서 잠잠하마./ 이루 펴지 못한 나의 展開의 이마쥬를/ 너의 공중에 팔 벌려 그 모양을 떨쳐 보이는구나!/ 나의 입술은 메말라/ 이루지 못한 내 노래의 그늘들을/ 나무, 너는 땅위에 그렇게도 가벼이 느리는구나!//
> 목마른 것들을 머금어 주는 은혜로운 午後가 오면/ 너는 네가 사랑하는 어느 물가에 어른거린다./ 그러면 나는 물속에 잠겨 어렴풋한 네 모습을/ 잠시나마 고요히 너의 영혼이라고 불러 본다.//
> 나무, 어찌하여 신께선 너에게 영혼을 주시지 않았는지/ 나는 미루어 알 수도 없지만,/ 언제나 빈 곳을 향해 두르는 희망의 척도— 너의 머리는/ 내 영혼이 못 박힌 발부리보다 아름답구나!//
> 머지 않아 가을이 오면/ 사람마다 돌아와 집을 세우는 가을이 오면,/ 나무, 너는 너의 收穫으로 前進된 어느 黃土길 위에 서서,/ 때를 맞춰 불빛보다 다스운 옷을 너의 몸에 갈아입을 테지.//
> 그리고 겨울이 오면/ 너는 머리 숙여 기도를 올릴 테지./ 부리 고운 가난한 새새끼들의 둥지를 품에 안고/ 아침 저녁 안개 속에 너는 寡婦의 머리를 숙일 테지./ 그리고 때로는/ 굽이도는 어느 먼 길 위에서,/ 겨울의 긴 여행에 호올로 나선 외로운 시인들도 만날 테지…….
> ―「나무와 먼 길」전문

「나무와 먼 길」의 1연부터 4연에서 나무는 수직적으로 경계적인 존재이다. 그것은 신앙적 자의식과 결부되어 있다. 신앙적 자의식에 기반한 종교적 상상력의 층위에서 "하늘 살결에 닿아"는 신성에 대한 지향성으로 해석된다.[97] 나무는 신성에 "닿아" 있으므로 신성을 회복한 존재가 된다. "이루 펴지 못한 나의 전개의 이마쥬를 너의 공중에 팔 벌려 그 모양을 떨쳐 보이는구나"는 "나무"가 이미 신앙적 자의식이 소망하

---
97) 유성호, 앞의 논문, p. 72.

는 구원에 이른 존재임을 나타내고 있다. 물론 이러한 나무의 신화성을 간과할 수는 없지만, 신앙적 자의식과 미적 자의식의 갈등과 긴장을 통해 수직적인 이미지도 상당히 탈성화되어 있다. 즉, 형태적인 수직성은 부각되더라도 통과제의적 경계로서의 신화적인 수직성은 깊이 감추어져 있다고 할 수 있다. 그것은 신성보다는 고독한 존재의 '아름다움'이 강조되고 있기 때문이다. "사랑이 얼마나 중한 줄은 알지만"은 기독교적 사랑의 중요성에 대한 신앙적 자의식의 표현이다. 미적 자의식은 신앙적 자의식을 누르고 "사랑"보다는 "나무"의 심미성을 지향하게 된다. 그리하여 나무의 아름다움은 시적 주체가 시적인 사유와 상상을 할 수 있게 해준다("내가 詩를 쓰는 五月이 오면 나무, 나는 너의 곁에서 잠잠하마", "나의 입술은 메말라 이루지 못한 내 노래의 그늘들을 나무, 너는 땅위에 그렇게도 가벼이 느리는구나"). 셋째연에서 시적 주체는 나무의 영혼에 대한 인식에 이른다. "너의 영혼이라고 불러본다"는 심미적 대상으로서의 나무에 시적 과정에 임하는 시적 주체의 고독한 "영혼"을 투사하려는 의지의 표현이다. 다섯째 연에 이르면 시적 주체의 "영혼"이 투사되어 나무를 동일화시킨다. 시적 주체는 자아의 미래를 회감하여 나무에 투사하여 "황토길"을 통해 수평적으로 경계화하게 된다. 즉, "나무"를 시적 순간으로서 경계적 상태에 침잠하는 배회하는 자아와 동일화하는 것이다. 마지막연에서 나무는 이제 "먼 길"에 배회하는 존재가 되어버린다. 그것은 "긴 여행에 호올로 나선 외로운 시인"과 등질적인 존재이다.

　　꿈을 아느냐 네게 물으면,/ 푸라타나스,/ 너의 머리는 어느덧 파아란 하늘에 젖어 있다.//
　　너는 사모할 줄을 모르나,/ 푸라타나스,/ 너는 네게 있는 것으로 그늘을 늘인다.//

먼 길에 올 제,/ 홀로 되어 외로울 제,/ 푸라타나스,/ 너는 그 길을 나와 같이 걸었다.//

이제 너의 뿌리 깊이/ 나의 영혼을 불어넣고 가도 좋으련만,/ 푸라타나스,/ 나는 너와 함께 神이 아니다!//

수고론 우리의 길이 다하는 어느 날,/ 푸라타나스,/ 너를 맞아 줄 검은 흙이 먼 곳에 따로이 있느냐?/ 나는 오직 너를 지켜 네 이웃이 되고 싶을 뿐,/ 그곳은 아름다운 별과 나의 사랑하는 窓이 열린 길이다.

― 「푸라타나스」 전문

窓들이 아름다운 午前의 길 위에선/ 옷이라도 펼쳐 깔 듯하는/ 너이의 異國風景……//

汽車에서 나려/ 처음 올라온/ 낯선 舖道에서도/ 友情 짙은/ 너이/ 그늘……/ 우리는 어차피/ 먼 나라에 영혼을 두고 온/ 에트랑제,/ 肉體가 피로울 제/ 異國種― 너이 무늬에 기대어 본다.// 봄도 가고/ 여름도 가고/ 또 一年이 지나면, 사는 것이 사는 것이 더욱 무거워지건만,/ 오가는/ 너이 어깨 사이사이에서/ 찬 바람에 옷깃을 세우면,/ 어느덧/ 우리들의 友情도/ 古都처럼 깊어 간다.

― 「가로수」 전문

「푸라타너스」의 첫째연에서 나무의 상층 공간으로서 "파아란 하늘", 둘째연에서 하층 공간으로서 "그늘"이 제시된다. 여기에 신화성은 드러나지 않지만 형태적 이미지의 차원에서 나무는 수직적으로 경계적인 존재로 형상화되고 있다. 셋째연에서는 "길"과 결부되어 "나무"가 수평적으로 경계화된다. '먼 길에 홀로 되어 외로운' 배회하는 자아가 "푸라타나스"를 동일화시켜 동반자를 생성하는 것이다. "길" 위에 있는 수평적으로 경계적인 존재로서 "푸라타나스"와 배회하는 자아는 "맞아 줄" 목적지가 없다. "따로이 있느냐?"는 목적지 없음을 설의법으로 강조해 주고 있다. 시인에게 시적 과정을 가능하게 해주는 경계적 영역으로서 "길"은 바로 시적인 세계로서의 "아름다운 별"과 "사랑하는 창"을 생산하는 공간이다. 그 공간은 군중적인 삶의 세계에 형성된 관계에서 물러나 혼자 사유와 상상에 잠길 수 있는 고독을 마련해 준다. 주체의 경계화 의지는 "푸라타나스"를 경계화시켜 동일화하면서 동시에 주체의 고독을 동반해주는 에고를 부여하여("네 이웃이 되고 싶을 뿐") 고독의 이면에 깃들어 있는 고통을 완화시킨다.

수평적 차원에서 경계화 의지의 투사대상으로서 "나무"는 "길"과 결부되어 있는 "가로수", "푸라타나스"이다. 그것은 외래수종이기에 「가로수」에서는 자연스럽게 "에트랑제"에 비유된다. "에트랑제"는 그가 몸담고 있는 세계와 소통이 불가능한 존재이다.98) 즉 경계적 상태에 놓여있는 고독한 자아의 기호이다. 그리하여 시적 주체는 "우리는 어차피 먼 나라에 영혼을 두고 온 에트랑제"라고 자아와 가로수를 동일화한다. 시적 주체는 경계화 의지를 "가로수"에 투사하여 경계화시키는 것이다.

이 절에서는 "까마귀"와 "나무"의 이미지를 중심으로 시적 주체의 경계화 의지가 대상을 경계화하는 양상을 검토하였다. 경계화 의지는 일차적 상상력의 층위에서 수직적으로 경계적인 "까마귀"와 "나무"를 수평적으로 경계화시킨다. 이러한 투사 대상의 경계화는 경계적 상태로서 고독한 상태에서 시적 과정을 전개하는 시적 주체의 동반자를 형성한다. 다시 말해 고독한 주체는 투사를 통해 대상에 동일한 에고를 부여하여, 시적 과정을 가능하게 해주는 고독을 고통스러운 것이 아닌 동반자적인 고독으로 승화시키는 것이다.99)

---

98) '이방인'은 문학작품에서 인간 존재의 고독한 본질을 나타내는 다양한 이미지 중의 하나이다. B. L. Mijuskovic, *Loneliness in Philosophy, Psychology, and Literature*, p. 13.
99) 고독은 기본적으로 다른 에고와의 관계 결여와 관계에 대한 동경으로 구성되므로, 대상에 에고를 부여하여 관계를 형성하는 것은 고독의 고통을 제거하고, 고독한 타자에 대한 인식은 고독의 고통을 덜어준다. B. L. Mijuskovic, *Loneliness in Philosophy, Psychology, and Literature*, p. 15. ; T. Parkinson, "Loneliness of the Poet", p. 478.

3. 연금술적 상상력과 고독의 물질화

1) 시간의 주관화와 질료의 변성

김현승 시에서 경계적 상태는 심미적 대상이면서 동시에 시적 주체가 시적인 사유와 상상의 깊이에 침강하여 미적인 체험을 하는 '순간'이다. 시적 주체는 세계로부터 스스로를 격리시키고 내면에 하나의 소우주를 건설한다. 이 소우주는 현실 세계와 양립할 수 없는 '타자'로서의 시세계, "비인 도가니 나의 마음"[100]이다. 통과제의적 상상력의 차원에서 이미지의 형상화 방식이 주로 외적 투사에 의존하고 있다면, 연금술적 상상력의 차원에서는 이미지는 대체로 내적 투사 혹은 동화에 의해 생성된다. 즉, 연금술적 상상력은 외적 대상을 내면으로 끌어와 마음 속에 하나의 세계를 형성한다. 김현승 시에서 '연금술적 도가니'[101]인 "마음" 속에서 삶을 표상하는 유기물들은 건조하고 견고한 무기물들로 결정(結晶)된다. 신화적-종교적 상상력의 차원의 일차적인 연금술적 상상력에서 질료의 변성은 종국적으로 신성을 지향하게 되지만[102] 이차적 상상력은 궁극적 물질을 탈성화한다. 그리하여 마음은 신적인 물질을 생산하는 공간이 아니라 미적인 것을 절대화하는 공간이 된다.

「마음의 집」은 주체가 외적 세계에 대한 타자로서의 시세계를 형성하는 공간인 "마음"에 대한 인식을 비교적 선명하게 보여준다.

> 네 마음은/ 네 안에 있다 하지만,/ 나는 내 마음 안에/ 있다./ 마치 달팽이가 제 작은 집을/ 사랑하듯……//

---

[100] 「이별에게」
[101] alchemical furnace는 우주의 모형인 소우주이며 연금술적 상상력은 이 소우주로서 마음 속에서 자아 혹은 세계를 변형시킨다. C. G. Jung, *Psychology and Alchemy*, pp. 236-238.
[102] 연금술적 상상력은 마음속의 대립적인 요소들을 통합하는 '융합의 비의', '신비적 합일'(*mysterium coniunctionis, unio mystica*)의 과정을 거치면서 신적인 완전성으로 접근해나간다. 그것은 광물적 이미지를 통해 형상화되지만 진정한 목적은 물질의 변성이 아니라 주체의 존재론적 변용이다. J. Chodorow, *op. cit.*, pp. 166-174.

나의 피를 뿌리고/ 살을 찢던/ 네 이빨과 네 칼날도/ 내 마음의 아늑한 품 속에선/ 어린아이와 같이 잠들고 만다./ 마치 진흙 속에 묻히는 납덩이와도 같이.//

내 작은 손바닥처럼/ 내 조그만 마음은/ 이 세상 모든 榮光을 가리울 수도 있고,/ 누룩을 넣은 빵과 같이,/ 아, 때로는 향기롭게 스스로 부풀기도 한다!//

東洋의 智慧로 말하면/ 가장 큰 것은 없는 것이다./ 내 마음은 그 가없음을/ 내 그릇에 알맞게 줄여 넣은 듯,/ 바래움의 입김을 불면 한없이 커진다./ 그러나 나의 지혜는 또한/ 風船처럼 터지지 않을 때까지만 그것을……//

네 마음은/ 네 안에 있으나/ 나는 내 마음 안에 살고 있다./ 꽃의 아름다움은 제 가시와 살보다/ 제 뿌리 안에 더 풍성하게 피어나듯

― 「마음의 집」 전문

"마음"은 하나의 세계로서 "집"이다. "집"은 소우주의 기호로서 대우주("가장 큰 것", "가없음")를 "알맞게 줄여 넣은" 공간이다. 그 공간은 외적 세계와 화해할 수 없는 거부와 배타성을 가지고 있다. "달팽이", "이빨", "칼날"에는 그러한 비타협성이 함축되어 있다. "달팽이"의 껍질은 열매의 껍질과도 같이 외적 세계와 내면을 단절시키기 때문이다. "이빨"과 "칼날"은 세계에 대한 '적의'와 '불화'[103]를 함축하고 있다. 그것은 "피를 뿌리고 살을 찢"는 무기이기 때문이다. 이러한 이미지들이 마음을 세계로부터 격리된 타자로서의 세계이게 하는 것이다. 세계와 타협할 수 없는 내면세계는 "내 마음의 아늑한 품 속"이다. 즉, "마음"은 적의와 불화가 안락함으로 변성하는 공간이다. "이빨"과 "칼날"이 '어린 아이의 잠'으로 변성하는 것은 그것을 방증한다. "어린 아이"는 물질적인 순수성과 본래성을 의미한다. 그러므로 "마음"은 질료의 본래성을 회

---

[103] 실제로 시인 김현승이 세계와 잦은 불화를 갖은 사실은 이미 널리 알려져 있다. 그것은 물론 청교도 정신에서 기인한다고 볼 수도 있지만, 비단 종교적인 차원이 아니라 기질적인 거부와 배타성 때문이라고 볼 수도 있다. 권영진, 「커피, 서부극 그리고 철저한 프로정신」, 『시문학』, 2000. 8.

복시켜주는 '연금술적 도가니'이다. "연금술적 도가니"는 질료의 변성을 도모하는 '흙'이라는 대우주적 공간의 축소판이기 때문에 "마음"은 "진흙"에 비유되는 것이다. "마치 진흙 속에 묻히는 납덩이와도 같이"는 "이빨"과 "칼날"이 '어린 아이의 잠'으로 변성하는 것과 등가관계를 이루는 표현이므로 "납덩이"는 질료변성의 궁극적 산물로서 본래적인 물질이고 본래적 자아의 기호이다. 납에 잠재된 주된 물질성인 무게가 내면으로 깊숙하게 가라앉는 자아의 이미지를 형상화하여 스스로에 침하하는 깊이를 보여주게 된다. 주체가 침잠하는 내면의 세계는 "조그만 마음", 즉 소박한 세계이므로 세속적으로 거창한 "영광" 따위를 쉽게 무시하고, 다른 차원에서 "누룩을 넣은 빵과 같이" '팽창하는 자아(Moi expansif)'[104]를 경험할 수 있게 해준다. 이 시에서 '팽창하는 자아' 혹은 '자아 팽창(ego inflation)'[105]은 자아가 분열증적으로 증식하는 증후가 아니라 동경하는 어떠한 이상적 상태나 본래적 상태와 동일시 될 때 느끼는 감정이다. 이 시에서 본래적이고 이상적인 상태는 내면의 깊이에 침잠하는 상태로서 고독한 자아의 상태이다. 내면의 깊숙한 공간에 다다른 주체의 고독한 감정이 "빵"과 "풍선"의 이미지로 형상화되고 있다. 그러므로 자아 팽창의 체험은 고독한 자아의 체험과 등질적인 것이다. 마지막 연에서 "꽃의 아름다움은……제 뿌리 안에 더 풍성하게 피어나듯"은 그것이 심미적 체험과 시적 생산의 경험과 동일함을 보여준다. "뿌리"는 근원, 즉 본래성을 의미하므로 본래적 자아인 고독한 자아의 상태와 등가를 이룬다. 그러므로 뿌리 안에서 꽃의 아름다움이 피어난다는 것은 본래적인 상태에서 진정으로 심미적인 것이 생성된다는 것을 의미한다.

 김현승 시에서 심미적인 것은 주로 거부와 배타의 물질성을 함축하는

---

[104] J.-P. Richard, *Poesie et Profondeur*, pp. 139-146.
[105] M. Jacoby, *Individuation and Narcissism-The Psychology of the Self in Jung and Kohut*, London & New York : Routledge 1985, p. 40.

견고한 물질이다. 견고한 물질들은 본래적이고 완전한 것으로서 거부와 배타성을 지닌 주체의 고독한 감정의 이미지이다. "꽃", "낙엽"과 같은 불순하고 부서지기 쉬운 물질들이 "열매"와 같은 견고한 물질로 전이하는 자연의 현상은 "마음"의 연금술적 도가니 안으로 회감되어 주체의 감정과 융화된다.

(가) 꽃들은 떨어져 열매 속에/ 그 화려한 자태를 감추듯……
―「밤은 영양이 풍부하다」부분

(나) 말들은 꽃잎처럼 피고 지더니/ 눈물은 내 가슴에/ 보석과 같이 오래 남는다.(중략)
굳은 열매와 같이/ 종자 속에 길이 남을 것이다!
―「가을의 비명」부분

(다) 아름다운 나무의 꽃이 시듦을 보시고/ 열매를 맺게 하신 당신은
―「눈물」부분

(라) 뜨거운 햇빛과 꽃들의 피와 살은 단단한 열매 속에 고요히 스며들 것이다.
―「가을이 오는 달」부분

(마) 지우심으로/ 지우심으로/ 그 얼굴 아로새겨 놓으실 줄이야……// 흩으심으로/ 꽃잎처럼 우릴 흩으심으로/ 열매 맺게 하실 줄이야……// 비우심으로/ 비우심으로/ 비인 도가니 나의 마음을 울리실 줄이야……// 사라져/ 오오,/ 영원을 세우실 줄이야……// 어둠 속에/ 어둠 속에/ 보석들의 광채를 길이 담아두시는/ 밤과 같은 당신은, 오오, 누구이오니까!
―「離別에게」전문

인용한 시편들에서 "꽃"은 불완전과 덧없음의 기호이고, "열매"는 완

전과 영원의 기호이다. "꽃"은 '떨어지고', '시드는' 물질인 반면 "열매"는 "종자 속에 길이 남"는 물질이기 때문이다. 김현승 시에서 "꽃"과 "낙엽"이 지고 "열매"가 맺는 것은 우주의 진리이다. 그것은 시적 주체가 세계를 목적론적인 움직임으로 파악하고 있다는 것을 말한다. 주체는 세계를 불완전한 요소들을 완전에 통합시켜나가는 전이적인 과정으로 파악하고 있는 것이다. 목적을 향한 세계의 움직임을 유도하는 절대적 원인자(absolute cause) 혹은 목적이 "당신"이다. 일차적 상상력의 층위에서 본다면 "당신"은 신성이다. 신성은 세계의 움직임을 유도하는 원인자이면서 완전과 영원인 목적 자체이다. 그러므로 종교적인 연금술적 상상력의 층위에서 목적으로서 "열매"는 신적인 완전성에 해당하는 물질로 해석된다. 즉, 신성으로서 "열매"가 목적이면서 동시에 원인인 것이다. 그러나 (마)의 제목을 고려한다면 "당신"은 "열매"가 아니라 "이별"이다. "이별"을 인격화하여 "당신"이라 부르고 있다. 이 시에서 "이별"은 '사라짐' 자체이기 때문에 이차적 상상력의 층위에서 세계의 움직임을 생성하는 것은 '사라짐'으로 볼 수 있다.[106] "이별" 혹은 '사라짐'을 신성으로 단정할 수는 없을 것이다. 구조적으로 보면 '사라짐'은, "지우심", "흩으심", "비우심", "어둠"("밤")과 등가를 이루고 있다. 이러한 소멸의 이미지들에 뒤따르는 것은 각각, '아로새긴 얼굴', "열매", "도가니", "영원", "보석"과 같은 견고하고 영원한 물질들이다. 이러한 이미지의 변형 혹은 변성은 자연에서는 동시에 관찰하기 어렵다. 주체의 의지가 시간을 주관화하여 자연적인 전이적 과정을 단축시킨 것이다. 즉, 이러한 변화와 변성의 과정은 "비인 도가니 나의 마음" 속에서 일어나는 것이다. 신성이 아니라 주체의 의지가 "마음" 속에서 불완전한 요소들을 소멸시키고 견고하고 완전한 물질을 생성하는 것이다. 완전하고 영원한 물질들은

---

[106] 곽광수, 「김현승의 「이별에게」-사라짐의 가치」,김용직외 편, 『한국현대시 작품론』, 문장, 1984, p. 336.

마지막 연의 "보석"에 수렴하는데, 그 "보석"은 "어둠 속에" "광채를 길이 담아두시는" 물질이다. 보석은 신성한 태양과 같이 어둠을 몰아내고 세계를 두루 비추는 존재가 아니라 어둠에 갇혀 홀로 빛나는 물질이다. 그러므로 이차적 상상력의 차원에서 보석은 주체의 고독 혹은 고독한 자아를 형상화하고 있다. 그것은 어둠 속에서 길이 빛난다는 점에서 미래를 담고 있다. 여기에서 미래는 과거, 현재, 미래로 분절되는 시간이 아니라 "영원"이라는 덩어리에 응축된 무시간성이다. 주체는 고독한 자아로서의 "보석"을 보며 그것의 과거와 미래를 '회감(Erinnerung)'[107]하여 "영원"이라는 무시간적 순간에 통합시키는 것이다. 즉, "보석"에는 '사라짐'이라는 과거와 "영원"이라는 미래가 '융화(Ineinander)'된다. 주체의 회감이 '사라져 영원으로 이어지는 세계'를 내면으로 끌어들여 "보석"으로 표상되는 고독한 자아와 동화시키는 것이다. "비인 도가니 나의 마음"의 '연금술적 도가니'에서 불완전한 질료들은 용해되어 완전하고 영원한 미래와 융화하여 보석을 생성하는 것이다. "보석"은 고독한 자아의 이미지이고 동시에 과거와 현재, 미래를 담아내는 고독한 '순간'이다. 「어제」에는 광물화를 통한 시간의 주관화와 질료 변성이 나타난다.

> 어제,/ 그 時間을/ 비에 젖은 뽀오얀 창 밖에 넣어 보자.//
> 어제,/ 그 時間 옆에/ 멀리 검은 나무를 심어 두자,/ 오랜 그늘을 지키는……//
> 어제,/ 그 時間을/ 정한 눈물로 닦아 두자,/ 내게는 이제 다른 寶石은/ 빛나지 않으려니……
>
> ―「어제」 전문

---

[107] 슈타이거는 회감을 '주체와 객체의 간격 부재', '서정적인 상호 융화(Ineinander)' 등으로 규정하며, 현재의 것, 과거의 것, 심지어 미래의 것도 서정시 속에 회감될 수 있다고 본다. E. Staiger, *Grundbegriffe der Poetik*, 오현일·이유영 역, 『시학의 근본개념』, 삼중당, 1976, p. 96.

"어제"는 지나온 삶을 의미한다. 시적 주체는 지나온 시간을 창 밖의 풍경으로 공간화시켜 회감의 대상으로 설정한다. 그리하여 과거가 하나의 외적 세계가 된다면, 주체의 내면은 창 안의 세계가 된다. 회감은 외면적인 세계를 내면으로 끌어들여 미적인 것으로 융화시킨다. 외면적 세계가 심미적인 것으로 융화되기 위해서는 시적 거리와 여과의 과정이 요구된다. 시적 거리와 여과는 외적 대상의 결점과 불완전성을 은폐하고 미화하여 심미적인 것으로 동화시킨다. "뽀오얀 창"은 시적 대상으로 공간화된 과거와 주체의 거리를 확보해주고, "비"는 대상의 결점을 씻어내어 정화하고 여과시켜준다. 주체의 회감은 외적 세계로서 과거를 내면으로 불러들여 다시 한 번 "눈물"로 정화시키고 미화시킨다. "비"와 "창"이 외적 공간과 내면공간의 경계에 있다면, "눈물"은 내면 공간에 속하는 것이기 때문이다. 이제 지나온 삶은 "눈물"이라는 정화와 여과의 과정을 통해 "보석"이라는 결정체로 생성된다. "보석"은 비단 과거만을 응축시키지는 않는다. 이미 보석 속에는 '영원'과 '완전'이라는 물질성이 결정되어 영원한 미래를 담아 무시간적 순간을 형성한다. 고독한 순간이 무시간적 영원으로 흐르게 되는 것이다.

> 사랑은 마음의/ 寶石은 눈의/ 술.//
> 어느것은 타오르는 불꽃과 밤의 숨소리가/ 그 絶頂에서 눈을 감고.//
> 어느것은 영혼의 意味마자 온전히 빼어 버린/ 깨끗한 입술.//
> 그것은 炭素빛 탄식들이 쌓이고 또 쌓이어/ 오랜 기억의 바다에 단단한 무늬를 짓고.//
> 그것은 그 차거운 結晶 속에/ 변함없이 빛나는 애련한 이마쥬.//
> 그리하여 彈丸보다도 맹렬한 사모침으로/ 그것은 圓滿한 가슴 한복판에서 터진다.//
> 나는 이것들을 더욱 아름답고 더욱 단단한/ 하나의 醉함으로 만들기 위하여,/ 불붙는 太陽을 향하여 어느 날/ 이것들을 던졌다!/그러나 이

눈의 눈동자, 입을 여는 혀의 첫 마디,/ 이 敵과 같이 頑强한 빛의 盟誓는/ 더 무너질 길이 없어,/ 날마다 날마다 그 빛의 뜨거운 품 안에서/ 더욱 더 새롭게 타는 것이다.//

―「寶石」

이 작품은 보석에 대한 시적인 사유와 몽상을 담고 있다.108) "보석은 눈의 술"이라는 것은 눈을 도취시키기 때문이다. 눈을 도취시켜 심미체험의 "절정"에 이르게 하여 "눈을 감고" 마음의 연금술적 도가니 안에서 보석의 과거와 미래를 몽상하여 회감하게 한다. 보석은 모든 것이 제거되고 "영혼의 의미마저 온전히 빼어" 버리고, "깨끗한 입술"이라는 심미성만이 남아있는 존재이다. 시적 주체는 보석의 심미적 현재 속으로 과거와 미래를 회감하여 들인다. 보석의 과거는 "탄소빛 탄식"이고 주체의 "오랜 기억"이다. 그러한 불순한 요소들이 여과되고 정련되어, 과거가 융화되고 "결정"되어 보석은 본질적인 요소만 남은 "애련한 이마쥬"로 빛난다. "가슴 한복판에서 터진다"는 보석의 심미성과 동화된 자아의 팽창감을 드러내고 있다. 심미체험의 팽창은 증식되어 보석의 미래를 회감하게 한다. 불순하고 불완전한 물질은 시간에 부패하고 불타서 재가 되지만, 마음의 연금술적 도가니 안에서 정화와 정련을 거친 보석은 "불붙는 태양" 속에서 "더욱 아름답고 더욱 단단"해지며 "더욱 더 새롭게" 타는 미래를 끌어들여 과거와 융화하여 응축된 시적 순간을 형상화하고 있다. 다시 말해 보석에 관한 몽상은 보석이 겪어오고 겪어나아갈 경험적 운명이 아니라 시적 주체의 몽상이 창조하는 시적인 운명의 순간에

---

108) 어떠한 대상에 대한 몽상은 대상의 과거와 미래에 대해서 몽상하게 한다. 대상은 이미 자신 안에 과거와 미래를 담고 있다. 그 과거와 미래는 대상이 겪어오고 겪어갈 경험이 아니라 몽상이 창조하는 시적인 운명이다. 불에 관한 몽상은 불의 운명을, 보석에 관한 몽상은 보석의 운명을 몽상하게 한다. 대상의 운명은 대상 속에 투사된 혹은 대상과 동화된 주체의 운명이다. G. Bachelard, *La Flamme D'une Chandelle*, 이가림 역, 『촛불의 미학』, 문예출판사, 1997, pp. 21-25. ; G. Bachelard, "La Terre et les Reveries la Volonte", 민희식역, 『불의 정신분석·초의 불꽃·대지와 의지의 몽상』, 삼성출판사, 1985, pp. 384-385.

담긴 영원을 회감하게 한다.

>   푸른 잎새들이 떨어져 버리면,/ 내 마음에/ 다스운 보금자리를 남게 하는/ 時間의 마른 가지들……//
>   내 마음은 사라진 것들의/ 푸리숩을 버리지 아니하는/ 寶石箱子……//
>   사는날, 사는 동안 길이 매만져질,/ 그것은 변함없는 時間의 結晶體!//
>   지향없는 길에서나마,/ 더욱 오래인 동안 머물었어야 했던 일들이/ 지금은 애련히 떠오르는,// 그것은 내 마음의 오랜 도가니─ 이 질그릇 같은 것에/ 낡은 무늬인 양/ 눈물과 얼룩이라도 지워가고자운 마음,//
>   모든 것은 가고 말았구나!/ 더욱 빨리 ……더욱 아름다이……
>   ─「古典主義者」 전문

「고전주의자」는 이러한 시적인 운명에 관한 회감과 몽상을 직접적으로 노출시키고 있다. 첫째연은 "푸른 잎새"에서 "마른 가지"로 이미지를 비약시켜 시간의 흐름과 자연의 변화 과정을 단축시켜 보여준다. 자연적 시간의 흐름과 변화의 주관적 단축은 외면적 세계에 대한 회감이 아니라 내면에서 이루어지는 자신의 과거에 대한 회감이다. "시간의 마른 가지"에서 "시간"은 자신의 과거이다. 지나온 삶은 "마른 가지"라는 메마르고 견고한 물질성을 가진 결정체로 응축되는 것이다. 이 메마름과 견고함의 물질성이 외면적 세계와의 관계에서 시선을 떼어 내면의 세계로 진입하는 회감 순간의 고독감을 형상화하여 준다. 내면의 세계는 "사라진 것들"인 과거가 융화되어 형성된 하나의 시적 세계로서 심미적인 것으로 충만한 "보석상자"이다. 그 세계는 연금술적 정화와 정련을 거쳐 형성된 "변함없는" 완전하고 영원한 "결정체"이다. 김현승 시에서 그 결정체는 "보석"이나 "열매"와 함께 고독한 순간 혹은 시적 순간의 무시간적 영원을 표상한다. "마음의 오랜 도가니"는 시적인 몽상과 회감을 통하여 무시간적인 영원으로서 고독한 순간을 결정화하는 연금술적 도가니이다. "사라진 것"들에 대한 회감에서 생성되는 슬픔과 함께 연금술적 도가니 속으로 진입한 과거는 미래에 뒤섞여 눈물로 얼룩이 지게 된다("눈물이나 얼룩이라도 지워가고자운 마음"). 연금술적 도가니인 마음이 과거를 결정화하여 "눈물"(혹은 "얼룩")의 영원성을 생성하고 그 영원성은 미래를 담아내어 "결정체"와 등가적으로 회감 순간의 고독감이 갖는 영원성을 형상화하게 되는 것이다. 회감을 통하여 시간을 물질화시키고 변성시키는 공간인 "내 마음의 오랜 도가니"는 「내 마음 흙이 되어」에서 "흙"으로 변주된다.

> 이름 모를 南과 北,/ 또 南과 北,/ 그 빈 하늘에 쫓던 내 마음의 날개,/ 이제는 땅에 내려와/ 아주 가까운 땅이 되어 버려,/ 내게는 처음이 될지도 모르는/ 이 마지막 봄비에 소리도 없이 젖어 보고 싶다.//
> 저어 가도 끝없는 抽象의 바다,/ 거칠은 思想의 물결 위에/ 이리 저리 흔들려 조각조각 깨어진/ 내 마음의 거품들,/ 이제는 땅에 올라와/ 든든한 땅에 발을 딛고,/ 내게는 처음이 될지도 모르는/ 이 마지막 봄기운에 단 한 알의 꽃씨라도/ 내 것으로 품어보고 싶다.//
> 그 큰 希望을 寶石으로 조려/ 별을 안던 내 마음,/ 바람에도 흐르고 구름에도 가리우던 내 마음,/ 이제는 나를 낳은 땅에 내려다,/ 이 봄이 오는 내 祖國의 山河에/ 이름 없이 딩구는/ 하나의 풀잎과 한 개의 돌멩이로/ 어루만지며 어루만지며 살고 싶다.
> ―「내 마음 흙이 되어」 전문

"흙"은 가장 보편적인 연금술적 이미지 중의 하나이다. 대우주에서 "흙"은 광물을 길러내고 불순한 요소들을 제거하고 정화와 정련 과정을 통해 신적인 완전성에 조응하는 물질로 변성시키는 하나의 연금술적 도가니이다.[109] 이 작품에서 "내 마음"이 "땅에 내려와" 흙이 되고 싶다는 것은 '마음의 연금술적 도가니'인 내면에 침하하고자 하는 의지의 표현

---

[109] M. Eliade, *Forgerons et Alchemistes*, pp. 46-57. ; G. Bachelard, *La Terre et les Reveries la Volonte*, pp. 350-352.

이다. 그 의지는 "하늘"과 "바다"로 표상되는 군중에 휩쓸린 외면적인 삶으로서 과거를 회감하여 마음의 기호인 "땅"으로 끌어온다. 과거가 회감되어 서정적 내면세계로 진입하는 것이다. "봄비"는 외면적인 삶으로서 과거가 단지 내면적 세계로 진입하는 데서 멈추지 않고 주체의 마음인 "흙"에 융화되도록 해준다. "흙"과 연합한 "봄비"의 이미지는 "봄기운"과 "꽃씨"의 이미지를 연상시킨다. 물에 속하는 "봄비"와 불에 속하는 "봄기운"은 땅에 내려와 흙에 파묻혀서 이미 광물화된 과거의 성장과 변성을 촉진하는 요소이다. "꽃씨"는 주체의 내밀한 회감과 연상을 통해 과거가 응축된 물질이다. 즉 첫째연과 둘째연에서 이미지는 회감과 연상에 의해 '하늘과 바다 → 땅 → 봄비와 봄기운 → 꽃씨'으로 전개되어 궁극적으로 "꽃씨"에 수렴하게 되는 것이다. "꽃씨"는 "흙", "봄비", "봄기운"과 결합되어 있기 때문에 곧 발아(發芽)할 미래까지 함축하게되고, 그 미래는 셋째연에서 "풀잎"의 이미지로 제시되고 있다. 결국 "꽃씨"는 과거, 현재, 미래가 회감을 통하여 융화된 물질로서 무시간적인 순간을 표상하게 되는 것이다. "꽃씨"는 셋째연에 있는 "돌멩이"와 등가물로서 하나의 결정체이다. 김현승 시에서 결정체는 완전하고 영원한 물질로서 다른 물질과 화합할 수 없는 거부와 배타성을 함축한다. 그리하여 "꽃씨"와 "돌멩이"는 회감의 순간에 감추어진 주체의 고독을 담지하게 된다.

김현승 시에서 연질이고 부서지기 쉬운 불완전한 질료들은 변형되고 변성되어 메마르고 단단하여 완전성과 영원성에 조응하는 물질로 생성된다. 일차적인 상상력으로서 종교적-연금술적 상상력의 차원에서 그것은 무의식에서 일어나는 개성화 과정의 활성화로 이해할 수 있다. 즉, 신적인 이미지를 지향하는 무의식의 목적론적 지향성이 이미지의 전이(변성과 변형)를 초래하는 것으로 해석될 것이다. 본고는 이와 달리 주체의 회감 작용으로 해석하였다. 이차적 상상력의 층위에서 주체의 회감이 물질의 형태와 물질성을 변형시키고 변성시키는 것을 보았다. 상상주체의 여가작용은 연질인 물질들에 불완전이라는 가치를 부여하고, 견고한 물질에 완전과 영원이라는 가치를 부여하고 있기 때문에, 회감은 견고한 물질들을 생성하는 것이다. 이러한 견고하고 건조한 물질들은 거부와 배타성을 통해 회감 순간의 고독을 형상화하게 된다.

2) 결정체를 통한 고독의 형상화

김현승 시에서 결정체 혹은 견고한 사물은 연금술적 상상력을 통해 형상화된다. 무의식적 지향성의 활성화를 통해 이루어지는 연금술적 상상력의 차원에서 최종적인 산물은 신적인 완전성을 갖는 광물질이다. 김현승 시에서 결정체는 영원한 것 혹은 본질적인 것을 의미한다. 연금술적 상상력에 신앙적 자의식이 침투할 경우 그러한 결정체는 신성을 띠게 되지만, 미적 자의식이 강하게 작용하는 경우에는 고독한 자아나 양심의 이미지가 된다.

종교적 차원에서 양심(Gewissen)은 신의 목소리(*vox dei*)로 양심의 체험은 신 존재의 증거가 된다.[110] 양심이 마음 속에서 하나의 자율적인 동력으로 스스로 활동하며 끊임없이 윤리적인 메시지를 전해주기 때문이다. 김현승은 신을 부정하고 나서도 양심만은 부정할 수 없었다고 산문에 적고 있다.[111] 그에게 양심은 "동물이 고도로 진화하면 저절로 일어

---

110) C. G. Jung, "Das Gewissen in Psychologischer Sicht", 이부영 역, 『현대의 신화·아이덴티티』, 삼성출판사, 1992, p. 161, p. 169.
111) "내가 이와 같은 신앙을 버리고 신을 부정한다면서도, 다만 한 가지 지금도 부정하지 못하는 것이 있기 때문이다. 그것은 인간의 양심이다. 나는 윤리적으로 현실적으로 신을 부정할 수 있으면서도 내 안에서 활동하고 명령하고 있는 양심은 부정할 길이 없다. 그러면 이 양심은 어떻게 된 것인가? 그것은 동물이 고도로 진화하면 저절로 일어나는 현상일까? 그러나 아직까지는 그렇게 생각되지는 않는다. 그렇게 생각하기에는 양심은 너무도 존귀하고 너무도 신성에 가득 차 있다. 신을 모든 조건에서 일일이 부정하다가도 이 양심의 존엄성

나는 현상"으로 보기에는 "너무도 존귀하고 너무도 신성에 가득 차 있"는 것이었다. 그것은 시인이 신을 부정하여 전적으로 무신론(atheism)으로 돌아선 것이 아니라 불가지론(agnosticism)에 머무르고 있다는 것을 방증해준다. 그는 양심을 신의 목소리까지는 아니더라도 최소한 신성하게 여기고 있었다. 신을 부정하고 신성한 양심을 절대적이고 본질적인 것으로 수용하게된 것이다. 산문에서와 달리 김현승 시에서 "양심"은 신성보다도 세계에 대한 거부와 배타성이 강조된다. 그것은 시인이 기독교를 부정하였더라도 기본적으로 원죄론에 기초한 세계관을 가지고 있었기 때문이다. 원죄론의 차원에서 세계는 죄와 악의 정황이므로 양심은 세계에 대한 거부와 배타, 그리고 세계와의 불화를 생성한다.

> 모든 것은 나의 안에서/ 물과 피로 肉體를 이루어 가도,//
> 너의 밝은 銀빛은 모나고 粉碎되지 않아,//
> 드디어는 無形하리만큼 부드러운/ 나의 꿈과 사랑과 나의 秘密을,/ 살에 박힌 破片처럼 쉬지 않고 찌른다.//
> 모든 것은 燃燒되고 취하여 燈불을 향하여도,/ 너만은 물러나와 호올로 눈물을 맺는 달밤……//
> 너의 차거운 金屬性으로/ 오늘의 武器를 다져가도 좋을,//
> 그것은 가장 동지적이고 격렬한 싸움!
> ―「良心의 金屬性」 전문

「양심의 금속성」에서 "물과 피로" 이루어진 "육체"는 비본질적이고 사라지기 쉬운 물질인 반면 "금속성"인 "양심"은 "모나고 분쇄되지" 않는 본질적이고 영원한 것이다. "금속성"이라는 본질적인 결정체인 "양심"은 삶을 표상하는 질료들인 "무형하리만큼 부드러운 나의 꿈과 사랑과 나의 비밀"과 불화관계에 놓인다. 물질성의 차원에서 전자는 단단하

에 생각이 미치면, 그것은 진화의 결과이기보다는 누군가에게서 주어진 것 같다고 생각하지 않을 수 없게 된다." 『孤獨과 詩』, p. 211.

고 견고하여 거부와 배타의 성질을 지니고 있는 반면, 후자는 "물과 피"와 마찬가지로 변하기 쉽고, 또 쉽게 타협하고 섞일 수 있는 물질성을 지니고 있기 때문이다. 후자는 타협하기 쉽고 변하기 쉬운 죄와 악의 정황으로서 세계이고, 전자인 "양심"은 타협하지 않고 "호올로" 있는 본래적 자아이다. "모든 것은 연소되고 취하여 등불을 향하여도"에서 "모든 것"이 등불을 향하여 모여드는 각다귀떼 같은 세속적이고 군중적인 삶이라면, "호올로" '물러나오는' "양심"은 타협을 모르는 본래적 자아의 이미지이다. "양심"은 악의 정황으로서 세계와 타협하지 않고 본래적인 것을 지켜주기 때문에 "무기"에 비유된다. "무기"는 쉽게 변하고 타협하는 세계에 대한 불화를 표상한다. 그리하여 그것은 본래적인 것을 지키기 위해 불순한 요소들을 '찌르는' "싸움"을 생성한다. 세계와의 싸움을 위한 "무기"는 그러나 세계에 뛰어들어 군중의 목을 치지는 않는다. "무기"는 내면 깊숙이 간직된 "양심"으로서 본래적 자아를 지킬 뿐이다.

(가) 빼지 않은 칼은/ 빼어 든 칼보다/ 더 날카로운 법// 빼어든 칼은/ 원수를 두려워하지만/ 빼지 않은 칼은/ 원수보다 강한/ 저를 더 두려워한다.// 빼어 든 칼은/ 이 어두운 밤 이슬에/ 이윽고 녹슬고 말지만/ 빼어들지 않은 칼은/ 저를 지킨다./ 이 어둠의 눈물이/ 소금이 되어 우리의 뺨에서 마를 때까지……
― 「武器의 意味 1」 전문

(나) 가장 날카로운 칼과/ 가장 날카로운 고백은/ 다르지 않다.// 가장 날카로운 칼은/ 그 칼에/ 그리하여 저의 낯을 비춰 본다.// 그리하여/ 가장 날카로운 칼은/ 꽃잎 앞에도 무릎을 꿇고,/ 그 꽃잎은/ 그 칼을 쥔 손목에/ 입을 맞춘다.// 그리하여/ 칼집 속에/ 칼을 잠들게 하고서/ 우리는 勝利를 얻는다.// 밤 이슬에 녹슬지 않는 그 빛나는/ 이름으로/ 우리는 누구의 勝利도 아닌.
― 「武器의 意味 2」 전문

(다) 원수는/ 그 굳은 돌에/ 내 칼을 갈게 하지만,// 인내는/ 이 어둠의 이슬 앞에/ 내 칼을 부질없이 녹슬게 하지 않는다.// 나는 내 칼날을 칼집에 꽂아 둔다./ 이 어둠의 연약한 이슬이/ 오는 햇빛에 눈부시어 마를 때까지……

―「忍耐」전문

"칼"은 "양심의 금속성"이라는 결정체의 변이체(variant)이다. 그것은 자기 자신의 본래성을 지키기 위한 무기로서 세계에 대한 적의와 불화를 함축하고 있다. 인용한 시편들에서 악과 죄의 정황으로서 세계는 "어둠"과 "밤"으로 표상되고 있다. 칼은 죄와 악으로 어두워진 세계에서 홀로 "빛나는" 존재이다. 「무기의 의미 1」에서 "칼"은 세계의 어둠을 징벌하는 존재가 아니라 '저를 지키는', 다시 말해 자아의 본래성을 지키는 존재이다. 악을 응징하기 위해 어둠 속에 뛰어드는 "빼어든 칼"은 죄와 악으로 물들기 때문에("어두운 밤 이슬에 이윽고 녹슬고") "칼"은 오직 내면에서 "저를 두려워"하며, '저를 지키는' 것이다. 그리하여 「무기의 의미 2」에서는 "가장 날카로운 칼"은 "가장 날카로운 고백"에 비유된다. "고백"(confession)은 본래적 자아 혹은 이상적 자아에 비추어 자아의 결함을 반성하는 행위이다. 고백의 청자는 이상적 자아에 해당하는 절대적 권위를 지녀야 한다.[112] 이 시에서 "칼"은 이상적 자아이며 절대적인 권위를 갖는다. 그리하여 "그 칼에 그리하여 저의 낯을 비춰본다"는 것은 자아의 본래성을 확인하고 지키는 행위이다. 「무기의 의미」연작에서 "칼"은 자기의 본래성을 지키는 "무기"이면서, 죄와 악에 물들지 않고 어둠 속에서 홀로 빛나는 고독한 자아로서의 이상적 자아 혹은 본래적 자아의 기호이다. 「인내」에서도 "칼"은 세계를 "원수"로 여기고 쳐서 피를 묻혀 녹슬어 악에 오염되는 존재가 아니라, "칼집에 꽂아" 두

---

[112] C. G. Jung, "The Symbolic Life", *Miscellany-The Collective Works of C. G. Jung, volume 18*, trans. R. F. C. Hull, London : Routledge & Kegan Paul, 1977, pp. 268-270.

고 세계에 대한 적의와 불화를 견디어내는 "인내"이다. "인내"는 자아의 본래성을 지키기 위한 자기와의 "고독한 싸움"이다. 「고독한 싸움」은 "싸움"이 비본질적인 것으로부터 본질적인 것을 지키기 위한 "고독한 싸움"이라는 것을 잘 보여준다.

> 그 어느 얼굴보다도/ 더욱 외롭고,/ 그 어느 손보다도/ 가장 깨끗한,// 싸움의 한복판에서,//
> 너는 사랑할 때보다도/ 더 아름답고,/ 너는 태어났을 때보다도/ 더욱 새롭다.//
> 너는 거짓을 모른다/ 너는 부끄러움을 모른다/ 지금 떨리는 네 주먹은 벗은 네 全身보다/ 더 正直하다!//
> 너는 지금 춤춘다/ 가장 아름답게 네가 빼앗을 네 題目을./ 너는 지금 고백한다/ 世界보다 강한 네 목숨을.//
> 너는 피와 같은 꿈을 흘린다/ 너는 이미 뜻은 아니다/ 너는 지금 꽃과 같이 피어 있다!//
> 지금 사람들은 너를 피한다/ 너에게서 차츰 멀어져 간다/ 너는 오직 너와 함께 모든 바람을/ 벌판에서 거느리고……//
> 지금 떠날 사람은 떠나 가고/ 남아야 할 남은/ 너는 오직 싸움이다!/ 오오, 네 안의 고독과 네 안의/ 뜨거운 사랑을 위하여 오직.//
>
> ―「고독한 싸움」 전문

이 시에서 적은 보이지 않고 다만 "고독한 싸움"이 있을 뿐이다. "싸움"은 자기 자신과의 싸움이기 때문이다. "싸움"이 "그 어느 얼굴보다도 더욱" '외로운' 것은 "싸움" 자체가 본래적 자아로서 고독한 자아를 지키기 위한 싸움이기 때문이다. "싸움"은 모든 불순한 것에 대항하는 내면에서의 싸움이기 때문에 "가장 깨끗한" 싸움이다. 본래적 자아로서 고독한 자아는 그 "싸움의 한복판에" 서있는 "너"이다. 제목을 고려한다면 "너"는 고독한 싸움이지만, 싸움의 한가운데서 싸움에 연료를 제공하는 적의와 불화를 생산하는 고독한 자아이기도 한 것이다. 즉, "싸움"은 "고독한 싸움"이면서 동시에 고독한 자아이다. 그러므로 고독에 긍정적 가치를 부여하고 있는 "새롭다", "거짓을 모른다", "부끄러움을 모른다", "정직하다" 등의 주어는 모두 본래성을 간직한 고독한 자아라고 할 수 있다. 고독한 자아는 아무런 결함이나 불순한 요소가 함유되지 않은 순수하고 본래적인 자아로 형상화되고 있는 것이다. "세계보다 강한 네 목숨"은 "싸움"으로서의 고독한 자아에 결정체가 갖는 견고함이라는 물질성을 부여하고 있다. 물질성을 통한 고독의 형상화는 「견고한 고독」에서 잘 드러난다.

> 껍질을 더 벗길 수도 없이/ 단단하게 마른/ 흰 얼굴.//
> 그늘에 빚지지 않고/ 어느 햇볕에도 기대지 않는/ 단 하나의 손발.//
> 모든 神들의 巨大한 正義 앞엔/ 이 가느다란 창끝으로 거슬리고,//
> 생각하던 사람들 굶주려 돌아오면/ 이 마른 떡을 하룻밤/ 네 살과 같이 떼어 주며,//
> 結晶된 빛의 눈물/ 그 이슬과 사랑에도 녹슬지 않는/ 堅固한 칼날— 발 딛지 않는/ 피와 살.//
> 뜨거운 햇빛 오랜 時間의 懷柔에도/ 더 휘지 않는/ 마를 대로 마른 木管樂器의 가을/ 그 높은 언덕에 떨어지는,/ 굳은 열매//
> 쌉쓸한 滋養/ 에 스며드는/ 에 스며드는/ 네 生命의 마지막 남은 맛!
> ―「堅固한 고독」전문

「견고한 고독」에서 고독은 사물화되는 것으로 평가된다.113) 조금 더 엄밀하게 말하자면 이 시는 고독한 자아를 사물화하는 작품이라 할 수 있다. 이 시는 시인이 산문에서 밝히고 있는 바와 같이 신을 부정하고 양심만을 믿게 된 상태의 고독한 자아상을 그리고 있기 때문이다.114) 첫

---

113) 김윤식, 앞의 책, pp. 162-164.
114) 『孤獨과 詩』, pp. 211-212.

째연은 고독한 자아의 상을 열매의 이미지로 제시하고 있다. 껍질을 더 벗길 수 없이 단단하게 말랐다는 것은 비본질적인 요소가 철저하게 배제되고 본질적인 요소만 남았다는 것을 의미한다. "흰 얼굴"은 시각적 이미지를 통하여 고독한 자아의 본래성을 표현하고 있다. 여기에서 "흰"은 불순한 색채들이 제거된 색채라고 할 수 있다.115) "흰 얼굴"이 시각적 차원에서 본래성을 형상화하고 있다면, "단단하게 마른"은 촉각적인 물질성을 통해 거부와 배타성을 형상화하고 있다. 열매의 메마름은 물질의 화합을 매개하고 촉진하는 수분이 없는 상태이므로 세계에 대한 거부와 배타성을 함축하기 때문이다. 이렇게 본다면, 1연은 시각적 차원에서 고독한 자아의 본래성을, 물질성의 차원에서 거부와 배타성을 형상화하고 있는 것이다. 둘째연에 관해서는 '아무도 믿지 않고 누구에게도 의존하지 않는 고독한 존재'116)를 형상화하고 있는 것이라고 시인이 스스로 해석을 가하고 있다. 그것은 기독교인으로서 '사랑의 공동체'에서 '벗어나는' 죄이므로 셋째연에서는 "신들의 거대한 정의"에 "창끝으로" 거슬린다고 표현된다. 여기에서 "창끝"에는 규범적 세계로서 기독교와 신성에 대한 주체의 적의와 불화가 함축되어 있다. 1연과 2연에서 고독한 자아는 아무도 믿지 않고 누구에게도 의존하지 않으며, 심지어 신과도 적의와 불화의 관계를 형성하고 있다. 김현승 시에서 이러한 고독한 자아가 개인주의나 이기주의로 치부되지 않는 것은, 4연에서와 같이 가난한 이웃에 대한 애정이 배어있기 때문이다. 그 애정은 기독교 정신에서 발생하는 것이 아니라 '양심'의 활동에서 생성되는 것이다. 그리하여 애정은 고독을 죄나 불안으로 이끌지 않고 긍정적인 가치로 유도한다. 고

---

115) 연금술적 과정은 몇 단계로 나뉘는데, 검정단계(*nigredo*), 하양단계(*albedo*), 빨강단계(*rubedo*) 등이 그것이다. 하양단계는 질료의 죽음과 재생을 통해 순수한 물질로 다시 태어나는 단계, 즉 정화의 단계이다. Jung, C. G., *Psychology and Alchemy*, p. 126, p. 169, p. 231, p. 229.
116) 『孤獨과 詩』, p. 212.

독은 불순한 물질이 정화되고 여과되어 "결정된 빛의 눈물"인 것이다. 그것은 고독 혹은 고독한 자아가 가장 순수하고 본래적인 자아라는 것을 말해준다. "결정된 빛의 눈물"은 연금술적 과정을 거쳐 형성된 완전하고 영원한 결정체이므로 더 이상 불순한 물질에 침식되지 않는다.("그 이슬과 사랑에도 녹슬지 않는") 그것은 시간의 침식("오랜 時間의 懷柔")에도 변하지 않는 '마른 가지'와 "열매"의 이미지로 변주된다. 고독한 자아를 형상화하는 이러한 견고하고 영원한 물질들은 결국 영원히 변하지 않을 것 같은 고독감을 의미한다. 마지막 연에서 "네 生命의 마지막 남은 맛"은 모든 감정이 말라 사라져도 남게 되는 주체의 고독감을 미각으로 나타내고 있다. 주체는 고독을 벗어날 수 없는 본질적인 감정으로 인식하고 있는 것이다. 고독은 본래적인 것이므로 「고독의 순금」에서는 사후에까지 이어진다.

> 하물며 몸에 묻은 사랑이나/ 짭쫄한 볼의 눈물이야.//
> 神도 없는 한 세상/ 믿음도 떠나,/ 내 고독을 純金처럼 지니고 살아왔기에/ 흙 속에 묻힌 뒤에도 그 뒤에도/ 내 고독은 또한 純金처럼 썩지 않으려가.//
> 그러나 모르리라.//
> 흙 속에 별처럼 묻혀 있기 너무도 아득하여/ 영원의 머리는 꼬리를 붙잡고/ 영원의 꼬리는 또 그 머리를 붙잡으며/ 돌면서 돌면서 다시금 태어난다면,//
> 그제 내 고독은 더욱 굳은 순금이 되어/ 누군가의 손에서 千년이고 萬년이고/ 은밀한 약속을 지켜 주든지,//
> 그렇지도 않으면/ 안개 낀 밤바다의 寶石이 되어/ 뽀야다란 밤고동 소리를 들으며/ 어디론가 더욱 먼 곳을 향해 떠나가고 있을지도······
> 　　　　　　　　　　－「고독의 純金」전문

「고독의 순금」에서 고독의 본래성과 영원성이 "순금"으로 형상화된다. "순금"은 신앙과 인간적 감정이 모두 제거되고 고독감만이 절대화된 고독한 자아의 기호이다. "사랑"이나 "눈물"은 인간적인 감정을, "신"과 "믿음"은 신앙을 표상하는 기호이다. 회감되는 화자의 지나온 삶은 인간적인 감정과 신앙, 즉 믿고 의지할 만한 인간적인 관계와 신성과의 관계에서 떼어져 있었다. 화자의 과거는 모든 적절한 관계로부터 물러나 "고독의 순금"이란 결정체로 응결되어 온 것이다. 회감되는 과거의 삶에서 본래적이고 절대적인 것은 오직 "고독"이므로, 주체의 사유는 "고독"만이 세계가 사라지더라도 남을 만한 궁극적 실재라는 인식에 이른다. 즉, "고독"은 '나'라는 유아론적(solipsistic) 의식 자체와 동질성을 확보하게 되는 것이다.[117] "고독"은 이미 세계와의 관계없이 존재하는 단자론적 의식이기 때문에, 그것이 존재하기 위해서는 어떠한 시공간적 조건도 필요하지 않다. "고독"은 세계의 가변성을 초월하여 영속적으로 존재하는 것이 된다. 이러한 유아론적 사유가 "흙 속에 묻힌" 사후에도 고독만은 영원할 것 같은 예감을 생성한다. "순금"은 고독의 완전성, 절대성, 본래성, 영원성을 형상화하는 연금술적 이미지이다. 일차적 상상력의 층위에서 "순금"은 신성에 조응하지만, 이차적 상상력이 신성을 고독으로 대체한 것이다. "순금"은 연금술적 정화와 정련을 통해 가변적인 불순물과 불완전한 원소들이 제거되어 생성된 물질이기 때문에 더 이상 시간에 침식당하지 않는다. 불완전한 물질들은 시간에 의해 부패되지만("썩지"), "순금"은 시간에 의해 "더욱 굳은 순금이" 된다. 종교적-연금술적 상상력의 차원에서 이러한 "순금"은 단순한 물질이 아니라 상상 주체의 자아이다. 종교적-연금술은 질료의 변성을 통해 주체의 존재론적 변용을 도모한다. "순금"은 주체가 도달하고자 하는 신 이미지(imago dei)로서

---

[117] 사후의 고독은 죽은 후에도 유아론적 의식이 살아남아 어두운 우주 속에, 절대적인 황폐함 속에 유일한 모나드로 존재하는 절대적인 고립감에서 생성된다. B. L. Mijuskovic, "Loneliness-An Interdisciplinary Approach", *Anatomy*, p. 74.

영원한 것이다. 연금술적 상상력에서 그것이 갖는 영원성을 제 꼬리를 물고 도는 뱀인 '우로보로스(uroboros)'로 표현된다.[118] 우로보로스는 시간과 공간을 초월하여 나타나는 무의식으로부터 활성화되는 가장 보편적인 원형중의 하나이다. 이 시에서 이러한 우로보로스의 상징은 탈성화되고 고독의 영원성을 의미하게 된다. "영원의 머리는 꼬리를 붙잡고 영원의 꼬리는 또 그 머리를 붙잡으며 돌면서 돌면서 다시금 태어난다면"은 일차적 상상력으로 활성화되는 우로보로스의 이차적 반향이고, "영원"은 "고독"이다. 그러므로 "순금"이 "더욱 굳은 순금"이 된다는 것은 "고독"의 영원성을 예감하는 주체의 의식 속에서 심화되는 고독감의 표현이다.

"양심의 금속성", "칼"이나 "열매", "순금"은 지상에 속하는 결정체인 반면 "별"은 천상에 속하는 결정체이다. 지상에 속하는 결정체는 고독한 자아와 동일화가 쉽게 이루어지지만 천상에 속하는 결정체는 의식 주체와의 거리로 인하여 동일화에 장애가 초래된다.

  이 겨울은/ 저 별의 寶石 하나로 산다.//
  끝까지 팔지 않고/ 멀리 차갑게 떤다.//
  갈가마귀 녹슨 칼의/ 울음 소리도 지나/ 더욱 멀리 분별없이 흐르는/ 저 異邦의 눈물……//
  울음 소리도 지나/ 더욱 멀리 분별없이 흐르는/ 저 異邦의 눈물……/ 더 멀리 오르는 검은 북쪽에서/ 얼음장 가늘게 깨어지는 그 소리의 빛……//

---

118) 우로보로스는 제 꼬리를 물고 있는 뱀(용)의 형상을 지칭하며 전세계적으로 널리 퍼져 있는 중요한 상징의 하나다. 우로보로스 상징은 주로 원(圓)모양을 하고 있으며 이때문에 순환의 이미지를 나타내는 것으로 인식되고 있다. 원, 순환, 무한성 등과 연결되는 우로보로스는 자연스럽게 영원을 상징한다.
 강성식, 「우로보로스(UROBOROS) 상징을 통한 호르헤 루이스 보르헤스(J. L. BORGES)의 작품세계 연구」, 서울대 석사논문, 1996, pp. 3-5.
 융(C. G. Jung, *Psychology and Alchemy* , p. 23, p. 126.)은 그것을 연금술의 과정이나 현자의 돌과 일치시킨다.

이렇게 거친 땅에서는/ 오직 꿈 하나로 말하는데,//
저렇게 막막한 하늘에서는/ 별 하나로 말을 다하면서.//
―「겨울보석」 전문

　별은 어둠 속에서 빛난다는 점에서, 그리고 겨울 하늘의 추위 속에서 빛을 간직하고 있다는 점에서 고독한 존재이다. "하나로 산다"는 고독감을 심화시키기 위한 수사이다. "보석"은 "순금"과 같은 연금술적 이미지로서 고독의 본래성과 영원성을 형상화하는 이미지이다. 둘째연에서 "끝까지 팔지 않고"는 어둠으로 표상되는 세속적이고 군중적인 삶에 동화되지 않고 고독이라 할 수 있는 빛을 지킨다는 것을 의미한다. "차갑게 떤다"에는 별이 겨울밤하늘의 추위를 견디며 자신만의 온기를 지키고 있다는 인식이 드러난다. 외부의 기온이 감각 주체의 온도보다 낮을 때 추위를 느낄 수 있기 때문이다. 즉, "끝까지 팔지 않"는다는 본래적이고 영원한 고독을 간직하고자 하는 주체의 의지를, "차갑게 떤다"는 고독의 본래성을 간직하고자 하는 주체의 고통을 나타내고 있는 것이다. 상상 주체는 별에 고독한 내면을 투사하지만 어디까지나 하늘 높이 떠 있는 "저 별"이다. "저"는 "멀리"와 함께 지상과 천상의 거리감을 나타낸다. 셋째연에서 "저 별"은 "저 이방의 눈물"로 변주된다. 김현승 시의 이미지체계에서 "눈물"은 "보석"과 같이 정화된 결정체이다. 그러나 "별"은 "보석"과 달리 지상이 아니라 초월적이고 신성한 세계인 "이방"에 속하는 물질이기 때문에 이때 "눈물"에는 신성과의 단절감에서 기인하는 슬픔과 주체의 여림이 침투하게 된다. 즉, 신앙적 자의식이 개입하는 것이다. 신앙적 자의식의 개입은 종말론적 상상력을 활성화시킨다. "얼음장 가늘게 깨어지는 그 소리의 빛"에서 얼음장이 깨어지는 소리는 해빙되는 봄에 대한 예감이다. 거기에는 신성한 세계의 도래에 대한 기대가 배어 있다. 이렇게 본다면 여기에서 "빛"은 원형적인 의미로 신성으로서의 "빛"이다. 1, 2연에서 "별"은 군중적 삶의 세계에 대한 거부와 배타로서 고독만을 함축한다면, 셋째연 이하에서는 세계와의 불화로서 고독과 함께 신성을 담지하게 되는 것이다. 그리하여 3연 이하에서 주체의 고독은 신성과의 단절감과 동경까지 포함하게 된다. "별"은 신성한 존재로 설정되어 지상에 메시지를 전하고, 화자는 신성을 향하여 동경의 언어를 띄워보내게 된다. 5, 6연은 이러한 천상과 지상의 대조적인 정황을 보여준다. 지상의 화자는 "이렇게 거친 땅에" 서있는 "하나"이고, 천상의 "별"은 "저렇게 막막한 하늘에" 떠있는 "하나"라는 점에서 둘 다 고독한 존재라고 볼 수 있지만, "말하는데"는 양자의 상황이 대조적이라는 것을 암시해준다. 그것은 "꿈"과 "별"로 구체화된다. 지상에 속하는 "꿈"은 동경의 언어이고, 천상에 속하는 "별"은 신성의 언어이다. 주체의 신앙적 자의식이 깊숙이 개입하여 신성에서 '벗어난' 정황으로서 고독을 생성하고 있는 것이다. '벗어남'은 신성으로 '돌아가고자'하는 "이방"에 대한 노스탤지어로서 동경과 결합하여 고독을 심화시키지만 절망과 불안을 초래하지는 않는다. 동경 속에는 희망이 내밀하게 활동하고 있기 때문이다.

  희망./ 희망은 스스로 네가 될 수도 있다./ 다함없는 너의 사랑이/ 흙속에 묻혀/ 눈물 어린 눈으로 너의 꿈을/ 먼 나라의 별과 같이 우리가 바라볼 때……//
  희망./ 그것은 너다./ 너의 生命이 닿는 곳에 가없이 놓인/ 내일의 架橋를 끝없이 걸어가는,/ 별과 바람에도 그것은 꽃잎처럼 불리는/ 네 마음의 머나먼 모습이다.
          ― 「希望이라는 것」 부분

  목적은 산마루 위 바위와 같지만/ 꿈은 산마루 위의 구름과 같아/ 어디론가 날아가 빈 하늘이 되기도 한다.//
  목적이 연을 날리면/ 가지에도 걸리기 쉽지만,/ 꿈은 가지에 앉았다가도 더 높은 하늘로/ 어디론가 날아가 버린다.//

그러기에 목적엔 아름다운 담장을 두르지만/ 꿈의 세계엔 감옥이 없다.//
- 「꿈을 생각하며」 부분

일반적으로 동경 자체에는 대상과의 관계회복에 대한 믿음이 없는 반면, 희망에는 관계회복의 가능성에 대한 믿음과 확신이 있다. 그러나 「희망이라는 것」에서 "희망"에는 관계회복에 대한 믿음과 확신이 보이지는 않는다. 여기에서 "희망"이라는 것은 "먼 나라의 별"을 바라보는 행위, 즉 동경 자체이다. 동경의 대상인 "별"과의 관계회복 가능성은 드러나지 않기 때문이다. 그리하여 "흙 속에 묻혀서" 동경하는 자아가 바로 희망이 된다("희망은 스스로 네가 될 수도 있다"). 이 시에서 "희망"은 목적으로 설정된 신성과 같은 대상과의 관계회복에 대한 확신과 믿음이 아니라 자유롭게 대상을 생성하고 홀로 배회하고 방황하는 행위 자체이다. 즉, "가없이 놓인 내일의 架橋를 끝없이 걸어가는" 자아인 배회하는 자아가 희망인 것이다. 고독한 자아로서 배회하는 자아는 꿈꾸는 자아이다. 「희망이라는 것」과 「꿈을 생각하며」에서 "꿈"은 "희망"의 등가물이다. 동경이 신성과 같은 고정된 목적을 대상으로 한다면 그것은 삶에 "담장을 두르지만", 즉, 삶을 규범의 세계에 구속하지만, "꿈"과 같이 대상을 자유롭게 생성하면 목적의 "감옥"에 가두지 않는다. 그리하여 꿈꾸며 배회하는 고독한 자아에게는 목적이 없어도 희망이 있다.

연금술적 상상력의 분화를 통해 형상화되는 결정체는 거부와 배타의 물질성으로 세계와 화해 불가능한 주체의 고독감을 담아내며 결정체의 단단함과 완전함은 사후에까지 지속될 것 같은 고독의 영원성을 표상하게 된다. 지상에 속하는 결정체는 세계와의 불화로서 고독과 세계가 소멸한 후에도 살아남는 유아론적인 고독을 그려내는 반면 천상에 속하는 결정체는 '벗어남'으로서 고독을 생성하기도 한다. 이러한 '벗어남'은 시적인 희망과 연계되어 불안이나 절망을 방어하게 된다. 희망에 대해서는

4장에서 다시 다루게 될 것이다.

3) 연금술적 정화를 통한 고독의 형상화

김현승 시에서 세계가 "꽃"과 "낙엽"과 같은 불완전한 물질들을 떨구고 "마른 나무가지"와 "열매"와 같은 단단하고 완전한 물질로 변형되는 것은 우주의 자기정화를 보여준다. 세계는 불완전하고 불순한 것의 사라짐을 통하여 완전하고 순수한 신성에 가까운 영원성으로 수렴해 나가는 전이적인 과정에 놓여있는 것이다. 주체의 상상이 세계를 신성을 향해 목적론적으로 정향된 흐름으로 구성하는 것은, 무의식적 지향성이 활성화되어 외적 세계에 투사되기 때문이다. 이에 비해 연금술적 상상력은 무의식적 지향성을 내면세계로 활성화하여 상상된 질료들을 신적인 완전성에 조응하는 물질로 변성시킨다.

종교적-연금술적 상상력의 체계에서 질료의 변성을 촉진하는 요소는 물과 불이다.[119] 이 두 요소는 불완전하고 불순한 세속적인 물질을 정화시켜 신적인 완전성에 조응하는 물질을 생성하는 촉매제가 된다. 물의 물질성은 '씻음'을 통한 재생의 차원이 강하고,[120] 불의 경우는 불완전하고 불순한 성질을 태워버리는 파괴적 성격이 우세하다.[121] 김현승 시에서 연금술적인 정화를 촉진하는 요소인 물과 불은 주체의 의지와 여가작용을 통해 형태적인 차원과 물질성의 차원에서 이미지를 변형·변성시킨다.

종교적-연금술적 상상력의 차원에서 물은 죄와 흠을 씻어 낡은 물질, 인간과 세계를 죽이고 새롭고 신성한 물질, 인간과 세계를 재탄생시킨

---

119) A. Coudert, *Alchemy-The Philosoper's Stone*, 박진희 역, 『연금술 이야기』, 민음사, 1995, p. 52. ; C. G. Jung, *Psychology and Alchemy*, pp. 232-239.
120) M. Eliade, *The Sacred and the Profane, The Nature of Religion*, pp. 101-105. ; A. Coudert, *op. cit.*, pp. 195-201.
121) *Ibid.*, p. 117.

다.[122] 물에 함유된 '씻음'의 정화적 자질은 "슬픔", "눈물"의 이미지로 활성화된다. 일차적인 상상력의 층위에서 그것은 학습된 죄의식과 결합하여 종교적인 정화의 의미를 생성하지만, 이차적으로 의미가 분화된다.

> 슬픔은 나를/ 어리게 한다.//
> 슬픔은/ 罪를 모른다,/ 사랑하는 시간보다도 오히려.//
> 슬픔은 내가/ 나를 안는다,/ 아무도 介入할 수 없다//
> 슬픔은 나를 목욕시켜준다,/ 나를 다시 한번 깨끗하게 하여 준다.//
> 슬픈 눈에는/ 그 영혼이 비추인다./ 고요한 밤에는 먼 나라의 말소리도 들리듯이.//
> 슬픔 안에 있으면 나는 바르다!//
> 信仰이 무엇인가 나는 아직도 모르지만,/ 슬픔이 오고나면/ 풀밭과 같이 부푸는/ 어딘가 나의 영혼……
>
> ―「슬픔」 전문

> 슬퍼하지 않는다는 것은,/ 밤이 되어도 우리들의 꽃밭에 이슬이 나리지 않는 것……
>
> ―「슬퍼하지 않는 것은」 부분

「슬픔」은 등가적 반복과 변주, 종합으로 구성되어 있다. 1, 2, 4, 6연은 슬픔의 정화적 성격에 관한 것이다. "어리게 한다", "죄를 모른다", "목욕시켜준다", "바르다"는 등가적으로 순수한 상태로의 이행을 의미한다. 2연과 4연은 슬픔의 정화적 성격이 물이 갖는 '죄-씻음'[123]의 보편적인 종교적 관념에서 파생되었음을 보여준다. 종교적인 연금술에서 물은 통과의례적인 죽음을 상징한다. 물에 씻겨 나옴으로써 세속적인 것은

---

122) M. Eliade, *The Sacred and the Profane, The Nature of Religion*, pp. 101-105. ; S. Vierne, *op. cit.*, pp. 24-26.
123) 종교적 상상력의 차원에서 '무'로서의 죄 즉, '벗어남'의 차원에서 구원은 '돌아옴'의 상징으로 나타나지만, '실체'의 차원에서는 '씻음'으로 나타난다. P. Ricoeur, *op. cit.*, pp. 90-91. (양명수 역, pp. 98-99.)

죽고 성스로운 것으로 재생된다. 슬픔은 이러한 보편적인 관념에서 고독한 상태로 다시 생성된다. 세속적인 것의 썩음을 의미하는 종교적 관념은 세속적인 세계와의 단절이라는 의미로 분화된다. 변주에 해당하는 3, 6연은 등가적으로 반복된 보편적인 종교적 의미를 특수한 의미의 층위로 전개해내는 것이다. 3연에서 슬픔은 자기 내부로 침잠하는 상태라는 것을 보여준다. 외면적 세계와의 단절을 통해 타자가 개입할 수 없는 고독한 자아의 상태라는 의미의 층위가 생성된다. 종교적-연금술적 상상력의 차원에서 신성한 존재와 동일시되는 이상적 자아는 고독한 자아라는 탈성화된 이미지를 형성한다. 마지막 연에는 그러한 신앙적 자의식과 미적 자의식 사이의 긴장이 종합적으로 드러난다. 슬픈 상태에서 자아 팽창(ego inflation)을 경험하게 되는데 그것이 반드시 "신앙"에서 기인하는 것은 아니라는 점이다. 비록 슬픔이 종교적-연금술적인 상상력의 차원에서 활성화되었지만 미적 자의식에 기반하여 고독한 상태를 생성한 것이다. 여기에서 고독한 상태로서의 슬픔은 심미적 대상인 것이다. 「슬퍼하지 않는 것」은 슬픔을 느낄 줄 모르는 삶에서는 심미적 체험이 불가능하다는 것을 보여준다. 실제로 시인 김현승에게 슬픔은 시적인 사유와 상상, 그리고 창작을 가능하게 해주는 순간을 마련해 준다.

> 더러는/ 沃土에 떨어지는 작은 生命이고저……//
> 흠도 티도,/ 금가지 않은/ 나의 전體는 오직 이뿐!//
> 더욱 값진 것으로/ 드리라 하올 제,//
> 나의 가장 나중 지니인 것도 오직 이뿐!//
> 아름다운 나무의 꽃이 시듦을 보시고/ 열매를 맺게 하신 당신은.//
> 나의 웃음을 만드신 후에/ 새로이 나의 눈물을 지어 주시다.
> ─「눈물」 전문

김현승은 스스로 "내가 그렇게도 아끼던 나의 어린 아들을 잃고 나서

애통해 하던 중 어느 날 문득 얻어진 시"[124)라고 「눈물」에 관해 적고 있다. 그가 말하는 대로 이 시에는 깊은 슬픔이 배어 있고, 죽은 자의 소생을 바라는 종교적 염원이 깃들어 있다. 우선, 1연은 복음서의 "더러는 옥토에 떨어지매 혹 백 배, 혹 육십 배, 혹 삼십 배의 결실을 하였느니라"라는 구절을 인유한 것이다. 「마태복음」의 이 구절과 「요한복음」 12장 24절[125)은 연금술사들이 연금술의 주제를 설명하기 위해 항상 인용하는 대목이다.[126) 그것은 '죽음과 재생'을 모형(matrix)으로 하는 연금술적 상상력을 가장 잘 설명해주기 때문이다. 연금술적 상상력이 종교적인 것은 모든 종교적 관념의 모형이 되는 '죽음과 재생'을 주제로 삼고 있기 때문인 것이다.[127) 이러한 일차적 상상력의 차원에서 "옥토에 떨어지는 작은 생명"은 세속적인 것의 죽음을 통한 신적인 것으로의 재생 혹은 부활을 상징한다. 즉, 슬픔이라는 여과과정을 통해 죽음은 재생으로 변환되는 것이다. 물질적인 차원에서는 눈물이라는 액체가 "흠도 티도 금가지 않은" 결정체로 변성된다. 한편으로 결정체는 옥토에 떨어져 죽은 아들이 신성의 품안에 재생하는 것을 형상화하고 있으며, 다른 한편으로는 주체의 슬픔을 형상화한다. 이 작품에서는 "당신"이라는 절대적 원인자가 설정되어 있기 때문에 일차적 상상력의 차원이라 할 수 있는 전자의 의미가 지배적으로 드러난다. 불완전한 요소를 제거하여 완전한 것으로 변형시켜, "아름다운 나무의 꽃이 시듦을 보시고 열매를 맺게 하"는 신성한 활동이 죽음을 재생으로 이끄는 것이다. 그러므로 아들의 재생을 형상화한 결정체는 신성에 가까운 물질이다. 반면 신성을 배제하고 이차적 상상력의 차원에서 이 시를 읽는다면 결정체는 슬픔의

---

124) 『孤獨과 詩』, p. 236.
125) "내가 진실로 진실로 너희에게 이르노니 한 알의 밀이 땅에 떨어져 죽지 아니하면 한 알 그대로 있고 죽으면 많은 열매를 맺느니라"
126) A. Coudert, *Alchemy-The Philosopher's Stone*, 박진희 역, 『연금술 이야기』, 민음사, 1995, pp. 24-25, p. 175.
127) *Ibid.*, pp. 157-162.

배타성과 본래성을 형상화하고 있다. 물의 하위 물질로서 유동성과 화합성을 갖는 "눈물"이 "흠도 티도 금가지 않은" 결정체로 형상화되어 거부와 배타성을 가지게 되며, 거기에서 나아가 "눈물"은 모든 불완전하고 불순한 요소들이 제거되고 "가장 나중" 까지 남게 되는 "나의 전체"이기 때문에 본래성을 갖게 된다. 이러한 의미의 층위에서 슬픔은 누구와도 공유할 수 없다는 점에서 고독의 한 측면이라는 것을 알 수 있다. 전기적 사실을 고려하더라도 아들과의 관계 단절이 슬픔을 초래하고 있으므로 슬픔에 함축된 고독감을 짐작할 수 있다. 모든 지상의 관계가 단절되었을 때 최종적으로 남는 본질적인 것은 고독한 자아이고 고독이다. 그러므로 "눈물"이 "가장 나중 지니인 것"이라는 데에는 고독의 본래성에 대한 인식이 깔려 있다. 마지막 연에서 "웃음"이 세계와 뒤섞인 불순한 상태라면, "눈물"은 세계와의 관계가 모두 단절되고 홀로남은 본래적 자아의 상태로 해석할 수 있다. 이러한 "눈물"은 김현승 시에서 가장 시적인 이미지의 하나이다.

(가) 단 한마디를/ 열 마디와/ 백 마디로 利潤을 남기면서// 五十이 넘도록/ 나는 天國의 노래를 불렀다./ 寶石과 눈물과/ 하얀 齒牙가 반짝이는/ 異邦의 詩를 썼다.

―「新年頌」부분

(나) 네가 사랑하는 寶石은 眞珠나 落葉보다 눈물이다.

―「떠남」부분

(다) 불꽃으로 다진 어느 寶石이/ 질투보다 强한 어느 눈물이/ 저렇게도 끝내 無限에 부딪쳐 깨어져 버릴 수 있을까.

―「流星에 붙여」부분

(라) 말들은 꽃잎처럼 피고 지더니/ 눈물은 내 가슴에/ 보석과 같이

오래 남는다./

— 「가을의 碑銘」 부분

　　시인의 목소리가 어느 정도 여과 없이 드러나고 있는 「신년송」에서 "오십이 넘도록" 써온 작품들은 "단 한마디"로 요약될 수 있다고 말한다. 그것은 "보석과 눈물과 하얀 치아가 반짝이는 이방의 시"이다. "보석", "눈물", "치아"는 다 같이 견고한 물질로 모두 등가적 이미지들로서 거부와 배타가 함유되어 고독을 형상화하고 있다. 해방 이전 작품인 「떠남」에서 "눈물"은 세계의 사라짐과 관계의 단절에서 오는 슬픔으로서의 고독을 함축한다. 여기에서 "눈물"은 슬픔이라는 정화와 정련의 과정을 거쳐 생성된 물질이므로 "보석"에 비유된다. 「유성에 붙여」에서 유성은 어둠 속에서 빛나는 별보다도 고독한 존재이다. 그것은 다른 별들과의 관계, 그리고 자신과의 관계마저 잘려나가고 사라지는 순간에 놓이기 때문이다. 모든 관계로부터 차단되는 죽어가는 자의 고독이 "불꽃으로 다진 어느 보석", "질투보다 강한 어느 눈물"로 형상화되고 있다. "다진", "강한" 등의 경도(硬度)는 "유성"에 투사된 주체의 고독감이 갖는 강렬함이다. 「가을의 비명」에서 눈물은 고독의 본래성과 영원성을 보여준다. 김현승 시에서 "눈물"은 이미 보석과 같이 정련되고 결정된 물질이기 때문에 그것이 형상화하는 고독은 본래적이고 영원한 것이다.[128] 김현승 시에서 "눈물"은 "보석"과 등가적인 물질인데, 그것은 "술"과 결합하여 심미적이고 시적인 가치가 극대화된다. '불타는 물'이라 할 수 있는 "술"에 함축된 불의 정화력이 "눈물" 자체에 함축된 물의 정화력에 가세하기 때문이다. '물'과 '불'의 정화력은 불순한 것을 소멸시키고 심미적이고 시적인 가치를 지향하게 된다.

---

128) 시인은 「눈물」에 관하여 언급하는 글에서 슬픔을 통하여 생명의 본질을 추구하고 있다고 언급하고 있다. 즉, 그는 슬픔, 눈물에 본질적인 것을 담고자 하였다는 견해를 보인다. 『孤獨과 詩』, p. 192.

(가) 사랑은 마음의 寶石은 눈의 술.

　　　　　　　　　　　　　　　－「보석」부분

(나) 南쪽에선/ 果樹園의 林檎이 익는 냄새, 西쪽에선 노을이 타는 내음……// 산 위엔 마른 풀의 향기/ 들가엔 장미들이 시드는 향기……// 당신에겐 떠나는 향기/ 내게는 눈물과 같은 술의 향기,// 모든 肉體는 가고 말아도,/ 풍성한 향기의 이름으로 남는,/ 償하고 아름다운 것들이여,/ 높고 깊은 하늘과 같은 것들이여……

　　　　　　　　　　　　　　－「가을의 香氣」전문

(다) 보다 아름다운 눈을 위하여/ 보다 아름다운 눈물을 위하여/ 나의 마음은 지금, 喪失의 마지막 잔이라며,/ 詩는 거기 반쯤 담긴/ 가을의 향기와 같은 술……// 사라지는 것들을 위하여/ 사라지는 것만이, 남을 만한 眞理임을 위하여/ 나의 마음은 지금 저무는 일곱時라면,/ 詩는 그곳에 멀리 비추이는/ 입 다문 창들……// 나의 마음―마음마다 로맨스 그레이로 두른 먼 들일 때/ 당신의 영혼을 호올로 북방으로 달고 가는/ 詩의 검은 汽笛―// 天使들에 가벼운 나래를 주신 그 은혜로/ 내게는 자욱이 퍼지는 言語의 무게를 주시어,/ 때때로 나의 슬픔을 위로하여 주시는/ 오오, 地上의 神이여, 地上의 詩여!

　　　　　　　　　　　　　　－「地上의 詩」전문

이미 논급했듯이 「보석」에서 "보석은 눈의 술"이라는 것은 "술"이 불순한 것들을 연소시켜버리고 도취시키는 물질성을 가지고 있기 때문이다. "술"은 이성을 불태워버리고 감정을 극대화시켜 세계를 심미적으로 바라보게 하므로, "눈"을 취하게 하는 "보석"은 심미적인 것이다. 「가을의 향기」에서 주체는 가을에 함유된 "향기"들을 포착해내고 있다. 그 "향기"들은 시간이 지나면 "당신"이라 할 수 있는 많은 사람들에게는 잊혀지는 "향기"이다. 화자에게 "가을의 향기"는 영원히 잊혀지지 않는 "향기"이다. 3연과 4연은 등가적 병렬구성으로 이루어져있는데, "당신에

겐 떠나는 향기"와 "모든 육체는 가고 말아도"는 동일한 의미의 반복이고, "내게는 눈물과 같은 술의 향기"와 "풍성한 이름으로 남는"은 이와 반대되는 의미의 반복이다. 전자는 시간이 물질에 침투하여 육체를 소멸시켜 향기마저 떠나게 한다는 것을, 후자는 물질이 소멸해도 가을의 향기는 언어 속에 기억으로 길이 보존된다는 것을 의미한다. 그리하여 "가을의 향기"는 "아름다운 것들"이며, "높고 깊은 하늘과 같은" 심미적으로 절대적인 것이 된다. "가을의 향기"에 심미적 절대성을 부여하는 것은 "눈물"과 "술"이다. 이 시에서 "눈물"에는 세계의 사라짐을 감지하는 주체의 여림이 깃들어있다. 김현승 시의 기호체계에서 "눈물"은 여림이 정련되고 단련된 결정체이기 때문에 "눈물"이 갖는 영원성이 사라지는 "가을의 향기"에 침투하여 영원성을 생성하고, "눈물"과 "술"이 갖는 정화와 여과의 물질성은 불순한 요소를 제거하여 심미적 절대성을 부여한다. 그리하여 김현승 시에서 "가을의 향기"는 절대적으로 심미적인 것에 도취시키는 "술"과 같으며, 눈을 취하게 하는 "눈물"과 같은 것이다.

「지상의 시」에서는 "눈물"이 심미적으로 절대적인 것이다. 심미적으로 절대적인 "아름다운 눈"이나 "아름다운 눈물"을 생산하기 위하여 "나의 마음"은 "상실의 마지막 잔"이 된다. 둘째연에서 "상실"은 세계의 사라짐으로 의미가 해명되고 있다. "잔"은 불순한 것을 연소시켜 심미적인 것에 도취시키는 "술"에서 파생된 기호이다. 그러므로 "상실의 마지막 잔"은 불순한 것들을 정화하고 여과하여 심미적인 것을 생산하는 "나의 마음"의 연금술적 도가니이고 "시"라는 소우주이다. 그것은 "사라지는 것"을 "남을 만한 진리"로 결정시킨다. "눈물"이 여기에서 생산되는 심미적으로 절대적인 결정체이다. 또한 여림으로서 "눈물"은 사라지는 세계를 감수하여 "시"를 생산하는 정화와 여과의 순간이기도 하다. 즉, "시"는 "눈물"을 생산하고, "눈물"은 "시"를 생산한다는 점에서 등가적이다. "시"와 "눈물"에는 세계의 사라짐에서 파생하는 "슬픔"으로서의 고독이 깃들어 있다. 광활한 공간인 "먼 들"에 대비된 "호올로"는 고독감을 표출하는 기호이다. 오직 "시"만이 이 적막한 고독감이 절망과 불안으로 추락하는 것을 막아준다. "시"는 절망과 불안으로부터 "나를 위로하여 주시는", 즉 구원하여 주는 "지상의 신"이다. 여기에는 "지상의 시"가 천상의 신처럼 우주를 창조하는 능력에 대한 인식이 배어있다. "지상의 시"는 신이 천사들에게 "나래"로 표상되는 자유를 주듯, 화자에게는 "언어"를 주어 구속력 있는 세계로부터 자유로울 수 있게 하여주는 것이다. 시적 주체에게 지상에서 "시"는 "신"을 대신하는 심미적으로 절대적인 존재이다. 다시 첫째연으로 돌아가면 시가 생산하는 것은 "눈물"이기 때문에 "눈물" 또한 심미적으로 절대적인 존재인 것이다.

연금술적 상상력의 체계에서 불은 물과 함께 광물변성 시간을 단축시켜 물질의 변성과 정화를 촉진시키는 요소이지만, 불의 물질성은 물에 비해 불순한 것을 태워버리는 파괴의 성질이 강하다.[129] 물론 그 파괴는 종말로 그치지 않고 재생, 새로운 삶의 부활로 나아간다는 점에서 물과 같은 정화의 자질을 갖추고 있다. 불의 상상력이 지니고 있는 정화를 통한 '죽음과 재생'의 운명은 '엠페도클레스 콤플렉스'[130]라는 개념으로 널리 알려져 있다. 김현승 시에서 불은 완전한 소멸을 초래하지는 않지만, 그렇다고 해서 신적인 완전성에 조응하는 물질을 부활시키지도 않는다. 다만 불의 파괴적인 물질성을 통해 죽음으로 인한 고독을 형상화하게 된다. 「참나무가 탈 때」에서 참나무가 타서 "깨끗"한 재로 변하는 과정은 그것을 보여준다. 불을 통해 불완전한 물질이 순수한 물질로 생성되는 것이다.

---

[129] G. Bachelard, *La psychalays du feu*, 민희식 역, 『불의 정신분석·초의 불꽃·대지와 의지의 몽상』, 삼성출판사, 1985, pp. 89-95. ; C. G. Jung, *Psychology and Alchemy*, p. 231.
[130] G. Bachelard, *La psychalays du feu*, pp. 41-46.

참나무가 탈 때,/ 그 불꽃 깨끗하게 튄다./ 寶石들이 깨어지는 소리를 내며/ 그 단단한 불꽃들이 튄다.//
  참나무가 탈 때,/ 그 남은 재 깨끗하게 고인다./ 참새들의 작은 깃털인 양 따스하게 남는 재,/ 부드럽고 빤질하게 고인다.//
  까아만 유리너머/ 소리없이 눈송이가 나르는 밤./ 호올로 참나무를 태우며/ 물끄러미 한 사람의 그림자를 바라본다.//
  짧은 목숨의 한 세상,/ 그 헐벗은 불꽃 속에/ 언제나 단단하고 깨끗하게 타기를 좋아하던,/ 지금은 마음의 파여·풀레스 안에/ 아직도 깨끗하고 따스하게 고여 있는,/ 어리석은 한 사람의 남은 재를 생각한다.
  ―「참나무가 탈 때」 전문

화자는 움직이는 "불꽃"을 바라보고 있다. "불꽃"의 응시는 몽상을 촉진시키고 영속시킨다.[131] 구체적인 질료가 없이 형상을 바꾸며 운동하는 "불꽃"은 기억과 상상력을 재촉하여 몽상에 통합시킨다.[132] 불꽃의 몽상은 몽상가를 세계로부터 떼어놓고 그 영토를 확장시키는 경향이 있다. 그리하여 불꽃은 인간에게 있어 하나의 세계가 된다. 「참나무가 탈 때」에서 불은 몽상을 촉진시키는 인자이면서 동시에 질료를 변성시키는 연금술적 도가니이다. 그 도가니는 "마음의 파여·풀레스"(fireplace), 즉 시적 주체의 마음이다. 그러므로 "불꽃"의 응시는 시적 주체가 내면에 침잠해 있음을 말해준다. 마음으로서 내면은 외면적 세계와 관계가 거두어진 몽상의 영토이다. 그러므로 "불꽃"의 응시와 몽상은 주체가 고독하다는 증거가 된다. 내면에 침잠하는 몽상은 고독의 일종이기 때문에 비단 "호올로"라는 시어가 아니더라도 이 시에서는 고독의 강렬함이 배어나고 있다. 그것은 이 작품이 고독한 내면을 형상화하고 있다는 것을 말해준다.

---

131) G. Bachelard, *La Flamme D'une Chandelle*, 이가림 역, 『촛불의 미학』, 문예출판사, 1997, pp. 21-33.
132) 곽광수, 『가스통 바슐라르』, pp. 82-83. ; G. Bachelard, *La Flamme D'une Chandelle*, pp. 30-31.

시적 주체의 몽상은 벽난로 속에서 불타 재로 변성되는 참나무를 자아와 동화시킨다. "불꽃"의 몽상은 자아의 삶과 죽음에 관한 몽상을 가능하게 해주는 것이다. 기억을 통해 몽상 속으로 편입된 자아의 과거는 "언제나 단단하고 깨끗하게 타기를 좋아하던" 삶이었다. 그 과거는 불꽃에 동화된 자아의 과거, 불꽃의 과거이다. 자아의 삶은 불꽃 속에서 언제나 정화과정 혹은 전이의 과정에 놓이게 된다. 불꽃의 운명으로서 자아의 삶은 정화의 과정을 통과하여 최종적으로 "재"라는 물질로 변성된다. "재"는 모든 불순한 물질들이 파괴되고 생성된 산물이라는 점에서 순수한 물질이지만 신성을 함유하지는 않는다. 이 시에서 "재"는 이미 죽어버린 자아의 기호이다.133) "불꽃"의 응시는 주체의 삶을 불꽃의 운명에 동화시키고 불의 분비물인 재를 통해 죽음을 몽상하게 하는 것이다.

"재"를 성서의 인유로 바라보면, 그것은 종교적인 참회, 회개의 의미로서 신성으로 향하는 통로로 해석된다.134) 종교적 상상력의 층위에서 그러한 해석은 타당하다 할 수 있다. 그러나 본고는 그러한 성서적 배경을 염두에 두면서도 작품 자체에 나타난 이차적 상상력의 층위에 주목한다. 「참나무가 탈 때」에서와 같이 김현승 시에서 "재"는 대부분 죽음과 결부되어 있다. "재"는 죽어버린 자아에 대한 시적인 사유와 몽상을 이끌어낸다. 죽음에 대한 사유는 오직 살아있는 자에 의해서만 가능하므

---

133) A. Coudert, *op. cit.*, p. 43, p. 116.
134) 신익호는 성서에서 '굵은 베'와 '재'는 각각 슬픔과 회개를 나타낸다고 밝히고 있다. 이 슬픔은 참회의 회개가 뒤따른다. 그는 그 근거로 다음과 같은 성서의 표현을 제시한다.
(1) "그 소문이 니느웨 왕에게 들리매 왕이 보좌에서 일어나 朝服을 벗고 굵은 베를 입고 재에 앉으니라."(「요나서」3:6)
(2) "그러므로 내가 스스로 한하고 티끌과 재 가운데서 회개하나이다."(「욥기」 42:6)
(3) "화가 있을진저 고라신아 화가 있을 진저 벳새다야 너희에게서 행한 모든 권능을 두로와 시돈에서 행하였더라면 저희가 벌써 베옷을 입고 재에 앉아 회개하였으리라."(「마태복음」 11:21)
신익호, 「김현승 시에 나타난 기독교의식」, 숭실어문학회 편, 앞의 책, pp. 335-340.

로, 죽음은 누구에게나 경험적 실재가 아니라 예감과 예견으로만 사유된다. 김현승 시에서 "재"에는 죽음에 대한 주체의 예감과 예견이 투사되고, "재"는 죽어버린 자아를 형상화한다. 김현승 시에서 예견된 죽음은 고독하다. 왜냐하면 모든 세계와 단절되고 나아가 자기 자신과도 단절되기 때문이다. 물론 '없음'(nothingness)으로서 죽음은 주체의 의식마저 사라지므로 고독하지 않지만, 죽음에 대한 예견 깊숙이 세계와 모든 관계의 사라짐이 침투할 때 죽음은 고독해진다. 김현승 시에서 죽음을 예견하는 주체의 의식이 "재"에 투사되어, 그것이 형상화하는 죽어버린 자아는 세계와 관계가 철저하게 단절된 채 홀로 살아남아 있다.

 (가) 한 줄기 죽음의 재를 헤쳐 가는/ 가려린 빛이 되어……
―「1962년에」부분

 (나) 죽음의 마른 재와 티끌더미/ 지금은 자욱한 성문을 향하여 밀려들고,/
―「시인의 산하」부분

 (다) 마음은 손발을 떠나 모질게도 사는데/ 손발은 마음을 두고서는 살 수도 없다 // 나는 무엇보다 재로 남는다./ 바람만 불지 않으면 재로 남는다./ 무덤도 없는 곳에 재로 남아/ 나는 나를 무릅쓰고 호올로 엎드린다.
―「사행시」부분

 (라) 나는 나의 재로/ 나의 모든 허물을 덮는다./ 나의 모든 기쁨과 슬픔을/ 나는 한 줌의 재로 덮고 간다.// 그러나 까마귀여,/ 녹슨 칼의 소리로 울어 다오./ 바람에 날리는 나의 재를/ 울어 다오.// 나의 허물마저 덮어 주지 못하는/ 내 한줌의 재를/ 까마귀여,// 모든 빛깔에 지친/ 너의 검은 빛—통일의 빛으로/ 울어 다오.//
―「재」전문

인용한 시편들 중 (가)와 (나)는 "재"가 죽음의 보조관념이라는 것을 분명하게 보여주고 있다. 자아의 삶과 죽음에 대한 몽상을 담고 있는 「사행시」에서 "마음"은 주체의 의식이고, "손발"은 육체의 기호이다. 그러므로 "마음은 손발을 떠나 모질게도 사는데"는 육체가 소멸하고 나서도 지속되는 의식에 대한 인식을 드러내고 있다. 손발을 떠난다는 것은 죽음을 의미하는데, 이 죽음에는 죽음을 예견하는 주체의 의식이 살아남아 있는 상태이다. 사후에도 살아남는 죽음에 대한 예견으로서의 의식은 "재"로 형상화된다. "재"는 세계로부터 격리된 사후의 자아이므로 고독감을 생성한다. "호올로 엎드린다"는 사후의 고독감을 드러내는 수사이다. 그 고독감은 고통스러운 것이다. 그것은 "바람"이 불면 쉽게 흩어져 버리고, 사후의 안식처가 될 수 있는 "무덤"에서 휴식을 취할 수도 없는 "재"의 이미지에 함축되어 있다. 사후의 자아는 안식과 휴식을 주는 어떠한 관계도 없이 홀로 떠돌고 있는 것이다. 「재」의 첫째연에서 "재"는 지상에서의 삶의 기호인 "모든 허물"과 "모든 기쁨과 슬픔"을 "덮"는, 즉, 지상적 삶과 떼어놓는 죽음의 기호이다. 여기에서 "(덮고) 간다"는 존재론적 위상의 변화를 나타낸다. 죽음을 통해 살아있는 존재에서 사후에 살아남아 있는 존재로의 전이과정을 나타내는 것이다. 첫째연에서 "재"는 전이과정으로서의 죽음을 표상하고, 다음 연부터는 죽어서도 살아있는 의식을 표상한다. 죽음은 '없음'으로의 전이가 아니라 어떠한 다른 상태로의 이행이다. 사후의 상태는 「사행시」에서 이미 살펴본 바와 같이 안식을 취하지 못하고 홀로 떠도는 상태이다. "바람에 날리는 나의 재"와 "나의 허물마저 덮어 주지 못하는 내 한줌의 재"는 "재"에 투사된 죽음에 대한 예견으로서 의식의 고통을 보여준다. "재"에는 죽음을 예견하는 유아론적 의식이 살아남아 고통을 호소하고 있는 것이다. "재"에 깃들어 있는 사후의 고통은 안식할 만한 관계를 형성하지 못하는 데에 있다. 그러므로 그것은 세계에서 떨구어져 나간 자아의 고독감의 한 양상이다.

"물"과 "불"로 매개되는 연금술적 정화의 상상력으로 형상화되는 고독에는 순수성에 대한 시적 주체의 자의식이 깃들어 있다. 불순한 요소의 씻음과 파괴로 전개되는 연금술적 상상력은 신적인 것으로 나아가는 것이 아니라 이차적 분화하여 고독의 순수성을 형상화하게 되는 것이다. 미학적인 차원에서 이 순수함은 불순한 요소로 가득찬 일상성이 제거되고 순수하게 심미적인 가치만이 남게 된 상태이다. 순수하게 정화되고 정련된 고독은 심미적으로 절대적인 가치를 생성하게 된다.

4. 전이적 상상력과 고독의 심미성

1) 전이적 상상력의 분화

지금까지 전이적 상태로서 탈목적화된 경계성이나 탈성화된 연금술적 이미지들을 분석하여 고독의 표출 방식과 형상화 양상을 고찰하였다. 통과제의적 상상력이나 연금술적 상상력은 결국 동일한 구조와 관념을 담은 상상력이지만, 2장에서는 주로 외적 투사가 두드러지게 나타나는 작품을 중심으로 통과제의적 상상력의 탈목적화를 통해 고독의 형상화 방식에 주목하였다. 3장에서는 주로 내적 투사나 동화가 부각되고, 물질적 상상력이 잘 나타나는 작품들을 중심으로 연금술적 상상력의 탈성화를 통해 형상화되는 고독을 고찰하였다. 일차적 상상력으로서 통과제의적 상상력이나 연금술적 상상력은 신성을 지향하지만, 이차적 상상력은 일차적 상상력이 형성하는 선조건을 탈목적화·탈성화하여 신성을 가장 '인간적인 것'이라 할 수 있는 고독으로 대체하는 것을 살펴보았다. 거기에는 신적인 규범으로부터 시적인 것의 자율성을 확보하려는 의도가 담겨있다. 이러한 상상력의 분화는 시적 주체의 기독교 신자로서의 신앙적 자의식과 시인으로서의 심미적 자의식의 갈등과 긴장을 통해 이루어진다. 여기에서는 2장과 3장에 포함되지 않은 작품들을 중심으로 전이적 상상력의 분화양상을 종합적으로 검토한다.

김현승의 산문[135]과 시 곳곳에는 기독교 신자로서 그리고 시인으로서 감내해야 했던 고민과 갈등의 흔적이 남아 있다. 「자화상」과 「인간은 고독하다」는 신앙적 자의식과 미적 자의식의 길항 관계를 비교적 선명하게 보여준다.

> 내 목이 가늘어 懷疑에 기울기 좋고,//
> 血液은 鐵分이 셋에 눈물이 일곱기기/ 咆哮보담 술을 마시는 나이팅게일……//
> 마흔이 넘은 그보다도/ 뺨이 쪼들어/ 戀愛엔 아주 失望이고,//
> 눈이 서러워/ 모질고 사특하지 않으나,/ 信仰과 이웃들에 자못 길들기 어려운 나—//
> 사랑이고 원수고 몰아쳐 허허 웃어 버리는/ 肥滿한 모가지일 수 없는 나—//
> 내가 죽는 날/ 단테의 煉獄에선 어느 扉門이 열리려나?
> 　　　　　　　　　　　　　　　　　　　—「자화상」 전문

「자화상」에서 미적 자아를 구성하는 "철분"과 "눈물"은 각각 자유의지과 여림의 기호이다.[136] 자유의지는 신의 절대성을 "회의"하게 하고,

---

135) 『孤獨과 詩』에 실린, 「종교와 문학」(p. 141.), 「고요한 면을 지닌 「눈물」」(p. 193), 「나의 고독과 나의 시」(pp. 200-214.)등은 신앙적 자의식과 미적 자의식의 갈등과 긴장을 잘 보여준다.
136) 기존의 평가에서는 이 시의 핵심을 "회의"와 '불안'으로 보고 있다. "회의"는 기독교인으로서 부도덕한 일이기 때문에 사후 심판에 대한 '불안'을 야기하기 때문이다. 이러한 논의에서 한 걸음 더 나아가 '불안'을 초래하는 "회의"의 원인을 고려해볼 필요가 있다. 그것은 "철분"과 "눈물"이다. "철분"은 자유의지를, "눈물"은 '여림'(vulnerability)를 표상한다. 그것이 회의와 불안을 야기한다는 점에서 보다 본질적인 요소라고 볼 수 있다. 김윤식, 앞의 책, p. 158. 참고.

"신앙"에서 멀어지게 한다. 그리하여 '신과의 깨어진 관계'로서의 고독을 생성한다. 여린 성격[137]은 자아를 세계로부터 움츠러들게 하여 믿고 의지할 "이웃"과의 관계를 끊어버린다. "철분"과 "눈물"은 자아를 "신앙과 이웃"으로부터 단절시켜 '가는 목'이라는 자화상을 그려내는 것이다. "비만한 모가지"가 타협과 사교성, 풍요로움을 의미한다면 '가는 목'은 거부와 배타의 물질성으로서 메마름과 맞닿아 있다. "목이 가늘어 회의에 기울기 좋고"는 "신앙과 이웃"에 뒤섞이거나 쉽게 믿고 의지할 수 없다는 것을 의미한다. 그리하여 「자화상」은 고독만이 절대화된 미적 자아의 모습을 심미적 대상으로 그려내고 있다. 여기에 신성을 절대시하는 신앙적 자의식이 개입하여 사후의 심판에 대한 '불안'이 야기된다.[138] 기독교인에게 있어 "회의"와 '고독'은 신성에서 '벗어난' 죄와 악의 정황이기 때문이다. 미적 자의식은 고독한 자아를 본래적 자아의 모습으로 형상화하지만 신앙적 자의식이 개입하여 죄의식과 불안을 노출시키는 것이다. 「인간은 고독하다」에서는 신앙에 대한 방법적 회의를 통해 불안이 극복된다.

> 나로 하여금/ 세상의 모든 책을 덮게한/ 最後의 智慧여,/ 人間은 고독하다!// 우리들의 꿈과 사랑과/ 모든 光彩있는 것들의 熱量을 吸收하여 버리는/ 最後의 言語여,/ 人間은 고독하다,// 슬픔을 지나,/ 恐怖를 넘어,/ 내 마음의 출렁이는 波濤 깊이 가라앉은/ 아지 못할 깨어진 重量의 沈黙이여,/ 人間은 고독하다!// 理想이란 무엇이며/ 實存이란 무엇인가,/ 그것들의 現代化란 또 무엇인가,/ 人間은 고독하다! 로우마가 勝利하던 날— 로우마가 승리하던 날 로우마는 끝나고 말았다.// 너의 이름은 가장 겸손한 最後의 收拾者—// 無花果나무의 그늘로 즐기던 常夏의 溪谷과/ 그 경쾌한 廻廊道路에서/ 너의 이름은 지금 그들의 술과

---

[137] "눈이 서러워/ 모질고 사특하지 않으나"와 산문에서 확인된다. 김현승은 산문에서 자신에게는 눈물을 좋아하는 기질이 있다고 밝히고 있다. 그것은 시적 주체의 상처받기 쉬운 성격을 방증한다. 『孤獨과 詩』, pp. 236-237.
[138] 김윤식, 앞의 책, p. 158.

그들의 戰爭이란/ 凶作의 몇몇 이삭들을 줍고 있을 뿐.// 가장 아름답던 꿈들의/ 마지막 책장을 넘기며/ 우리는 깨어진 寶石들의 남은 光彩를 쓸고 있는/ 너의 검은 그림자를 바라본다./ 그리하여 모든 遍歷에서 돌아오는 날 우리에게 남은 眞理는/ 저녁 일곱시의 저무는 肉體와/ 原罪를 끌고 가는 영혼의 牛馬車,/ 人間은 고독하다!// 信仰을 가리켜 그러나 고독에 나리는 祝福이라면/ 깊은 信仰은 우리를 더욱 고독으로 이끌 뿐,/ 내 사랑의 뜨거운 피로도 너의 全體를 녹일 수는 없구나!// 抽象으로도 肉體로도/ 溶解되지 않는,/ 오오, 너의 이름은 모든 愛情과 信仰을 떠나/ 내 마음의 王國에서 自由와 獨立을 열렬히 呼訴하는구나!// 그러면 우리를 고독케 하는 것들은 무엇인가? 잃어버린 지평선— 저 풍요하던 창고들인가,/ 헬렌의 슬픈 이야기를 우리에게 들려 준 호우머의 詩들인가,/ 아니면 사랑이 가고 智慧가 오기 전 무성턴 저 無花果나무의 그늘들인가.// 비록 그것들에 새로운 時間의 水液을 흐르게 하여,/ 現在와 未來의 꿈많은 旅程을 주어,/ 詩를 散文으로 綜合을 分析으로, 缺乏을 生産으로/ 成長케 한들 그것은 또한 무엇인가?// 나로하여금/ 세상의 모든 책을 덮게 한 고독이여!/ 비록 우리에게 가브리엘의 星座와 사탄의 모든 抵抗을 준다 한들/ 만들어진 것들은 고독할 뿐이다!/ 인간은 만들어졌다!/ 무엇하나 이 우리들의 의지 아닌,// 이 간곡한 姿勢— 이 絕望과 이 救援의 두 팔을/ 어느 곳을 우러러 오늘은 벌려야 할 것인가!

—「人間은 孤獨하다」 전문

이 시의 초반부는 인간의 고통스러운 본질로서 고독을 폭로하고 있다. 그것은 연금술적 이미지를 통해 형상화된다. 1연에서 인간의 본질로서 고독이 직접적으로 제시된다. 2연과 3연에서는 그것은 탈성화된 연금술적 상상력을 통해 질료의 변성과정으로 형상화된다. "꿈과 사랑과 모든 광채있는 것들의 열량"은 삶의 긍정적인 요소이고, "슬픔", "공포", "출렁이는 파도"는 삶의 부정적인 요소이다. 삶의 모든 질료들은 "고독"이라는 결정체로 응결된다. 고독을 나타내는 "아지 못할 깨어진 중량의 침묵"에서, "깨어진"은 고통을 "침묵"은 고립감을 나타내고, "중량"은 광물성을 부여한다. 인간의 본질로서 고독은 고통스러운 단자론적 고립이고, 그것은 연금술적 이미지로 형상화된 것이다. 「인간은 고독하다」의 후반부에서는 악과 고통의 문제에서 신의 정의와 능력을 변호하는 신정론(theodicy)적인[139] 사유에 대한 방법론적 회의를 통해 고독이 신앙에서 분리된다. 기독교 전통에서 긍정적-건설적인 고독은 현상적 자아를 존재의 중심부로 인도한다. 세계로부터 분리된 존재의 중심부인 신성한 공간에서 자아는 신성에 용해된다. 자아는 신성 안에서 무한하고 영원한 공동체를 경험하게 되고, 고립감은 소멸한다.[140] "신앙을 가리켜 그러나 고독에 나리는 축복이라면"은 그러한 기독교적인 고독의 토포스를 의식하고 있는 것인 반면 "깊은 신앙은 우리를 더욱 고독으로 이끌 뿐, 내 사랑의 뜨거운 피로도 너의 전체를 녹일 수는 없구나!"는 신앙적 고독을 통한 구원론(soteriology)의 모순을 드러낸다. 모순은 "육체와 원죄", 그리고 "인간은 만들어졌다"는 피조물 의식을 통해 구체화된다. 그것은 '악'과 '고통'으로서 인간 조건의 존재론적 인식에서 비롯되는 모순이다. 즉, 불완전하고 유한한 인간은 결코 초월적 실재와 합일하거나 동

---

[139] 어원적으로 신정론(神正論)은 그리스어 theos(God)와 dike(justice)의 합성어로서 라이프니쯔(Gottfried Leibniz, 1646-1716)가 만들어낸 용어로 알려져 있다. 문자 그대로 '신의 정의'에 관한 논의이며, 악과 고통의 문제에서 신의 정의와 능력을 옹호하려는 것이다. 따라서 변신론(辯神論)으로 번역되기도 한다. 하지만 그것은 좁은 의미의 신정론이고 넓은 의미의 신정론은 고통과 그 원인으로서의 악에 대한 종교적 해명을 뜻한다.
R. M. Green, "Theodicy", ed. Mircea Eliade, *The Encyclopedia of Religion*. New York : Macmillan Pub. co., 1987, pp. 430-431. ; D. L. Migliore, "The Providence of God and the Mystery of Evil", *Faith Seeking Understanding-An Introduction to Christian Theology*, Michigan : W. B. Eerdmans Publishing Co., 1991, pp. 99-119. ; A. L. Berber, "Evil and Suffering," ed. T. W. Hall, *Introduction to the Study of Religion*, San Francisco : Harper & Row, 1978, p. 182.
김현승은 악과 고통에 대한 문제를 통해 기독교에 회의를 품게되었음을 산문에서 드러내고 있다. "일원론이 성립되려면 선(善)의 책임과 함께 악의 책임도 창조주에게 지워져야 한다. 그런데, 기독교에서는 행복의 영광은 신에게 돌리고 불행의 책임은 악마에게 돌림으로써 스스로 이원론의 모순을 저지른다."『孤獨과 詩』, pp. 206-207.
[140] 키에르케고르와 부버 등의 신앙적 고독이 이에 해당한다. P. Tillich, "Loneliness and Solitude", *Anatomy*, p. 553.

일화될 수 없다는 존재론적 인식이 고독의 본래성을 생성하는 것이다. 신앙과 결합된 고독이 낭만적인 동경을 생산해낸다면, 인간의 존재론적 불완전성은 낭만적 아이러니를 인식하게 한다. 그리하여 신과의 깨어진 관계에서 신을 부정하는 단계까지 나아간 고독은 절망을 초래한다. "이 간곡한 자세— 이 절망과 이 구원의 두 팔을/ 어느 곳을 우러러 오늘은 벌려야 할 것인가!"는 세계로부터 스스로를 분리하고, 신과도 결별함으로써 어디에도 의지할 곳이 없게 된 고독한 자아의 고통스러운 모습을 보여주고 있다.

김현승 시에서 상상력은 신앙적 자의식과 미적 자의식의 갈등과 긴장을 통해 분화된다. 일차적으로 신앙적 자의식은 기독교 세계관에 내재된 보편적인 종교적 상상력으로서 통과제의적 상상력과 연금술적 상상력을 활성화시킨다. 일차적 상상력에서 전이적 과정은 신성을 향해 목적론적으로 정향되어 있다. 반면 미적 자의식에 기반한 이차적 상상력은 목적(telos)의 제거와 탈성화를 통해 심미적 대상으로서 고독을 형상화하게 된다. 김현승 시에서 목적이 배제된 경계적 상태로서 '헤매임'은 심미적으로 절대적인 것이다. '헤매임'과 "배회"는 목적이 없는 "움직임"이고, 세계에서 물러난 고독한 상태로서 절대적-본래적인 상태이다. 일차적 상상력의 층위에서 신앙적으로 절대적인 신성을 이차적 상상력의 층위에서는 심미적으로 절대적인 고독으로 대체한 것이다.

> 아는 것은 神/ 알려는 것은/ 人間이다.//
> 마침내 알면/ 神의 탄생 속에서/ 나는 죽어 버린다.//
> 사랑은 神,/ 사랑하는 것은/ 人間이다.//
> 人間은/ 名詞보다/ 動詞를 사랑한다./ 나의 움직임이 끝날 때/ 나는 깊은 辭林 속에서/ 그러기에/ 핏기 없는 名詞가 되고 만다.//
> 아는 것은 神/ 알려는 것은 人間이다./ 알려는 슬픔과/ 알아 가는 기쁨 사이에서/ 나는 끝없는 길을 간다./ 나의 길이 끝나는 곳은/ 나를

끝내고 만다.//

―「人間의 意味」전문

「인간의 의미」는 '헤매임'과 "배회"로서 고독의 본래성을 잘 보여준다. "인간의 의미"란 인간의 본질을 의미한다. 이 시에서 인간의 본질은 "움직임"이다. "움직임"이란 어디에도 관계가 안착되지 않은 전이적 상태이다. 신앙적 자의식은 종교적 상상력의 차원에서 "움직임"을 완결로서의 신성을 향한 전이적 과정으로 인식하는 반면 미적 자의식은 그것을 극복하고 신성에서 인간의 본질로서 목적 없는 움직임을 분리해낸다. 종교적 상상력의 차원에서 전이적 과정은 죽음을 통해 신성으로 완전하게 귀속하게 되지만 이 시에는 그러한 신앙이 극복되어 죽음 자체가 "끝"으로 설정되어 목적이 배제된다. 설령 목적으로서 "신"이라는 것이 있더라도 인간은 그것을 알 수는 없다. "알려는 슬픔과 알아 가는 기쁨 사이에서" "끝없는 길을"가는 것만이 인간의 몫이다. 인간의 본질은 그러한 "움직임"에 있을 뿐이므로 "움직임"이 끝날 때 인간은 무의미하다. 그리하여 "움직임"을 사랑한다는 것은 "움직임"이 신앙적으로가 아니라 심미적으로 가치 있다는 것을 의미한다.

우리가 그 곳에 닿았을 때/ 그 곳엔 目的이 없었다./ 우리는 가면서 목적을 다 써 버린 것이다./ 장미는 피고 있을 때 가장 아름다웠다.//
살기 위하여 죽기도 하지만/ 죽기 위하여 살기도 한다./ 目的은 옳을 뿐 아니라./ 目的은 눈물겨웁다.//
우리는 빵을 먹기 위하여 만든 후에/ 우리는 또 만들기 위하여 빵을 먹는다./ 생명의 둥근 테이블은 둥글기만/ 目的은 다하지 않는다./ 끝은 또 처음을 낳을 뿐.//
뼈는 부드러운 네 살 속에/ 아름다운 맛은 단단한 껍질 속에/ 그리고 네 目的은/ 네 근심과 네 피곤한 숨결 속에/ 감초여 스미게 하라./

네 目的을 네 등 뒤에 지고서도/ 온 길을 찾아 너를 헤매게 하라.
―「目的」 전문

　고독의 구성 인자 중의 하나는 동경이고, 신앙인에게 가장 강력한 동경의 대상은 신성이다. 신성에 대한 동경은 종교인들이 세계로부터 스스로를 격리하고 유일한 목적에 전념하게 한다. 신성은 종교인들에게 절대적이고 궁극적인 원인으로서의 목적이다. 김현승은 그것을 잘 알고 있었지만 신앙인보다는 시인이고자 했다. 최소한 텍스트에서 검출되는 시적 주체를 통해 확인할 수 있는 면모는 그러하다. 시적 주체의 사유체계에서 미적 자의식은 신앙적 자의식보다 우월하게 작용하여 끊임없이 목적을 무화시켜 나간다. 그리하여 목적이 제거된 전이적 상태 혹은 경계적 상태 자체가 목적이 된다. 「목적」의 1연에는 미적 자의식이 압축적으로 제시된다. 목적에 이르는 전이적 과정 자체가 가장 아름다운 것이다. 장미가 피고 있는 '순간'이 전이적 상태이고 고독한 상태이다. 2연과 3연은 병렬적으로 죽음과 삶의 순환 혹은 삶이라는 과정 자체가 목적이라는 것을 보여준다. 이것은 목적이 없는 세계의 합목적적인 순환에 관한 인식을 보여준다. 그리하여 4연에서는 경계화 의지로 통합된다. "너를 헤매게 하라."라는 발화는 내면의 자아로서 자기 자신을 향한 것이다. 즉, '헤매임'으로서 경계적 상태를 추구하고자 하는 의지의 발로이다. 주체는 목적을 제거하고 경계적 상태로서 "헤매"는 상황, 즉 고독한 상태를 목적으로 변환시킨다. 그리하여 김현승 시에서 "목적"은 중의적이다. "목적"은 기본적으로 '절대성'과 '궁극성'을 함축하고 있다. 김현승 시에서 절대적이고 궁극적인 것으로서 목적은 신앙적 자의식의 차원 혹은 일차적 상상력의 차원에서는 '신성'이고, 미적 자의식의 차원 혹은 이차적 상상력의 차원에서는 '고독'이다. 전자의 차원에서 목적은 규범적인 구속력을 갖지만 후자의 차원에서는 규범이 퇴거하여 어디에도 구속되지 않은 "자유"를 준다.

> 목적은 한꺼번에 오려면 오지만/ 꿈은 조금씩 오기도 하고/ 안 오기도 한다.//
> 목적은 산마루 위 바위와 같지만/ 꿈은 산마루 위의 구름과 같아/ 어디론가 날아가 빈 하늘이 되기도 한다.//
> 목적이 연을 날리면/ 가지에도 걸리기 쉽지만,/ 꿈은 가지에 앉았다가도 더 높은 하늘로/ 어디론가 날아가 버린다.//
> 그러기에 목적엔 아름다운 담장을 두르지만/ 꿈의 세계엔 감옥이 없다.//
> 이것은 뚜렷하고 저것은 아득하지만/ 목적의 산마루 어디엔가 다 오르면/ 이것은 가로막고 저것은 너를 부른다.//
> 우리의 가는 길은 아― 끝 없어/ 둥글고 둥글기만 하다.//
> ―「꿈을 생각하며」전문

> 고독은 正直하다./ 고독은 神을 만들지 않고,/ 고독은 無限의 누룩으로/ 부풀지 않는다.//
> 고독은 自由다./ 고독은 群衆 속에 갇히지 않고,/ 고독은 群衆의 술을 마시지도 않는다.//
> 고독은 마침내 目的이다./ 고독하지 않은 사람에게도/ 고독은 目的 밖의 目的이다./ 目的 위의 目的이다.
> ―「고독한 理由」전문

이미 잠깐 논급한 바 있는 「꿈을 생각하며」에서 "목적"은 신성과 같이 삶을 구속하는 규범적인 것이지만, 「고독한 이유」에서 "목적"은 구속력이 없는 "자유"이고, "고독"이며 「꿈을 생각하며」에서 "꿈"과 같은 것이다. 「꿈을 생각하며」에서 "목적은 한꺼번에 오려면 오지만"은 목적이 일단 설정되면 "한꺼번"에 모든 삶을 규제하는 구속력이 생성됨을 말해준다. "산마루 위 바위"는 목적이 갖는 구속력의 무게와 권위를 표상하고 있다. "목적이 연을 날리면 가지에도 걸리기 쉽지만"과 "담장"은 목적의 구속과 속박을 형상화하고 있다. 다섯째연은 목적에는 결코 도달할 수 없음을 보여준다. 즉, 목적은 도달할 수 없는 먼 곳에서 삶을 구속하고 속박하는 규범이다. 이에 반해 "꿈"은 "목적"의 구속력 있는 규범을 파괴하고 자유롭게 "어디론가 날아가"는 것이다. 그것은 목적 없이 "끝"없는 "길"을 헤매이며 가는 것이다. 김현승 시에서 "길"은 어디에도 관계가 형성되지 않은 경계적인 상태이다. "끝 없어 둥글고 둥글기만"한 "길"을 가는 것은 고독한 것이다. 그러므로 "꿈"은 "고독"이고, 구속력이 없으므로 "자유"이다.

「고독한 이유」의 "고독은 마침내 목적이다"에서 "목적"은 바로 이 "꿈"과 "자유"로서의 "목적"이다. 즉, 세계의 모든 관계로부터 떼어져 나와 헤매이고 배회하는 자아가 "고독"이고 "목적"이다. 첫째연은 고독이 구속력 있는 목적으로서 "신", 그리고 신앙과 결별한 상태임을 말해준다. "무한의 누룩으로 부풀지 않는다"는 것은 "무한"한 신성에 대한 믿음으로 팽창하는 신앙에 대한 거부를 나타낸다. '부푼다'는 시어에는 허위와 과장의 의미가 함축되어 있다. 주체는 신앙을 허위와 과장으로 인식하고 있는 것이다.[141] 그리하여 "신"과 신앙에 대한 거부는 "정직하다"고 표현된다. 둘째연에서 "고독"은 세계와 타협하지 않고("군중의 술을 마시지도 않는다"), 군중적 삶의 세계에서 관계를 거두어들이고("군중 속에 갇히지 않고") 내면의 세계를 형성하는 것이므로 "자유"이다. 그러한 고독은 세계에 관계를 형성하지 않는 상태이므로 인간의 본래적인 상태이다. 마지막 연은 본래성으로서 고독을 깨닫지 못하고 있는 사람에게 조차도 고독은 본래적인 상태라는 것을 말해주고 있다. "고독은 마침내 목적"이라는 것은 "고독"이 모든 인간이 추구해야하는 본래적이고

---

141) 김현승은 한때 신과 신앙은 허구의 산물이라고 생각한 적이 있었다고 산문에 적고 있다. "나는 신이란 인간들의 두뇌의 소산인 추상적인 존재에 지나지 않는다고 점점 확신을 갖게 된다." 『孤獨과 詩』, p. 31.

이상적인 상태라는 것을 말해준다. 그리하여 김현승 시에서 이상적인 자아는 본래적 자아로서 고독한 자아이다. 이러한 목적으로서의 이상적 자아인 고독한 자아는 탈성화된 연금술적 상상력에서 잘 형상화되고 있음을 이미 살펴보았다. 상상 주체는 불완전한 물질들을 정화하고 정련하여 종국적으로 거부와 배타성을 지닌 결정체로 생성되어 목적으로서의 고독한 자아를 형상화하는 것이다. 그리하여 목적의 배제와 탈성화를 통해 형상화되는 고독의 심미성은 김현승 시가 종교의 시녀로 봉사하지 않고 시적인 것의 '절대적 현존'[142]에 접근하게 해준다.

2) 고독의 심미적 절대성

김현승 시에서 고독은 심미적 체험의 순간이면서 동시에 심미적 대상이다. 그것은 '신적인 것'에 대항하는 가장 '인간적인 것'이며 '심미적인 것'이다. 고독한 순간은 보러가 말하는 '절대적으로 현존하는 시간'[143] 경험의 에피파니인 '무시간성'[144]에 가깝다. 그것은 일상적인 지속과 규범적인 세계가 지양되고 심미적 체험의 '순간'이 절대화되는 '심미적인 것의 유토피아'[145]이다. 김현승 시에서 '순간의 유토피아'에 개현하는 심미적인 것은 고독 혹은 고독한 자아이고, 고독한 자아는 근원으로서 본래적 자아이다. 고독한 순간에 머무르는 것은, '순수한 현존'에 머무는 것이며, '고향'으로서 본래적 자아의 상태로 '돌아가는' 것이다. 그리하여 김현승 시에서 시인은 과거의 신은 사라지고 새로운 신은 아직 도래하지 않은 '밤의 시대'에 신의 소리를 붙잡아 세계에 전파하는 자[146]가

---

142) '절대적 현존'(das absolute Präsens)은 문학 외적인 것으로 환원될 수 없는 '문학 자체의 자기준거성'과 관련된 개념이다. K. H. Bohrer, *Das Absolute Präsens*, pp. 232-276.
143) Ibid., p. 241.
144) Ibid., pp. 216-276.
145) Ibid., p. 226.
146) 기독교 문화권에서 '숨은 신', '신의 일식', '밤의 시대' 등은 신과 인간 사이의 미묘한 균

아니라, 오직 인간의 몫인 고독을 노래하는 존재이다. 시인은 신성과 세계의 규범이 물러간 "밤"에 파묻혀 "밤"의 아름다움을 노래한다. "밤"은 세계와의 관계가 거두어진 본래적 자아의 상태로서 고독의 기호이다.[147] 밤과 어둠으로 표상되는 고독은 일반적으로 공포와 불안을 생성하지만 김현승 시에서는 창조에 대한 예견과 기대를 생성한다. 그것은 "새벽", "황혼", "가을"과 같은 경계적인 순간 혹은 전이적인 순간의 변주로서 고독한 상태이다. 낮을 일상적인 지속이라고 한다면 밤은 지속의 틈을 비집고 형성되는 경계적인 순간인 것이다. 「밤은 영양이 풍부하다」, 「내가 묻힌 이 밤은」 등은 심미체험의 순간이자 심미적 대상이 되는 고독의 시공간을 밤의 이미지로 형상화하고 있다.

> 오히려 가혹하게 베어 버린 絶叫의 斷面,/ 그 殺害를 끝내 버린 칼날과 같이/ 고요하다.// (중략)나는 벌거벗었다!/ 이 어둠의 무게 앞에서는 내 羞恥의 衣裳도/ 한낱 바람에 나부끼는 언덕의 잎사귀일 뿐,/ 그리하여 나는 묻힐 것이다, 한톨의 밀알보다 작은 내 最後의 告白으로/ 나는 묻혀야할 것이다, 이 밤의 뼈속 깊이……// 아아, 네 검은 머리털에 스며드는 기름 향기/ 모든 言語에다 새로운 機能을 불어넣을 여기 잠든 네 呼吸과 같이/ 그러나 空虛 속에 부푸는 風船과 같이/ 내가 묻힌 이 밤은 터질 듯 고요하다!
>
> ―「내가 묻힌 이 밤은」 전문

> 무르익은/ 果實의 密度와 같이/ 밤의 內部는 달도록 고요하다.// 잠든 내 어린것들의 숨소리는/ 작은 벌레와 같이/ 이 고요 속에 파묻히고,// 별들은 나와/ 自然의 構造에/ 秩序있게 못을 박는다.// 한 時代 안에는

열을 함축하는 은유이다. L. Goldmann, 송기형·정과리 역, 『숨은 신』, 연구사, 1986. ; Buber, M., *Eclips of God*, New York : Harper & Row, 1952.
하이데거에 따르면 시인은 '밤의 시대'에 신의 흔적을 찾아 방황하며 신의 소리를 붙잡아 세계에 전하는자이다. M. Heidegger, 소광희 역, 「가난한 시대의 시인」, 『시와 철학』, 박영사, 1972, p. 211.
147) B. L. Mijuskovic, "Loneliness-An Interdisciplinary Approach", *Anatomy*, p. 74.

밤과 같이 解體나 分析에는/ 차라리 무디고 어두운 詩人들이 산다./ 그리하여 討議의 時間이 끝나는 곳에서/ 밤은 想像으로 저들의 나래를 이끌어준다.// 꽃들은 떨어져 열매 속에/ 그 화려한 자태를 감추듯……// 그리하여 時間으로 하여금/ 새벽을 향하여/ 이 풍성한 밤의 껍질을/ 徐徐히 脫皮케 할 줄을 안다.//

— 「밤은 營養이 豊富하다」 전문

이 어둠이 내게 와서/ 까아만 비로도 箱子 속에 안긴/ 아름다운 寶石과도 그 한 복판에 빛내 주도다 빛내 주도다./ 눈 뜨는 나의 영혼을……//

— 「이 어둠이 내게 와서」 부분

「내가 묻힌 이 밤은」에서 "단면"은 세계와의 단절감을 담고 있다. "밤"은 세계가 "살해"당하여 소멸하고 "칼날"과 같이 비타협적이고 배타적인 자아만이 남아있는 상태이다. "밤"은 비본질적인 관계와 요소들이 모두 잘려나가고 본질적인 존재만이 남게 된 상태인 것이다. "나는 벌거벗었다"는 세계와의 관계와 규범을 모두 벗어버리고 본래적 자아만 남게 된 상태를 표현하고 있다. 그것은 존재의 근원이고 중심부인 "뼈 속" 깊이 묻히는 것이다. 그리하여 "밤"은 존재의 근원과 중심부로서 내면세계가 된다. 내면세계는 시적인 사유와 상상의 언어로 건설되는 소우주이다. "모든 언어에다 새로운 기능을 불어 넣"는다는 것은 "밤"은 외면 세계의 언어가 떠나고 내면세계의 언어, 즉 시적인 언어가 태어나는 공간이라는 것을 말해준다. "밤"이라는 공간은 물질의 영역이 아니라 사유와 상상만이 살아있는 상태이므로 "공허"의 공간이다. 공허(emptiness)는 물질적 세계와의 관계가 사라진 자가 느끼는 고독감이다. "내가 묻힌 이 밤은 터질 듯 고요하다"는 이상적 자아로서 고독한 자아와 주체의 동일화로 인한 자아 팽창감을 드러내고 있다. 그것은 시적인 사유와 상상을 통한 심미적 체험이 극대화된 자아의 모습이다.

「밤은 영양이 풍부하다」는 제목에서 이미 짐작할 수 있듯이 "밤"(夜)을 "밤"(栗)이라는 결정체로 형상화하고 있다. 김현승 시에서 결정체로서 "열매"는 견고한 "껍질"로 둘러싸여 세계와 타협이 불가능한, 세계에 대한 타자로서의 하나의 시적 세계이다. 그것은 내부에 씨앗을 품고 있다는 점에서 생성의 가능성이 잠재되어 있다. "고요하다"는 외면적 세계와의 단절에서 파생하는 고독을 드러낸다. "밤"은 세계의 소음이 사라진 고독의 공간인 것이다. 고독의 공간인 밤의 "고요 속에 파묻"힌 "어린 것"이나 "벌레"는 성인과 성충으로 성장하게 되므로 생성의 가능성을 함축하고 있다.[148] "별들은 나와" "질서 있게 못을 박는다"는 낮이라는 일상적인 지속의 세계에 대한 타자로서 세계의 형성을 보여주고 있다. 그러한 밤의 세계에는 "시인들이 산다". 낮이 "해체와 분석", "토의"로 표상되는 이성의 세계라면, "밤"은 "상상"의 세계이다.[149] "시인"은 이성의 규범으로부터 해방되는 "밤"의 세계에서 자유롭게 상상의 "나래"를 펴는 존재이다. 시인의 상상은 그리하여 고독을 고통이나 불안과 공포가 아닌 풍요로움으로 이끈다. "무르익은 과실의 밀도"와 "달도록" 등의 시어는 상상의 공간으로서 고독의 풍요로움을 드러내고 있다. 그 풍요로움은 창조에 대한 예견과 기대를 통해서 형성된다. 거기에는 시적인 창조를 통해 가능해지는 세계와의 소통에 대한 기대가 스며있다. "새벽"은 내면세계인 "밤"과 외면 세계인 낮을 이어주는 소통의 통로이다. 내면세계인 "밤"은 껍질을 서서히 "탈피"하고 외면 세계에 사는 독자들에게 시적인 창조의 세계를 보여주며 그들을 확장된 세계로 이끈다. 이러한 시적 창조와 소통에 대한 예견과 기대가 "밤"으로 표상되는 고독을 풍요롭게 일구어놓고 있는 것이다.

---

148) 오세영, 『문학연구방법론』, 고려대출판부, 1998, pp. 291-292.
149) 위의 책, p. 294.

일반적으로 고독은 고통스러운 경험이지만, 근원으로서 고독한 상태로의 접근은 창조에 대한 예견과 기대를 통해 즐거움을 생산한다. 그 즐거움은 "어둠"의 "한 복판"에서 심미적 세계에 "눈 뜨는" 즐거움이다. "밤"과 "어둠"은 규범적 세계가 퇴거하고 '심미적인 것의 유토피아'에 눈을 뜨는 순간인 것이다. 「시의 맛」은 시적 과정에 임하는 심미적 체험 순간으로서 고독한 상태의 즐거움을 잘 보여준다. 그것은 철저하게 혼자인 상태에서 시적인 몽상과 상상의 세계에 "빛나는 눈을" 뜨는 즐거움이다.

> 멋진 날들을 놓아 두고/ 詩를 쓴다./ 古宮엔 벚꽃,/ 그늘엔 괴인 술,/ 멋진 날들을 그대로 두고/ 詩를 쓴다.//
> 내가 詩를 쓸 때/ 이 땅은 나의 작은 섬,/ 별들은 오히려 큰 나라.//
> 멋진 約束을 깨뜨리고/ 詩를 쓴다./ 종아리가 곧은 나의 사람을/ 太平路 二가 프라스틱 지붕 아래서/ 온종일 기다리게 두고,/ 나는 호올로 詩를 쓴다.//
> 아무도 모를 마음의 빈 들/ 허물어진 돌 가에 앉아,/ 썩은 모과 껍질에다 코라도 부비며/ 내가 詩를 쓸 때,/ 나는 세계의 집 잃은 아이/ 나는 이 세상의 참된 어버이./ 내가 詩를 쓸 땐//
> 멋진 너희들의 사랑엔/ 江原道風의 어둔 눈이 나리고,/ 내 영혼의 벗들인 말들은/ 까아만 비로도 방석에 누운/ 아프리카産 最近의 寶石처럼/ 눈을 뜬다./ 빛나는 눈을 뜬다.
>
> ―「詩의 맛」전문

"시를 쓴다"는 것은 하나의 세계를 창조하는 것이다. 그 세계는 '심미적인 것의 유토피아'인 "섬"이다. "섬"과 같이 저만치 홀로 떨어져 고립된 영역이 "시"가 있어야 할 곳이며, 시적인 사유와 상상이 머무르고 창조하는 장소이다.[150] 그것은 일상과 지속이 깨어져 생기는 "새벽", "황혼", "가을", "밤"과 같은 "작은" 균열이다. 시인은 수다한 군중들을 끌

---

150) A. Storr, *Solitude-A Return to the Self*, New York : Ballantine Book, 1989, pp. 62-72. 참고

어들이는 "벚꽃"과 "술"과 연애를 노래하지 않고, "호올로" "아무도 모를 마음의 빈 들"에 잠겨 내면세계를 노래한다. 바다 깊이 잠긴 "섬"이 되고, "세계의 집 잃은 아이"가 되어 있는 내면의 고독을 노래한다. "고독"은 김현승 시가 노래하는 가장 시적이고 심미적인 것이다. 내면에 가득 차 출렁이며 넘쳐나는 고독은 "영혼의 벗들인 말", "보석"과도 같이 반짝이는 시적인 언어들을 깨워 심미적인 것들에 "빛나는 눈을" 뜨게 해준다. 그리하여 김현승 시에서 고독은 심미적 체험을 가능하게 해주며, 심미적 대상이 되기도 하는 것이다.

김현승 시에서 고독은 내면에 감추어진 근원으로서 본래적 자아의 모습이며, 시적인 사유와 상상을 가능하게 해주는 '순간'이고, 시가 꿈꾸며 가고자 하는 '장소'이므로 동경의 대상이 된다. 「군중 속의 고독」은 고독의 본래성(Eigentlichkeit)과 '심미성'에 대한 동경을 "반달"의 이미지로 형상화하고 있다.

> 많으면 많을수록/ 적어지는― 그리하여 사라지고 마는,//
> 크면 커갈수록/ 가리워지는― 그리하여 그리워지는,//
> 群衆 속의 고독이 있다.//
> 즐거우면 즐거울수록/ 나를 잊는― 그리하여 내가 남이 되는//
> 흐르면 흐를수록/ 巨大해지는― 마침내 巨大하게 마시고 따라서 웃는,//
> 群衆 속의 고독이 있다.//
> 남이 입은 옷으로 내 몸에 옷을 입고/ 남이 세운 어깨에 열심히 팔을 걸친/ 빌딩 위의 반달이여.//
> 他人들의 불빛에 조심스레 담배를 붙여 물고/ 기껏 돌아서는,/ 희뿌연 빌딩 틈의 반달이 있다.
> ―「群衆 속의 고독」 전문

이 시에서 "나"는 본래적 자아로서 고독한 자아이다. "많으면 많을수록", "크면 커갈수록"의 주어는 군중 속에 파묻힌 삶의 즐거움이다. 군중들 속에 깊이 빠져들수록 "나"를 잊게 되고, "나"는 타자가 되어버려 본래적 자아로부터 소외감과 동경을 낳는다. "사라지고 마는", "내가 남이되는"은 자기로부터 소외를, "그리워지는"은 동경을 나타내고 있다. 군중과 함께 "웃고", '즐기는' 가운데 본래적 자아의 상태인 고독과 멀어지게 되지만, "고독"은 멀리 있지 않고 군중적인 삶 속에도 본질로 감추어져 있다. "반달"은 자기로부터의 소외에서 파생되는 고독과 본래적인 상태로서 고독을 형상화하고 있다. "반달"은 밤하늘에서 빛난다는 점에서, 그리고 '반쪽'이라는 점에서 고독감을 포지하고, 현상적 자아와 먼 거리에 놓여 있다는 점에서 동경을 함축한다. "반달"도 "별"과 같은 천상의 결정체이지만 초월성이나 신성을 지니지는 않는다. "옷", "담배", "빌딩" 등이 "반달"을 탈성화하여, 심미적인 가치만을 남게 한다. 그러므로 동경은 신성을 향한 것이 아니라 시적인 것을 향한 동경이다. 김현승 시에서 고독은 본래적이고 심미적이면서 절대적인 것이다. 「絶對 고독」과 「고독의 끝」은 고독의 절대성을 보여준다.

  나는 이제야 내가 생각하던/ 영원의 먼 끝을 만지게 되었다.// 그 끝에서 나는 눈을 비비고/ 비로소 나의 오랜 잠을 깬다.// 내가 만지는 손끝에서/ 영원의 별들은 흩어져 빛을 잃지만,/ 내가 만지는 손끝에서/ 나는 내게로 오히려 더 가까이 다가오는/ 따뜻한 체온을 새로이 느낀다./ 이 體溫으로 나는 내게서 끝나는/ 나의 영원을 외로이 내 가슴에 품어 준다.// 그리고 꿈으로 고이 안을 받친/ 내 言語의 날개들을/ 내 손끝에서 이제는 티끌처럼 날려 보내고 만다.// 나는 내게서 끝나는/ 아름다운 영원을/ 내 주름 잡힌 손으로 어루만지며 어루만지며/ 더 나아갈 수도 없는 나의 손끝에서/ 드디어 입을 다문다― 나의 시와 함께.
                  ―「絶對 고독」전문

  거기서/ 나는/ 옷을 벗는다.// 모든 황혼이 다시는/ 나를 물들이지 않는/ 곳에서.// 나는 끝나면서/ 나의 처음까지도/ 알게 된다.// 神은 무한히 넘치어/ 내 작은 눈에는 들일 수 없고,/ 나는 너무 잘아서/ 神의 눈엔 끝내 보이지 않았다.// 무덤에 잠깐 들렀다가,// 내게 숨막혀/ 바람도 따르지 않는 곳으로 떠나면서,// 내가 할 일은/ 거기서 영혼의 옷마저 벗어 버린다.

- 「고독의 끝」 전문

「절대고독」에서 "고독"이라는 시어는 사라지고 "영원"으로 대체된다.151) 이 시에서 "영원"은 자연 혹은 대우주의 영원과 소우주의 영원인 "나의 영원"으로 갈린다. 화자는 잠에서 깨어 별이 지고 해가 뜨는 자연에서 대우주의 "영원"을 본다. 언제나 다시 떠오르는 태양의 "따뜻한 체온"은 대우주의 영원성을 나타낸다. "나의 영원"은 대우주의 영원과 대비되어 정체가 분명해 진다. "나의 영원"은 시작과 끝이 없이 흐르는 대우주의 영원과 달리 "내게서 끝나는 나의 영원"이다. 소우주적인 "나의 영원", 즉 "나"라는 존재의 순간성은 이전과 이후로부터 단절될 수밖에 없다는 인식에 이른 것이다. 그것은 "나의 영원"이 고독 그 자체라는 것을 말해준다. "체온"으로 "나의 영원을 외로이 내 가슴에 품어준다"는 것은 대우주의 영원을 통해 덧없는(transitory) "나의 영원"을 위안 받는다는 의미로 파악할 수 있다. 대우주의 "영원"에 비해 "티끌"같은 "나의 영원"은 덧없는 순간이지만 "아름다운 영원"이고, "나의 시"다. 시인은 그것을 "절대 고독"이라 명명하고 있다. 여기에서 "절대"는 삶의 순간성에 대한 인식에서 파생된 것이다.

「고독의 끝」은 순간으로서 삶에서 차지하는 고독의 절대성을 그려내고 있다. "옷을 벗는다"는 것은 죽음을 의미한다. "거기"와 "곳"은 죽음을 공간화한 표현이다. "끝"은 죽음으로 인하여 삶이 무화되는 시간이다. "끝나면서 나의 처음까지도 알게 된다"는 것은 존재가 소멸하는

---

151) 김윤식, 앞의 책, p. 165. 참고

"끝"과 "처음"이 '없음'의 상태로서 동일함을 드러내고 있다. 그리하여 '없음'으로서 "처음"과 "끝"으로 한계 지워진 자아는 순간적인 존재가 된다. "나는 너무 잘아서 신의 눈엔 보이지 않았다"는 존재의 순간성을 표현하고 있다. 여기에서 "신"은 기독교적인 신이 아니라 대우주의 영원성과 무한성이라 할 수 있다. 이 시에서 "영혼"의 불멸성이 '없음'으로 부정되고 있기 때문이다("영혼의 옷마저 벗어 버린다"). 대우주의 영원과 무한에 비해 "너무 잘아서" 자아는 "끝내 보이지" 않는 '없음'과 같은 순간적인 존재이다. 유아론적 의식마저 사라지는 죽음에 대한 주체의 의식이 존재의 순간성에 대한 인식을 통해 고독의 절대성을 생산한다. 세계로부터의 단절을 의미하는 순간은 고독 자체이기 때문이다. 일차적 상상력의 층위에서 절대적인 신성을 향하는 전이(transition)는 순간으로서 삶의 덧없음(transitoriness)으로 분화되어 심미적으로 절대적인 고독을 생성하는 것이다.

김현승 시에서 고독은 이미 살펴본 바와 같이 다양한 양상으로 나타나지만 궁극적으로는 고독의 심미성과 절대성에 수렴한다. 그리하여 고독은 심미적 절대성을 얻는다. 그것은 '신적인 것에 치명적인 일격을 가하는 가장 인간적인 것'[152] 이면서 '심미적인 것'이다.[153] 이차적 상상력은 순간으로서 고독의 심미적 절대성을 형상화하여 '신적인 것'에 반하는 '심미적인 것'의 '절대적 현존'을 도모하는 것이다.

---

[152] L. Ferry, *Homo Aestheticus*, 방미경 역, 『미학적 인간』, 고려원, 1994, p. 42.
[153] 김현승은 산문을 통해 자신의 시학에서 고독이 갖는 의미를 어느 정도 밝혀두고 있다. 그에 의하면 고독은 종교적 구원을 위한 것이 아니라 미학적인 것이다. 김현승은 가장 인간적인 것으로서 고독을 천착하여 "새로운 미학"으로서 "건조미(乾燥美)"에 관심을 갖게 되었다고 말한다. 『孤獨과 詩』, pp. 209-212.
보러적인 미학의 관점에서 보면 '고독'은 세계의 규범에 대항하여 미적인 것의 자율성을 보장해주는 한 요소로 이해할 수 있을 것이다. 김현승의 신앙적 자의식의 차원에서 보자면 고독은 신앙에 반하는 악이라 할 수 있다. 따라서 그것은 신앙적 자의식에서 형성되는 기독교적 규범에 반하여 미적인 것의 절대적 현존을 도모할 수 있게 해준다. 이와 관련하여서는 다음을 참고할 수 있다. K. H. Bohrer, *Das Absolute Präsens*, pp. 232-245.

5. 결론

지금까지 김현승 시가 일관된 상상력으로 형상화된 하나의 시적 세계임을 살펴보았다. 김현승 시에 나타난 상상력에 관한 선행연구는 대개 일차적 상상력을 중심으로 이루어져 왔다. 그것은 김현승 시에 나타난 상상력의 보편성과 종교적 관념성에 무게를 두어 창조성과 심미성을 간과하고 있다. 본고는 선행연구를 검토하여 신적인 이념의 대타적 위치에 놓여 있는 고독이 미학적으로 어떠한 의미를 지니며, 상상력이 어떻게 신적인 것의 구속력에서 벗어나 심미적인 것의 자율성을 확보하는가에 대한 문제를 제기하는 데에서 시작하여, 김현승 시의 상상력의 분석을 통해 김현승 시의 시적임과 심미성, 그리고 고독의 미학적 위상을 드러내었다.

시인의 시적 기능은 잠자고 있는 인류의 공통 기억을 되살려 내거나 관념과 형이상학을 담아내는 것보다도 보편적인 상상력을 변형하고 변성하여 창조적 세계를 형상화하여 미적인 것을 드러내는 데에 있다는 점에 착안하여 일차적 상상력을 염두에 두면서도 이차적 분화에 주목하여 신화적-종교적 상상력이 형성하는 선조건의 탈목적화와 탈성화를 통해 전개되는 이차적 상상력의 양상을 구명하였다. 김현승 시에서 상상력의 분화는 시적 주체의 기독교 신자로서의 신앙적 자의식과 시인으로서의 심미적 자의식의 갈등과 긴장을 통해 이루어진다. 주체의 신앙적 자의식으로 매개되는 신성을 향한 무의식적 지향성은 일차적인 전이적 상상력으로 활성화되어 작품의 신화적-종교적인 선조건을 형성한다. 심미적 자의식은 일차적 상상력이 형성하는 선조건을 탈목적화·탈성화시켜 이차적인 전이적 상상력으로 분화시킨다. 일차적 상상력의 층위에서 신성을 향한 전이적인 움직임에 수렴하는 이미지들은 이차적인 분화를 통해 신적인 것에 일격을 가하는 인간적이고 심미적인 것으로서 고독을 형상화하게 된다.

　김현승 시에 나타난 주된 일차적 상상력은 통과제의적 상상력과 연금술적 상상력이다. 양자는 동일하게 신성을 향해 목적론적으로 정향된 신화적-종교적 관념과 구조로 활성화되는 전이적 상상력이지만 전자는 외적 투사의 측면이 강하고 후자는 내적 투사 혹은 동화의 측면이 두드러지므로 장을 달리하여 양자의 탈목적화와 탈성화의 방식으로 전개되는 이차적 상상력을 논의하였다.

　본론의 2장에서는 통과제의적 상상력의 이차적 분화를 통해 표출·형상화되는 고독의 심미성을 구명하였다. 일상과 지속의 균열에 생성되는 경계적 상태에서 신적인 것의 개현과 체험이 이루어지는 통과제의적 상상력이 이차적으로 분화되어 신성이 제거되면 경계적 상태는 심미적인 것이 개현하고 체험되는 시공간이 된다. 1절에서는 해방이전의 작품을 중심으로 종말론적 상상력의 탈목적화로 생성되는 경계적 시간 혹은 전이적 순간의 심미성과 그 이면에 은폐되어 있는 고독을 구명하였다. 초기시편들에는 당대의 시대적 정황이 개입하여 종말론적인 역사적 상상력의 층위를 형성하지만 이는 극히 부분적인 요소이고 대부분의 작품들에서는 이미지들이 목적론적인 지향성을 잃고 일상적인 지속에 균열을 일으키는 갑작스러운 움직임을 생성하여 전이적 순간을 심미성으로 가득 채운다. 2절에서는 가을을 제재로 하는 시편들을 중심으로 상상력과 고독을 살펴보았다. 가을의 근원회귀적인 전이성은 순례적 상상력을 일차적으로 활성화하며 본래적 자아에 대한 성찰 의지는 그것을 이차적으로 탈성화하여 시적 순간을 확보하고자 하는 경계화 의지를 생성한다. 그 의지에 의해 확보되는 경계적 상태는 시적인 사유와 상상을 가능하게 해주는 배회이며, 본래적 자아는 세계와의 관계에서 떼어져 나와 배회하는 고독한 자아이다. 3절에서는 "까마귀"와 "나무"의 이미지를 중심으로 주체의 경계화 의지가 시적 대상에 투사되어 대상을 경계화시키는 양상을 고찰하였다. 경계화 의지는 대상의 수직적인 경계성을 수평적으로 변형하고 주체의 고독한 감정과 기분을 투사하며 고독한 자아의 에고를 이입하여 동반자를 생성한다.

3장에서는 신성을 향한 무의식적 지향성이 활성화되어 불순하고 불완전한 물질을 신적인 완전성에 조응하는 물질로 변형·변성시키는 종교적-연금술적 상상력이 탈성화되어 전개되는 이차적 상상력을 통해 형상화되는 고독의 다양한 양상을 구명하였다. 1절에서는 시간을 주관화하여 질료의 변형과 변성 과정을 단축적으로 형상화하는 상상력의 작용을 고찰하였다. 시적 주체는 회감을 통하여 "마음"의 연금술적 도가니 속에 과거와 미래를 끌어들여 시적 현재와 융화시켜서 시적 순간의 고독을 "결정체"로 형상화한다. 결정체로 형상화되는 시적 순간의 고독은 일상적 지속의 틈새에 영원성을 생성한다. 2절에서는 김현승 시에 나타난 결정체들이 형상화하고 있는 고독의 본래성과 영원성, 그리고 고독에 담기어 있는 희망과 꿈을 살펴보았다. 김현승 시에서 고독은 본래적인 것이며 그 본래성은 일상적 지속의 수면 아래에서 순간의 영원으로 흐르게 하여준다. 희망은 단절감과 동경에서 파생하는 불안과 절망을 삭제하여 고독을 무한한 자유로 이끌어준다. 3절에서는 물과 불의 상상력으로 전개되는 질료의 변성 과정과 그를 통해 형상화되는 고독의 유형을 살펴보았다. 물과 불은 동일하게 연금술적 정화를 초래하는 물질이지만 전자는 '씻음'을 통한 재생의 물질성이, 후자는 파괴적인 성질이 우세하다. 물은 눈물의 액체성과 불완전성을 정화하여 결정체를 생성하여 고독의 순수성을 형상화하며, 불은 세계와의 관계를 파괴하여 재를 생성하여 사후의 고독을 형상화한다.

4장에서는 2장과 3장 어느 한곳에 포함되기 어려운 작품들을 중심으로 본론의 논지를 종합적으로 고찰하였다. 김현승의 시와 산문 곳곳에는 기독교 신자로서 그리고 시인으로서 감내해야 했던 고뇌와 갈등의 흔적이 남아 있다. 김현승 시에서 일차적인 상상력을 활성화시키는 것은 신앙적 자의식이지만, 시인으로서의 심미적 자의식은 신적인 움직임을 역동적으로 거부하여 심미적으로 절대적인 고독을 지향하는 움직임을 생성한다.

그의 시에서 고독의 영역은 신적인 규범이 퇴거하여 심미성이 절대화되는 심미적인 것의 유토피아이다. 심미적 체험의 순간이면서 동시에 심미적 대상인 고독은 신성을 향한 전이의 과정이 아닌 인간적인 덧없음의 영원화로서 심미적으로 절대적인 것의 표상인 것이다. 뤽 페리식으로 표현하자면 김현승 시의 고독은 '신적인 것의 지위에 가해진 치명적인 일격'인 셈이다.

김현승 시에서는 고독의 다양한 유형이 다양한 방식으로 표출·형상화된다. 그러나 김현승 시의 모든 고독은 결국 신적인 규범으로부터 시적인 것의 자율성을 확보하게 해주는 심미성을 지향하며, 신적인 절대성을 대체하는 심미적 절대성에 수렴하게 된다. 그리하여 고독은 김현승 시가 종교의 시녀로 봉사하지 않고 시적인 것의 절대적 현존에 접근하여 심미적 자율성을 확보하게 하여준다.

제2장

절대음악의 미학과 성스러움
- 김종삼론 -

1. 서론

　기독교(가톨릭)는 비록 외래종교이지만 짧은 기간 동안 급속히 한국 문화 전반에 깊숙이 스며들어 더 이상 외래종교로 보기 어려울 만큼 우리에게 친근해졌다. 한국 현대시에서도 기독교의 강력한 영향력을 찾아볼 수 있다. 기독교는 문화적 위화감으로 인하여 1930년대에 와서야 정지용에 의해 한국 현대시사에 뒤늦게 정착되지만,[1] 이후 빠른 속도로 한국 현대시에 깊고 넓게 스며들어 하나의 정신사적 기반을 마련하게 된다.[2]

---

1) 물론 개화기 천주교 가사나 찬송가 가사 등의 형태로 기독교 계열의 시가가 급속도로 보급되긴 하지만 그것을 현대시로 보기는 어렵다. 또한 1920년대에 와서는 이용도 목사가 미발표의 시를 창작하긴 하지만, 그의 시는 기도시, 신앙시의 양식으로서 현대시로 보기에는 많은 무리가 따른다.
2) '한국기독교문인협회'와 '캐토릭문우회' 등의 기독교 문인 단체에 등록된 시인의 수는 약 800여명에 이른다.
　신규호, 『한국현대시와 종교』, 국학자료원, 2003, p. 63. 참고.
　문학적인 가치는 확인할 수 없지만, 이는 기독교가 한국의 현대시에 미친 영향력이 강력함을 방증해 준다.

한국 현대시사에서 기독교를 수용한 시인으로는 정지용, 윤동주, 박두진, 박목월, 김현승, 구상 등이 널리 알려져 있으며, 기독교와 한국 현대시에 관한 연구는 대체로 이들 특정 시인으로 중심으로 이루어져 왔다. 그리고 기독교와 관련된 이들 시인의 시적 세계에 관한 연구는 미학적인 차원보다는 기독교 사상을 밝히는 데에 치우쳐왔다. 이러한 한계를 극복하기 위해서는 기독교 사상과 미학에 대한 균형 잡힌 시각으로 직·간접적으로 기독교의 영향권에 놓인 다양한 시인들의 시적 사유와 상상의 영역을 발굴할 필요가 있다.

그러한 탐구를 토대로 하여 기독교 계열의 시인들의 시적 세계에 대한 공시적·통시적 비교 연구를 진행할 때 한국 현대시사를 관류하는 기독교적 시학의 문학사적인 면모가 드러나게 될 터이다. 한국 현대시사를 구성하는 중요한 줄기의 하나로서 기독교적 시학의 계보에 대한 연구를 통해서 우리는 천의 얼굴을 가진 한국 현대시사의 총체적인 면모에 한 걸음 더 가깝게 다가설 수 있을 것이다. 하지만 그것은 무엇보다도 개별 시인들의 시적 세계에 대한 성실한 고찰이 전제되어야만 가능하다. 본고는 그러한 선행 작업의 하나로 김종삼의 시에 나타난 기독교적 세계관과 미의식을 살펴보고자 한다.

김종삼은 기독교적인 환경에서 성장하였고, 한 동안 신앙에서 멀어진 듯이 보였지만 말년에 회심하는 등 기독교와 전기적으로 밀접한 인연을 맺고 있으며, 작품에서도 기독교적 심상을 매우 빈번하게 활용하고 있지만, 그의 시와 기독교에 관한 본격적인 연구는 거의 이루어지지 않았다.[3] 그 이유는 여러 가지로 추정할 수 있겠으나 무엇보다도 김종삼의

---

[3] 최근 권명옥은 김종삼 시에 나타난 기독교적인 요소로 케리그마(kerigma)적인 표현과 긍휼(pity) 등을 지적한 바 있다. 권명옥, 「김종삼의 단시 3편에 관한 연구」1, 『한국언어문화』25, 2004a, p. 237. ; 권명옥, 「은폐성의 정서와 시학-김종삼론」, 『한국시학연구』11, 2004b, p. 173.
매우 적절한 해석으로 판단되지만, 이는 김종삼 시의 정서와 은폐의 기법에 관한 논의 과정에서 단편적으로 언급된 것으로, 김종삼 시와 기독교에 관한 심층적인 연구는 아니다.

시가 기독교 계열의 다른 시인들의 시에 비해 매우 독특하고 난해하기 때문인 것으로 사료된다.

비록 기독교와 관련된 부분은 크게 주목받지 못하였지만, 그의 독특한 시적 세계에 대한 다양한 연구가 꾸준히 축적되어 왔다. 김종삼 시에 관한 연구는 크게 기법적인 측면과 정신적인 측면으로 나누어 볼 수 있다. 기법적인 측면에서는 과거체와 절제[4], 잔상효과[5], 병치의 기법[6], 묘사[7], 난유의 수사학[8], 은폐[9] 등이 밝혀졌다. 이러한 기법적 차원의 연구는 김종삼 시가 의미나 정서를 고스란히 노출하지 않고 비밀스럽게 함축, 암시하고 있음을 말해준다. 따라서 김종삼 시는 무의미 시의 단초를 마련한 것[10]으로 논의되기도 한다.

하지만 김종삼 시는 어떠한 일관된 정신적 지향성을 보여주기도 한다. 정신적인 측면의 연구는 비극적 세계 인식[11], 죽음의식[12], 부재의식[13], 평화의식[14] 등을 구명했다. 이러한 사항에 대해서는 대부분의 논자들 공감하고 있으며 최근 활발하게 전개되는 후속 연구에서도 고스란히 계승되고 있다. 기법 상의 난해함으로 인해 해독이 쉽지 않음에도 불구하고 논자들 사이에 이견이 적은 것은 김종삼 시편의 이미지들이 어떠한 체

---

[4] 김현, 「金宗三을 찾아서」, 장석주 편, 『김종삼 전집』, 청하, 1988.
[5] 황동규, 「殘像의 美學」, 위의 책.
[6] 이승훈, 「평화의 시학」, 위의 책.
[7] 김주연, 「非世俗的 詩」, 위의 책.
[8] 박현수, 「김종삼 시와 포스트모더니즘의 수사학」, 『우리말글』31, 2004.
[9] 권명옥(2004b), 앞의 글.
[10] 류순태, 「1950-60년대 김종삼 시의 미의식」, 『한국 전후시의 미적 모더니티 연구』, 월인, 2002, pp. 300-301.
[11] 김현, 「金宗三을 찾아서」, 장석주 편, 앞의 책.
[12] 이승원, 「김종삼시에 나타난 죽음과 삶」, 『현대시와 삶의 지평』, 시와시학사, 1993. ; 오형엽, 「풍경의 배음과 존재의 감춤」, 송하춘·이남호 편, 『1950년대의 시인들』, 나남, 1994.
[13] 황동규, 「殘像의 美學」, 장석주 편, 앞의 책. ; 이경수, 「否定의 詩學」, 위의 책. ; 하희정, 「1950년대 시에 나타난 '부재 의식'의 형상화 양상 연구」, 서울대 석사논문, 1995.
[14] 이승훈, 「평화의 시학」, 장석주 편, 위의 책. ; 한명희, 「김종삼 시의 공간」, 『한국시학연구』 6, 2002.

계를 형성하면서 의미 있는 세계를 보여주기 때문이다.

정신적 차원의 연구들은 종종 김종삼 시에 종교적 색채가 두드러짐을 지적한다. 하지만 종교적 요소가 어떠한 것인지에 대해서는 구체적으로 적시하지 않고 있다. 이에 반하여 이승훈은 구체적인 이미지 분석을 통하여 김종삼 시의 종교적 상상력을 밝혀내고 있다.15) 그에 의하면 김종삼 시의 상상력을 지배하는 두 개의 이미지는 돌과 물이며, 그것은 각각 고통과 죽음의 세계와 성스러운 행복의 세계를 표상한다. 그리고 그는 나무와 산의 이미지가 전자에서 후자로 나아가는 내면의 몸짓임을 밝히고 있다.

본고는 여기에서 한 걸음 더 나아가 김종삼 시의 종교적 상상력이 토대를 둔 기독교적 세계관, 그리고 그러한 세계관으로부터 어떻게 "미학주의", "예술주의"16)로 평가받는 그의 미의식이 생성되는가를 논구한다. 현대시에 나타난 기독교적 세계관의 연구는 자칫 시적 사유와 상상의 논리를 기독교 사상으로 환원하기 쉽다. 그러한 함정에 빠지지 않기 위하여 우리는 시적 사유와 상상의 배후에서 내밀하게 작동하는 기독교적 세계관을 검증하고, 그것이 어떻게 시적 주체의 미의식과 관련되는가, 그리고 그 미의식은 구체적으로 어떠한 것이며, 시인으로서의 미학적 자의식과 기독교 신자로서의 신앙적 자의식은 어떠한 방식으로 작용하는지를 밝히고자 한다.17)

---

15) 이승훈, 위의 글.
16) 장석주, 「한 미학주의자의 상상세계」, 장석주 편, 앞의 책, p. 34.
17) 물론 시적 주체의 '미학적 자의식'과 '신앙적 자의식'은 분명하게 분리되는 것이 아니며, 이를 구분하기도 어렵다. 그럼에도 불구하고 이 두 가지 개념을 분리하여 논의 전개 토대의 하나로 삼은 이유는 시적 주체가 신앙에 대한 지향성과 미학에 대한 지향성을 분명하게 보여주고 있기 때문이다. 이 두 가지 지향성은 다양한 시편에서 뒤섞인 채로 혼란스럽게 나타나고 있다. 본고는 그러한 혼돈의 상태에 체계와 질서를 부여하기 위하여, 편의상 '미학적 자의식'과 '신앙적 자의식'이라는 개념을 설정한다.

2. 죄의식과 기독교적 세계관

한국전쟁을 원체험으로 수용한 많은 전후 시인들의 시편에는 한국전쟁과 관련된 고통과 수난의 이미지가 빈번하게 눈에 띈다. 전후 시인으로 평가되는 김종삼 또한, 김광림, 전봉건과 함께 펴낸 『전쟁과 음악과 희망과』18)에서부터 지속적으로 고통과 수난의 세계상을 보여준다. 하지만 김종삼 시에는 한국전쟁이라는 특수한 사건의 특수한 체험이 별로 드러나지 않는다. 김종삼은 고통과 수난을 보다 보편적인 차원에서 이해하는 양상을 보여준다. 그것은 이후의 시편에서도 마찬가지이다. 김종삼은 한국전쟁이라는 특수한 사건의 특수성에 머무르지 않고 시야를 넓혀 인류의 보편적인 운명으로서 세계에 만연한 고통에 대해서 이야기하게 된다.19) 가령, 그는 「아우슈비츠 라게르」, 「지대」, 「아우슈비츠」 등의 시편에서 아우슈비츠의 참상을 환기시키면서 세계에 퍼져있는 '악'20)에 관한 질문을 던진다. 김종삼 시에서 고통과 수난으로서 '악'은 기독교의 '신정론(theodicy)'21)에 맞닿아 있는 것으로 판단된다. 논의 과정에서 차

---

18) 김종삼·김광림·전봉건, 『전쟁과 음악과 희망과』, 자유세계사, 1957.
19) 물론 김종삼도, 「어둠 속에서 온 소리」, 「민간인」 등의 시편에서 한국 전쟁과 관련된 고통과 수난을 보여준다. 하지만 이는 드문 경우이다.
20) 여기에서 말하는 '악'은 고통, 질병, 미움, 살인, 죽음 등의 의미하는 폭넓은 개념이다.
  이에 대해서는 N. L. Geisler, *Philosophy of Religion*, 위거찬 역, 『종교철학개론』, 기독교문서선교회, 1993, p. 366. 참고.
21) 어원적으로 theodicy는 그리스어 theos(God)와 dike(justice)의 합성어로서 라이프니쯔(Gottfried Leibniz, 1646 - 1716)가 만들어낸 용어로 알려져 있다. 문자 그대로 '신의 정의'에 관한 논의이며, 악과 고통의 문제에서 신의 정의와 능력을 옹호하려는 것이다. 따라서 변신론(辯神論)으로 번역되기도 한다. 하지만 그것은 좁은 의미의 신정론이고 넓은 의미의 신정론은 고통과 그 원인으로서의 악에 대한 종교적 해명을 뜻한다. 좁은 의미의 신정론은 대체로 유대-기독교 전통에 국한되는 반면 넓은 의미의 신정론은 대부분의 종교에서 관심을 보여왔다. 모든 종교들에서는 고통의 원인과 그것에서 벗어날 수 있는 방법을 제시하고 있다
  R. M. Green, "Theodicy", ed. by Mircea Eliade, *The Encyclopedia of Religion vol. 14*., New York : Macmillan, 1987, pp. 430 - 431.
  D. L. Migliore, "The Providence of God and the Mystery of Evil", *Faith Seeking Understanding - An Introduction to Christian Theology*, Grand Rapids : W. B. Eerdmans Publishing Co., 1991, pp. 99 - 119. 등 참고.

차 밝혀지게 될 것이지만, 김종삼 시의 시적 주체는 기독교적 세계관의 범주에서 세계에 미만(彌滿)한 '악'의 문제를 파악하고 있기 때문이다. 이 장에서는 김종삼 시에서 '악'이 어떻게 인식되고 있으며, 그것이 어떻게 기독교 세계관과 연결되어 있는지를 살펴본다.

> 안쪽 흙 바닥에는
> 떡갈나무 잎사귀들의 언저리와
> 뿌롱드 빛갈의 果實들이 평탄하게 가득 차 있었다.
>
> 몇 개째를 집어 보아도 놓였던 자리가
> 썩어 있지 않으면 벌레가 먹고 있었다.
> 그렇지 않은 것도 집기만 하면 썩어 갔다.
>
> 거기를 지킨다는 사람이 들어와
> 내가 하려던 말을 빼앗듯이 말했다.
>
> 당신 아닌 사람이 집으면 그럴 리가 없다고—.
>
> —「園丁」[22] 부분

이 시에서 시적 자아는 자신에게만 밀려오는 불이익에 대해서 이야기하고 있다. 과실들이 가득 차 있는 과수원에서 어쩐지 화자가 집는 과실은 모두 썩어있거나 아니면 벌레가 먹었다. 원정은 화자가 아닌 다른 사람이 집으며 그럴 리가 없다고 말한다.[23] 이러한 세계 인식의 태도는

---

[22] 『김종삼전집』, pp. 94-95.
[23] 김현(앞의 글)은 이러한 세계 인식을 '비극적 세계인식'으로 파악한다. 여기서 비극적 세계인식이란 자아와 세계 사이의 간극을 비화해적인 것으로 받아들이는 인식이다. 그의 해석은 황동규(앞의 글), 이승훈(앞의 글), 장석주(앞의 글) 등에 의해 거의 공식화된다. 김현의 지적은 정확한 것이었다고 볼 수 있다. 하지만 김현은 김종삼 시와 기독교적 세계관의 관계를 간과하고 있다. 논지로 볼 때, 김현이 말하는 '비극적 세계인식'은 골드만이 말하는 '비극적 세계관'에 맞닿아 있다. 그런데 골드만의 '비극적 세계관'은 기독교적 세계관의 특수한 하나의 양태이다. 따라서 김종삼 시의 고통을 기독교적 세계관의 차원에서 살펴볼 필요가 있다. 그

이 작품뿐만 아니라 다른 많은 시편에서도 찾아볼 수 있다. 가령, 「그리운 안니·로·리」에서 그는 "나는 그동안 배꼽에 솔방울도 돋아 보았고 머리 위로는 못쓸 버섯도 돋아 보았읍니다"라고 말한다. 화자는 자신의 운명을 고통과 수난으로 점철된 것으로 인식하는 셈이다. 그러나 김종삼 시에서 그러한 운명은 시적 자아의 개인적인 차원에서 나아가 타자들, 인류의 운명으로 확대되는 양상을 보인다. 인간이 직면한 고통 중 가장 그 비중이 큰 것은 죽음이다. 모든 고통의 귀결점은 죽음이고, 고통이 크면 클수록 죽음은 더욱 가까이 접근하는 것으로 경험된다. 고통이 삶의 문제로 더 크게 부각되는 것은 죽음이 있기 때문이다.[24] 우리는 김종삼 시에서도 고통과 수난이 죽음과 밀접하게 관련되어 있음을 확인할 수 있다. 김종삼 시의 구석구석에는 죽음에 대한 기억이 깊이 스며들어 있다. 시적 주체는 타자들의 죽음을 환기하면서, 인류의 운명으로서 고통과 수난을 폭로하는 양상을 보여준다. 다음 시편들에서 그것을 구체적으로 확인할 수 있다.

① 또/ 하나의 死者라는/ 전화 벨이 나고 있지 않는가—
―「全鳳來」[25] 부분

② 三一세 女 飮毒/ 연고자 없음./ 이틀 전에 한 사람이 다녀갔다 함.//
八세 病死/ 今日 入室되었다 함.
―「死體室」[26] 부분

러한 점을 고려하여 본고에서는 기독교적 세계관의 관점에서 김종삼 시의 고통과 수난에 대해서 고찰한다.
'비극적 세계관'에 대해서는 L. Goldmann, 송기형·정과리 역, 『숨은 신』, 연구사, 1986, pp. 45-150. 참고.
24) 류성민, 『종교와 인간』, 한신대 출판부, 1997, p. 114.
25) 『김종삼전집』, p. 40.
26) 『김종삼전집』, p. 69.

③家族 하나하나가 뒤로 자빠지고 있었다/ 크고 작은 人形같은 死體들이다.

— 「아우슈뷔츠 라게르」[27] 부분

①은 전봉래의 죽음에 대한 기억과 관련되어 있는 대목이다. 전봉래(1925-1951)는 어려서 철봉을 하다가 척추를 다친 후 불구가 된 시인으로 수면제를 먹고 자살한다. ②는 어느 병원 영안실의 풍경을, ③은 아우슈비츠의 참상을 담은 대목이다. 인용한 부분은 공통적으로 죽음과 관련된다. 죽음은 인간의 실존적인 한계 상황으로, 타인의 죽음은 결코 타자적인 것으로 그치지 않고, 자아의 죽음에 대한 예견으로 이어진다. 죽음은 생의 마지막 순간이지만 그것에 대한 예견 속에서 죽음은 생의 처음으로 거슬러 올라와 자아의 모든 생을 장악하는 강력한 힘을 가지고 있다.[28] 그렇게 볼 때 김종삼 시의 곳곳에 포진해 있는 죽음에 대한 인식은 세계에 만연한 고통과 수난의 문제를 더욱 부각시키는 것으로 이해할 수 있다.

그런데 「원정」에서 쉽게 확인할 수 있듯이, 김종삼 시에서 고통과 수난, 죽음은 객관적으로 그 원인이 해명될 수 없는 성질의 것이다. 신정론은 그와 같은 객관적으로 해명될 수 없는 '악'에 대한 종교적 해명이라 할 수 있다. 우리는 「꿈이었던가」, 「刑」 등에서 시적 주체가 기독교의 신정론적인 사유 방식으로 고통과 수난을 해석하는 것을 볼 수 있다.

①그 언제부터인가/ 나는 罪人/ 수億 年間/ 주검의 連鎖에서/ 惡靈들과 昆蟲들에게 시달려 왔다/ 다시 계속된다는 것이다

— 「꿈이었던가」[29] 전문

---

27) 『김종삼전집』, p. 139.
28) P. Ricoeur, *The Symbolism of Evil*, 양명수 역, 『악의 상징』, 문학과지성사, 1994, p. 206.
29) 『김종삼전집』, p. 159.

②여긴 또 어드메냐/ 목이 마르다/ 길이 있다는/ 물이 있다는 그 곳을 향하여/ 罪가 많다는 이 불구의 영혼을 이끌고 가 보자/ 그치지 않는 전신의 고통이 하늘에 닿았다

—「刑」[30] 전문

인용한 시편들에서, 시적 자아가 고통과 수난으로서 자신이 처한 악의 정황을 "죄"와 '형벌'로 인식하는 것을 확인할 수 있다. 여기에서 우리는 어렵지 않게 기독교적인 원죄의식을 간취할 수 있다. "그 언제부터인가", "수억 년간", "나는 죄인"과 같은 대목에서 자아는 죄의 기원을 아득한 때로 소급시킨다. 자신이 저지른 구체적인 악행이 아니라 자아는 신화적인 기원으로 말미암아 죄인이 되었고, 그로 인하여 형벌을 치르고 있는 것으로 이해되는 것이다. 이러한 신화적인 기원으로서의 원죄는, 기독교적 세계관의 기본적인 구조를 보여준다. 성서의「창세기」에 의하면, 인류는 조상의 죄로 말미암아 낙원에서 추방당하였으며, 그로 인하여 고통과 수난의 영역에서 떠돌게 되었다.[31]

하지만 이와 같은 원죄이론은 생물학적 유전학과 결합된 것으로 기독교의 본질적인 죄의식이나 기독교의 세계관을 충분히 설명해주지 못한다.[32] 김종삼 시의 원죄의식은 표층적인 것이다. 김종삼 시에는 그러한 표층적인 죄의식과 함께 보다 깊고 내밀하게 전개되는 심층적인 죄의식이 담겨있다. 심층적인 차원의 죄의식의 해명을 통해서 우리는 김종삼 시의 시적 사유와 상상을 떠받치는 기독교적 세계관을 살펴보게 될 것이다.

主日이 옵니다. 오늘만은/ 그리로 도라 가렵니다.//
한켠 길다란 담장길이 버려져/ 있는 얼마인가는 차츰 흐려지는/ 길이 옵니다.//

---
30) 『김종삼전집』, p. 153.
31) 「창세기」1-3장.
32) P. Ricoeur, *op. cit.*, p. 91.

누구인가의 성상과 함께/ 눈부시었던 꽃밭과 함께 마중 가 있는 하늘가입니다.//
　　　모-든 이들이 안식날이랍니다./ 저 어린 날 主日 때 본/ 그림/ 카-드에서 본/ 나사로 무덤 앞이였다는/ 그리스도의 눈물이 있어 보이었던/ 그날이랍니다.//
　　　이미 떠나 버리고 없는 그렇게/ 따시로웠던 버호니(母性愛)의 눈시울을 닮은 그이의 날이랍니다.//
　　　영원이 빛이 있다는 아름다움이란/ 누구의 것도 될 수 없는 날이랍니다.//
　　　그럼으로 모-두들 머믈러 있는 날이랍니다./ 받기 어려웠던 선물처럼……

　　　　　　　　　　　　　ㅡ「받기 어려운 선물처럼」33) 전문

　　전기적으로, 김종삼의 집안은 할아버지 때부터 기독교를 믿었으며, 김종삼도 세례를 받았고 14세 때까지 교회에 나갔다. 그는 어린 시절 미선계의 분위기가 좋았다고 말한다.34) 작품 자체의 차원에서 볼 때에도 김종삼은 신앙심이 드러나는 시를 많이 썼다. 특히 후기에 가면 미학을 포기하고 전적으로 신앙으로 귀의하는 듯한 시가 많아진다. 하지만 대체로 김종삼은 기독교 신앙과 미학의 균형을 유지하고 있는 편이다. 「받기 어려운 선물처럼」이 그 대표적인 예이다. 이 시는 김종삼의 전기적 사실과 깊은 관련을 맺고 있다. 여기에서 "주일"은 어린 시절에 경험한 성스러움이 충만한 시간이다. 그런데 여기에서 어린 시절은 전기적 사실 이상의 의미를 지닌다. 바슐라르에 의하면 유년기의 행복한 기억은, 우주적 기억의 황도대에 자리 잡게 된다.35) 다시 말해 개인의 유년기의 행복은, 신화적 유년기로서 낙원의 기억과 겹쳐질 수 있게 되는 것이다.

---

33) 『김종삼전집』, p. 41.
34) 강석경, 「문명의 배에서 침몰하는 토끼」, 장석주 편, 앞의 책, p. 285.
35) G. Bachelard, 김현 역, 『몽상의 시학』, 기린원, 1989, pp. 112-162.

우리는 위의 시에서 그러한 양상을 확인할 수 있다. 위의 시에서 "주일"은 개인적인 행복한 과거로의 복귀이면서, 동시에 기독교 신화의 에덴으로의 복귀로 이해할 수 있다. "안식", "모성애", "영원", "아름다움"이 충만한 영역은 다름 아닌 낙원인 것이다. 여기에서 우리는 김종삼 시의 심층적인 죄의식을 해명할 수 있는 중요한 단서를 하나 발견할 수 있다. 시적 주체는 세속의 현실에서 방황하는 자아를 낙원의 상태로서의 주일로부터 이탈로 파악하고 있다. 그 때문에 시적 자아는 '그리로 돌아감'을 추구하는 것이다. 기독교의 죄의식은 크게 실체로서의 죄와 무(無)로서의 죄, 이 두 가지로 나누어서 생각해볼 수 있다. 전자가 저지르는 악이라든지, 자아의 내면에 있는 사악한 본성으로서의 죄라면, 후자는 성스러움으로부터의 '벗어남' 혹은 신과의 '관계 단절'로서의 죄이다.[36] 김종삼 시의 심층적인 죄의식은 후자에 가깝다. 시적 자아는 구체적으로 저지르는 악이나 내면에 들어있는 악이 없이 막연한 죄의식을 느끼는데, 그것은 「받기 어려운 선물처럼」에서 확인한 바와 같이 성스러움으로부터의 이탈('벗어남', '관계 단절')에 대한 인식에서 생성되는 것으로 이해할 수 있다. 이러한 '벗어남', '관계 단절'로서의 죄의식은 원죄의식과 달리 죄의 기원을 아득한 때로 돌리지 않는다. 즉, 생물학적 유전의 법칙이 적용되지 않는 셈이다. 무로서의 죄의식은 주체가 놓인 지금-여기의 현실 인식에서 생성되는 죄의식으로, 지금-여기에 성스러움 혹은 신이 부재한다는 인식 자체에서 생성되는 것이다. 그리하여 신이나 성스러움으로부터의 '벗어남', '관계 단절' 상황 자체가 죄의 상징이 된다. 이러한 죄의식의 구조는 「문짝」에서도 구체적으로 드러난다.

    작은 데 비해/ 청초하여서 손댈 데라고는 없이 가꾸어진 초가집 한 채는/ '미손'게, 사절단이었던 한 분이 아직 남아 있다는 반쯤 열린 대

---

[36] P. Ricoeur, *op. cit.*, pp. 79-105.

문짝이 보인 것이다./ 그 옆으론 토실한 매 한가지로 가꾸어 놓은 나직한 앵두나무 같은 나무들이 줄지어 들어가도 좋다는 맑았던 햇볕이 흐려졌다./ 이로부터는 아무데구 갈 곳이란 없이 되었다는 흐렸던 햇볕이 다시 맑아지면서,/ 나는 몹시 구겨졌던 마음을 바루 잡노라고 뜰악이 한 번 더 들여다 보이었다.//

  그때 분명 반쯤 열렸던 대문짝.

              ― 「문짝」37) **부분**

  이 시의 공간은 "대문짝"을 경계로 외부와 내부로 나뉜다. 외부는 자아가 놓인 공간인데, 옷에 먼지가 배었다는 데에서 우리는 그 영역이 시적 자아가 배회하는 세속의 정황임을 짐작할 수 있다. 반면, 내부는 "'미숀'계, 사절단이었던 한 분이 아직 남아 있다", "청초하여 손댈 데라고는 없이 가꾸어진", '토실한 앵두나무' 등의 표현에 의하여 세속과 변별되는 어떤 성스러운 영역임 암시되고 있다. "나는 옷에 배었던 먼지를 털었다", "몹시 구겨졌던 마을을 바루 잡노라고" 등의 표현에서 우리는 시적 자아가 이 내부 공간에 대하여 경외심을 지니고 있음을 알 수 있다. 여기에서 "대문짝"은 성스러운 공간으로서 내부와 죄의 영역인 외부의 경계이다. 「받기 어려운 선물처럼」에서와 마찬가지로 시적 자아는 스스로를 성스러운 영역과 단절된 존재로 인식하고 있다. 이처럼 시적 자아는 스스로를 성스러움과 단절되어 죄의 정황에 유폐된 존재로 인식하고 있는 것이다.

  김종삼 시에 나타난 이와 같은 심층적인 죄의식은 기독교적인 세계관을 고스란히 드러내는 것으로 평가할 수 있다. 김종삼 시에는 원죄의식이 나타나기도 하지만 이는 표층적인 것에 불과하다. 시적 주체는 기본적으로 경험 세계를 성스러움·신과의 '관계 단절'이나 그것으로부터의 '벗어남'으로 파악한다. 이는 기독교의 무(無)의 차원의 죄의식으로 이해

---

37) 『김종삼전집』, p. 58.

할 수 있다. 기독교의 세계관에서 지금-여기의 정황에서의 성스러움・신의 부재는 죄의 정황으로 인식되고, 그러한 결여로서의 죄의 삶이 고통과 수난이라 할 수 있다. 심층적인 죄의식은 이러한 기독교적 세계관에 토대를 두고 있다.

지금까지 살펴본 바와 같이 시적 주체는 세계를 고통과 수난의 현장으로 파악하고, 악으로서의 고통과 수난의 근원을 기독교적 세계관의 범주에서 받아들인다.[38] 기독교적 세계관에 토대를 둔 악에 관한 종교적 해명을 내함한다는 점에서 김종삼 시의 악과 죄에 관한 사유와 상상은 기독교 신정론의 사유방식과 연결된다. 하지만 김종삼 시의 사유와 상상은 기독교의 구원론으로 치닫지는 않는다. 왜냐하면 신앙적 자의식의 맞은편에는 강력한 미학적 자의식이 도사리고 있기 때문이다. 다음 절에서는 미학적 자의식의 관점에서 김종삼 시의 미의식을 살펴본다.

3. 음악적 순수에의 몰입과 미학주의

기독교적 세계관에서 '벗어남', '관계 단절'과 같은 결여로서의 죄의식은, 성스러움・신으로의 '돌아감'에 의하여 극복될 수 있다. 즉, 신과의 관계 회복을 통하여 종교적인 자기 구원에 이를 수 있는 것이다.[39] 하지만 시적 주체는 그러한 기독교적 방식으로 자기 구원을 찾지는 않는다. 만약 전적으로 그러한 방식을 활용한다면, 김종삼의 시는 종교에 봉

---

[38] 우리가 이상에서 살펴본 기독교적 세계관에 기반한 악에 대한 인식은, 힌두교나 불교와 같은 인도에서 기원된 종교의 세계관이나 이슬람교적 세계관에 기반한 고통과 수난에 대한 인식과 분명하게 변별된다. 가령, 인도에서 기원된 종교에서는 업과 윤회에 의하여 악이 해명된다. 반면, 알라(Allah)에 대한 복종을 강조하는 이슬람교에서는, 악을 절대적 유일신으로서 알라에 대한 복종과의 관련에서 해명한다. 이에 반하여, '원죄론'이나 '벗어남'과 같은 인식은 기독교적 세계관에서 두드러진다.

[39] P. Ricoeur, op. cit., pp. 87-89.

사하는 중세적인 신앙시 혹은 종교시로 평가될 수 있을 것이다. 하지만 시적 주체의 미학적 자의식은 신앙적 자의식을 내밀한 영역에 억압하고, 창조적인 사유와 상상에 의한 '미학적 자기 구원의 방식'[40]을 추구한다.

그렇다면 김종삼 시에서 미학적인 자기 구원은 어떠한 방식으로 전개되는가. 이러한 물음과 관련하여 주목할 수 있는 요소가 음악이다. 전기적으로 볼 때 김종삼은 음악에 신들린 사람으로 알려져 있다. 그는 동경 유학 시절부터 작곡을 하며 음악에 몰입하였으며, 후일 국방부 정훈국 방송과와 동아방송국에서 음악을 담당하기도 하였다. 그는 퇴근 후에 다시 방송국에 들어가 음악을 들으며 밤을 새우고, 곡 하나를 며칠 몇 달씩 듣기도 한 것으로 알려져 있다. 그에게 '인간의 죽음이 뭐냐고' 물으면 '모짜르트를 못 듣게 되는 것'이라고 말할 정도였다고 한다.[41] 이처럼 김종삼에게 음악은 절대적인 가치를 지닌 것이었다.

전기적 사실에서뿐만 아니라 김종삼의 시에서도 음악은 가장 지배적인 이미지로 나타난다. 김종삼의 시 200여 편 중 69편이 음악과 관련되어 있다.[42] 전기적 사실이나 작품을 살펴볼 때 우리는 김종삼에게 음악이 미학적인 자기 구원과 같은 것임을 짐작할 수 있다. 김종삼은 음악적 순수성를 관건으로 하는 '절대음악'[43]을 선호한 것으로 알려져 있는데, 그것은 절대음악에는 악이 만연한 세속적인 삶의 내용물이 모두 배제되어 있기 때문으로 판단된다. 다시 말해 김종삼은 음악적으로 순수한 상태에의 몰입을 통하여 세속에 만연한 고통에서 벗어날 수 있었던 것이다. 우리는 김종삼 시의 곳곳에서 음악의 상태에의 도취 속에서, 악의

---

[40] 종교적 신앙이 퇴조한 근현대 사회에서 미학적인 태도는 종교를 대신하는 세속적인 반응의 하나로 자리잡게 되었다. 여기에서 미학적 자기 구원은 신이나 성스러움으로의 회심을 통해서가 아니라 미적인 경험을 통한 구원을 의미한다. 이에 관련된 사항은 H. Meyerhoff, *Time in Literature*, 이종철 역, 『문학과 시간의 만남』, 자유사상사, 1994, pp. 103-104. 참고.
[41] 이상은 강석경, 「문명의 배에서 침몰하는 토끼」, 장석주 편, 앞의 책. 참고.
[42] 유애숙, 「김종삼 시 연구」, 중앙대 석사논문, 2004, pp. 2-5.
[43] 권성해, 「절대음악과 표제음악에 대한 19세기 논쟁」, 숙명여대 석사논문, 1995, pp. 2-9.

영역으로서 세계에 괄호를 치고 '미학적 행복'[44]에 잠기는 시적 자아를 발견할 수 있다.

> 사람의 눈 언저리를 닮아가는 空間과
> 大地 밖으로 새끼줄을 끊어버리고 구름줄기를 따랐다.
> 양지바른쪽,
> 피어난 씨앗들의 土地를 지나
>
> 띄엄띄엄
> 기척이 없는 아지 못할 나직한 집이
> 보이곤 했다.
>
> 天上의 여러 갈래의 脚光을 받는
> 수도원이 마주보이었다.
> 가까이 갈수록
>
> 그 자리에만 머물러 있는 사랑하는 사람의 자리.
> 가까이 갈수록 廣闊한 바람만이 남는다
>
> ─「遁走曲」[45] 부분

소리예술인 음악은 마치 상승기류나 새처럼 하늘로 솟아오른다.[46] 김종삼은 음악의 상승하는 속성을 활용하여 악의 영역으로서의 일상으로부터의 일탈을 형상화하고 있다. "大地 밖으로 새끼줄을 끊어버리고 구

---

44) 여기에서 말하는 '미학적 행복' 혹은 미학적 '즐거움'은 경험적 세계로부터 해방되어 그 세계 배후의 가상적인 혹은 추상적인 세계에 몰입할 때 느낄 수 있는 행복이나 즐거움이다. 이와 관련된 사항은 G. Santayana, *Interpretation of Poetry and Religion*, co-ed. W. G. Holzberger & H. J. Saatkamp, Jr., Massachusetts: The MIT Press, 1990, pp. 16-17. ; H. Meyerhoff, *op. cit*., p. 101. 등 참고.
45) 『김종삼전집』, p. 61.
46) 음악의 바람과 같은 속성에 대해서는 블로흐가 지적한 바 있다. 이에 대해서는 E. Bloch, *Das Prinzip Hoffnung*, 박설호 역, 『희망의 원리』4, 열린책들, 2004, p. 2227.

름줄기를 따랐다"에서 우리는 시적 자아가 음악의 상태로서의 상승기류에 편승해 있음을 알아챌 수 있다. "광활한 바람만이 남는다"에서 시적 자아는 음악의 상승기류와 온전하게 동화되는 양상을 보인다. 이러한 음악에의 도취를 통해서 시적 자아는 세속의 모든 고통과 번뇌에 괄호를 치고, 미학적 행복에 잠길 수 있게 되는 것이다. 즉, 음악은 시적 자아에게 미학적 유토피아의 비전을 마련해 주는 셈이다.[47]

그런데 김종삼 시에서 미학적 행복은 성스러움과 내밀하게 연결되어 있다. 그와 관련하여 주목할 수 있는 이미지가 "수도원"이다. "수도원"은 시적 자아가 음악의 상승기류를 타고 도달한 하나의 정점이다. 그런데 이 시에서 "수도원"에는 신이 거주하지 않는다. 그것은 "광활한 바람"으로 표상되는 음악으로 가득 채워진 공간으로 미학적 행복의 정점을 표상한다. 시적 자아는 성스러움으로의 '돌아감'을 통해서가 아니라 음악에의 도취를 통해서 미학적인 자기 구원을 추구하는 것이다. 그러한 점에서 김종삼 시에서 음악이나 그와 결부된 수도원의 이미지는 성스러움을 대신하는 음악적 순수로 이해할 수 있다. 그렇다고 해서 김종삼 시의 음악적 순수가 전적으로 성스러움과 무관한 것으로 규정할 수는 없다. 왜냐하면 "천상의 여러 갈래의 脚光을 받는 수도원"에서 알 수 있듯이 시적 주체는 탈성화된(desacralized) "수도원" 위에 "천상"이라는 보다 지고한 대상을 내밀하게 설정해두고 있기 때문이다. 김종삼 시에서 "천상"은 시적 자아가 비록 도달할 수는 없지만 신적인 존재가 거주하는 종교적으로 성스러운 영역으로 암시되어 있다.[48]

그러므로 김종삼 시에서는 종교적으로 성스러운 즉 신적인 어떤 존재

---

[47] 블로흐에 의하면 음악은 살고 있는 순간의 어둠 속에 빛을 비추어주며, 실현되지 않은 유토피아의 비전을 보여준다. *Ibid*., pp. 2221-2329. ; 이승은, 「에른스트 블로흐의 예술철학에 관한 연구」, 서울대 석사논문, 1998, pp. 60-70. 등 참고.
[48] 가령, 김종삼은 「聖河」에서 은하수를 "聖河"로 표현하여 천상의 성스러움을 내밀하게 암시한다.

가 지고한 위치에 상정되어 있긴 하지만, 시적 주체는 그러한 성스러움으로의 돌아감을 통하여 종교적인 구원을 모색하는 것이 아니라, 성스러움을 대신하는 음악적 순수에의 몰입을 통하여 미학적인 자기 구원을 추구하는 셈이다.

> 이 지상의
> 성당
> 나는 잘 모른다
>
> 높은 석산
> 밤하늘
> 헨델의 메시아를 듣고 있었다
>
> ―「聖堂」[49] 전문

원형적 상상력의 차원에서 수도원이나 성당은 신 혹은 성스러움이 거주하는 성역(temenos)으로서 성스러움의 표상이 된다.[50] 하지만 김종삼 시에서 수도원, 사원, 성당 등에는 신이 부재한다. 즉, 성스러움이 배제되어 있는 것이다. 그리고 그러한 공간은 지상에 실재하는 구체적인 영역이라기보다는 추상적이고 환상적인 영역이다. 이는 「둔주곡」, 「주름간 대리석」, 「성당」 등의 시편에서 구체적으로 확인된다. 비록 신이 없지만 이러한 수도원 계열의 이미지들은 악으로서의 세계를 초월한 순수한 영역으로 제시된다. 「둔주곡」의 수도원과 마찬가지로 「성당」에서도 성당은 음악과 결합되어 있다. 음악의 상승하는 속성은 "높은 석산" 위의 "밤하늘"에 환상적인 성당을 건축한다. 이러한 공간적으로 지고한 이미지는 숭고함을 상기시키지만 그것이 곧바로 종교적인 구원으로 연결되

---
[49] 『김종삼전집』, p. 150.
[50] K. Hübner, *Die Wahrheit des Mythos*, 이규영 역, 『신화의 진실』, 민음사, 1995, pp. 208-211.

지는 않는다. 그것은 다만 "헨델의 메시아"라는 음악적 기표를 통해 미학적인 경험으로 나타난다. 시적 주체는 신이 거주하여야 할 성당에 신을 대신하여 음악을 안치시킨 셈이다. 절대적인 것으로서 성스러움을 미학적인 것으로 대체하는 점에서 이러한 김종삼 시의 미학은 보러의 "절대적 현존(das Absolute Präsens)"에 가까운 것으로 이해할 수 있다. 보러가 말하는 절대적 현존은 역사, 신, 본질 등의 문학 외적인 것으로 환원될 수 없는 문학의 자기 준거 현상으로서 미학적으로 순수한 현존을 의미한다.[51]

그러나 헨델의 메시아가 종교적인 음악이라는 점을 고려할 때 우리는 이 시가 전적으로 종교적인 성스러움으로부터 단절되었다고 말할 수는 없다. 김종삼 시에서 음악적 순수함 속에 성스러움이 내밀하게 개입하여 있는 것이다. 하지만 시적 주체는 음악적 표상을 전면에 내세워 성스러움을 은폐하고 다만 고통과 번뇌의 세속적인 일상에서 벗어난 미학적인 행복을 형상화하여 절대적 현존을 드러내는 데에 주력하는 양상을 보이는 것이다.

김종삼 시에서 시적 주체는 경험적 현실의 고통과 수난을 고스란히 죄의 삶으로 수락한다. 따라서 경험적 현실이란 고단한 영역이다. 시적 주체는 이러한 고단한 영역의 이면에 음악적 순수성을 마련하고, 거기로의 순간적 일탈을 통해 미학적 행복과 안식을 누리게 된다. 따라서 김종삼 시에서 음악은 신이나 성스러움의 종교적 기능을 대신하여 미학적인 구원의 기능을 해주는 절대적 현존의 표상이라고 볼 수 있다. 이러한 음악은 수도원 계열의 이미지뿐만 아니라 아이의 이미지와 결합하면서 무잡한 현실로부터 분리된 순수한 상태를 마련해준다. 가령, "초가집에 살고 있"는 "나이어린 소년"(「스와니江이랑 요단江이랑」), "앞만 가린 채

---

51) K. H. Bohrer, *Das Absolute Präsens*, 최문규 역, 『절대적 현존』, 문학동네, 1998, pp. 216-276.

보드라운/ 먼지를 타박거리고 있"는 "嬰兒"(「뾰죽집」), "북치는 소년"(「북치는 소년」), "세상에 나오지 않은/ 樂器를 가진 아이"(「背音」) 등이 그 예이다.

내용 없는 아름다움처럼

가난한 아희에게 온
서양 나라에서 온
아름다운 크리스마스 카드처럼

어린 羊의 등성이에 반짝이는
진눈깨비처럼

― 「북치는 소년」[52] 전문

경험적 현실에서는 아이들도 고통 받고 세파에 시달리기 마련이다. 하지만 김종삼은 음악 혹은 악기의 이미지와 아이의 이미지를 결합하여 세속적인 잡스러운 요소들을 배제한다. 그러한 점에서 「북치는 소년」은 주목할 만한 작품이다. 이 시에서 "내용 없는 아름다움"이란 삶의 고통과 무잡스러움이 제거된 순수함으로서의 아름다움을 말한다. 가령, 가난한 아이들에게 온 크리스마스카드를 생각해 보자. 가난한 나라의 가난한 아이들의 삶은 고통스러운 것이다. 그러한 아이들에게 전달된 아름다운 크리스마스카드는 어쩌면 무의미한 것일 수 있다. 오히려 상대적 박탈감을 더할 소지가 다분하다. 또한 추운 겨울 어린 양의 등성이에 반짝이는 눈이란 보기에는 아름답지만 양에게는 가혹한 것이다. 하지만 김종삼은 그러한 세속적인 삶의 요소를 제거하고, "크리스마스 카드"와 "진눈깨비"의 "아름다움"을 형상화하는 데에 주력하여, 그것을 "내용 없는 아름

---

[52] 『김종삼전집』, p. 73.

다움"이라 말하고 있다. 이때의 "내용 없는 아름다움"이란 고통과 수난으로 점철된 세속적인 삶의 내용물이 제거된 이미지 상태의 순수한 아름다움을 의미한다.

　김종삼 시에서 음악은 삶의 고통과 자질구레한 요소들이 제거된 "내용 없는 아름다움"을 대변하는 이미지인데, 이 시에서 "북치는 소년" 또한 음악과 아이의 이미지가 결합되어 "내용 없는 아름다움"을 표상하고 있다. 김종삼은 "북치는 소년"이 겪어야할 세속적인 고난과 시련에 대해서는 괄호를 쳐두고, 순수한 이미지에 몰입하면서 미학적 행복을 추구하는 셈이다.

　　　뾰죽집이 바라 보이는 언덕에
　　　구름장들이 뜨짓하게 대인다

　　　嬰兒가 앞만 가린 채 보드라운
　　　먼지를 타박거리고 있다. 놀고 있다.

　　　뾰죽집 언덕 아래에
　　　아취 같은 넓은 門이 트인다.

　　　嬰兒는 나팔 부는 시늉을 했다.

　　　　　　　　　　　　　　　―「뾰죽집」[53] 부분

　여기에서 "뾰죽집"은 교회나 성당을 의미할 것이다. 시적 주체는 성스러운 공간의 안쪽에 신을 대신하여 천진난만하게 노는 아이를 위치시키고 있다. "나팔"이라는 음악적 이미지와 결합한 아이는 북치는 소년과 마찬가지로 순수한 상태를 극대화시킨다. 이처럼 김종삼 시에서 음악의

---

[53] 『김종삼전집』, p. 87.

이미지와 결합한 아이의 이미지는 마치 진공상태와 같은 순수함을 상기시킨다. 여기에는 어떠한 세속적인 번잡스러움이 느껴지지 않는다. 시적 주체는 진공상태와 같은 순수성에 몰입하면서 고통과 수난이 만연한 세속적 현실과 거리를 두고 미학적인 행복에 잠길 수 있는 것이다. 그러한 미학주의적 태도가 극단적으로 나아가면 다음과 같은 이미지를 만들어 내게 된다.

> 어느 位置엔
> 누가 그린지 모를
> 風景의 背音이 있으므로,
> 나는 세상에 나오지 않은
> 樂器를 가진 아이와
> 손쥐고 가고 있었다.
>
> ―「背音」54) 부분

이 시에서 배경음악("背音")은 아름다운 풍경을 만들어낸다. 그 풍경은 "배가 다니지 않는 바다"와 같은 표현에서 알 수 있듯이 인위적인 요소 혹은 경험적 현실의 요소들이 배제된 진공상태와 같은 것이다. 시적 주체는 배경음악이 만들어내는 순수한 풍경에 둘러싸여 "세상에 나오지 않은 악기를 가진 아이와 손쥐고 가고"있는 자아의 이미지를 만들어 낸다. 여기에서 "세상에 아직 나오지 않은"이라는 대목은 자아를 에워싼 풍경의 순수성을 극대화시키고 있다. 이러한 순수한 상태는 바로 세속적인 삶의 요소들이 전적으로 제거된 미적인 것의 절대적 현존을 의미한다. 시적 주체는 신이나 성스러움으로의 '돌아감'이 아니라 미적인 것의 절대적 현존 속에서 미학적인 자기 구원을 추구하는 셈이다.

이와 같이 김종삼 시에서 음악은 수도원, 아이 등의 이미지와 결합하

---
54) 『김종삼전집』, p. 93.

면서 미적인 것의 절대적 현존의 상태를 생성한다. 시적 주체의 미학적 자의식은 일체의 외적 요소를 거부하면서 미학적인 순수성을 추구하는 셈이다. 그 때문에 김종삼의 시는 미학주의라는 평가를 받아온 것으로 이해할 수 있다. 그러나 한편으로는 김종삼 시에 신앙적 자의식이 내밀하게 작동하고 있다는 점을 간과해서는 안 된다. 신앙적 자의식은 김종삼의 시가 전적으로 미학주의에 함몰하는 것을 견제하게 된다. 그러한 점에 입각하여 다음 장에서는 김종삼 시에 나타난 신앙적 자의식의 작용에 대해서 살펴본다.

4. 윤리적 실천과 성스러움의 회복

앞에서 살펴본 바와 같이 김종삼 시에서 시적 주체는 세계를 고통과 수난으로 표상되는 악의 영역으로 상정한다. 그것은 기독교적 세계관에 토대를 둔 세계인식이라 할 수 있다. 하지만 시적 주체는 악으로부터의 구원을 기독교적인 신앙의 방식으로 해결하지 않는다. 시적 주체의 미학적 자의식은 신앙적 자의식을 견제하면서 미학적인 방식으로 자기 구원을 도모하게 된다. 시적 주체의 미학적 자기 구원은 음악적 순수에의 몰입으로 나타난다. 시적 주체는 고통과 수난으로 가득 찬 일상적 삶의 내용물이 배제된 "내용 없는 아름다움"으로서의 음악적 순수성에 몰입하면서 미학적 행복에 잠기게 된다. 이러한 행복은 경험적 현실에 괄호를 치면서 확보되는 순간적인 것이다. 따라서 경험적 현실의 시간이 개입할 경우 음악적 순수로 표상되는 미학적 행복은 파괴되고 고통과 수난이 밀려오게 된다. 이처럼 경험적 현실과 괴리된 미학주의적 태도가 한계에 부딪치게 될 때 시적 주체는 윤리적인 방식으로 고통과 수난에 대응하게 된다. 윤리적인 태도는 주로 성스러운 "여인"의 이미지를 통해 드러난다.

김종삼은 「이 짧은 이야기」, 「여인」 등에서 성자적인 여인의 상을 형상화하고 있다. 이러한 시편들의 여인들은 "성현이 이끌어 주는 고되인 삶"을 살아가는 존재들로서, 아가페적인 사랑의 실천자이다. 그 여인들은 '윤리적 실천'[55]을 매개로 하여 "영원", '우주의 신비'와 연결되면서 성스러움을 확보한다.

> 전쟁과 희생과 희망으로 하여 열리어진/ 좁은 구호의 여의치 못한 직분으로서 집없는 아기들의 보모로서 어두워지는 어린 마음들을 보살펴 메꾸어 주기 위해/ 역겨움을 모르는 생활인이었읍니다.//(중략)
> 그 여인의 속눈썹 그늘은/ 포근히 내리는 눈송이의 색채이고/ 이 우주의 모든 신비의 빛이었습니다.//
> 그 여인의 손은 이그러져 가기 쉬운/ 세태를 어루만져 주는/ 친엄마의 마음이고 때로는 어린 양떼들의 무심한 언저리의 흐름이었읍니다.
> ─ 「여인」[56] 부분

여기에서 여인은 구호소에서 "아기"를 돌보는 보모이다. "아기들"은 "어린 마음들", "어린 양떼들"과 같은 시어를 통해 아직 세속의 고통이나 죄에 무방비 상태로 노출된 나약한 존재로 묘사된다. 한편, 여인은 "친엄마의 마음", 즉 모성애로 아이들을 돌보는 존재로 표현된다. 김종삼 시에서 윤리적 실천은 아가페적인 사랑으로서 모성애로 아이들의 순수함을 지켜내는 것이다. 그러한 윤리적 실천을 매개로 여인은 "우주의 모든 신비의 빛"으로 성화된다. 그 때문에 「받기 어려운 선물처럼」, 「五학년 一반」, 「엄마」 등의 시편에서도 "모성애"와 "어머니"는 신적인 혹은 성스러운 대상으로 표현된다.

---

[55] 종교경험의 행태적 표상은 제의와 윤리적 실천을 그 두 축으로 지닌다. 제의가 특정한 시공 안에서 이루어지는 비일상적인 것인 반면, 윤리적 실천은 일상적 시공 안에서 이루어지는 일상적 행위이다.
정진홍, 『종교문화의 이해』, 청년사, 1995, pp. 138-139.
[56] 『김종삼전집』, p. 63.

아침엔 라면을 맛있게들 먹었지
엄만 장사를 잘할 줄 모르는 行商이란다

너희들 오늘도 나와 있구나 저물어 가는 山허리에

내일은 꼭 하나님의 은혜로
엄마의 지혜로 먹을거랑 입을거랑 가지고 오마.

엄만 죽지 않는 계단

― 「엄마」[57] 전문

우리는 「여인」의 "여인"이나 「엄마」의 "엄마"가 다르지 않음을 쉽게 알 수 있다. 양자는 무조건적인 사랑으로 어린 아이를 수호해준다. 여기에서 우리가 주목할 대목은 "엄만 죽지 않는 계단"이다. 종교적 상상력의 차원에서 볼 때 "계단"은 천상 혹은 신의 세계를 향한 정신적 상승의 상징이라고 이해할 수 있다.[58] 물론 이 시에서는 종교적인 색채가 절제되어 있지만 "하나님의 은혜"를 고려하면 종교적 상징의 차원에서 해석이 가능하다. "엄마"는 지상과 천상의 경계적인 상징으로서 "계단"을 통해 "하나님"과 어린 아이를 매개하는 존재로 설정된 것이다. 그렇게 볼 때 우리는 이 시의 "엄마"를 "여인"과 마찬가지로 종교적으로 성화된 존재로 이해할 수 있다. 이와 유사한 경계적 상징의 상상력은 「마음의 울타리」에서도 확인된다.

나는/ 믿숀 병원의 圓柱처럼/ 주님이 꽃 피우신 울타리//
지금 너희들 가난하게/ 생긴 아기들의 많은/ 어머니들에게도 그랬거니와/ 柔弱하고도 아름다웁기 그지 없음은 짓밟혀 갔다고 하지만//

---

57) 『김종삼전집』, p. 109.
58) 이승훈 편저, 『문학상징사전』, 고려원, 1995, pp. 33-35.

지혜처럼 사랑의/ 먼지로서 말끔하게 가꾸어진/ 자그만하고도 거룩한/ 생애를 가진 이도 있다고 하잔다.//

오늘에도 가엾은/ 많은 十字架의 아들이며 딸들에게 그지 없는 恩寵이 내리면/ 서운하고도 따시로움의 사랑이 나는 무엇인가를 미처 모른다고 하여 두잔다//

제각기 色彩를 기다리고 있는 새싹이 트이는 봄이 되면 너희들의 부스럼도 아물게 되면/ 나는/ 밋숀 병원의 늙은 간호부라고 하여 두잔다
― 「마음의 울타리」[59)] 전문

이 시에서 자아는 "밋숀 병원의 늙은 간호부"와 동일화된다. 여기에서 "간호부"는 앞에서 살펴본 "여인", "엄마" 계열의 이미지이다. 이러한 존재는 아이들을 보호하는 인물들인데, 아이들은 '유약하고도 아름답기 그지 없고', '그지 없는 은총이 내리는 십자가의 아들이며 딸들'이다. 여기에서 아이들은 순수하면서 성스러운 대상인 것이다. 시적 자아는 스스로를 "간호부"와 동일시하면서 성스러움의 옹호자를 자임한다.

이를 통해 우리는 시적 주체가 비록 세계를 악의 정황으로 인식하지만, 한편으로는 윤리적 실천을 매개로 성스러움에의 통합의 가능성을 상정하고 있음을 이해할 수 있다. 구체적으로 김종삼은 "원주(圓柱)"라는 종교적 상징을 활용하여 시적 자아가 세속과 성스러움의 경계에 놓인 존재임을 환기시키고 있다. 종교적 상상력의 차원에서 기둥은 앞서 살펴본 계단의 이미지와 마찬가지로 지상과 천상을 매개하는 경계적인 상징이다.[60)] 시적 주체는 종교적인 경계적 상징을 활용하여 "나는……주님이 꽃 피우신 울타리"와 같이 자아를 성화시키고 있는 것이다. 그것은 미학적 자의식보다 신앙적 자의식이 강하게 작용하면서 나타나는 현상으로 판단된다. 즉, 세계를 고통과 수난이 만연한 악의 정황으로 인식하

---

59) 『김종삼전집』, p. 84.
60) M. Eliade, *Patterns in Comparative Religion*, 이은봉 역, 『종교형태론』, 형설출판사, 1992, p. 330. 이승훈, 앞의 책, p. 74. 등 참고.

면서 미학적 자의식은 세계로부터 스스로를 격리시키며 음악으로 이루어진 가상의 유토피아를 건축하는 경향을 보이는 반면, 신앙적 자의식은 윤리적 실천을 매개로 자아를 세계에 통합시키고 그를 통해 성스러움을 회복하는 경향을 보이는 것이다.61)

이처럼 김종삼의 시는 기독교 신자로서의 신앙적 자의식과 시인으로서의 미학적 자의식이 미묘하게 긴장을 이루며 전개된다. 하지만, 시인이 죽음을 앞두고 극심한 고통에 시달리면서 그러한 긴장은 깨어진다. 김종삼은 타계하기 전 10여 년 동안 폭음으로 인해 얻은 병으로 많은 육체적 고통을 당하면서 중환자실을 들락거린다. 이 시기 그의 시에는 인간 김종삼의 모습과 심리적인 동요가 아무런 절제 없이 그대로 내어 비친다. 그러한 탓에 미학적 자의식에 의해 적절하게 통제되어온 그의 신앙적 자의식이 여과 없이 드러나게 된다.

①또 죽음의 발동이 걸렸다/ 술먹으면 죽는다는 지병이 악화 되었다 날짜 가는 줄 모르고 폭주를 계속하다가 중환자실에 幽閉되었다 무시무시한 육신의 고통 속에서 허우적거린다 고통스러워 한시바삐 죽기를 바랄 뿐이다./ 희미한 전깃불도 자꾸만 고통스럽게 보이곤했다/ 해괴한 팔짜이다 또 죽지 않았다/ 뭔가 그적거려 보았자 아무런 이치도 없는

― 「죽음을 향하여」62) 전문

②까마득한 벼랑바위/ 하늘과 땅이 기울었다가/ 바로잡히곤 한다// 하나님은 어느 누구의 祈禱도 듣지 않는다 한다/ 죽은 이들의 기도만 듣는다 한다.

― 「벼랑바위」63) 전문

---

61) 윤리적 실천과 세계와의 관계에 대해서는 J. Hessen, *System der Religionsphilosophie*, 허재윤, 『종교 철학의 체계적 이해』, 서광사, 1994, pp. 482-483.
62) 『김종삼전집』, p. 221.
63) 『김종삼전집』, p. 202.

③입원하고 있었읍니다/ 육신의 고통 견디어 낼 수가 없었읍니다/ 어제도 죽은 이가 있고/ 오늘은 딴 병실로 옮아간 네 살짜리가/ 위태롭다 합니다//
　　곧 연인과 死別 간곡하였고/ 살아있다는 하나님과/ 간혹/ 이야기-르 나누며 걸어가고 싶었읍니다./ 그러나 하나님은 저의 한 손을/ 잡아주지 않았읍니다.

―「궂은 날」64) 전문

　　④ 이세상 모두가 부드롭다면/ 얼마나 좋을까/ 오랜만에 사마시는/ 부드로운 맥주의 거품처럼/ 高電壓 지대에서 여러 번 죽었다가/ 살아나서처럼/ 누구나 축복받은 사람들처럼//
　　여름이면 누구나 맞고 다닐 수 있는/ 보슬비처럼/ 겨울이면 포근한 눈송이처럼//
　　나는 이세상에/ 계속해 온 참상들을 보려고 온 사람이 아니다.

―「無題」65) 전문

위의 시들은 극심한 육체적 고통을 당하는 시인의 모습과 당시의 심경을 담고 있다. ①에는 폭음으로 인한 병으로 자주 병원 신세를 져야만 했던 시인의 말년의 자화상이 고스란히 담겨 있다. 시인은 극심한 고통으로 인하여 다만 "죽기를 바랄 뿐"이라고 적고 있다. 그런데 김종삼은 그러한 육체적인 고통을 순수한 병리학적 현상으로 수용하지 않고 신과 연관시킨다. 가령 ②, ③에서 고통은 신에 대한 원망으로 이어지고 있다. 신을 원망하는 것은 김종삼이 신의 실재를 상정하고 있음을 말해준다. 그러므로 김종삼은, 신은 실재하는데 왜 자신을 고통 속에 방치하는가 하는 문제를 제기하고 있는 셈이다. 그렇다고 해서 이러한 문제가 자기 자신의 고통에 국한되는 것은 아니다. 김종삼이 말년에 쓴 시편들을 보면 화자는 중환자실의 다양한 환자와 보호자들에게 많은 관심을

---
64) 『김종삼전집』, p. 222.
65) 『김종삼전집』, p. 217.

갖고 그들에게 동정과 연민 이상의 헌신적인 태도를 보인다. 김종삼은 자신의 육체적 고통 체험을 통해 세계에 만연한 고통을 다시 절실하게 깨닫는 계기를 맞이하게 된 것이다. 그러한 상황에서 시적 주체는 ④ "나는 이 세상에/ 계속해 온 참상들을 보려고 온 사람이 아니다."라고 강변한다. 그것은 맥주의 거품처럼 부드러운 세상을 만들 수도 있었을 절대적으로 선한 신의 침묵에 대한 신정론적인 질문이라고 할 수 있다. 이와 같이 김종삼은 신학적으로 중요한 문제에 의문을 제기하지만 이에 대해서 신학자와 같은 논리적인 해명을 추구하지는 않는다. 자신의 심경 변화에 따라서 원망이 찬양으로 뒤바뀌기도 한다.

①그때의 내가 아니다/ 미션계라는 간이 종합병원에서이다/ 나는 넝마 같은 환자복을 입고 있었다/ 고통스러워 난폭하게 죽어가고 있었다/ 하루 이틀 다른 병원으로 옮기어질 때까지/ 시간을 끌고 있었다/ 벼랑바위가 자주 나타나곤 했다//
어제처럼 그제처럼 목숨이 이어져가고 있음은/ 아무리 생각하여도/ 시궁창에서 산다해도/ 主의 은혜이다.
— 「非詩」[66] 전문

②여러 날 동안 사경을 헤매이다가 살아서 퇴원하였다/ 나처럼 가난한 이들도 명랑하게 살고 있음을 다시 볼 수도 있음도/ 익어가는 가을 햇볕과/ 초겨울의 햇볕을 즐길 수 있음도 반갑게 어른거리는/ 옛 벗들의 모습을 다시 볼 수도 있음도/ 主의 은총이다.
— 「오늘」[67] 전문

위의 시편들은 신의 은혜와 은총에 대한 찬양으로 가득 차 있다. ①에서 시적 주체는 아무리 고통을 받아도 살아 있는 것 자체가 "주의 은

---

66) 『김종삼전집』, p. 203.
67) 『김종삼전집』, p. 225.

혜"라고 말하고 있다. 그 이유는 ②에서 암시되고 있다. 시적 주체는 고통스러운 현실에서도 명랑하게 살고 있는 사람들과 옛 벗들, 그리고 아름다운 자연이 있기 때문에 세상을 살만한 곳으로 여기고 있다. 비록 고통스럽지만 그러한 세상에 살아 있다는 것 자체를 "주의 은총"으로 찬양하는 것이다. 이러한 말년의 시편들에서 우리는 김종삼 시의 기독교적인 신 중심주의적 세계관을 분명하게 확인할 수 있다. 그것은 시적 주체가 고통이나 행복을 모두 신과의 관계에서 수용하는 점에서 입증된다.

말년의 시편들은 미학적 완성도가 떨어지는 대신, 김종삼의 세계관이나 신앙적 자의식을 잘 드러내 보여준다는 점에서 주목할 만하다. 우리가 앞에서 살펴본 바와 같이 김종삼 시에는 초기부터 기독교적 세계관이 내밀하게 작동하고 있었다. 그러나 김종삼 시는 대체로 미학적 자의식이 신앙적 사유를 절제하고 미학적인 자기 구원을 추구하는 양상으로 나타난다. 하지만, 신앙적 자의식은 끊임없이 미학적 자의식과 길항관계를 형성하면서 세계의 배후에 상정된 성스러움을 상기시킨다. 시인이 극심한 육체적 고통에 직면한 말년에 오면 김종삼의 신앙적 자의식은 고스란히 노출되게 된다. 이로써 우리는 김종삼 시의 근저에 기독교적 세계관이 확고하게 자리 잡고 있으며, 그의 미의식 또한 어떠한 방식으로든 그러한 세계관과 밀접하게 관련되어 있음을 확인한 셈이다.

5. 기독교적 미학의 계보와 김종삼

기독교가 한국 현대시에 본격적으로 수용된 것은 1930년대 정지용에 의해서이지만, 정지용의 가톨리시즘은 문화적 위화감을 완전히 극복하지 못한 탓에 미학적인 완성도를 확보하지는 못한다.[68] 반면, 1930년대 말

---

68) 김윤식, 『한국근대작가론고』, 일지사, 1997, p. 112.

과 1940년대에 오면 윤동주와 박두진에 의해서 기독교적 시학은 상당한 수준의 미학적인 성과를 보여주게 된다. 이 시기 기독교는 사회적인 공감대가 상당히 확보되어 있었으며, 윤동주와 박두진에게도 내면화되어 있었다. 윤동주와 박두진은 민족과 국가가 부정되는 식민지 현실의 왜곡된 역사를 기독교적 세계관으로 바라보면서 미학적인 주체를 정립한다. 윤동주는 기독교 정신을 예술로 승화시켜 미학적인 "부끄러움"과 "참회"라는 독특한 시적 상상력을 보여준다.[69] 박두진은 기독교적인 예언자적 지성을 활용하여 미학적인 희망의 비전을 추구한다.[70]

한국 전쟁 이후 기독교 정신은 현대시에 더욱 내면화되고 다양한 양상으로 나타난다. 한국 전쟁은 "잃어버린 문학의 시대"[71]이자 "죽음의 시대"[72]로 평가된다. 하지만 역설적으로 한국 전쟁은 다양한 방식으로 새로운 문학의 정신과 방법을 모색할 수 있는 계기를 제공해 주기도 하였다.[73] 특히 "죽음의 시대"를 체험한 문인들은 다양한 방식으로 인간의 실존적 한계로서 죽음에 대응하는 양상을 보여준다. 전후 실존주의 시인들은, 죽음에 대한 인식에서 생성되는 불안으로부터의 탈출을 모색하는 자아를 형상화하지만 갈등 이상을 보여주지는 못한다. 반면, 서정주, 김관식, 이동주, 박재삼 등의 전통주의 시인들은 샤머니즘-무속, 노장-도교, 불교 등의 전통적인 종교의 정신을 수용하면서 죽음 체험과 결부된 불안과 공포를 거뜬히 넘어서는 양상을 보여준다.

한편으로, 기독교(가톨릭) 신앙을 가지고 있었던 박목월, 김현승, 구상 등의 시인들은 자신들의 신앙을 시에 수용하여 전후의 황폐한 현실에 대응하는 미학을 전개한다. 이 시기 박목월은 신변잡기적인 생활에서 소

---

69) 신규호, 「윤동주 시에 나타난 기독교적 참회의식」, 앞의 책, pp. 120-126.
70) 김재홍, 「兮山 박두진」, 『한국현대시인연구』, 일지사, 2004, p. 397.
71) 권영민, 『한국현대문학사』, 민음사, 1996, p. 100.
72) 김옥성, 「한국 현대시의 불교적 시학 연구」, 서울대 박사논문, 2005, pp. 235-237.
73) 류순태, 앞의 책, pp. 295-296.

재를 구하고 자질구레한 삶의 이야기를 담아내는 생활 지향적인 서정을 펼쳐 보인다. 박목월은 자신의 삶을 에워싼 세계를 미학적으로 재구성해 내며 거기에 내밀하게 자신의 신앙을 담아낸다. 비록 가난한 삶이지만 신이 전제된 세계이기 때문에 그는 범사에 감사하는 태도로 일상에 대한 자연스러운 반응을 드러낸다. 반면, 김현승은 기독교적 세계관에 기반한 사색과 지적 통찰을 투명한 감각으로 포착하면서 독특한 시학을 전개한다. 김현승은 끊임없는 사색과 관조를 통하여 기독교적인 절대자와 그의 앞에 고독하게 서 있는 자아에 대한 인식에 도달하게 된다.

박목월과 김현승이 역사에 괄호를 치고 일상에 대한 사색과 지적 통찰을 통해 존재론적 안정감을 확보하는 반면, 구상은 역사의식에 기초하지 않는 사색이나 관념을 신뢰하지 않는다. 구상은 『초토의 시』(1956)에서 자신이 체험한 전쟁의 참상을 재현하면서, 동시에 전쟁의 상처를 종교적으로 초극하는 양상을 보여준다. 이를 통해 구상은 역사와 인생의 궁극적인 의미를 포괄하면서 절대적인 신앙의 세계를 탐구한다.[74] 구상의 시는 박목월이나 김현승의 시편과 달리 경험적 현실의 고통과 수난을 직시하면서 종교적 상상력을 펼쳐보였다는 점에서 또 다른 의의가 있다. 하지만 고통과 수난의 범주를 한국 전쟁의 후유증에 국한시켰다는 점에서 일정한 한계를 노정한다.

이에 반해 김종삼은 기독교적 세계관에 입각하여 고통과 수난을 인류의 보편적인 운명으로 상정하면서 시적 인식의 지평을 넓힌다. 그리하여 시적 주체는 경험적 현실을 악의 정황으로 인식한다. 나아가 그는 악의 기원을 성스러움으로부터의 '벗어남'이라는 기독교적인 죄의 차원에서 받아들인다. 그러한 죄의식은 성스러움에로의 '돌아감'을 통해서 극복될 수 있다. 하지만 시적 주체의 미학적 자의식은 신앙적 자의식을 억제하

---

74) 권영민, 앞의 책, pp. 135-137.

고, '성스러움에로의 돌아감'이 아니라 '음악적 순수에의 몰입'을 통하여 미학적인 자기 구원을 추구한다. 김종삼 시에서 음악적 순수는 고통과 수난으로 얼룩진 경험적 현실의 내용이 제거된 미학적인 가상으로서의 유토피아이다. 그러한 유토피아의 체험은 시적 자아에게 미학적인 행복과 구원을 제공해주지만, 그것은 어디까지나 가상의 순간에만 가능할 뿐이다. 경험적 현실의 시간이 가상의 순간에 침투할 경우 그러한 미학주의는 한계에 봉착하게 된다. 즉, 시적 자아는 경험적 현실의 고통과 수난에 다시 직면해야하는 셈이다. 이때 시적 자아가 취하는 방식이 윤리적 실천이다. 이 경우는 신앙적 자의식이 부상하여 윤리적 실천을 매개로 성스러움을 추구하는 양상을 보인다. 김종삼의 시에는 미학적 자의식과 신앙적 자의식이 갈등과 긴장을 이루면서 독특한 시적 세계를 형성하는 셈이다.

서론에서 전제한 바와 같이 시적 주체의 '미학적 자의식'과 '신앙적 자의식'은 분명하게 분리될 수 있는 것이 아니다. 하지만 김종삼 시에는 기독교 세계관에 근거를 둔 성스러움에 대한 종교적 지향성이 분명하게 드러나면서, 동시에 '음악'으로 표상되는 미적인 것의 절대적 현존에 대한 지향성이 강력하게 발현된다. 따라서 우리는 논의를 명료하게 하기 위하여 두 가지를 구분하고 기독교적 세계관에 기반한 시적 사유와 상상, 그리고 미의식을 추적해온 것이다.

물론 이러한 이분법적 접근은 풍요롭고 다채로운 시적 세계를 단순화할 가능성을 떠안고 있는 것도 사실이지만, 한편으로는 김종삼 시의 가장 강력한 두 가지 힘과 그 것들의 역학관계를 드러냄으로써 김종삼 시의 심층에 감추어진 시적 비밀에 한 걸음 더 가깝게 다가서는 데에 기여할 수 있을 것이다.

전후(1950-60년대)로 한정할 경우, 시적 인식의 차원에서 김종삼의 시는 박목월, 김현승의 시와 달리 신의 섭리 속에서 안주하지 않고 경험적 현실의 고통과 수난을 직시하였다는 점, 그리고 구상의 시와 달리 고통과 수난을 바라보는 기독교적인 인식의 지평을 넓혔다는 점에서, 여타 기독교 계열의 시인과 다른 성과를 보여주었다. 그리고 미학적인 측면에서 볼 때에는 성스러움에 대한 의존성이 확고한 다른 기독교 계열의 시인들의 시편과 달리 기독교 정신과 미의식의 갈등과 긴장을 절절히 유지하면서 미적 자율성에 대한 인식을 분명하게 보여주었다는 점에서 의의를 지닌다.

<참고문헌>

1. 기본자료

김달진, 『김달진 전집』1. 문학동네. 1997.
김달진, 『김달진 전집』2. 문학동네. 1998.
김소월, 『진달내꼿』, 매문사, 1925.
김소월, 김용직 편, 김소월전집』, 서울대출판부, 1996.
김종삼, 장석주 편, 『김종삼 전집』, 청하, 1988.
김현승, 『김현승 시초』, 문학사상사, 1957.
김현승, 『옹호자의 노래』, 선명문화사, 1963.
김현승, 『견고한 고독』, 관동출판사, 1968.
김현승, 『절대 고독』, 성문각, 1970.
김현승, 『김현승 전집』, 관동출판사, 1974.
김현승, 『마지막 지상에서』, 창작과비평사, 1975.
김현승, 『孤獨과 詩』, 지식산업사, 1977.
서정주, 『서정주문학전집』1-5, 일지사, 1972.
정지용, 『정지용전집』1, 민음사, 1988.
조지훈, 『조지훈전집』1-9, 나남출판, 1998.
한용운, 『님의 침묵』, 회동서관, 1926.
한용운, 『한용운전집』1-6, 신구문화사, 1974.
한용운, 한계전 편, 『님의 침묵』, 서울대출판부, 1996.

『태서문예신보』, 『학지광』, 『창조』, 『폐허』, 『폐허이후』, 『백조』, 『영대』, 『장미촌』, 『개벽』, 『동아일보』, 『조선중앙일보』, 『조선시단』, 『룸비니』, 『죽순』

2. 국내논저

강석주・박경훈, 『불교근세백년』, 민족사, 2002.
강신주, 「한국현대기독교시연구-정지용, 김현승, 윤동주, 최민순, 이효상의 시를 중심으로」, 숙명여대 박사논문, 1991.
고명수, 「현대문학사상과 선」, 이원섭 외 편, 『현대문학과 선시』, 불지사, 1993.
곽광수, 『가스통 바슐라르』, 민음사, 1995.
권명옥, 「김종삼의 단시 3편에 관한 연구」1. 『한국언어문화』25, 2004a.
권명옥, 「은폐성의 정서와 시학-김종삼론」, 『한국시학연구』11, 2004b.
권영민, 『한국민족문학론연구』, 민음사, 1995.
권영민, 『한국현대문학사』, 민음사, 1996.
김광식, 『근현대불교의 재조명』, 민족사, 2000.
김동리, 「청산과의 거리-김소월론」, 『문학과인간』, 민음사, 1997.
김병철, 『한국근대서양문학이입사연구』상, 을유문화사, 1980.
김선학, 「현대시와 선시의 경계」, 『2004 만해축전』, 만해사상실천선양회, 2004.
김영석, 『한국현대시의 논리』, 삼경문화사, 1999.
김옥성, 『한국현대시의 전통과 불교적 시학』, 새미, 2006.
김용직, 『한국 현대시 해석・비판』, 시와시학사, 1991.
김용직, 『한국근대시사』상하, 학연사, 1994.
김용직 외, 『문예사조』, 문학과지성사, 1977.
신동욱 편, 『한용운』, 문학세계사, 1994.
김윤섭, 『독일 신비주의 사상사』, 한남대 출판부, 1996.
김윤식, 『한국근대문학사상연구2-문협정통파의 사상구조』, 아세아문화사, 1994.
김윤식, 『한국현대시론비판』, 일지사, 1996.
김윤식, 『한국근대작가론고』, 일지사, 1997.
김윤식・김현, 『한국문학사』, 민음사, 1994.
김은전, 『한국상징주의시연구』, 한샘, 1991.

김인섭, 「김현승 시의 상징체계 연구 - '밝음'과 '어둠'의 원형상징을 중심으로」, 숭실대 박사논문, 1994.
김재홍, 『한국현대시인연구』, 일지사, 2004.
김지연, 「김현승 시의 고독 연구」, 고려대 석사논문, 1996.
김화영, 『문학 상상력의 연구 - 알베르 카뮈의 문학세계』, 문학동네, 1998.
김희보, 「김현승 시와 기독교적인 실존」, 『한국문학과 기독교』, 현대사상사, 1979.
김종욱, 『불교생태철학』, 동국대 출판부, 2004.
김준오, 『시론』, 삼지원, 2006.
김준오, 『현대시의 환유성과 메타성』, 살림, 1997.
김재홍, 『한국현대시인 연구』, 일지사, 2004.
김창원, 『시교육과 텍스트 해석』, 서울대출판부, 2005.
김춘식, 『미적 근대성과 동인지 문단』, 소명, 2003.
김태곤, 『한국무속연구』, 집문당, 1981.
김학동 편, 『김소월』, 서강대출판부, 1995.
김행숙, 『문학이란 무엇이었는가』, 소명, 2005.
김현창, 『세계문학 속의 동양사상』, 서울대출판부, 1996.
김희보, 「김소월 시의 자연신비주의」, 『기독교 사상』, 1978.
남상학, 「김현승시에 나타난 기독교 사상연구-성서와의 관련을 중심으로」, 고려대 석사논문, 1981.
동국대 불교교재 편찬위원회, 『불교사상의 이해』, 불교시대사, 2004.
류성민, 『종교와 인간』, 한신대 출판부, 1997.
류순태, 『한국 전후시의 미적 모더니티 연구』, 월인, 2002.
박호영, 「조지훈 문학 연구」, 서울대 박사학위논문, 1988.
박현수, 「김종삼 시와 포스트모더니즘의 수사학」, 『우리말글』31, 2004.
박혜진, 「김종삼 시 연구-공간, 시간 연구를 중심으로」, 강원대학교 석사논문, 2000.
범대순, 「시적 고독-김현승의 경우」, 『현대시학』, 1974. 12.
상허학회 편, 『1920년대 동인지 문학과 근대성 연구』, 깊은 샘, 2000.
숭실어문학회 편, 『다형 김현승 연구』, 보고사, 1996.

송욱, 『시학평전』, 일조각, 1963.
신규호, 『한국현대시와 종교』, 국학자료원, 2003.
신범순, 『한국현대시사의 매듭과 혼』, 민지사, 1992.
신범순, 「이상 문학에서 글쓰기의 몇 가지 양상」, 『이상 리뷰』3, 2004.
심재휘, 『한국현대시와 시간』, 월인, 1998.
조영복, 『1920년대 초기 시의 이념과 미학』, 소명, 2004.
오세영, 『한국낭만주의시연구』, 일지사, 1980.
오세영, 『20세기한국시연구』, 새문사, 1989.
오세영, 『문학연구방법론』, 시와시학사, 1993.
오세영, 「선시의 범주와 그 전통」, 최승호 편, 『21세기 문학의 유기론적 대안』, 새미, 2000.
오세영, 『문학과 그 이해』, 국학자료원, 2003a.
오세영, 『한국현대시인연구』, 월인, 2003b.
오세영, 「현대시론에 끼친 불교의 영향」, 『우상의 눈물』, 문학동네, 2005.
오형근, 『불교의 영혼과 윤회관』, 새터, 1995.
오형엽, 「풍경의 배음과 존재의 감춤」, 송하춘·이남호 편, 『1950년대의 시인들』, 나남, 1994.
유성호, 「김현승 시의 분석적 연구」, 연세대 박사논문, 1996.
윤여탁, 『시 교육론』, 태학사, 1996.
윤여탁, 『시 교육론 Ⅱ -방법론 성찰과 전통의 문제』, 서울대출판부, 2003.
이숭원, 「김종삼시에 나타난 죽음과 삶」, 『현대시와 삶의 지평』, 시와시학사, 1993.
이승은, 「에른스트 블로흐의 예술철학에 관한 연구」, 서울대 석사논문, 1998.
이운룡 편저, 『김현승』, 문학세계사, 1993.
이원섭 외 편, 『현대문학과 선시』, 불지사, 1993.
이윤기, 『이윤기의 그리스 로마 신화』1, 웅진, 2005.
이인복, 『한국문학과 기독교사상』, 우신사, 1987.
이재선, 『한국현대소설사』, 홍성사, 1972.
이종찬, 『한국선시의 이론과 실제』, 이화문화, 2001.

이진오, 『한국불교문학의 연구』, 민족사, 1997.
인권환, 『한국불교문학연구』, 고려대 출판부, 1999.
장백일, 「원죄를 끌고 가는 고독」, 『현대문학』 1969. 5.
장석만, 「개항기 한국사회의 "종교"개념 형성에 관한 연구」, 서울대 박사논문, 1992.
장주영, 『김현승 시의 상징성 연구』, 경희대 석사논문, 1999.
정경은, 「한국 기독교시 연구-박두진, 박목월, 김현승 시를 중심으로」, 서울여대 박사논문, 1999.
정민, 『한시 미학 산책』, 솔, 1996.
정진홍, 『한국종교문화의 전개』, 집문당, 1988.
정진홍, 『종교문화의 이해』, 청년사, 1995.
정진홍, 『경험과 기억』, 당대, 2003.
정한모, 「타고르의 본격적 도입」, 『한국 현대시문학사』, 일지사, 1974.
조동일, 『한국소설의 이론』, 지식산업사, 1977.
조태일, 『김현승 시정신 연구』, 태학사, 1998.
최문규, 『탈현대성과 문학의 이해』, 민음사, 1996.
최승호, 『한국적 서정의 본질 탐구』, 다운샘, 1998.
최승호, 『서정시의 이데올로기와 수사학』, 국학자료원, 2002.
최승호 편, 『21세기 문학의 유기론적 대안』, 새미, 2000.
최동호, 『하나의 道에 이르는 詩學』, 고려대출판부, 1997.
최하림, 「수직적인 세계」, 『창작과비평』, 1975. 여름.
하희정, 「1950년대 시에 나타난 '부재 의식'의 형상화 양상 연구」, 서울대 석사논문, 1995.
한명희, 「김종삼 시의 공간」, 『한국시학연구』6, 2002.
한계전, 『한국현대시론연구』, 일지사, 1990.
한자경, 『불교철학의 전개』, 예문서원, 2003.
홍신선, 『한국시와 불교적 상상력』, 역락, 2004.
홍신선, 「한국시의 불교적 상상력 연구」, 『한국어문학연구』43, 2004.

3. 국외논저

葛兆光, 『禪宗与中國文化』, 정상홍·임병권 역, 『선종과 중국문화』, 동문선, 1991.
方立天, 『佛敎哲學』, 유영희 역, 『불교철학개론』, 민족사, 1992.
孫昌武, 『中國佛敎文化序說』, 우재호 역, 『중국불교문화』, 중문, 2001.
村山智順, 『朝鮮の鬼神』, 김희경 역, 『조선의 귀신』, 동문선, 1990.

Bachelard, G., *La Flamme D'une Chandelle*, 이가림 역, 『촛불의 미학』, 문예출판사, 1997.
Bachelard, G., *La Poetique de L'espace*, 곽광수 역, 『공간의 시학』, 민음사, 1997.
Bachelard, G., 민희식역, 『불의 정신분석·초의 불꽃·대지와 의지의 몽상』, 삼성출판사, 1985.
Bachelard, G., 김현 역, 『몽상의 시학』, 기린원, 1989.
Bloch, E., *Das Prinzip Hoffnung*, 박설호 역, 『희망의 원리』1-5, 열린책들, 2004.
Bohrer, K. H., *Das Absolute Präsens*. 최문규 역. 『절대적 현존』, 문학동네, 1998.
Bohrer, K. H., *Suddenness - On the Moment of Aesthetic Apperance*, trans. R. Crowley, New York : Columbia University Press, 1994.
Bohrer, K. H., *Das Absolute Prasens - Die Semantik Aesthetischer Zeit*, 최문규 역, 『절대적 현존』, 문학동네, 1995.
Boia, L., *Pour Une Histoire De L'Imaginaire*, 김웅권 역, 『상상력의 세계사』, 동문선, 1998.
Buber, M., *Eclips of God*, New York : Harper & Row, 1952.
Calinescu, M., *Five Faces of Modernity*, 이영욱 외 역, 『모더니티의 다섯 얼굴』, 시각과 언어, 1998.
Campbell, J., *The Hero with a Thousand Faces*, 이윤기 역, 『세계의 영웅신화』,

대원사, 1996.

Chodorow, J., *Encountering Jung - on Active Imagination*, Princeton : Princeton University press, 1997.

Coleman, E. J., *Creativity and Spirituality - Bonds between Art and Religion*, New York : State University of New York Press, 1988.

Coudert, A., *Alchemy - The Philosoper's Stone*, 박진희 역, 『연금술 이야기』, 민음사, 1995.

Doty, W. G. *Mythography - The Study of Myths and Rituals*, Tuscaloosa & London : The University of Alabama Press, 1994.

Dumoulin, H., 박희준 역, 『선과 깨달음』, 고려원, 1993.

Eliade, M., *Rites and Symbols of Initiation - The Mysteries of Birth and Rebirth*, trans. W. R. Trask, Woodstock : Spring publications, 1995.

Eliade, M., *The Quest : History and Meaning in Religion*, 박규태 역, 『종교의 의미 - 물음과 답변』 서광사, 1990.

Eliade, M., *Patterns in Comparrative Religion*, 이은봉 역, 『종교형태론』, 형설출판사, 1992.

Eliade, M., *The Sacred and the Profane, The Nature of Religion*, 이동하 역, 『성과속-종교의 본질』, 학민사, 1992.

Eliade, M., *Images et Symboles*, 이재실 역, 『이미지와 상징-주술적,종교적 상징체계에 관한 시론』, 까치, 1998.

Eliade, M., *Forgerons et Alchemistes*, 이재실 역, 『대장장이와 연금술사』, 문학동네, 1999.

Ellwood, R. S., Jr., *Mysticism and Religion*, 서창원 역, 『신비주의와 종교』, 이화여대 출판부, 1994.

Ferry, L., *Homo Aestheticus*, 방미경 역, 『미학적 인간』, 고려원, 1994.

Geisler, N. L., *Philosophy of Religion*, 위거찬 역, 『종교철학개론』, 기독교문서선교회, 1993.

Goldmann, L., 송기형·정과리 역, 『숨은 신』, 연구사, 1986.

Gould, E., *Mythical Intentions in Modern Literature*, Princeton : Princeton University Press, 1981.

Hartog, J., Audy, J. R. & Cohen, Y. A., ed. *The Anatomy of Loneliness*, New York : International Universities Press, 1981.

Heidegger, M., 소광희 역, 『시와 철학』, 박영사, 1975.

Hessen, J., *System der Religionsphilosophie*, 허재윤 역, 『종교 철학의 체계적 이해』, 서광사, 1994.

Hick, J. H., *Philosophy of Religion*, 황필호 역, 『종교철학개론』, 종로서적, 1996.

Hirschberger, J., *Geschichte der Philosophie*, 강성위 역, 『서양철학사』上下, 이문출판사, 1987.

Homans, P., *Jung in Context - Modernity and the Making of a Psychology*, Chicago : The University of Chicago Press, 1995.

Hübner, K., *Die Wahrheit des Mythos*, 이규영 역, 『신화의 진실』, 민음사, 1995.

Johansson, R. E. A., *The Dynamic Psychology of Early Buddhism*, 박태섭 역, 『불교 심리학』, 시공사, 1996.

Jauss, H. R., *Studien zum Epochenwandel der Asthetischen Moderne*, 김경식 역, 『미적 현대와 그 이후』, 문학동네, 1999.

Jung, C. G., *The Archetypes and the Collective Unconscious - The Collective Works of C. G. Jung, volume 9, part I*, trans. R. F. C. Hull, Princeton : Princeton University Press, 1980.

Jung, C. G., *Psychology and Alchemy - The Collective Works of C. G. Jung, volume 12*, trans. R. F. C. Hull, London : Routledge & Kegan Paul, 1974.

Kermode, F., *The Sense of an Ending : Studies in the Theory of Fiction*, 조초희, 『종말의식과 인간적 시간』, 문학과지성사, 1993.

Lincoln, B., *Theorizing Myth-Narrative, Ideology, and Scholarship*, Chicago & London : The University of Chicago Press, 1999.

Loewe, M., *Chinese Ideas of Life and Death*, 이성규 역, 『고대중국인의 생사관』, 지식산업사, 1989.

Meyerhoff, H., *Time in Literature*, 이종철 역, 『문학과 시간의 만남』, 자유사 상사, 1994.

Migliore, D. L., *Faith Seeking Understanding - An Introduction to Christian Theology*, Grand Rapids : W. B. Eerdmans Publishing Co., 1991.

Mijuskovic, B. L., *Loneliness in Philosophy, Psychology, and Literature, The Netherlands* : Van Gorcum & Cop., 1979.

Richard, J.-P., *Poesie et Profondeur*, 윤영애 역, 『시와 깊이』, 민음사, 1995.

Richards, I. A. *Coleridge on Imagination*, Bloomington : Indiana University Press, 1965.

Ricoeur, P., *The Symbolism of Evil*, trans. E. Buchanan, Boston : Beacon Press, 1969.

Ricoeur, P., *The Symbolism of Evil*, 양명수 역, 『악의 상징』, 문학과지성사, 1994.

Ricoeur, P., *Interpretation Theory-Discourse and the Surplus of Meaning*, 김윤성·조현범 역, 『해석이론』, 서광사, 1994.

Santayana, G., *Interpretation of Poetry and Religion*, co-ed. W. G. Holzberger & H. J. Saatkamp. Jr. Massachusetts : The MIT Press, 1990.

Segal, R. A., ed., *Ritual and Myth - Theories of Myth, volume 5*, New York & London : Garland Publishing, Inc., 1996.

Staiger, E., *Grundbegriffe der Poetik*, 오현일·이유영 역, 『시학의 근본개념』, 삼중당, 1978.

Storr, A., *Solitude - A Return to the Self*, New York : Ballantine Book, 1989.

Strelka, J. P., ed., *Literary Criticism and Myth, Yearbook of Comparative Criticism, volume 9*, University Park & London : The Pennsylvania State University Press, 1980.

Tillich, P., *The Courage to Be*, New Haven & London : Yale University Press, 1980.

Turner, V., *Ritual process : Structure and Anti-sturucture*, London : Routledge & Kegan Paul, 1969.

Turner, V., *From Ritual to Theatre : The Human Seriousness of Play*, 이기우 외 역,『제의에서 연극으로』, 현대미학사, 1996.

Turner, V. & Turner, E., *Image and Pilgrimage in Christian Culture*, New York : Columnia University Press, 1978.

van der Leeuw, G., *Phanomenologie der Religion*, trans. J. E. Turner, *Religion In Essence and Manifestation - volume 1*, New York & Evanston : Harper & Row, Publishers, 1963.

van Gennep, A., *Les rites de passage*, 전경수 역,『통과의례』, 을유문화사, 1992.

Vattimo, G., *The Transparent Society*, 김승현 역,『미디어 사회와 투명성』, 한울아카데미, 1998.

Vierne, S., *Rite, Roman, Initiation*, 이재실 역,『통과제의와 문학』, 문학동네, 1996.

Walker, S. F., *Jung and the Junginans on Myth*, Now York & London : Garland Publishing, Inc., 1995.

Wehr, G., *Europäische Mystik*, 조원규 역,『유럽의 신비주의』, 2001.

Wheelwright, P. E., *Metaphor and Reality*, 김태옥 역,『은유와 실재』, 한국문화사, 2000.

White, J., *Mythology in the Modern Novel - A Study of prefigurative Techniques*, Princeton : Princeton University Press, 1973.

Whitehead, A. N., *Science and the Modern World*, 오영환 역,『과학과 근대세계』, 서광사, 2005.

김옥성 金屋成

시인, 소설가, 문학박사
서울대학교 종교학과 졸업
서울대학교 대학원 국어국문학과 졸업

서울대와 한양대에 출강하면서, 동국대에서 Post Doctor로 연구하고 있다. 동양공전, 서울시립대, 아주대, 추계예술대, 한국방송통신대 등에서 강사를 역임하였다.

대학시절에 대학문학상 시부문(1996)과 대학문학상 평론부문(1997) 등을 수상하였으며, 『문학과경계』 신인상(소설, 2003)과 『시를사랑하는사람들』 신인추천작품상(시, 2007) 등으로 등단하였다.

논저로 『한국 현대시의 전통과 불교적 시학』(2006년 문화관광부 우수학술도서) 외 다수가 있으며, 단편소설로 「누에」, 「落鳥」, 「물」, 「빈센트의 나무」 등을, 시로는 「풀흰나비 되어」, 「참나무經을 외는 시간」, 「귀」 등을 발표하였다.

현대시의 신비주의와 종교적 미학

인쇄일 초판1쇄 2007년 4월 16일 / **발행일** 초판1쇄 2007년 4월 20일
지은이 김옥성 / **발행처** 국학자료원 / **등록일** 1980. 12. 15 제17-423호
총무 한선희, 손화영 / **영업** 정구형 / **편집** 김은희, 이초희, 박지혜
인터넷 이재호 / **물류** 박지연, 김종효, 박홍주

서울시 강동구 암사동 463-25 2층 / Tel : 442-4623~4 Fax : 442-4625
www.kookhak.co.kr / E-mail : kookhak2001@hanmail.net
ISBN 978-89-6137-183-4 *93080 / 가 격 20,000원

저자와의 협의하에 인지는 생략합니다.